Gruppen erfolgreich leiten

Edition Psychologie und Pädagogik

Ernst-Georg Gäde - Thomas Listing

Gruppen erfolgreich leiten

Empfehlungen für die Zusammenarbeit mit Erwachsenen

Grünewald

3. Auflage 1995

© 1992 Matthias-Grünewald-Verlag, Mainz

Umschlag: Harun Kloppe, Mainz. Unter Verwendung einer Zeichnung von Thomas Listing.
Illustrationen: Tim Sylvester Weiffenbach, Für Rat Design, Frankfurt
Druck und Bindung: Druckhaus Darmstadt GmbH

ISBN 3-7867-1628-5

Inhalt

Finden Sie auch, daß ein Buch nicht zwingend mit einem Vorwort beginnen sollte? Oder gehören Sie zu den Zeitgenossen, die sich das Vorwort erst dann zu Gemüte führen, wenn Sie zuvor das Buch durchgelesen haben?

Wir machen etwas Neues und stellen Ihnen zwei Vorworte zur Auswahl:

Das normale Vorwort

Wir Menschen verbringen einen großen Teil unseres Lebens in unterschiedlichen Gruppen. In vielen sind wir Mitglieder ohne besondere Aufgaben, in anderen haben wir konkrete Rollen und Funktionen übernommen. Eine bedeutsame und interessante Rolle spielt dabei die Gruppenleitung.

Doch was tun,
... wenn ich unvorbereitet eine solche Aufgabe übernehmen muß?
... wenn ich zur oder zum Vorsitzenden eines Vereines gewählt wurde?
... wenn man mich händeringend bittet, eine Gruppe zu leiten?
... wenn Konflikte die Arbeit beeinträchtigen?
... wenn ich das Gefühl habe, "nicht mehr durchzublicken"?

Viele von uns mußten auf diese Weise schon ins kalte Wasser springen und ihr "Gruppen-Lehrgeld" bezahlen oder durch Versuch und Irrtum lernen. Das muß nicht so sein.
Unser Buch möchte Sie auf diesem ersten und allen weiteren Schritten begleiten und Sie als Gruppenleiterin und Gruppenleiter befähigen, Ihre Aufgaben besser wahrzunehmen, Sitzungen und Besprechungen effektiver zu leiten und Ihre Rolle als Leiter und Leiterin bewußt anzunehmen und konstruktiv auszuformen.
Mit Hilfe von Fallbeispielen, konkreten Empfehlungen und Checklisten bekommen Sie praxisorientierte Anleitungen und Hilfestellungen.
Sie werden u.a. erfahren,
... wie Sie ein für die Arbeit emotional günstiges Klima herstellen können,
... daß Sie keine Angst mehr vor Konflikten haben müssen,
... wie wichtig die Erwartungen für den Gruppenprozeß sind,
... welche Bedeutung die Sitzordnung für das Gruppengespräch hat und
... wie Sie sich selbst und die anderen besser wahrnehmen können.
Die im Text verstreuten Karikaturen unterstreichen unsere Grundhaltung, daß Gruppenleitung zwar wichtig aber keinesfalls bitterernst ist.
Soweit unser ganz normals Vorwort.

Im folgenden nun

Das andere Vorwort

Sie suchen eine Handanweisung für das Leiten von Gruppen?
Sie sind es jetzt ein für alle mal leid, daß auf jeder Sitzung nur dummes Zeug geredet wird?
Sie möchten den Durchblick bei anstehenden Entscheidungsprozessen gerne selbst haben?
Sie sind an praktischen Empfehlungen für die Zusammenarbeit mit Erwachsenen brennend interessiert?

Wir präsentieren Ihnen sofort einige Tips für das Leiten von Gruppen, die Sie vermutlich noch nie gelesen haben: der paradoxe Erfolg in Gruppen!

Unser *Paradoxes Leitervademekum* bietet Ihnen Identifikationsmöglichkeiten auf einer heiter-ironischen Ebene und verweist auf die entsprechenden Kapitel und Textstellen.

1. Stellen Sie Ihren Leitungsstil unter das Motto:
   "Ich kann alles, weiß alles, ich bin der Größte!"
   (Siehe Kap. 1)
2. Legen Sie vor dem Treffen einen Schuldigen fest, der für alle Probleme verantwortlich gemacht werden kann.
   (Siehe Kap. 6.5)
3. Zeit ist kostbar; übergehen Sie deshalb die Erwartungen und Bedürfnisse Ihrer Gruppenmitglieder.
   (Siehe Kap. 2)
4. Seien Sie rational, Probleme lassen sich nur durch den Verstand lösen.
   (Siehe Kap. 6.5)
5. Sie haben Ihre klaren Vorstellungen und Ziele, lassen Sie sich nicht durch andere Meinungen aus dem Konzept bringen.
   (Siehe Kap. 1 und 4.2)
6. Ihr heutiges Motto lautet: Reden ist Silber, Handeln ist Gold!
   (Siehe Kap. 4.3)
7. Sie lieben die Improvisation und das Chaos, verzichten Sie auf jeglich Vorbereitung.
   (Siehe Kap. 3.1)

8. Kommen Sie prinzipiell als Letzter zu den Treffen.
   (Siehe Kap. 3.1)
9. Vermeiden Sie alle Formen von Pausen und sonstigen Unterbrechungen, arbeiten Sie hart am Thema, denn auch hier gilt: Zeit ist kostbar.
   (Siehe Kap. 3.2)
10. Verzichten Sie auf eine Rednerliste, Sie wissen ja schon im voraus, wer, was und wann etwas zu sagen hat.
    (Siehe Kap. 3.1)
11. Zeigen Sie uneingeschränkt ihre Sympathien und Antipathien, Sie sind ja auch nur ein Mensch.
    (Siehe Kap. 4.3 und 6)
12. Lehnen Sie grundsätzlich jeden Wunsch nach einer Tagesordnung ab. Ihre Kreativität bedarf keiner zwanghaften Reglementierungen.
    (Siehe Kap. 3)
13. Sie haben ein exzellentes Gedächtnis, verzichten Sie deshalb auf jede Form von Protokoll.
    (Siehe Kap. 3)
14. Seien Sie spontan, fallen Sie anderen ruhig ins Wort und vollenden Sie deren Sätze - Sie kennen ja Ihre "Pappenheimer". Auf diese Weise sparen Sie viel Zeit.
    (Siehe Kap. 4)
15. Entscheidungen brauchen nicht sorgfältig vorbereitet werden, Sie wollen die Gruppe ja nicht manipulieren.
    (Siehe Kap. 5)
16. Kehren Sie alle Konflikte unter den Teppich. Die Menschen in Ihrer Gruppe wollen schließlich ihre Ruhe haben.
    (Siehe Kap. 7)
17. Theorie ist etwas für blutige Anfänger. Sie als Praktiker der Gruppenleitung machen alles aus dem "hohlen Bauch".
    (Siehe Kap. 8)

1. Warum bin ich Gruppenleiter?

1.1 Motive für Gruppenleitung

In allen Bereichen unseres Lebens - in der Schule, in Vereinen, in Parteien, in Bürgerinitiativen, im Berufsleben, in den Kirchen - ist es notwendig, daß Menschen Gruppenleitung übernehmen. Es gibt praktisch keinen Sektor des gesellschaftlichen Lebens, der ohne Leitungsfunktionen auskommt. Leitung ist ein die Beziehungen der Menschen strukturierendes Phänomen. Selbst in der Familie kommt Leitung vor, in der Regel natürlich nicht hierarchisch oder durch Satzungen geregelt. Die Utopie der anti-autoritären Bewegung der 60er Jahre, ohne Leitung auskommen zu können, hat sich als illusorisch erwiesen. Ihr Verdienst aber war es, überkommene Leitungsformen und -strukturen kritisch zu überprüfen. Auch wenn es Leitung geben muß, so ist nicht jede Art der Ausübung von Leitung gerechtfertigt. Eine Leitung, die auf Entmündigung zielt, ist sicher verfehlt, eine Leitung dagegen, die Partizipation ermöglicht, wünschenswert. Leitung in einem demokratisch verfaßten Staat ist eben eine andere Leitung als die in einem autoritären System. Es geht also um den Stellenwert von Leitung, um das Ziel, das Leitung verfolgt. Leitung ist kein Selbstzweck. Das ist alles sehr allgemein - aber es hat auch etwas mit Ihnen als Gruppenleiterin oder Gruppenleiter zu tun.
Sie leiten - wozu leiten Sie eigentlich? - Mit welchem Ziel leiten Sie? - Warum leiten gerade Sie? - Was hat Sie bewogen, sich um eine Leitungsaufgabe zu bemühen?
Denken Sie doch einmal darüber nach, wie es gekommen ist, daß Sie die Leitungsfunktion, die Sie zur Zeit haben, übernommen haben.
War es Ihr Wunsch gewesen?
Haben Sie alles daran gesetzt, die betreffende Position zu erreichen?
Sind Sie gedrängt worden?
Haben Sie sich "breit" schlagen lassen?
War es irgendwie selbstverständlich, gar keine Frage, daß Sie an der Reihe waren?
Was hat Sie an der Aufgabe gereizt - die damit verbundenen Möglichkeiten der Einflußnahme, die Macht, die Chance, sich selbst zu verwirklichen - oder was war es?
Alle genannten Motive sind legitim!
Es ist aber gut, sich über seine Motive im klaren zu sein. Das erleichtert es, sich auch einmal selbstkritisch unter die Lupe zu nehmen.

1.2 Das Gruppenleiter-Profil

Viele wissenschaftliche Untersuchungen über die Leitung von Gruppen und die besondere Rolle und Funktion des Gruppenleiters haben herausgefunden, daß es bei der Persönlichkeit des Gruppenleiters in erster Linie auf die Darstellung, die Präsentation seiner Person und der inhaltlichen Ziele ankommt. Die Fähigkeit zum Entertainment, zur sogenannten Performance ist eine nicht zu unterschätzende Eigenschaft eines Leiters.

Der amerikanische Sozialpsychologe Stogdill fand bereits 1948 einige Persönlichkeitsvariablen, die nach seiner Meinung kennzeichnend für die Leiter und Leiterinnen von Gruppen sind. Er faßt sie in fünf Hauptgruppen zusammen:

1. Kapazität
Äußere Erscheinung, Sprachfertigkeit, Intelligenz, Einsicht und Originalität

2. Leistungsmöglichkeiten
Tüchtigkeit, die Fähigkeit, dafür zu sorgen, daß die Aufgaben erledigt werden, Spezialwissen

3. Verantwortungsgefühl
Zuverlässigkeit, Überzeugungskraft, Selbstvertrauen

4. Soziabilität
Anpassungs- und Einfühlungsvermögen, Begabung zur Zusammenarbeit, Umstellungsfähigkeit

5. Status
Popularität

Hoffentlich hat Sie diese Aufstellung nicht erschreckt; vielleicht meinen Sie, den einen oder anderen Punkt nicht erfüllen zu können. Unter den Sozialpsychologen besteht die Auffassung, daß aufgrund von zahlreichen Untersuchunge kein direkter Zusammenhang zwischen den genannten Persönlichkeitseigenschaften und der Ausübung einer Leitungsrolle nachzuweisen ist. STOGDILL (1972) schreibt hierzu: "Eine Person wird nicht aufgrund des Besitzes irgendeiner Kombination von Persönlichkeitszügen zum Führer, sondern das Muster der Persönlichkeitsmerkmale des Führers muß den Charakteristika, den Aktivitäten und Zielen der Gruppenmitglieder entsprechen." Es bleibt jedoch festzuhalten, daß konkrete Führungseigenschaften eine günstige Voraussetzung dafür bilden, daß bestimmte Menschen eine Leitungsfunktionen übernehmen können.

Von daher wollen wir jetzt keine Panik aufkommen lassen. Durch ein wenig Training, besonders im Selbstvertrauen, und allein durch die Tatsache bedingt, daß Sie Gruppen erfolgreich leiten wollen, begründen Sie gute Voraussetzungen, um mit Menschen und Gruppen angemessen umgehen zu können.

1.3 Übungen zur Selbsteinschätzung

Wir möchten Sie gleich am Anfang dieses Kapitels zu einer praktischen Lernerfahrung einladen. In der folgenden Übung haben Sie Gelegenheit, sich intensiv mit Ihrer Person und Rolle als Leiter oder Leiterin einer Gruppe auseinanderzusetzen. Sie können hierbei Ihre Motivation erspüren, warum Sie Leiter einer Gruppe sind bzw. warum Sie es werden wollen.

1.3.1 Rangordnung

Teil 1

Besorgen Sie sich zehn kleine Zettel (Postkartenformat). Auf jeden Zettel schreiben Sie bitte nur eine Antwort auf die Frage: "Warum bin ich Gruppenleiter?" oder: "Warum will ich Gruppenleiter werden?"

Ihre Antworten sollen sich auf Ihre ganz persönlichen Überzeugungen, Einstellungen und Interessen beziehen. Versuchen Sie Antworten zu finden, die für Sie charakteristisch sind, die besonders Ihre Bedürfnisse und Wünsche zum Ausdruck bringen. Schreiben Sie bitte nur eine Anwort auf jeden Zettel.

Teil 2

Nachdem Sie sich nach dieser anstrengenden Arbeitsphase eine Pause gegönnt haben, nehmen Sie sich nun die zehn Antwortzettel der Reihe nach vor und stellen sich folgende Fragen:

Wie würde es sein, wenn ich auf eine der Antworten aus irgendeinem Grunde verzichten müßte?

Was würde dieser Verzicht für mich bedeuten?

Betrachten Sie nun unter diesen Fragestellungen die einzelnen Antworten. Erstellen Sie dann durch eine Bewertung Ihrer Antworten eine Rangordnung. Schreiben Sie bitte auf den Zettel, der die wichtigste Antwort enthält, eine "1" und entsprechend abgestuft eine "2", "3", ... bis zur "10". Die letzte Wertung "10" soll die unwichtigste Antwort auf die Frage "Warum bin ich

Gruppenleiter?" bzw. "Warum will ich Gruppenleiter werden?" enthalten.

Wenn Sie jetzt noch jemanden finden, mit dem Sie Ihre Antworten und Ergebnisse besprechen könnten, wäre das eine weitere positive Erfahrung, zu der wir Sie ermutigen wollen. Vielleicht gibt es in Ihrer Gruppe ein Leitungsteam oder einen Mitarbeiterkreis - das könnten geeignete Partner sein, diese und die folgenden Übungen gemeinsam mit Ihnen zu bearbeiten.

1.3.2 Gruppenleiter-Aussagen

Es dreht sich noch immer um SIE. Einigen von Ihnen ist das vielleicht unangenehm, so "im Mittelpunkt zu stehen". Bedenken Sie jedoch, daß es zu Ihrer Rolle und Funktion als Leiter einer Gruppe gehört, im Rampenlicht der Gruppe zu stehen. Sich selbst und besonders seine eigene Motivation zu erkennen und um sie zu wissen, macht diese Rolle transparenter und hilft Ihnen später, eigene Motivationen von denen der Gruppenteilnehmer besser zu unterscheiden .
Dazu soll auch die folgende praktische Aufgabe dienen, zu der wir Sie jetzt einladen:

Bitte ergänzen Sie die unten aufgeführten Sätze; betrachten Sie jeden Satz als persönliche Aussage, mit der Sie sich identifizieren können:

1. Ich freue mich, wenn die Gruppenteilnehmer ...

2. Es fehlen mir noch ...

3. Ich halte nicht viel von ...

4. Gruppenleitung heißt als erstes ...

5. Ich bin begeistert, wenn ...

6. Mein z.Zt. größtes Problem als Leiter/Leiterin ist ...

7. Am meisten Spaß macht mir ...

8. Wenn ich aus irgendeinem Grunde "sauer" bin, möchte ich ...

9. Ich arbeite allein, wenn ...

10. Ich könnte aggressiv werden ...

11. Während der Gruppenarbeit benötige ich Hilfe, wenn ...

12. Mein Gefühl in der Gruppe ist ...

13. Eigentlich ist Gruppenarbeit ...

14. Gruppenteilnehmer "nerven" mich, wenn sie ...

15. Ich stelle mein Amt zur Verfügung ...

16. Ich bin immer noch Leiter, weil ...

1.3.3 Leitung und Führung

Als nächstes möchten wir Ihren Blick auf das Beziehungsgeflecht lenken, in dem Sie als Leiter einer Gruppe stehen. Zuvor sei jedoch auf eine Unterscheidung des Leitungsbegriffes hingewiesen.
Diese Differenzierung soll Ihnen helfen, Ihren Standort besser zu beschreiben.
In der Literatur finden sich zwei Begriffe: Führung und Leitung. Unter Führung wird verstanden, daß aus einer Gruppe ein Mitglied mit Führungsaufgaben betraut wird. Diese Form treffen wir häufig im Vereinswesen (Wahl zum 1. Vorsitzender), bei Selbsthilfegruppen oder bei Elternvertretungen in der Schule an. Wichtig zu merken: Der sogenannte gruppeneigene Führer rekrutiert sich aus den Reihen der Vereinsmitgliedern bzw. den Gruppenteilnehmern. Als Grafik würde dies etwa so aussehen:

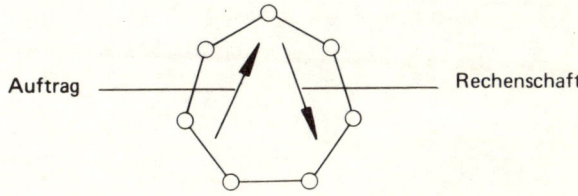

Auftrag ———————————— Rechenschaft

Im Gegensatz zum gruppeneigenen Führer wird der Gruppenleiter nicht von den Mitgliedern der Gruppe gewählt. Er erhält seinen Auftrag von einem übergeordneten "Auftraggeber"und ist diesem gegenüber Rechenschaft schuldig. Wir finden diese Form im Berufsleben, in der Jugendarbeit, in pädagogischen und therapeutischen Gruppen. Zu merken ist: Der Gruppenleiter ist eingesetzt und handelt nach einem bestimmten Auftrag; er ist nicht von den Gruppenmitgliedern gewählt. Grafisch läßt sich dies so darstellen:

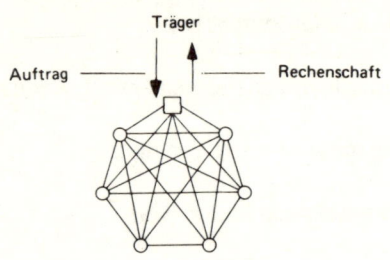

Beziehungsgeflecht

Ihre nächste Aufgabe soll sein, Ihre Kontakte, die Sie als Leiter einer Gruppe haben, im unten aufgeführten Beziehungsgeflecht einmal grafisch darzustellen. Sie können sich an der kleinen Grafik orientieren und im freien Schema Ihre persönliche Situation als Leiter einer Gruppe darstellen. Bringen Sie durch Verbindungslinien zum Ausdruck, welchen bestimmten Anforderungen Sie genügen müssen, um ein definiertes Ziel zu erreichen und welche Personen oder Gruppen Sie dabei am stärksten beeinflussen.

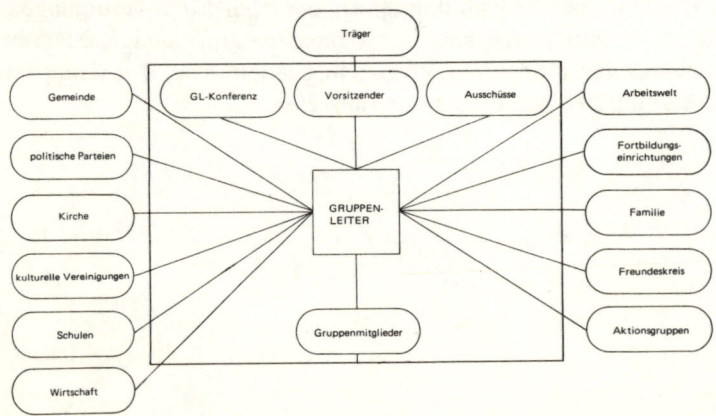

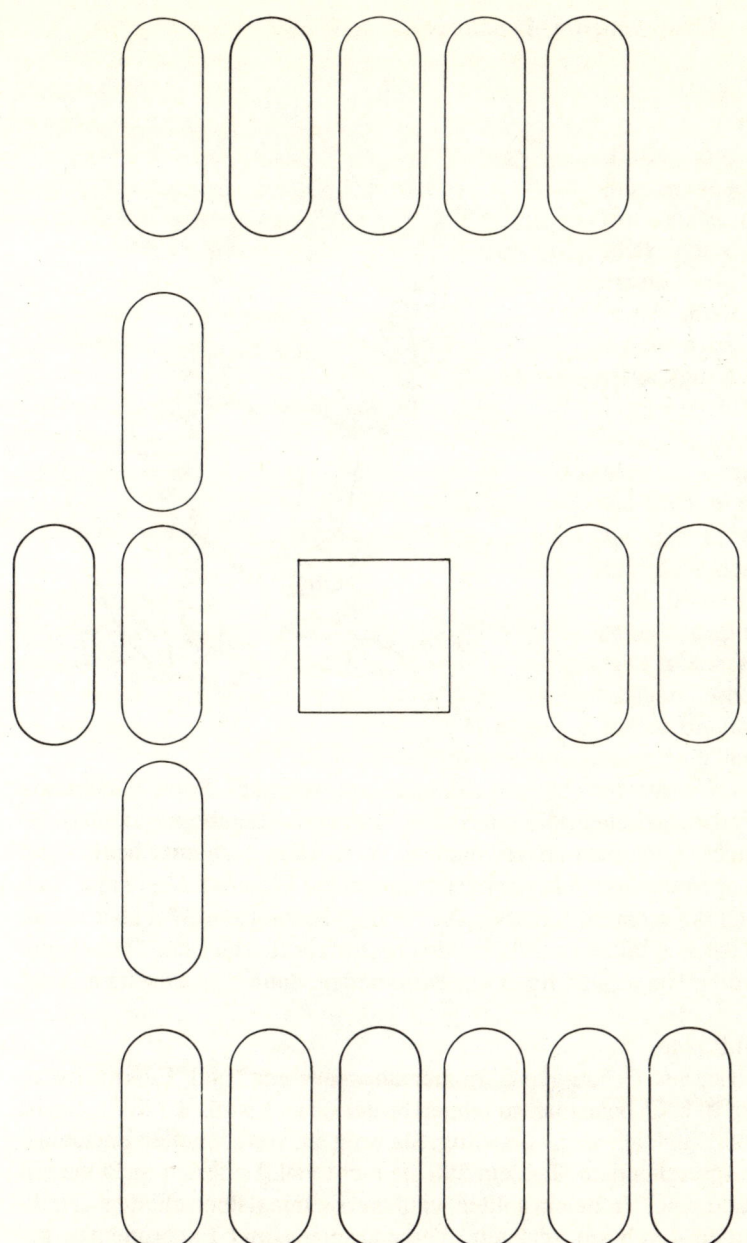

1.4 Eine Gruppenleiter-Typologie

Der Ritter

Er strotz vor Kraft. Hoch sitzt er auf seinem Roß - ein Mann mit Überblick. Seine Sicht allerdings ist etwas durch den Helm beeinträchtigt. Auch seine Bewegungsfähigkeit ist durch die Rüstung eher eingeschränkt.

Auf seinem Arm ruht eine Lanze, mit ihr hat er schon manchen zur Strecke gebracht. Er weiß, was er will. Wer sich ihm entgegenstellt, muß kämpfen. Man sagt ihm Durchsetzungsfähigkeit nach. In vielen Lebenslagen eine gute

Eigenschaft. Was ihm mangelt, das ist Einfühlungsfähigkeit. Seine Hände stekken in Lederhandschuhen, die mit einem Kettengewebe überzogen sind. So macht er sich weitgehend unverwundbar. Wenn es gilt, zu entscheiden und Entscheidungen umzusetzen, dann ist er in seinem Element. Man kann sich getrost hinter ihn scharen, er hat Verantwortungsbewußtsein. Wer aber meint, ihm in den Rücken fallen zu müssen, den bestraft er fürchterlich. Dann kennt er kein Pardon. Hat er sich für etwas entschieden, dann geht er seinen Weg.

Die Schildkröte

Ruhe strahlt sie aus, Behäbigkeit. "Immer langsam voran" und "Eins nach dem andern". Sie ist hoch belastbar, so schnell bringt sie nichts aus der Ruhe. Sie ist bedächtig und zugleich auch vorsichtig. Sie wägt ab, von schnellen Entschlüssen oder vorpreschendem Handeln hält sie nicht viel. Langsam nickt sie mit dem Kopf und sagt "Vielleicht sollten wir das erst einmal überschlafen". Heißsporne werden durch sie gezügelt. Veränderungen und Experimenten gegenüber ist sie nicht grundsätzlich abgeneigt, aber es muß gut abgewogen werden. Ist eine Entscheidung aber einmal getroffen, dann tappt sie los. Bei plötzlich auftretenden Widerständen zieht sie sich unter ihren Panzer zurück und wartet erst einmal ab. Sie denkt nach, dann lugt sie unter ihrem Panzer hervor - und dann geht es wieder weiter. Man kann sich auf die Schildkröte verlassen. Sie ist auch in der Lage, andere mitzutragen. Kämpfen allerdings ist nicht so sehr ihre Sache, eher aussitzen.

Der Elefant

Die kleinen Augen blitzen, die scheinbare Trägheit der Gesamterscheinung täuscht. Der Kopf bewegt sich langsam, aber alle Sinne sind hellwach. Der Elefant steht fest auf dem Boden, stabil, kaum umzuwerfen. Er flöst Vertrauen ein, auf ihn kann man sich verlassen. Wenn er sich schützend vor einen stellt, dann kann kaum noch etwas passieren. Man sagt ihm nach, er sei ein Dickhäuter - ja, er hat Geduld, ist gelassen, manchmal sogar souverän. Manche wünschten sich von ihm doch etwas mehr Empfindsamkeit, aber in prekären Situationen zahlt sich seine Robustheit aus.
Allerdings: Seine Ruhe und Gelassenheit haben auch ihre Grenzen. Wird er ständig gereizt, kann er auch "platzen" - wehe den Anwesenden! Mit dem ganzen Gewicht seiner Persönlichkeit überrollt er sie dann. Und da er ein ausgezeichnetes Gedächtnis hat, rächt er sich unter Umständen auch für ihm früher zugefügte Verletzungen. Aber das geht vorbei, und alle erfreuen sich wieder an seinen positiven Seiten.

Der Hahn

Laut kann er krähen, und ein prächtiges Gefieder hat er. Beim allmorgendlichen Blick in den Spiegel schaut er sich ganz verliebt an und kräht: "Ich bin der Schönste, kikeriki!" Mit hoch erhobenem Kopf, der Blick geht in die Ferne, betritt er den Hühnerhof, der Misthaufen ist sein Ziel. Auf dessen Spitze angelangt schlägt er mit seinen Federn und kräht mehrmals kräftig.
Die Hennen, der Hund, die Schweine und die Kühe sind das gewohnt. Kaum einer kümmert sich noch um ihn. Die Hühner glucken zusammen und picken Körner, auch die anderen Tiere gehen ihren Beschäftigungen nach. Der Hahn kräht - eitel wie er ist - wieder und wieder und merkt nicht, daß er ganz allein ist. Er sieht halt nur sich.
Nur abends, da wirkt er manchmal richtig traurig. Aber er kommt nicht auf den Gedanken, sich einmal unter die Hühner zu mischen und zu fragen, was sie so bewegt und was sie von ihm, dem Hahn, erwarten. Am nächsten Morgen beginnt das gleiche Spiel.

Die Eule

Nahezu aristokratisch sitzt sie auf ihrem Ast, ein wenig steif. Ihr Kopf und ihre Augen wandern wach in alle Richtungen. Sie hat den Überblick. Sie sieht Zusammenhänge. Sie ist ein Kopftier. Wenn sie spricht, dann habe ihre Beiträge Gewicht. Sie sind reflektiert. Unbedachte Äußerungen hört man selten von ihr. Manchmal neigt sie zur Nachdenklichkeit, schließt ihre Augen und scheint gar nicht mehr

da zu sein. Aber dann, sie öffnet ein Auge - man fühlt sich getroffen oder ertappt. Nichts entgeht ihrem scharfem Blick. Gelegentlich kommt Leben in sie, sie plustert sich ein wenig auf - aber eben alles mit Maß Ihr Blick ist vielsagend. Er kann analytisch sein, er kann aufmunternd sein, manchmal macht er aber auch ein wenig Angst. In ihrer eher zurückhaltenden Art läßt sie anderen viel Platz, weiß aber genau um ihre Stellung.

Das Lamm

Etwas schüchtern kommt es einher, zögerlich, auch ein wenig ratlos. Es blickt von unten nach oben. Der Blick scheint ständig zu sagen "Tu mir nichts, ich tu dir auch nichts". Es mag die ruhigen Töne, dann fühlt es sich wohl. Das Lamm legt großen Wert auf Atmosphäre, Harmonie ist ihr ständiges Anliegen. Kämpfen geht es aus dem Weg. Es ist auch sehr geduldig. Andere können sich in seiner Gegenwart gut entfalten. Manche allerdings nutzen das aus, sie gebrauchen ihre Ellenbogen, um sich durchzusetzen. Das geht dem Lamm gewaltig gegen den Strich, aber es fällt ihm schwer, dem Einhalt zu gebieten. Es wird in solchen Situationen unruhig, aber ein klares, bestimmtes Wort wird man von ihm nur selten hören. Genau das löst bei anderen Aggressionen aus. Sie vermissen die klare Führungsrolle, die das Lamm nicht erfüllt. Das löst Verärgerungen und Frustrationen aus, die sich in aggressiver Form gegen das Lamm äußert. Das hat zur Folge, daß es manchmal recht hoch hergeht. Leidend sitzt es dann dabei und weiß nicht recht, was es tun soll.

Der Westernheld

High noon - lässig betritt er den Raum, verharrt kurz, sein Blick erfaßt die Situation, ein Lächeln umspielt seine Lippen: "Seht ihr mich? Ich bin da! Will es jemand mit mir aufnehmen?" Seine Kampfbereitschaft wird von allen gespürt - und sie weckt die Kampfbereitschaft anderer. Sich mit ihm zu messen, das ist eine Herausforderung. Allein durch sein Auftreten polarisiert er: Er hat Anhänger, die ihm nahezu ergeben sind, und er hat Kontrahenten, meistens die gleichen. Egal worum es geht, Kampf liegt in der Luft. Er klärt Fronten, Positionen, Standpunkte. Harmonie ist ihm zuwider. Er bewegt vieles, nie ist es langweilig. Diese ständige Hochspannung ist manchen allerdings auf die Dauer zuviel. Sie resignieren und ziehen sich zurück. Manchmal wundert er sich, daß er ganz allein ist.

Das Bügeleisen

Bei ihm weiß man, woran man ist. Es ist außerordentlich praktisch begabt. Es erwärmt sich sehr schnell für dies und das. Wenn jedoch zuviel an ihm gedreht wird und alle auf es einreden, kann es auch mal Dampf ablassen. Leicht und behend gleitet es über die größten Knitterprobleme und bügelt alles glatt. Auch die noch so kleinste Falte hat beim Bügeleisen keine Chance. Unstimmigkeiten oder sogar Konflikte kann es partout nicht ausstehen. Ständig ist es bemüht, daß alles korrekt und harmonisch zugeht.

Sprüche wie: Wer morgens zerknittert aufsteht, hat den ganzen Tag über Entfaltungsmöglichkeiten, laufen dem Bügeleisen genauso gegen den Strich wie Spontaneität und Zeitdruck. Das Bügeleisen will sich in Ruhe auf seinen Stoff, seine Aufgabe vorbereiten, um herauszufinden, welche Einstellung am dienlichsten ist. Bisweilen irrt sich auch das Bügeleisen in der Wahl seiner Temperatur und es bleiben irreparable Schäden zurück. Die eine oder der andere hat sich am Bügeleisen schon empfindlich die Finger verbrannt; es kommt wie so oft auf den richtigen Um-
gang an.

Das rohe Ei

Dünnschaligkeit ist seine Eigenschaft, leichte Risse entstehen ganz schnell. Es will behutsam behandelt werden. Grobe Töne liegen ihm nicht. Ebenso vermeidet das Ei, irgendwo anzuecken. Widerstände und Konflikte lösen bei ihm Angst aus. Die Schale, so dünn sie auch ist, ist ein Schutzpanzer. Man

darf ihm nicht zu nahe treten. Ganz schnell zieht es sich je nach Stimmung ängstlich oder schmollend in seinen Eierkarton zurück. Die Angst, die das Ei hat, besteht darin - wenn die Schale einmal platzt - zu zerfließen. Es fehlt ihm die innere Stabilität. Menschen, die ähnlich strukturiert sind, fühlen sich gut bei ihm aufgehoben. Sie wissen, daß ihnen nichts passiert. Lebhafte bis stürmische Charaktere finden es dagegen oft anstrengend, mit einem rohen Ei leben zu müssen. Ständig müssen sie sich bremsen, weil sie die Dünnschaligkeit spüren. Viel Energie geht so verloren.

2. Alles über Motive und Erwartungen
Wie wichtig sind sie für den Gruppenprozeß?

2.1 So bitte nicht ...

Ein Beispiel:

Der Pastor der evangelische Kirchengemeinde in A-Stadt verschickt an alle Eltern des Konfirmandenkurses folgende Einladung zu einem Elternabend

---

Liebe Eltern des diesjährigen Konfirmandenjahrganges,

zu einem letzten Elternabend vor der Konfirmationsfeier möchte ich Sie sehr herzlich für den kommenden

MITTWOCH, den 26. Februar 1992, um 20.00 Uhr

in den Gemeindesaal in der Kirchstraße 12 einladen.
Um zahlreiches Erscheinen wird gebeten.

Mit freundlichen Grüßen

Daniel Deger, Pfr.

Die einzige Motivation, die die Eltern an diesem Abend aufbringen, so zahlreich zu erscheinen, dürfte wohl nicht in der Einladung begründet sein, sondern vielmehr in der Tatsache, daß es sich um ein größeres Familienereignis handelt und von daher eine Teilnahme an diesem Elternabend angezeigt ist.
Trotz dieser sehr dürftigen Formulierung kann unser Pastor an dem besagten Abend rund 60 Eltern seiner Konfirmanden begrüßen. Er tut dies, nach 15-minütiger Wartezeit, wie folgt:

"Liebe Eltern, ich freue mich, daß so viele von Ihnen zu diesem Abend gekommen sind. Die Konfirmationsfeier rückt immer näher, und deshalb dachte ich mir, Sie einmal nach Ihren Erwartungen an den Ablauf unserer diesjährigen Feier zu fragen und Ihre Wünsche und Vorstellungen zu hören!"

Betretenes Schweigen, Räuspern und Hüsteln, als erste spontane Reaktion der Eltern, derweil der Pastor mit fröhlichem Lächeln in die Runde blickt. Nach weiteren zäh verstreichenden Sekunden beginnen einzelne Eltern, die an den im Saal verteilten Tischen sitzen, untereinander zu tuscheln.
Der Pfarrer ergreift diese Reaktion wie der Ertrinkende den Strohhalm und bittet darum, doch vorzukommen und vor allen Anwesenden zu sprechen. Die zaghaften Seitengespräche erlöschen schlagartig, niemand getraut sich vor so vielen Leuten zu sprechen.
Als nächsten Versuch, das Gespräch in Gang zu bringen, spricht der Pfarrer Frau Bender an, von der er weiß, daß sie zu allem etwas zu sagen hat. Die hat allerdings heute keinen besonderen Tag und meint nur: "Och, eigentlich war die Feier im letzten Jahr doch ganz in Ordnung, warum sollen wir es denn jetzt anders machen. Von mir aus, kann alles so bleiben wie es ist!" Kopfnicken und zustimmendes Gemurmel allenthalben.
Als der Pfarrer am nächsten Tag seinen Vikar trifft, der ihn nach dem Elternabend fragt, antwortet der Pfarrer: "Naja, es ist halt wie immer, fragt man nach den Meinungen der Leute, kommt doch immer wieder daselbe heraus: Keine neuen Ideen oder Gedanken, alles soll so bleiben wie es ist!"

Es geht in diesem Kapitel um Erwartungen und um Motivationen von Gruppenteilnehmern. In unserem Beispiel, das haben Sie schon wohl bemerkt, ging einiges von Anfang an schief. Wir möchten Ihnen in diesem Kapitel einige Anleitungen geben, wie Sie in Ihren Gruppen die Erwartungen und die Motivation der Teilnehmer wecken, erkennen und fördern können.

Erinnern wir uns an unser Beispiel: Die Einladung des Pfarrers war so abgefaßt, daß bei den Teilnehmern nur eine äußerst geringe bis keine Erwartungshaltung vorlag. Da nichts Konkretes auf der Einladung stand, gingen viele "halt mal so hin", um "mal zu schauen, was los ist".

Die Motivation der Eltern war deutlich höher, was sich am zahlreichen Erscheinen ablesen läßt. Das "besondere, einmalige Ereignis", die Aufforderung des Pfarrers zu kommen, sind u.a. Kriterien, die eine Aktivierung der Eltern zur Folge hatten.
Ein kleiner begrifflicher Exkurs:
Unter Erwartung beziehungsweise Erwartungshaltung verstehen wir eine

Vergegenwärtigung kommender Ereignisse, wobei sich der Mensch auf bestimmte Ziele und deren praktische Erreichbarkeit einstellt. Für die Teilnehmer von Gruppen stellen sich bestimmte Fragen wie:

Was ist das Gruppenziel?
Entspricht dieses Ziel auch meinen Vorstellungen?
Wie und mit welchen Möglichkeiten kann ich dieses Ziel erreichen?
Welche Erwartungen haben die anderen Gruppenmitglieder?

Motivation beschreibt in dieser Darstellung das Bedürfnis, sich auf ein bestimmtes Ziel zuzubewegen. Begriffe wie Bedürfnis, Ausdauer, Spannung und Streben umschreiben das, was wir unter Motivation verstehen.

Wenn Mitarbeit von Teilnehmern erwünscht wird, muß man ihnen von vornherein Gelegenheit geben, sich über diese Mitarbeit Gedanken zu machen. Falls - wie in unserem Beispiel - eine Einladung verteilt wird, beschreiben Sie genau, was den Teilnehmer "erwartet". Laden Sie ihn schon hierbei zur Mitarbeit ein, indem Sie konkrete Fragen bzw. Aufgaben in bezug auf das Gruppenziel formulieren. Durch diese Einstimmung wird der Teilnehmer befähigt, seine eigenen Gedanken zu diesem Thema zu ordnen und kreativ zu werden.

2.2 ... aber so!

Als konkretes Beispiel hier das modifizierte Einladungsschreiben an die Eltern:

Liebe Eltern des diesjährigen Konfirmandenjahrganges,

sicher haben Sie sich schon Gedanken über die Konfirmationsfeier Ihres Kindes gemacht. Wird die Liturgie so sein wie zu meiner Konfirmandenzeit oder anders? Wie ist es mit der Kleidung? Sind Jeans "erlaubt" oder muß ein festliches Kleid her?
Über alle diese Fragen würde ich mich gerne mit Ihnen und allen anderen Eltern des diesjährigen Konfirmandenjahrganges unterhalten.
Es ist möglich, daß sich eine Vorbereitungsgruppe bildet,

---

die alle Vorschläge und Ideen sammelt und gewichtet, um mit
mir dann gemeinsam die Feier vorzubereiten und zu gestalten.
Ich würde mich über Ihre aktive Mitarbeit sehr freuen und
lade Sie deshalb für

MITTWOCH, den 26. 2. 1992, um 20.00 Uhr

in den Gemeindesaal in der Kirchstr. 12 sehr herzlich ein.

Mit freundlichen Grüßen
Ihr

Daniel Deger, Pfr.
PS: Für Getränke ist gesorgt!

Das Schreiben enthält Informationen, die für die Erwartungshaltung des Teilnehmers von entscheidender Bedeutung sind. Die Art, wie das Schreiben
verfaßt ist - die persönliche Form, die Einladung zur Mitarbeit und der Atmosphäre schaffende Hinweis auf die Getränke - bietet positive Voraussetzungen, um
- sich als Teilnehmer Gedanken zum Thema machen zu können,
- den Elternabend optimal strukturieren zu können,
- am Elternabend mit anderen Teilnehmern besser ins Gespräch zu kommen.

Werden diese wesentlichen Gesichtspunkte nicht beachtet, kann aus einem
vielleicht aktiven Teilnehmer sehr rasch ein passiver Konsument werden.
Wie wir im Kapitel 6 "Wahrnehmung" ausführlich darstellen, ist es eine der
Hauptaufgaben des Gruppenleiters, bestehende Ängste in der Gruppe zu
verringern. In unserem Beispiel handelt es sich um eine Großgruppe von 60
Personen, in der es vielen schwer fällt, sich sprachlich auszudrücken. Weitere
angstbesetzte Situationen in neuen und sich entwickelnden Gruppen entstehen dadurch, daß sich die Gruppenmitglieder untereinander nicht kennen.

In einer solchen Situation haben die Teilnehmer viele Fragen:

Wie offen kann ich in dieser Gruppe sein?
Was kann ich von mir, meinen Ansichten und Gefühlen preisgeben?

Welche Rolle soll ich in dieser Gruppe spielen?
Wen kann ich beeinflussen, und von wem bin ich bereit, mich beeinflussen zu lassen?
Werde ich anerkannt?

Wie wir schon erwähnten, ist die Überschaubarkeit der Gruppe für den Einzelnen sehr wichtig. In unserem Beispiel war dies nicht mehr gegeben. Der Wunsch nach einer kleineren Gruppe, läßt sich vielleicht aus der erlebten Familiensituation (drei bis fünf Personen) erklären (s. Kap.8).
In unserem Beispiel reagierten die Teilnehmer ganz natürlich, indem sie anfingen, sich an ihren Tischen zu unterhalten. Als sie aufgefordert wurden, ihre Beiträge vor der Großgruppe zu äußern, trat augenblicklich Stille ein. In dieser Anfangssituation hat sich folgende Vorgehensweise bewährt:

Nach einer lockeren und herzlichen Begrüßung bittet man die Teilnehmer einer Großgruppe an den jeweiligen Tischen oder in besonderen Kleingruppen (höchstens sechs Personen), sich gegenseitig vorzustellen und ihre Erwartungen an die Veranstaltung auszutauschen. Hilfreich dabei sind konkrete Fragestellungen (s.Einladungsschreiben), die man an die Tafel oder auf Papierbogen notiert hat, und die die Gruppe beantworten soll. Die Antworten auf diese Fragen sollen im Anschluß an die Kleingruppenphase vorgetragen oder wiederum auf Papier geschrieben und ausgehängt werden.
Mit dieser Methode erreichen Sie viel Positives:
1. Sie tragen zum Wohlgefühl jedes Teilnehmers bei, da er sich jetzt in einer überschaubaren Gruppe befindet.
2. Sie haben erreicht, daß das Lampen-oder Sprechfieber gesenkt wurde und jeder Teilnehmer sich artikulieren kann.
Und:
3. Der einzelne Teilnehmer kann nun überprüfen, ob seine Erwartungen mit denen der anderen übereinstimmen oder nicht.
Alle genannten Faktoren tragen dazu bei, daß positive Grundlagen für eine zielgerichtete Teilnehmer-Motivation gelegt werden.

Wir können die Erfahrung formulieren, daß viele Gruppenteilnehmer aufgrund ihrer persönlichen Sozialisationserfahrung sich nur bedingt darüber Gedanken machen, welche Erwartungen sie in Gruppen haben, welche Wünsche und persönliche Ziele sie gerne erfüllt sehen wollen. Von daher hat die Aufforderung, die eigenen Erwartungen zu äußern auch eine persönlichkeitsfördernde Bedeutung.

Erwartungen werden keineswegs nur zum Beginn einer Gruppenaktivität geäußert. Während des gesamten Gruppenprozesses werden sprachliche und nichtsprachliche Signale der Teilnehmer ausgesandt, die Aussagen über das jeweilige Gruppenziel zum Inhalt haben. Diese deutlich zu machen, sie aufzuzeigen, zu bündeln und wieder zur Diskussion zu stellen, sind wichtige Aufgaben des Gruppenleiters.

2.3 Anregungen für Ihre Praxis

Im folgenden möchten wir Ihnen einige methodische Vorschläge unterbreiten, mit denen Sie bei Ihrer nächsten Gruppenveranstaltung die Erwartungen der Teilnehmer erfassen und darstellen können:

1. Partnerinterview
Jeweils zwei Teilnehmer interviewen sich gegenseitig zu Themenbereichen wie:
persönlicher Hintergrund (Name, Beruf etc);
welche Erwartungen der Partner mit dem heutigen Treffen verbindet;
was sollte unbedingt besprochen werden und was nicht?

Anschließend stellen sich die Interviewpartner in der Großgruppe gegenseitig vor (reduziert die Angst, sich selbst vorzustellen!).

2. Info-Schlabberlatz
Auf vorgefertigtem Karton (DIN A3 mit eingezogener Kordel) schreiben die Teilnehmer ihren Namen, ihre Hobbys, ihre Wünsche an das Gruppentreffen und was ihnen sonst noch wichtig erscheint.
Den Karton um den Hals gehängt, bewegen sich alle Teilnehmer in der Großgruppe und sprechen zwanglos miteinander. In Kleingruppen sollten dann die Erwartungen gesammelt werden.

3. Erwartungsbaum
Der Gruppenleiter zeichnet auf einem großen Plakat (100 x 200cm) den Stamm und die Äste eines Baumes. Jeder Teilnehmer erhält drei bis fünf "Blätter" (Blattform auf DIN A5 kopieren) auf denen jeweils eine Erwartung notiert werden soll.
Die Teilnehmer heften dann ihre Erwartungen an den Baum, den alle gut sehen sollten. Ähnlich formulierte Erwartungen können dann vom Leiter gruppiert werden.

4. Methode 66

Sechs Personen bilden eine Kleingruppe und besprechen sechs Minuten lang, welche Erwartungen sie an die Großgruppe haben.

5. Info-Wäscheleine

Die Gruppe sitzt im Kreis; quer über der Gruppe verläuft eine Wäscheleine, an die die Teilnehmer auf gut lesbaren Zetteln ihre Erwartungen geschrieben haben. Als Befestigung dienen Wäscheklammer. Ähnlich wie beim Erwartungsbaum, können gleiche Erwartungen sortiert und entsprechend zusammengehängt werden.

Ihrer Kreativität sind keine Grenzen gesetzt, auch andere oder neue Erwartungsübungen auszudenken. In der einschlägigen Literatur (siehe Literaturverzeichnis) finden Sie bestimmt noch weitere gute Ideen.

2.4 Vom Gruppenleiter zum Gruppenmoderator

Vielleicht ist es Ihnen aufgefallen, daß es im großen und ganzen die Teilnehmer sind, die ihre Erwartungen äußern. Wenn Sie als Leiter die Erwartungen der Gruppe vorwegnehmen, also keine Gelegenheit anbieten, daß die Gruppenmitglieder sich selbst artikulieren können, und nur eigene Erwartungen und Ziele bestimmen, erreichen Sie zwei gravierende *Negativtrends*:

1. Sie verhindern, daß sich die Teilnehmer mit der Gruppe, ihren Zielen und Aufgaben identifizieren können.

2. Sie blockieren damit jegliche Motivationsentwicklung.

Nun werden Sie einwenden, daß Ihnen so etwas nicht passieren kann, Sie sind ja kein autoritärer Knüppel und wollen für Ihre Teilnehmer nur das Beste. Hier stimmen wir Ihnen rückhaltlos zu! Daß trotzdem ein Großteil der Leitungskräfte diese Negativtrends erzielen, liegt weniger an einer autoritären Charakterstruktur, sondern ist mehr im "blinden Eifer von Novizen" begründet. Mit anderen Worten: Meine Annahme, daß andere Menschen von gleichen Beweggründen getrieben werden wie ich selbst, macht mich blind für jede andere Motivation.

Die Motivationen aller Gruppenmitglieder sind die Lokomotive für den Gruppenprozeß. Viele Gruppenleiter werden den Sinn dieses Satzes nicht verstehen. Sie glauben selbst Lokomotive zu sein, die die Gruppe in eine "bestimmte" Richtung ziehen muß, um überhaupt Bewegung in die Gruppe zu bringen. Sie wissen im voraus, was gut für "ihre" Gruppe ist und halten sich schlichtweg für unabkömmlich. Sie sind auf der einen Seite sehr spontan und kreativ, setzen hohe Erwartungen und Anforderungen, aber beziehen die Bedürfnisse und Erwartungen der Gruppenteilnehmer nicht in den Gesamtprozeß mit ein. Darüber hinaus reagieren sie ähnlich unserem Pfarrer Deger, indem sie schnell resignieren, wenn aus der Gruppe keine Anregungen und Erwartungen kommen, egal aus welchen Gründen.

Der Gruppenleiter wird sich immer mehr zum Gruppenmoderator entwickeln müssen, der Teilnehmer motiviert, indem er ihre persönlichen Bedürfnisse, Gefühle, Erwartungen und Ziele berücksichtigt und auf das gemeinsame Gruppenziel hin koordiniert. Dazu braucht er viel Geduld, denn sie sorgt mehr als alles andere dafür, daß etwas in der Gruppe geschieht.

Wir haben aufgezeigt, daß es für die Planung und Gestaltung von Treffen von besonderem Gewicht ist, Erwartungen zu äußern und sie auf das Gruppenziel hin zu koordinieren. Das trifft in gleicher Weise auf die Mitteilung der eigenen Motivation zu.

Hierzu ein Beispiel:

Frau Grün erfährt, daß ihr Kind Drogen nimmt. In der Zeitung liest sie, daß in ihrer Nähe eine Selbsthilfegruppe von Eltern drogenabhängiger Kinder gegründet werden soll. Frau Grün ist an dieser Gruppe sehr interessiert; hochmotiviert, für ihr Kind etwas zu tun, geht sie zum angegebenen Treffpunkt. Sie trifft dort auf neun andere Personen, die sich genauso wie sie durch die Veröffentlichung angesprochen fühlten.

Ein Herr im grauen Anzug begrüßt die Anwesenden und stellt sich vor. Frau Grün erfährt, daß er zu diesem Treffen eingeladen hat, weil sein Sohn vor einem Vierteljahr an einer Überdosis Drogen gestorben ist. Seine Beweggründe (Motive) sind zum einen: anderen Eltern zu helfen, deren Kinder Probleme mit Drogen haben. Er selbst hat solches zu seiner Zeit vermißt und hat sich alleingelassen gefühlt. Andererseits will er die Öffentlichkeit über die Sorgen und Nöte von Eltern drogenabhängiger Kinder aufklären. Er bittet dann die anderen Teilnehmerinnen und Teilnehmer, sich ebenfalls vorzustellen und zu erzählen, weshalb sie zum Treffen gekommen sind. Dabei stellen sich die unterschiedlichsten Motivationen heraus:

Zwei Eltern sind erschienen, weil sie in der Gruppe erfahren wollen, wie sie sich ihrem Kind gegenüber verhalten sollen. Sie erwarten, daß die anderen ihre Probleme lösen.

Frau Grün und eine andere Mutter berichten, daß ihre Kinder erst seit wenigen Wochen Drogen nehmen und sie völlig hilflos diesem Problem gegenüberstehen. Sie wollen sich aktiv mit anderen Betroffenen mit dieser Situation auseinandersetzen. Zwei Väter schildern, daß ihre Kinder seit Jahren drogenabhängig sind und zur Zeit eine Rehabilitationsmaßnahme durchlaufen. Sie wollen ihr eigenes Verhalten in der Gruppe darstellen und überdenken. Einige der Anwesenden wollen das Drogenproblem öffentlich anprangern. Eine andere Mutter lehnt es ab, an die Öffentlichkeit zu treten, sie will lieber diskret und ohne Aufsehen darüber sprechen. Der letzte Teilnehmer in der Runde stellt sich als Sozialarbeiter in einer Drogenberatungsstelle vor, er hat selbst keine Kinder. Er ist aus beruflichen Gründen an dieser Gruppe interessiert.

Die sehr unterschiedlichen Motivationen der hier Zusammengekommenen machen deutlich, daß die vordergründige Erwartung, besser mit dem Drogenproblem ihrer Kinder zurechtzukommen, keine tragfähige gemeinsame Basis für eine Selbsthilfegruppe darstellt. Aus den jeweiligen Motiven ergeben sich unterschiedliche Erwartungen an die Gruppe. Wie das Beispiel zeigt, sind die Gruppenmitglieder sogar mit gegensätzlichen Erwartungen zu dem Treffen gekommen.

Um es noch einmal klarzustellen:

Motivationen sind die Kräfte, die die Menschen bewegen - in unserem Beispiel also die Teilnahme an der Gruppe. *Erwartungen* richten sich dagegen auf das, was in Zukunft die Gruppe bringen soll.

Die Mitteilung der eigenen Motivation, also das Nennen der Beweggründe, warum jemand in dieser Gruppe mitarbeiten möchte, ist für den Teilnehmer selbst, wie auch für die anderen Gruppenmitglieder sehr wichtig. In unserem Beispiel bedarf es allerdings noch einer "Feinabstimmung". Die unterschiedlichen Motivationen müssen von der Gruppe im einzelnen gewürdigt werden. Dabei muß geprüft werden, ob ein gemeinsames Gruppenziel die Bedürfnisse aller Teilnehmer befriedigen kann. Der einzelne kann dann entscheiden, ob seine Motivation, sein Bedürfnis in dieser Gruppe zufriedengestellt wird.

SHERIF (1968) spricht von unabdingbaren motivationalen Voraussetzungen der Gruppenentwicklung, die er identisch mit dem Gruppenziel sieht. Nach SHERIF bildet sich eine Gruppe erst dann, wenn mehrere Individuen alleine nicht in der Lage sind, ihre Wünsche und Bedürfnisse zu verwirklichen. Ist die Gruppe einmal entstanden, können sich auch die Motive der Teilnehmer wandeln.

In diesem Zusammenhang ist das zeitliche Engagement von Bedeutung, das der einzelne bereit ist, für das Gruppenziel zu investieren. Der verantwortliche Leiter wird diesen Aspekt bei konkreten Aufgabestellungen immer wieder betonen und die Gruppenmitglieder auffordern, sich darüber klar zu werden, was sie an persönlicher Zeit zur Verfügung stellen können und wollen. Für Gruppen, die über einen längeren Zeitraum zusammenarbeiten wollen, ist dieser Gesichtspunkt für den Bestand der Gruppe ganz entscheidend.

Der dynamische Prozeß einer Gruppe ist immer wieder von Entscheidungen geprägt. Von daher gilt hier das gleiche wie bei der Erwartungsäußerung: Die Motivation zu äußern ist nicht nur am Anfang einer Gruppe notwendig. Die eigenen und die fremden Motive müssen je nach aktuellem Anlaß aufeinander abgestimmt werden. Folgende Fragestellungen, die in Form eines Rundgespräches in der Gruppe beantwortet werden können, haben sich in der Praxis bewährt:

"Warum bin ich in dieser Gruppe?"
"Was bewegt mich, an dieser Gruppe teilzunehmen?"
"Was möchte ich aus dieser Gruppe nehmen?"
"Was kann ich dieser Gruppe geben?"

Eine methodische Variation besteht darin, daß Sie auf einer Wandzeitung oder einem Flipchart die unten aufgeführte Satzanfänge anschreiben, die dann von den Teilnehmern auf vorgefertigten Blättern individuell beantwortet werden:

"Ich bin hier, weil......"

oder

"Ich hoffe, wir werden hier ....."

oder

"Ich möchte gerne...."

oder

"Ich kann besonders gut........"

Im anschließenden Gespräch können die Antworten von jedem Teilnehmer vorgelesen werden oder ähnlich der "Info-Wäscheleine" (s. oben Kap. 2.3) der Gruppe dargestellt werden.

Wenn Sie als Leiterin oder Leiter einer Gruppe die Teilnehmer nach ihren Motivationen und Erwartungen befragen, ist es verständlich, wenn nicht sofort und enthusiastisch darauf reagiert wird.
Gerade zu Beginn einer neuen Gruppe bestimmen Unsicherheiten und Ängste das Geschehen. Unsere methodischen Hinweise berücksichtigen diese Situation nur bedingt. Von einem erfolgreichen Leiter wird erwartet, daß er in der Lage ist, ein positives Klima in der Gruppe zu schaffen. Die folgenden Faktoren tragen dazu bei:

Ein gerüttelt Maß an Selbstvertrauen, das Ruhe und Sicherheit ausstrahlt, aber kein gekünsteltes und gestelztes Verhalten zeigt.
Offenheit, Herzlichkeit und Wärme sollten Sie als Vertrauensvorschuß den Gruppenmitgliedern entgegenbringen.

Und trotzdem gibt es sie: die nicht geäußerten Motivationen und Erwartungen! Was tun?
Einfach unter den großen Gruppenteppich kehren?
Wir müssen davon ausgehen, daß nicht alle Gruppenteilnehmer sprachlich so geübt sind wie Sie. Sie haben Mühe sich auszudrücken, etwas verständlich zu erklären. Und die Frage nach ihren Motivationen (vom Fremdwort einmal abgesehen) ist ihnen vielleicht noch nie gestellt worden.

Unser Praxistip:
Warum soll der Leiter nur in und vor und mit der Gruppe agieren?
In diesem Fall bietet sich an, in Ruhe und alleine mit dem Gruppenmitglied zu sprechen. Im Gespräch unter vier Augen (z.B. am Ende des Gruppentreffens) werden Sie bestimmt herausfinden, welche Motive und Wünsche Ihr Gesprächspartner an die Gruppe hat. Ermutigen Sie ihn, beim nächsten Treffen seine Ansichten selbst vorzutragen. Als Gruppenleiter legen Sie sich die Askese auf, dies nicht selbst zu tun.
Das Motto heißt: Selbst ist der Gruppenteilnehmer!

Schwieriger aber keinesfalls hoffnungsloser wird es bei den Teilnehmern, die zwar das eine oder andere Motiv äußern, in Wirklichkeit bewußt oder unbewußt von einer ganz anderen Motivation "getrieben" werden.

Hierzu ein Beispiel:

Herr Deutsch mußte aus beruflichen Gründen seinen Wohnort wechseln. Da er abends viel Zeit hat, beschließt er, einen italienischen Sprachkurs zu belegen. Die ersten Stunden machen ihm viel Spaß, die meisten Kursteilnehmer und die Lehrerin sind ihm sympathisch. Als es jedoch an das Vokabellernen geht und diese Leistungen vor dem Kurs abgefragt werden, beginnt sich Herr D. immer unwohler zu fühlen. In Gedanken ist er dann schon in der Kneipe, wo sich einige der Teilnehmer im Anschluß an den Kurs treffen. Herr D. fehlt immer häufiger, bis er überhaupt nicht mehr zum Kurs erscheint.

An diesem einfachen Beispiel können wir erkennen, daß es Herrn D. weniger auf die inhaltliche Vermittlung des Kursangebotes ankommt; seine Motivation entsprang dem Bedürfnis nach sozialem Kontakt. Nur nebenbei bemerkt: Der gesellschaftliche Stellenwert, d.h. der Wunsch nach sozialen Beziehungen, steht als "versteckte" Motivation bei vielen Teilnehmern der unterschiedlichsten Gruppen ganz legitim an vorderster Stelle.

Neben den Motivationen und Erwartungen aus der Gruppe, kann es auch sein, daß bestimmte Erwartungen von außen an die Gruppe herangetragen werden. In der Berufswelt haben wir es häufiger mit dieser Art der Gruppenaufgabe und des Gruppenzieles zu tun.
Nehmen wir zum Beispiel den Festausschuß eines Vereines, der die 50-jährige Jubiläumsfeier ausrichten soll, er steht vor einer ähnlichen Situation. Hier ist es unbedingt notwendig, den Arbeitsauftrag exakt zu beschreiben

(schriftlich!). Erst dann können die Mitglieder des Ausschusses ihre Erwartungen und Motive mit denen des "Auftraggebers" vergleichen. Dem Gruppenleiter kommt neben den oben beschriebenen Funktionen noch die Aufgabe zu, die Erwartungen von außen zu berücksichtigen und sie in einem "Soll-Ist-Vergleich" den Gruppenteilnehmern vor Augen zu führen.

Fassen wir zum Schluß zusammern:
Es ist für die Zusammenarbeit in einer Gruppe von zentraler Bedeutung, daß die Mitglieder die Gelegenheit haben, ihre Motivationen und Erwartungen einander mitzuteilen.
Geben Sie dafür genügend Zeit.
Viele Konflikte in Gruppen sind darin begründet, daß eben dies versäumt wurde.

3. "Ich rufe TOP 27 auf!" - Sitzungen effektiv leiten

3.1 Sitzungen vorbereiten

Wer kennt das nicht: da kommt eine Einladung auf den Schreibtisch geflattert, freundlich formuliert, versehen mit dem Hinweis, wie wichtig die Sitzung sei. In seinem unergründlichen Ratschluß hat der Vorsitzende den Termin auf Donnerstag in drei Wochen festgesetzt. Der Terminkalender wird konsultiert - Pech. Schon belegt.

So also bitte nicht! Sitzungen und Treffen müssen sorgfältig **vorbereitet** werden. Zunächst: **Erstellen Sie einen jährlichen Sitzungsplan.** Auf diese Weise erhöhen Sie die Chance, daß auch viele an den Sitzungen teilnehmen werden. Wenn Sie und

die Gruppe, für die Sie verantwortlich sind, längerfristige Projekte betreiben, so sind die festgesetzten Termine Fixpunkte. Es kann an ihnen über den Stand der Entwicklungen berichtet und Zwischenentscheidungen können getroffen werden.

Einmal vereinbarte Sitzungstermine sind "tabu". Das ist natürlich bei Dienst- oder Mitarbeiterbesprechungen leichter zu erreichen als etwa bei den Vereinssitzungen. Wenn Sie aber deutlich machen, daß die Mitarbeit eines jeden wichtig ist, dann können die Termine auch als verbindlich akzeptiert werden.

Wann - zu welcher Tages- oder Nachtzeit - tagen Sie eigentlich in der Regel? Viele Sitzungen finden oft zu später Stunde statt: 19.00 oder 20.00 Uhr. Während andere glückliche Menschen sich im Familienkreis bei Brett- oder Kartenspielen erholen oder es sich mit einer Flasche Bier vor dem Fernseher gemütlich machen, da beginnen Sie zu tagen. Daß die Aufnahme- und Konzentrationsfähigkeit sich zu dieser Tageszeit dem Tiefpunkt nähert, ist eigentlich ja bekannt, am Ritual der abendlichen Vorstandssitzungen ändert das freilich nichts. Auch die Zeit zwischen 12.00 und 14.00 Uhr ist eine Phase des Leistungstiefs. Am Vormittag dagegen erreichen Menschen in der Regel den Höhepunkt ihrer Leistungsfähigkeit. Nach 14.00 Uhr steigt die Kurve wieder etwas an, um dann ab 18.00 Uhr wieder abzusinken. Gruppenleiter, die an einer effektiven Arbeit interessiert sind, beachten diese biologische Leistungskurve. Wie wäre es, eine Sitzung mal am Freitag nachmittag (16.00 bis 18.00 Uhr) oder am Samstag vormittag (9.00 bis 12.00 Uhr) anzuberaumen?

Vielleicht lieben Sie es, unbeschwert an Sitzungen teilzunehmen, ganz offen zu sein für das, was kommen wird. Spontaneität ist gut und wertvoll, bei Sitzungen kann sich diese Einstellung aber als sehr zeitaufwendig erweisen Deshalb: **Keine Sitzung ohne rechtzeitig vorher zugestellte Unterlagen.** Erläuternde Anlagen sind zu allen wichtigen Tagesordnungspunkten einfach unerläßlich. Sie sollten sich allerdings davor hüten, sich in epischer Breite zu ergehen - das liest dann keiner. Knapp, auf das Wesentliche konzentriert - so sollten die Unterlagen gestaltet sein. Zur äußeren Aufmachung noch ein Satz: es gibt sparsame Menschen, die ein DIN-A-4-Blatt optimal meinen nutzen zu müssen. Da wird ein einzeiliger Abstand gewählt, der Rand ist so schmal wie möglich gehalten, keine Zwischenüberschrift stört das einheitliche Bild, Könner spannen das Blatt dann noch quer in die Schreibmaschine und nutzen so den noch restlichen Raum (das ist keine Satire!). Sie können sich denken, wie das die Lesefreudigkeit steigert. Also: Großzügige Gestaltung, breiten Rand für Bemerkungen lassen. Sparen Sie nicht am falschen Platz! Daß die versandten Unterlagen gelesen werden, sollten Sie nicht stillschweigend voraussetzen. Erklären Sie es zur Pflicht eines jeden, sich die Texte vorher zu Gemüte zu führen. Wer es nicht getan hat, muß zusehen, wie er damit klar kommt.

Es gab einmal einen Kirchenvorstand, in dem es ständig "kriselte", die Atmosphäre war gedrückt. Das ging allen Beteiligten mit der Zeit so auf die Nerven, daß sie sich entschlossen, sich von außen beraten zu lassen. Der von außen kommende Berater machte dann eine ganz frappierende Beobachtung. Der

Kirchenvorstand tagte in einem langen, etwas schlauchartigen Raum mit einer sehr niedrigen Decke. Der Raum sorgte für die Bedrückung! Was heißt das nun? **Der Rahmen muß stimmen.** Der Sitzungsraum sollte eine angenehme Atmosphäre ausstrahlen. Er darf nicht zu groß (sonst verliert man sich darin) und er darf nicht zu eng sein (Angst kommt von "Enge"). "Im Dunkeln ist gut munkeln" mag für Partys gelten, auf Sitzungen sollte es aber hell genug sein. Dann die Tischanordnung: die Teilnehmer sollten so sitzen, daß sich alle sehen und miteinander sprechen können - bis zu 20 Teilnehmer im Kreis (Trapeztische) oder im Viereck, bis zu 30 Teilnehmern U-förmige Anordnung. Bei mehr als 30 Teilnehmern wird das nicht mehr möglich sein. Die Tische sollten dann so wie in einem Hörsaal angeordnet werden (siehe dazu auch Kapitel 8). Übrigens: wie sind die Stühle? Kann man auf ihnen längere Zeit sitzen ohne Druckstellen zu bekommen?
Zum Rahmen gehört auch, daß Getränke - eventuell auch ein Imbiß - bereitstehen.

Viele Sitzungen zeichnen sich dadurch aus, daß man routinemäßig die Tagesordnung abklappert - es wird geredet und geredet, Bericht, Aussprache, Bericht, Aussprache. Daß man Sachverhalte auch darstellen kann, scheint weithin unbekannt zu sein. Da wir aber nicht nur Ohren, sondern auch Augen haben, werden mit zunehmender Sitzungsdauer immer mehr Strichmännchen und abstrakte Gebilde von den Teilnehmern einer Sitzung gemalt.
Arbeiten Sie vermehrt mit Tageslichtprojektoren (vorbereitete Folien, übersichtlich gestaltet), Flipcharts oder Pin-Wänden.

Die Aufmerksamkeit wird so erhalten, und die präsentierten Sachverhalte prägen sich auch weitaus besser ein als wenn sie nur mündlich vorgetragen werden. Also: **Stellen Sie Hilfsmittel zur Visualisierung bereit.**

Um die Gruppenmitglieder "bei der Stange" zu halten, sollten die Sitzungen **immer ein interessantes und attraktives Thema** haben. Das motiviert die Teilnehmer, auch wirklich zu kommen. Das im Vordergrund stehende Thema sollte auch entsprechend auf der Tagesordnung plaziert sein: am Anfang. Ihm sollte genügend Zeit eingeräumt werden. Bei der Gestaltung der Tagesordnung sollten Sie darauf achten, daß das Schwergewicht auf Problemlösung und Beschluß liegt (das fordert und aktiviert die Teilnehmer), die Informationsvermittlung (das versetzt die Teilnehmer in eine eher passive Position) sollte so knapp wie möglich sein.

Checkliste "Sitzungen"

Termin	von ...	bis ...	wo?

Einladungsfrist - Termin:

Reguläre Teilnehmer

Gäste/Referenten

Tagesordnungspunkte	Anlagen	Information	Diskussion	Entscheidung	Dauer des TOP	Plazierung auf TO

	Notizen
Hilfsmittel (Flipchart, Tafel, Tageslichtprojektor, Stifte usw.)?	
Erfrischungen (Getränke, Imbiß)?	
Bestuhlung/Gestaltung des Raumes?	
Besondere Ereignisse (Geburtstage, Jubiläen)?	

Matthias-Grünewald-Verlag Mainz   Gäde/Listing: Gruppen erfolgreich leiten

Um Ihnen die Vorbereitung einer Sitzung zu erleichtern, stellen wir Ihnen eine Checkliste **"Sitzungen"** vor.

Da Sie an einer effektiven Sitzungsleitung interessiert sind, sollten Sie sich bewußt machen, welches Ziel die einzelnen Tagesordnungspunkte haben:

wollen Sie bloß informieren bzw. informieren lassen,

soll ein Sachverhalt diskutiert werden,

oder soll eine Entscheidung herbeigeführt werden?

Das wirkt sich auf die Gestaltung der gesamten Tagesordnung, auf die der Tagesordnungspunkte aus und auf die Zeit, die jeweils benötigt wird.

Soweit einige Empfehlungen für die Sitzungsvorbereitung.
Jetzt zur Sitzung selbst.

Der Verlauf einer Sitzung hängt entscheidend von Ihnen ab. Führen Sie **straff und konzentriert.** Recht verstandene Sitzungsleitung ist Schwerstarbeit. Alle Ihre Sinne sind hellwach. Ihr Augenmerk richtet sich auf die sachgerechte Verhandlung der anstehenden Themen, auf die Atmosphäre und auf die einzelnen Gruppenmitglieder. Diese Anforderungen machen deutlich, daß der Sitzungsleiter nicht der Alleinredner sein darf, er ist **Moderator.** Was heißt das? Sie sollten, ohne jeweils Fachmann oder Fachfrau sein zu müssen, sich in der zur Diskussion stehenden Thematik gut auskennen. Sind Sie das nicht, dann geben Sie für diesen speziellen Punkt die Diskussionsleitung an jemanden ab, der sich besser auskennt. Es gibt nichts Schlimmeres als ein unfähiger Sitzungsleiter, der zu allem auch noch ständig seinen "Senf" geben muß.

Ihre Aufgabe als Moderator besteht weiter darin, die Sitzung **ergebnis- wie auch personenorientiert** zu strukturieren. Wegen des im allgemeinen hohen Mitteilungsbedürfnisses ist das nicht immer einfach.

Halten Sie das Gespräch, die Diskussion am Thema, höflich aber bestimmt.

Registrieren Sie die Wortmeldungen der Teilnehmer.

Ermuntern Sie ruhige oder passive Gruppenmitglieder.

Halten Sie die Ergebnisse mündlich oder auch visuell fest. Diese Aufgabe können Sie natürlich auch delegieren.

Und: halten Sie die vorgegebene Zeit ein.

Immer wieder kommt es vor, daß während einer Sitzung etwas formuliert werden muß (eine Resolution, ein Antrag oder ähnliches). Diese Aufgabe kann die Gesamtgruppe nicht leisten. Was in der Sitzung von der Gesamtgruppe gemacht werden kann, ist das Zusammentragen von Ideen und Gesichtspunkten. Formulierungsentwürfe delegieren Sie an eine Untergruppe oder einen Verantwortlichen. Ein praktikables Verfahren kann darin bestehen, daß - während die Sitzung weitergeht - zwei oder drei den Sitzungsraum verlassen, einen Text entwerfen und ihn dann etwas später in das Plenum einbringen.

Sitzungsleiter stehen immer wieder in der Spannung, ein Gespräch laufen zu lassen oder die Wortmeldungen der Reihe nach auf eine Rednerliste aufzunehmen. Es ist lebhafter, spontaner und aktivierender, wenn das Gespräch ohne das Steuerungsmittel der Rednerliste geführt werden kann. Hier ist Ihr Fingerspitzengefühl und Ihre Beobachtungsgabe gefordert. Das sich frei entwickelnde Gespräch darf nicht dazu führen, daß die passiven Teilnehmer "unter die Räder" kommen. Korrigierendes Eingreifen kann unter Umständen notwendig sein. Bei sehr großen Gruppen wird es ohne eine Rednerliste allerdings nicht gehen.

Wenn Sie über die Gabe des Humors verfügen, platte Witze sind nicht erlaubt, kann das zur Auflockerung beitragen.

Pausen sind sehr wichtig. Sie sollten vorher festgelegt werden oder bei auftretenden Ermüdungserscheinungen der Teilnehmer (Gähnen, Seitengespräche, nachlassende Konzentration) beschlossen werden. Bewegungsübungen, Spaziergänge und viel frische Luft im Tagungsraum beleben die Gruppe.

Bei vielen Sitzungen werden **Protokolle** geführt. Es gibt Gruppen, die kunstvoll gedrechselte Verlaufsprotokolle anfertigen mit dem Argument: wenn mal später jemand in das Gremium kommt, dann kann der nachlesen, wie Beschlüsse zustande gekommen sind. Aber Hand aufs Herz - wer setzt sich nächtelang hin, um die Protokolle der letzten fünf Jahre nachzulesen, es sei denn, es handelt sich um Staatsanwälte, die irgendwelchen Betrügereien nachspüren. Meistens erfüllen Ergebnis- oder Beschlußprotokolle ihren Zweck. Verlaufsprotokolle sind in der Regel überflüssig.

Protokolle müssen auf jeden Fall folgende Frage beantworten:

Wer macht was bis wann?

Das muß jeweils durch Sie ganz klar und eindeutig geklärt und festgehalten werden.

Zu Ihren Aufgaben gehört es auch, daß Sie überprüfen, ob die Beschlüsse auch ausgeführt werden. Die Gruppe ist über die ausgeführten Beschlüsse zu informieren.

Das folgende Formular eines Ergebnisprotokolls hat sich in der Praxis bewährt. Wir stellen es Ihnen zur Verfügung, Sie können es nach Ihren Bedürfnissen gestalten.

In das Feld mit der "1." tragen Sie den Namen Ihrer Einrichtung ein, in das Feld "2." die Art der Sitzung. Reicht eine Seite nicht aus, dann verwenden Sie das zweite Protokollformular.

Ein praktischer Hinweis, das Copyright betreffend:
Wenn Sie auf dieses Formular - wie auch auf die Sitzungs-Checkliste - zurückgreifen wollen, dann dürfen Sie die eingelegten Vorlagen kopieren und für *Ihren persönlichen Bedarf* verwenden.

3.2 Das Gruppengespräch
oder:
Viele Köche verderben eben nicht den Brei

Sitzungen, Besprechungen, Tagungen gehören zum Alltag von Vereinen und Clubs, von Abteilungen und Vorständen. Ihr Merkmal ist das Gruppengespräch, oder sollte es sein. Meistens sind die Themen des Gesprächs klar, es wurde vorher eine Einladung mit Tagesordnung verschickt, oder zu Beginn der Sitzung die Dinge benannt und gesammelt, die beraten werden. Die Aufgabe der Besprechung besteht nun darin, die Themen und Probleme zu ergründen, Vor- und Nachteile abzuwägen, Lösungen zu finden und dann auch Entscheidungen zu treffen.

In Ihrer Verantwortung liegt es, daß dies optimal geschieht. Um das zu erreichen, müssen drei Faktoren von Ihnen berücksichtigt werden.

Das Gruppengespräch soll effizient (Zeit-/Ergebnisfaktor), dem Thema angemessen sein (Inhaltsfaktor) und in einer angenehmen, motivierenden Atmosphäre stattfinden (Beziehungsfaktor).

Werden die drei genannten Faktoren bei der Vorbereitung und Gestaltung von Gruppengesprächen beachtet, so müssen die folgenden Befürchtungen nicht eintreten:

daß Gruppengespräche sie viel Zeit kosten und
daß nicht immer die beabsichtigten Ergebnisse erreicht werden,
daß "viele Köche den Brei verderben",
daß die Mitglieder der Gruppe nicht genügend Kompetenz mitbringen,
daß sie Macht und Einfluß abgeben müssen.

1.	Kurzprotokoll der Sitzung	Seite:
2.	vom in	Datum:

Anwesend:

Gäste:

TOP	Thema / Vereinbarungen / Entscheidungen / Beschlüsse	Wird erledigt von... bis/am ...

Termin der nächsten Sitzung:		Ort:	

Verteiler:

Matthias-Grünewald-Verlag Mainz   Gäde/Listing: Gruppen erfolgreich leiten

1.		Kurzprotokoll der Sitzung	Seite:
		vom	
2.			Datum:
		in	

TOP	Thema / Vereinbarungen / Entscheidungen / Beschlüsse	Wird erledigt von... bis/am ...

Matthias-Grünewald-Verlag   Mainz

Gäde/Listing: Gruppen erfolgreich leiten

Gruppengespräche haben viele Vorzüge - für den einzelnen, für die Gruppe und auch für die gesellschaftspolitische Kultur.

Die Mitglieder einer Gruppe erhalten die Möglichkeit, sich an Entscheidungsprozessen zu beteiligen, dadurch wächst ihr Engagement, und sie sind wach und interessiert bei der Sache.

Gruppengespräche tragen auch zur Persönlichkeitsentwicklung der einzelnen bei: der einzelne muß seine Gedanken sortieren, ordnen und strukturieren, will er mit seinen Beiträgen andere überzeugen. Es ist ein Übungsfeld für die freie Rede.

Ein die Mitglieder aktivierendes Gruppengespräch fördert auch das Selbstbewußtsein, da sie lernen, ihre Meinung und Erfahrung anderen gegenüber darzustellen und zu vertreten. Ist das gewährleistet, dann sind die einzelnen auch eher bereit, die Ideen, Meinungen und Fragen anderer zu akzeptieren. Immer wieder ist zu erleben, daß - wenn mehrere ein Problem besprechen - plötzlich Lösungen und Alternativen in den Blick kommen, an die vorher niemand gedacht hat.

Gruppengespräche sind oft ausgesprochen produktiv und vielfältig. Die Gruppenatmosphäre wird positiv beeinflußt. Die Gruppenmitglieder lernen sich besser kennen, wenn sich alle beteiligen können, sie lernen aufeinander zu hören, sie entwickeln Toleranz füreinander und erleben, was demokratische Kultur ist: Konflikte austragen, Kompromisse eingehen, Mehrheitsbeschlüsse akzeptieren und Verantwortung übernehmen.

All das sind Eigenschaften, die eine demokratische Gesellschaft benötigt, die nicht nur eine Staatsform, sondern auch eine Lebensform ist.

Sie alle kennen Sitzungen, die nicht vom Fleck kommen.

Das Gespräch dreht sich im Kreis, es herrscht eine lähmende oder auch aggressive Stimmung. Es wird geredet und geredet, manchmal ist gar nicht mehr klar, worum es überhaupt noch geht. Es gibt thematische Sprünge, ein plötzlich eingebrachtes Thema wird ausgiebig traktiert, obwohl es eigentlich gar nicht dran ist.

Die Zeit vergeht, der Ärger wächst.

Wie sorglos gehen manche Gruppenleiter mit der Lebenszeit ihrer Gruppenmitglieder um!

Wie also kann es erreicht werden, daß in möglichst kurzer Zeit möglichst viel erreicht wird?

Beginnen wir unsere Empfehlungen bei den scheinbaren Äußerlichkeiten.

1. Stellen Sie eine kommunikative Atmosphäre her.

2. Sorgen Sie für genügend frische Luft.

3. Raucher kommen in den Pausen auf ihre Kosten.

4. Denken Sie an Getränke.

5. Arbeitsblätter und Tischvorlagen sind in ausreichender Zahl vorhanden.

6. Eine Wandtafel oder ein Flipchart sind unerläßliche Hilfsmittel, um Sachverhalte, Stichworte usw. für alle sichtbar zu machen.

7. Der Raum, in dem die Gruppe tagt, muß hell sein.

8. Machen Sie sich mit den technischen Hilfsmitteln (Dia-Projektor, Tageslichtprojektor) vertraut. Das muß klappen, wenn Sie es verwenden.

9. Wenn Sie einen Tageslichtprojektor verwenden, dann arbeiten Sie auch am Projektor und gehen nicht zur Leinwand. Schalten Sie ihn auch immer wieder ab.

10. Vermeiden Sie ein brillantes Medien-Feuerwerk - es verwirrt, wenn Sie ständig zwischen Dia-Projektor, Tageslichtprojektor und Wandtafel hin- und herpendeln.

11. Planen Sie Pausen ein. Die damit vergebene Zeit wird durch die neu gewonnene Konzentrationsfähigkeit mehr als wettgemacht. Pausen sind auch deshalb notwendig, da die Mitglieder auch mal so, ohne das Korsett einer Tagesordnung, miteinander sprechen wollen. Das mindert störende Seitengespräche.

12. Achten Sie darauf, daß die vereinbarte Zeit eingehalten wird. Dazu gehört, daß Sie pünktlich beginnen und auch schließen. Es gibt neben den Gruppensitzungen noch mehr Dinge, die das Leben bereichern.

Sind die äußeren Rahmenbedingungen erfüllt, dann haben Sie gute Voraussetzungen geschaffen für ein effektives Arbeiten.

Eng mit dem Zeit-/Ergebnisfaktor verknüpft ist der Inhaltsfaktor. Effektive Sitzungen haben eine klare Struktur.
Ein Gruppengespräch wird, wie kann es anders sein, eröffnet. Die Eröffnungsphase soll eine Atmosphäre der Gesprächsbereitschaft herstellen, und das Ziel der Zusammenkunft wird durch den Gruppenleiter klar beschrieben. Dann geht es in die einzelnen Tagesordnungspunkte.
In wenigen Worten - das kann auch mit einer Startfrage geschehen - wird gesagt, worum es geht. Die Teilnehmer tragen daraufhin ihre Anschauungen und Meinungen dazu bei. Ihre Aufgabe ist es, zu ordnen und das Wesentliche herauszuschälen, Zusammenhänge aufzuzeigen und zu systematisieren. Führungsqualitäten sind hier von Ihnen gefordert. Die wesentlichen Argumente und Gegenargumente werden von Ihnen sodann zusammengefaßt und zur Diskussion gestellt. Dann bereiten Sie die Entscheidung vor. Eine knappe Zusammenfassung des bisher Geklärten gehört dazu. Eventuell muß eine Entscheidung verschoben werden, wenn noch wichtige Informationen fehlen. In diesem Fall muß geklärt werden, wie die Informationen beschafft werden können.

Welche Gesprächsformen es neben dem Gruppengespräch noch gibt, finden Sie im nächsten Kapitel.

3.3 Störungen - Ursachen und Gegenmittel

Sie achten als Gruppen- und Sitzungsleiter auf die Stimmung in der Gruppe, auf die Atmosphäre, darauf, wie die Gruppenmitglieder sich beteiligen. Ja, und dann merken Sie plötzlich, daß die Stimmung absackt, das Gespräch wird schleppend, es wird träge und lustlos.
Woran kann das liegen?
Das **Thema** kann die Ursache sein:
Ist das, was behandelt wird, wirklich das Thema, das die Gruppe interessiert?
Ist es zu abstrakt oder allgemein formuliert, zu "akademisch"?
Interessiert es nur wenige im Kreis?
Ist das Thema zu dicht, zu persönlich?
Auch die **Personen** können dafür ursächlich sein:
Wie weit kennen sich die Gruppenmitglieder?
Ist die Beziehung zwischen ihnen durch Angst oder Rivalität geprägt?

Dominieren Sie vielleicht als Gruppenleiter, indem Sie ständig das Gespräch an sich ziehen?

Gibt es Aggressionen zwischen Mitgliedern Ihrer Gruppe?

Auch **äußere Faktoren** können sich ungünstig auswirken:

wie ist der Rahmen (siehe oben) gestaltet?

Was tun?

Zunächst können Sie Ihren Eindruck den anderen mitteilen. Es kann ja auch sein, daß Sie sich täuschen. Da Sie eventuell die Materie besser beherrschen, denken Sie, es müßte alles viel flotter gehen. Dabei benötigen die anderen einfach noch Zeit, um alles zu verarbeiten. Die Rückfrage an die Gruppe, ob sie die Situation ähnlich erlebt, gibt der Gruppe die Möglichkeit, sich an der weiteren Gestaltung der Sitzung aktiv zu beteiligen.

Sie klären also den augenblicklichen Stand der Diskussion oder der Befindlichkeit, dann greifen Sie in Ihren "Werkzeugkasten" und machen Vorschläge zur Weiterarbeit. Das geschieht freundlich und höflich, aber auch bestimmt. Vermeiden Sie Verfahrensdiskussionen, gewichtige Einwände oder andere produktive Ideen nehmen Sie natürlich ernst.

Liegt es am **Thema**, dann müssen Sie sich etwas überlegen, um wieder Schwung in die Sache zu bringen:

Veranschaulichen Sie den zur Diskussion stehenden Sachverhalt durch ein Beispiel oder eine Grafik (ein Flipchart sollte also bereitstehen), provozieren Sie die Teilnehmer mit entsprechenden Fragen oder Thesen, oder zerlegen Sie das Thema in überschaubare Unterthemen, in "kleine Häppchen".

Wenn **Personen** für den Stimmungsumschwung verantwortlich sind, dann können Sie zum Beispiel an die Regeln der Zusammenarbeit erinnern (jeder darf ausreden, man hört sich zu, man sollte sich kurz fassen). Es geht nicht um Schuldzuweisungen. Solche Ermahnungen richten sich an die ganze Gruppe. In nahezu jeder Gruppe gibt es auch schwierige Zeitgenossen, die durch ihr Verhalten andere beeinträchtigen und die ganze Arbeit ungünstig beeinflussen. In solchen Fällen muß von Ihnen taktvoll aber gezielt eingegriffen werden.

Da gibt es etwa den **"Alleswisser"**. Er ist gut informiert und redelustig. Er kennt keine Hemmungen, seine Beiträge sind meist sachlich wertvoll und fundiert. Das ist eine Bereicherung für jede Gruppe, birgt aber die Gefahr in sich, daß er zu einer alles beherrschenden Figur wird, daß er dominiert. Hier empfiehlt es sich, die eine oder ander Wortmeldung von ihm zu übergehen (sein Selbstbewußtsein wird darunter nicht leiden). Sollte er zu langen Reden neigen, unterbrechen Sie ihn höflich. In einer Pause können Sie den "Alleswisser" auch bitten, sich etwas zurückzuhalten, um auch anderen Raum zu geben.

Sein Pendant ist der **"Geltungssüchtige"**. Auch er beteiligt sich eifrig an den Diskussionen, auch wenn seine Beiträge oft Substanz vermissen lassen. Er kann mit seinem Stil den anderen Gruppenmitgliedern "auf die Nerven" gehen. Außerdem werden durch ihn Sitzungen oft übermäßig in die Länge gezogen.

Wie beim "Alleswisser" sollten Sie immer wieder seine Wortmeldungen "übersehen". Wenn er zu ausschweifend wird, darf auch er unterbrochen werden. Außerdem können Sie ihn gezielt fragen, was seine Darlegungen mit dem Thema zu tun haben.

Eine besondere Spezies ist der **"Besserwisser"**. Kaum ist die Sitzung beendet, dann trumpft er auf: er kommentiert alles und weiß, wie es besser hätte laufen können. Während der Sitzungen allerdings hält er sich bedeckt. Was er wirklich meint und denkt, das behält er oft für sich. Man weiß nie so recht, wo man bei ihm dran ist.

Hier kann es gut sein, ihm ganz konkrete Fragen zu stellen, die ihn zu einer Stellungnahme nötigen. Bevor ein neues Thema dran kommt, fragen Sie als Gesprächsleiter, ob es noch Einwände zu dem bislang behandelten Gegenstand gibt.

Dann gibt es den **"Kritiker aus Prinzip"**. Man kann es ihm nicht recht machen. Ständig hat er etwas auszusetzen. Er sollte positiv in den Gesprächsverlauf eingebunden werden. Bitten Sie ihn um Vorschläge.

Eine Steigerung des "Kritikers aus Prinzip" ist der **"Oppositionelle"**. Widerspruch ist sein Element. Das kann immer wieder sehr anregend sein, seine Gegenpositionen können neue Perspektiven eröffnen. Bitten Sie ihn gezielt um seine Beiträge. Zwischen den unterschiedlichen Positionen ist dann zu vermitteln.

Es sei noch der **"Kampfhahn"** erwähnt. Er steigt immer wieder mit Genuß "in den Ring", der Streit ist sein Lebenselixier. Wenn Sie selbst zum Streit neigen, sich dessen aber nicht bewußt sind, dann befinden Sie sich mit ihm sicher ständig "im Clinch". Das sollten Sie vermeiden, es bringt weder Ihnen noch der Gruppe etwas. Unterlaufen Sie seine Streitlust, indem Sie freundlich zu ihm sind. Wie auch bei den anderen hier beschriebenen Typen vermeiden Sie es, ihn anzuschauen - das würde ihn nur ermuntern. Um ihn aus den Diskussionen herauszuhalten, übertragen Sie ihm eine Aufgabe - etwa das Protokoll oder die Rednerliste.

Neben diesen sehr aktiven Gruppenmitgliedern gibt es welche, die eher ruhig und zurückhaltend sind, es sind die **"Schweiger"**, die "Verschlossenen". In solchen Fällen müssen Sie stützend und nicht wie in den oben beschriebenen Fällen bremsend tätig werden.

Stellen Sie z.B. fest, daß noch nicht alle ihre Meinung gesagt haben. Schauen Sie dabei die ruhigeren Teilnehmer an, wenn Sie merken, daß jemand schüchtern seine Hand hebt, dann greifen Sie das sofort auf. Fragen Sie nach Erfahrungen, die Sie bei diesen Gruppenmitgliedern vermuten. Nicht so günstig ist es, wenn Sie stillere Gruppenmitglieder gewissermaßen "frontal" auffordern, ihre Meinung zu sagen. Das kann sie möglicherweise verschrecken. Machen Sie ihnen am Ende des Treffens Mut, ihre Anliegen und Anregungen das nächstemal in die Gruppe einzubringen.

Die hier beschriebenen Gruppenmitglieder sind "Typen". Menschlich sind die Mischformen, aber der eine oder andere Zug kann dann doch charakteristisch sein.

Immer wieder kommt es in Sitzungen zu längeren **Dialogen** zwischen zwei Teilnehmern. Das kann für eine gewisse Zeit ganz reizvoll bis amüsant sein. Wenn diese Dialoge aber den Fortgang hemmen, dann müssen Sie unterbrechen. Sie können die anderen Gruppenmitglieder bitten, sich an dem Dialog zu beteiligen. Lassen sich die beiden dadurch nicht bremsen, dann fordern Sie sie auf, ihren Disput anschließend - nach der Sitzung - weiterzuführen.

Zu den thematisch- und personenbedingten Ermüdungserscheinungen in einer Sitzung können noch **äußere Faktoren** treten.

Die Luft ist verbraucht, es ist zu dunkel, zu kalt oder zu warm im Raum, die Sitzanordnung ist ungünstig und wenig kommunikativ. Unterbrechen Sie die Sitzung für eine Pause, lüften Sie, besorgen Sie Kaffee und Tee oder gehen in einen anderen Raum.

Daneben gibt es zum Beispiel auch politische Ereignisse, die sich unmittelbar auf eine Sitzung auswirken, die Gruppenmitglieder ablenken und stark beschäftigen. Sollte letzteres der Fall sein oder von Ihnen vermutet werden, dann sprechen Sie das an. Geben Sie Raum, sich kurz darüber auszutauschen.

Dann lenken Sie das Gespräch wieder auf das eigentliche Thema zurück.

Und schließlich: Gestalten Sie die Gruppensitzungen abwechslungsreich, um Passivität vorzubeugen.
Dazu gehört das Visualisieren, vielleicht gibt es auch zu dem einen oder anderen Thema einen kurzen Film oder eine Diareihe.
Eine letzte Empfehlung: Arbeiten Sie auch mit kleinen Gruppen. Unterteilen Sie das Plenum in Gruppen von drei, vier oder fünf Personen. Alle Gruppen haben die gleiche Fragestellung. Dann werden die Ergebnisse der Kleingruppen im Plenum abgerufen. Das lockert die Sitzungsmonotonie auf und aktiviert die Teilnehmer.

3.4 Die Geschäftsordnung

Zum Ende dieses Kapitels servieren wir Ihnen noch eine knochentrockene Materie, sie zu beherrschen kann aber "lebensrettend" sein - die Geschäftsordnung. Wer kennt sie nicht - die "Geschäftsordnungshengste". Virtuos spielen sie auf der Klaviatur der Geschäftsordnung, unbekümmert um die Wirkung, die sie bei anderen dadurch erzielen. Die Geschäftsordnung hat den Sinn, Diskussionen und Entscheidungen geregelt ablaufen zu lassen. Aber immer wieder wird sie auch als Machtinstrument benutzt. Dem sollten Sie als Leiterin und Leiter einer Gruppe, eines Vereins oder eine Partei wehren, indem Sie sich selbst in der Geschäftsordnung gut auskennen.
Die folgenden Geschäftsordnungsregeln lehnen sich an die Geschäftsordnung des Deutschen Bundestages an.

1.

Redebeiträge erfolgen in der Reihenfolge der Wortmeldungen.
Eine Ausnahme sind die Wortmeldungen oder Anträge "zur Geschäftsordnung", sie haben Vorrang. Nach Beendigung des laufenden Redebeitrags sind sie dran.

2.

Beiträge "zur Geschäftsordnung" sind alle Hinweise, die sich auf die Verfahrensregeln beschränken - und nur auf diese!

3.

Der Diskussionsleiter hat darauf zu achten, daß sich ein Beitrag "zur Geschäftsordnung" wirklich nur auf die Verfahrensregeln bezieht und keine darüber hinausgehenden Stellungnahmen und Informationen enthält.

4.

Anträge "zur Geschäftsordnung" sind alle Vorschläge zur Veränderung der Verfahrensregeln in der Diskussion, z.B.:

Antrag auf Schluß der Debatte: die Annahme des Antrags erzwingt einen sofortigen Abschluß der Diskussion und eine Streichung der Rednerliste zum behandelten Punkt;

Antrag auf Schluß der Rednerliste: vor der Abstimmung kann der Diskussionsleiter zulassen, daß weitere Wortmeldungen in die Rednerliste aufgenommen werden; nach der Abstimmung ist dies nicht mehr möglich;

Antrag zur Reihenfolge der Tagesordnungspunkte;

Antrag zur Reihenfolge von Anträgen;

Antrag auf Begrenzung der Redezeit;

Antrag auf Unterbrechung oder Abschluß eines Tagesordnungspunktes;

Antrag auf Unterbrechung oder Abschluß der gesamten Sitzung.

5.

Eine Fragestellung muß vor der Abstimmung so formuliert sein, daß sie mit "ja" oder "nein" beantwortet werden kann.

6.

Bei der Abstimmung ist folgende Reihenfolge einzuhalten:

1. Geschäftsordnungsanträge
2. Änderungsanträge
3. Zusatzanträge
4. Abstimmung über den Gegenstand selbst.

7.

Wenn mehrere Anträge zum gleichen Gegenstand vorliegen, so wird über den "weitergehenden" Antrag zuerst abgestimmt. Der "weitergehende" Antrag ist der Antrag, der die weitreichendsten Konsequenzen nach sich zieht.

8.

Vor der Abstimmung wird der Antrag noch einmal verlesen.

9.

Die Abstimmung erfolgt in der Regel per Handzeichen.

10.

Auf Verlangen bereits eines einzelnen Mitglieds muß eine geheime Abstimmung mit Stimmzetteln erfolgen.

11.

Der Diskussionsleiter fragt in folgender Reihenfolge:
- Wer ist für den Antrag?
- Wer ist gegen den Antrag?
- Wer enthält sich der Stimme?

12.

Ein Antrag gilt als angenommen, wenn mehr als die Hälfte der Stimmen dafür votieren. Bei gleicher Anzahl von Für- und Gegenstimmen ist der Antrag abgelehnt.

Die hier zusammengetragenen Anregungen und Empfehlungen werden Ihnen helfen, Ihre Sitzungen sach-, problem- und personenorientiert und somit effektiv zu gestalten.

4. "Meine sehr verehrten Damen und Herren, ..."
Hören, Sprechen und Reden

Als Leiter oder Leiterin einer Gruppe sind Sie immer wieder gezwungen zu reden, die einen tun das ausgiebig und gerne, andere eher schüchtern und ungeschickt. Ebenso sind Sie gezwungen zuzuhören. Manche sind da sehr, manchmal zu geduldig, andere neigen dazu, dem Gesprächspartner ins Wort zu fallen.

Kurt Tucholsky hatte in seinen 1930 formulierten "Ratschlägen für einen schlechten Redner" (nach wie vor höchst lesenswert) geschrieben: "Wenn einer spricht, müssen die anderen zuhören - das ist deine Gelegenheit! Miß-brauche sie." Das war ironisch gemeint - viele Gruppenleiter tun es aber dennoch. Und dann wundern sie sich, daß nach ihrem vierten längeren Rede-beitrag eine allgemeine Müdigkeit um sich greift oder die Seitengespräche immer lauter werden. Gruppenleitung heißt nicht, Monologe zu halten. Dialog ist angesagt und zwar unabhängig von der Zahl der daran Beteiligten. Was heißt Dialog? Es werden Meinungen, Positionen, Informationen ausgetauscht, mitgeteilt und verarbeitet. Wechselseitige Rede und Antwort - das ist Dialog. Dazu gehört die Bereitschaft, sich dem anderen gegenüber zu öffnen, dazu gehört, eine Bindung und Beziehung einzugehen. Neben den Dialog tritt aber auch immer wieder der Monolog, die Rede. Eine Rede gelingt aber auch nur dann, wenn sie ankommt und die Angeredeten auch erreicht. Auch hier geht es darum, eine Beziehung zu den Hörern herzustellen. Dazu noch einmal Tucholsky: "Eine Rede ist, wie könnte es anders sein, ein Monolog. Weil doch nur einer spricht. Du brauchst auch nach vierzehn Jahren öffentli-cher Rednerei noch nicht zu wissen, daß eine Rede nicht nur ein Dialog, sondern ein Orchesterstück ist: eine stumme Masse spricht nämlich ununter-brochen mit. Und das mußt du hören." All das gelingt nur, wenn die Grundvor-aussetzung eines jeden kommunikativen Prozesses erfüllt wird: Zuhören.

4.1 "Zuhören? Das kann doch jeder!"

Schatzmeister Bernhard erläutert auf der Jahresversammlung des Turnver-eins von 1873 ausgiebig das Auf und Ab der Einnahmen und Ausgaben des Vorjahres. Es ist still, man scheint ihm zuzuhören. Auch der Vorsitzende des Vereins hält den Kopf leicht geneigt, sein Gesicht dem Vortragenden zuge-wandt - seine Gedanken sind weit weg. Er überlegt, wo er seinen nächsten Sommerurlaub verbringen soll - Bretagne oder Nord-Jütland. Kaum hat Schatzmeister Bernhard seine Ausführungen beendet, da gibt er sich einen

Ruck und sagt: "Ja, vielen Dank, Herr Bernhard. Gibt es dazu Rückfragen? ... Es gibt keine. Wir können dann zum nächsten Tagesordnungspunkt kommen." Aber da meldet sich doch noch Frau Dr. Bremen, sie ist Sportärztin, um den Vorsitzenden zu fragen, warum der sportmedizinische Sektor so gar keinen Stellenwert habe. Umständlich beginnt der Vorsitzende zu erklären, er muß sich erst mal auf die unerwartete Frage konzentrieren. Da fällt ihm Frau Dr. Bremen ins Wort: "Ich sehe, daß Sie dafür kein Interesse haben!" Seine Beteuerung, daß dies auf keinen Fall so sei, wird nur mit einem spöttischen Lächeln quittiert.

Szenenwechsel.

Mitarbeiterbesprechung in einer großen sozialen Einrichtung. Es fehlt Herr Konrad. Man beginnt. Nach etwa 15 Minuten geht die Tür auf, Herr Konrad kommt hereingestürzt, er fängt an, seine Verspätung zu entschuldigen: "Ich habe meine Tochter zur Schule bringen müssen ...". Sein Chef fährt ihm erbost über den Mund: "Herr Konrad, das reicht mir! Sie müssen sich entscheiden, was Ihnen wichtiger ist - Beruf oder Familie!" und geht dann zur Tagesordnung über. Herr Konrad hat einen roten Kopf bekommen, ganz klein sitzt er da auf seinem Stuhl. Daß seine Frau wegen eines Blinddarmdurchbruchs sofort ins Krankenhaus gebracht werden mußte, das konnte er nicht sagen. Für diese Notlage hätte jeder Verständnis gehabt. Sein Chef aber sah nur sein Zuspät-Kommen. Wut steigt in Herrn Konrad auf. Das wird er nicht vergessen!

Ein drittes Beispiel.

Sitzung des Schulelternbeirats. Erleichtert stellt die Vorsitzende fest, daß die Planung des diesjährigen Schulfestes gut voran geht. Der Festausschuß hatte einen Überblick über die von den Klassen geplanten Ständen gegeben. Alle waren damit zufrieden. Der nächste Tagesordnungspunkt ist der Sicherheit des Schulweges gewidmet. Da meldet sich Herr Kraushaar zu Wort. Innerlich stöhnt die Vorsitzende. Schon wieder der! Seine ständige Rede, daß vor die Schule eine Fußgängerampel hingehöre, hat sie schon x-mal gehört. Und jetzt fängt er wieder damit an! Sie beginnt ihre Unterlagen durchzusehen: Die Elternspende ist noch dran, der Kassenbericht, dann wollen zwei Lehrerinnen den Antrag stellen, Bälle und Lernhilfen für schwache Schüler von der Elternspende anschaffen zu lassen. Während sie so in ihrem Aktenordner blättert, überhört sie, daß Herr Kraushaar berichtet, daß er den Verkehrsdezernenten der Stadt für die Fußgängerampel habe gewinnen können. Die Stadt werde im nächsten Haushaltsjahr die entsprechenden Finanzmittel bereitstellen. Irritiert schaut sie auf, als sie plötzlich zustimmendes Gemurmel hört.

4.2 Zuhören - aktiv, produktiv, strukturierend

Ein Gruppenleiter muß, will er seiner Aufgabe gerecht werden, zuhören - konzentriert und aktiv. Es geht um ein produktives Zuhören. Nur so kann er dem Redenden folgen, die Inhalte und Informationen aufnehmen und angemessen darauf reagieren. Das kann man von ihm erwarten. Das ist eine seiner zentralen Aufgaben. Wird diese Aufgabe nur unzulänglich erfüllt, kann die gesamte Arbeit darunter leiden.

Die Fähigkeit, aktiv und produktiv zuzuhören, können Sie sich aneignen. Nur so lernen Sie die Gedanken, Gefühle und Einstellungen anderer wirklich zu verstehen. Wenn Sie als Leiter oder Leiterin einer Gruppe das versuchen, wird auch Ihre Gruppe davon profitieren.

Das aktive, produktive Zuhören besteht nicht darin, dem anderen voller Verständnis in die Augen zu schauen und ihn durch gleichförmiges Kopfnicken zum weiteren Sprechen zu ermuntern. Von Ihnen als Gruppenleiter ist auch ein strukturierendes Zuhören gefordert. Wenn sich ein Gruppenmitglied weitschweifig in Details ergeht, die einen Sachverhalt eher unklar machen als ihn erhellen, dann unterbrechen Sie ruhig, fassen seine Kerngedanken zusammen und fragen ihn, ob Sie ihn so richtig verstanden haben. Ihr Gesprächspartner merkt, daß Sie ihm mit Aufmerksamkeit gefolgt sind, und sie helfen auch den anderen, die Sache besser zu verstehen. Zudem können Sie überprüfen, ob Sie selbst wirklich das Wichtigste verstanden haben.

Ein anderes Zeichen aktiver Anteilnahme sind Rückfragen, sie helfen einen Sachverhalt zu klären und verringern die Wahrscheinlichkeit von Mißverständnissen. Nur sollte man sich hüten, bei Rückfragen gleich Interpretationen, Wertungen oder vage Schlußfolgerungen mitzuformulieren.

Je nach Situation kann es auch sinnvoll sein, einen Beitrag einmal sinngemäß zu wiederholen. Das trägt zur Klärung bei - zur Klärung für Sie ("Habe ich verstanden, was der andere will?"), für die Gruppe ("Haben das alle verstanden?") und für den Redner selbst ("Habe ich mich klar ausgedrückt?").

Das Fragen ist überhaupt ein ganz zentrales Kommunikationsmittel. Eine Frage eröffnet einen dialogischen Prozeß, das Interesse am Gesprächspartner wird deutlich, und der Gesprächspartner wird miteinbezogen. Sie kann ein Gespräch in eine bestimmte Richtung lenken, da der Fragesteller sich in eine aktive Position bringt.

Es ist für Sie wichtig zu wissen, daß es verschiedene Fragetypen gibt.

Dazu einige Beispiele:
1. Die Vorsitzende des Pfarrgemeinderates fragt bei einem Bewerbungsge-spräch die junge Erzieherin: "Wie alt sind Sie?" - "Wohnen Sie hier?" - "Sind Sie verheiratet?" - "Haben Sie selbst Kinder?"

2. Der Vorsitzende des Fußballvereins auf einer außerordentlichen Mitglie-derversammlung: "Daß unsere Mannschaft auf dem letzten Tabellenplatz steht, ist ein Skandal! Was müssen wir tun, um das zu ändern? Wir kommen um die Frage des Trainers nicht herum..."

3. In einer Abteilungsleiterkonferenz fragt der für den Verkauf zuständige Kollege: "Wissen wir nicht alle, daß der Absatzrückgang durch die unattrakti-ve Produktpalette begründet ist?"

4. Der Bauausschuß tagt. Sein Vorsitzender wendet sich an die Mitglieder des Ausschusses: "Unser Gemeindehaus befindet sich in einem desolaten Zu-stand. Welche Bau- und Renovierungsmaßnahmen erscheinen Ihnen vor-dringlich?"

5. In einem Seminar fragt ein Teilnehmer einen anderen: "Wie stehen Sie zur Friedensbewegung?"

6. Die Vorsitzende des Elternbeirates fragt: "Wir haben also zwei Vorschläge für die Gestaltung der Broschüre zur Hundertjahrfeier unserer Schule. Wel-che sagt Ihnen mehr zu?"

Mit diesen Beispielen wird deutlich, wie unterschiedlich die Frageintention ist und wie verschiedenartig die Reaktionen auf die Fragen sein werden. Fragen wollen Informationen oder Meinungen erheben, sie können einen Sachver-halt klären helfen und ihn vertiefen. Der richtige Fragetyp im richtigen Augen-blick ist ein ausgesprochen effektives Steuerungsinstrument in Diskussionen. Grundsätzlich werden zwei Frageformen unterschieden: die geschlossene und die offene Frage. Die geschlossene Frage (Beispiel Nr. 1) kann knapp mit einem "ja" oder "nein" oder einer präzisen Auskunft beantwortet werden. Es ist eine Frageform, durch die ganz rationell Informationen erhoben werden können. Der Gefragte hat keinen großen Spielraum, die Frage zu beantwor-ten. Insofern ist die geschlossene Frage nicht kommunikationsfördernd. Ge-schlossene Fragen erkennen Sie etwa an den Fragewörtern wer, wie, was, wo.

Die offene Frage gibt dagegen einen großen Spielraum in der Beantwortung der Frage. Sie zielt darauf, vom anderen ein Meinungsbild zu erhalten, er bekommt Raum, sich näher zu erklären (Beispiele 4 bis 6).

In Beispiel 4 wird eine offene Frage gestellt, die sachorientiert ist. Es geht nicht um Einstellungen oder Gefühle, Sachkompetenz wird angesprochen. Diese Frage dient der Klärung einer Sachproblematik.

Eine andere Zielrichtung wird in Beispiel 5 deutlich. Diese offene Frage macht die Einstellung des Gesprächspartners zum Thema, seine Überzeugung ist gefragt. Sie spricht gezielt die Gefühlsebene an. Eine solche Frage kann klärend sein, geht aber zugleich sehr dicht an den Gesprächspartner heran.

Beispiel 6 steht für die alternative Frage. Die Richtung ist vorgegeben, das Thema eingeengt. Ein so gefragter Gesprächspartner wird zu einer Entscheidung geführt.

In der Beispielsammlung finden Sie dann noch die rhetorische Frage (Beispiel 2). Sie ist eigentlich keine richtige Frage, da sie keine Antwort will. Der Redner stellt sich die Frage eigentlich selbst. Mit der rhetorischen Frage soll der Hörer angesprochen, die Aufmerksamkeit soll geweckt werden. Sie ist ein altes rhetorisches Stilmittel.

Als letztes bleibt noch die Suggestivfrage (Beispiel 3). Ihr Ziel ist es, den Hörer in eine bestimmte Richtung zu lenken, der Standpunkt des Redners soll vom anderen übernommen werden. Sie zielt auf Bestätigung.

Eine weitere Möglichkeit, Ihr aktives und produktives Zuhören deutlich zu machen, kann darin bestehen, einen geäußerten Gedanken weiterzuführen. Er kann dann von der Gruppe aufgenommen und weiterentwickelt werden.

Und noch eine Anregung für das aktive Zuhören. Hinter jedem Beitrag stehen Gefühle, seien es Freude, Ärger, Enttäuschung, starkes Engagement oder Trauer. Wenn Sie die Gefühle ansprechen, die Sie beim anderen vermuten, zeigen Sie ein tieferes Verständnis für den Gesprächspartner. Sie signalisieren, daß Sie sich große Mühe geben, ihn voll und ganz zu verstehen. Das fördert das Vertrauen und es kann dazu beitragen, daß eine Atmosphäre der Offenheit und Ehrlichkeit entsteht.

Sie werden feststellen - wenn Sie es ohnehin nicht schon wissen -, daß es schwierig ist, lange Redebeiträge völlig zu erfassen. Viele wichtige Informationen gehen unter, sie können gar nicht alle aufgenommen werden. Als Leiter einer Gruppe können Sie bei Sitzungen die Teilnehmer durchaus um präzise und knappe Beiträge bitten. Aber: Gehen Sie mit gutem Beispiel voran.

4.3 Vom Zuhören zum Sprechen oder: Etwas Kommunikationstheoretisches

Das Gespräch ist die wohl entscheidende und am weitesten verbreitete Form der Arbeit von Gruppen, von Presbyterien (Kirchenvorständen), Vereinen, Initiativen usw. Wir beschäftigen uns hier nicht mit der Plauderei oder einem Verkaufsgespräch. Es geht um das zielorientierte Gruppengespräch, das aber den allgemeinen Gesetzen der Kommunikation unterliegt.

Wie die Kommunikationsforschung zeigt, ist Kommunikation (der sprachliche oder nichtsprachliche Austausch von Informationen, seien es Gefühle, Meinungen, Gedanken oder Fragen) ein höchst komplizierter Vorgang. Das Gespräch mit einem Ausländer kann Ihnen das deutlich machen.

Sie stellen fest, daß Sie beide unterschiedliche Sprachen sprechen, das heißt, daß Sie jeweils einen anderen Zeichenvorrat besitzen. Nur wenn sich der Zeichenvorrat wenigstens teilweise überschneidet, Sie also wenigstens etwas Englisch oder Italienisch können oder Ihr Gesprächspartner Deutsch, dann können Sie miteinander sprechen.

Aber wie leicht es hier bereits zu Mißverständnissen kommen kann, macht die folgende Episode deutlich. Ein älteres, sehr gepflegtes deutsches Ehepaar, das gerade einen Italienischkurs an einer Volkshochschule absolviert hat, fährt nach Italien. In San Remo erkundigt es sich auf der Straße nach dem Spielkasino. In fließendem Italienisch fragt es: "Scusi, dov'è il casino?" ("Entschuldigung, wo ist das Casino?"). Dabei betont es, wie es im Deutschen üblich ist, die zweite Silbe. Die Leute auf der Straße lachen. Was war geschehen? "Casino" - mit der Betonung auf der zweiten Silbe - bedeutet im Italienischen "Bordell"! "Casino" mit Betonung auf der dritten Silbe heißt "Spielkasino". Das, was Sie sagen wollen, müssen Sie in Worte umsetzen (*verschlüsseln*). Das, was bei dem anderen als akustisches Signal ankommt, muß er wiederum *ent*schlüsseln.

Bei einem Gespräch mit einem Ausländer kommt jetzt noch hinzu, daß er einen anderen kulturellen Hintergrund hat als Sie. Das geht in die Sprache mit ein, das wirkt sich auf die Wortwahl aus. Im Deutschen gibt es, um Brauntöne zu beschreiben, vielleicht drei oder vier unterschiedliche Wörter. Demgegenüber gibt es afrikanische Sprachen, die die Farbe braun mit 20 oder 30 verschiedenen Begriffen höchst differenziert beschreiben können. Eine ähnlich reiche Begriffsvielfalt haben die Eskimos für den ihr Leben prägenden "Schnee" entwickelt. Das Leben in einer ganz anders gearteten Umwelt bewirkt eine andere Sprache und andere Begriffe. Die Sache wird noch komplexer, wenn Sie daran denken, daß in die Sprache auch die jeweiligen

Normen und Werte einer Gesellschaft eingehen. Noch vor wenigen Jahrzehnten sprachen in Deutschland die Kinder ihre Eltern in der Sie-Form an - Ausdruck für ein autoritär-patriarchales Werte- und Normengefüge.

Diese Hinweise machen deutlich, wie schwierig und störanfällig Kommunikation ist. Immer wieder werden Sie als Leiter einer Gruppe feststellen, daß die Mitglieder der Gruppe aneinander vorbeireden, daß es zu Mißverständnissen kommt. Kommunikationsstörungen können verschiedene Ursachen haben.

Ein Gespräch umschließt immer zwei Ebenen: den Bereich des Verstandes, des Rationalen, und den des Gefühls, der Emotionen. Auf beiden Ebenen kann es zu Störungen kommen. Wenn unvollständige oder falsche Informationen weitergegeben werden, wenn Fremdwörter benutzt werden, die nicht geläufig sind, wenn zweideutig gesprochen wird, dann kann das den rationalen Bereich beeinträchtigen. Antipathie, Aggressionen, das Aussehen oder Körpergeruch können sich ungünstig auf die emotionale Beziehung zwischen Menschen auswirken.

In der Psychologie spricht man dabei von den folgenden Vorgängen und Phänomenen: der Übertragung, der Projektion und der Stereotypisierung.

Übertragen - Oft begegnen wir Menschen, für die wir sofort Sympathie oder Antipathie haben. Vielleicht erinnern sie uns in ihrem Aussehen und Verhalten an jemanden, den wir bereits kennen. Die Gefühle, die wir der bekannten Person gegenüber haben, übertragen wir dann auf die neue Person.

Projizieren - Kommunikation wird dann erschwert, wenn wir unsere eigenen Gefühle auf den anderen projizieren. Wir nehmen an, daß der andere genauso fühlt und denkt wie wir; daher ist vieles, was wir dann sagen oder tun, völlig unangebracht.

Stereotypisieren - Das zeigt sich dann, wenn wir ein Problem verallgemeinern, wenn wir zum Beispiel sagen "die" Amerikaner, "die" Russen, "die" Juden, "die" Linken, "die" Pfarrer". Das Einzelne, das Charakteristische einer Sache oder eines Problems wird dann meist nicht mehr wahrgenommen.

Soweit einige Aspekte aus der Kommunikationsforschung.

4.4 Gesprächsformen

Ein Gespräch in Ihrer Gruppe kann nun ganz unterschiedliche Formen haben. Je nach Situation und sachlicher Notwendigkeit kann die eine oder andere Form des Gesprächs sinnvoll sein. Gruppenleiter sollten das wissen und über ein entsprechendes Repertoire verfügen. Ein Wechsel der Gesprächsform trägt dazu bei, Lebendigkeit und eine produktive Spannung in der Gruppe zu erzeugen. Oft verlaufen Sitzungen immer in der gleichen, eintönigen Art und Weise.

Zu Ihrer Anregung geben wir Ihnen einen Überblick, welche Gesprächsformen sich noch anbieten.

Rundgespräch

Beim Rundgespräch sollte die Gruppe nicht zu groß sein (zwölf Teilnehmer), sonst wird es zu langatmig, und sie soll im Kreis sitzen. Jeder Teilnehmer äußert sich - und zwar der Reihe nach - zum gestellten Thema. Auf diese Weise werden in lockerer Form Gedanken, Ideen, Erfahrungen und Fragen gesammelt. Sie als Gruppenleiter geben das Thema oder eine Frage vor und bitten dann ihren Nachbarn, dazu Stellung zu nehmen. Dann kommt der Nächste dran. Das Rundgespräch ist zu Ende, wenn der Letzte seinen Beitrag gegeben hat. Wichtig ist - das müssen Sie dann auch klar und deutlich als Regel vorgeben -, daß jeder aussprechen darf und daß niemand gezwungen wird, etwas zu sagen. Als Einstieg in eine tiefere Diskussion hat sich das Rundgespräch bewährt. Es hat den weiteren Vorzug, daß die Schnell- und Vielredner sich gedulden müssen und daß die eher Schüchternen sich in Ruhe auf ihren Beitrag innerlich vorbereiten können.

Podiumsgespräch

Wenn Sie mit einer größeren Gruppe (rund 30 Personen) arbeiten, kann ein Podiumsgespräch mit drei bis fünf Teilnehmerinnen und Teilnehmern - gewissermaßen stellvertretend für die ganze Gruppe - ein Thema oder ein Problem besprechen. Erst danach kommt es zu einer allgemeinen Aussprache oder einer Entscheidung. Durch ein Podium können kontroverse Standpunkte oft besser herausgearbeitet werden als durch einen Vortrag oder eine Plenumsdiskussion. Die Zuhörer identifizieren sich mit den vorgetragenen Standpunkten und sind so innerlich stark beteiligt.

Folgende Regeln für ein Podiumsgespräch müssen Sie als Gruppenleiter beachten:

Sie bereiten sich auf das Thema vor, müssen allerdings kein Experte dafür sein.

Sie setzen das Podium sehr bewußt zusammen: die von Ihnen ausgewählten Personen stehen für unterschiedliche Positionen.

Die Podiumsteilnehmer kommen vor dem Gespräch kurz zusammen, um sich kennenzulernen und die Regularien miteinander abzusprechen.

Sie schärfen ihnen dabei ein, daß sie keine Vorträge halten dürfen, sie sollen präzise und knappe Redebeiträge liefern.

Die Teilnehmer eines Podiums sprechen miteinander und nicht zum Publikum.

Ihre Aufgabe als Gruppen- und Gesprächsleiter besteht darin, die Teilnehmer des Podiums vorzustellen.

Ihre Gesprächsführung ist straff, immer wieder geben Sie Zusammenfassungen und stellen den Stand des Gesprächs fest. Sie achten auf die Zeit.

Am Ende des Podiums fassen Sie noch einmal die wichtigsten Gesichtspunkte zusammen und geben sie dann zur allgemeinen Aussprache frei.

Wenn Sie an einen Teilnehmer des Podiums eine Frage richten, dann nennen Sie zunächst den Namen dessen, dem die Frage gilt, damit sich der betreffende darauf einstellen kann.

Eine Variante besteht darin, daß Sie das Gespräch auf dem Podium nach einiger Zeit für einige Minuten unterbrechen und das Publikum miteinbeziehen. So können noch neue Aspekte in den weiteren Verlauf des Podiumsgesprächs aufgenommen werden.

Diskussion

Viele Gespräche, zu zweit oder auch in Gruppen, werden als Diskussion bezeichnet, obwohl es oft nur ein Gedankenaustausch oder eine Aussprache ist. Das Merkmal der Diskussion ist, daß ganz bewußt eine kontroverse Auseinandersetzung geführt wird, um einen Sachverhalt oder ein Problem zu klären. Der Meinungsstreit ist ein Kennzeichen der Diskussion. Zuhören und

Abwägen dessen, was andere sagen, gehören dazu. Wenn man an die lateinische Herkunft des Wortes denkt - 'discutere' = 'auseinanderschneiden, trennen' - dann wird deutlich, was Diskussion bedeutet. Ein strittiges Thema wird auseinandergenommen, die Kontrahenten setzen sich auseinander. Wer ein starkes Harmoniebedürfnis hat, dem wird eine solche Diskussion unter Umständen schwerfallen.

Ein Gruppenleiter, der eine Diskussion anberaumt, muß darauf achten, daß die verschiedenen Sichtweisen deutlich zum Ausdruck kommen, die unterschiedlichen Parteien müssen Raum bekommen, ihre Ansichten zu artikulieren. Bei aller Gegensätzlichkeit - auch das müssen Sie als Gesprächsleiter im Blick haben - soll es sachlich zugehen. Unsachliche Polemik oder persönliche Angriffe sind zu unterbinden. Wenn eine Position unklar ist, wenn sie nicht klar und verständlich genug präsentiert wird, dann haken Sie nach, indem Sie nachfragen oder das Gesagte sinngemäß noch einmal wiederholen. Alle Parteien sollen ihre Position klar konturieren.

Eine Hilfe kann es sein, wenn auf einem großen Plakat die unterschiedlichen Standpunkte stichwortartig festgehalten werden. Wenn es hoch hergeht, ist eine Rednerliste notwendig, eventuell auch eine Redezeitbegrenzung.

Am Ende einer Diskussion steht eine differenzierte Zusammenfassung, die noch einmal die gegensätzlichen Standpunkte beschreibt. Es geht nicht um Harmonie oder um die Auflösung von Gegensätzen. Im Gegenteil: Meinungsverschiedenheiten sollen deutlich, sie sollen offen gelegt und geprüft werden. Das wirkt dann eher klärend als der Versuch, unterschiedliche Meinungen und kontroverse Ansichten unter den berühmten Teppich zu kehren.

Debatte

Eine verschärfte Form der Diskussion ist die ('englische') Debatte, in unseren Breiten ist sie eine eher ungebräuchliche Gesprächsform, im angelsächsichen Raum dagegen hat die Debatte eine lange Tradition.

Sie will durch ein Wortgefecht kontroverse Standpunkt profiliert herausarbeiten. Das geschieht in einer stark ritualisierten Form. Die Regeln einer Debatte sind strikt einzuhalten. Trotzdem hat sie auch einen gewissen spielerischen Anstrich.

Die Schritte einer Debatte lauten:

> These - Antithese
> Argumentation - Gegenargumentation
> Abstimmung.

Es sind zwei Parteien an einer Debatte beteiligt. Jede Partei benennt einen Hauptredner und einen Sekundanten. Die Redner der beiden Parteien müssen sich gut vorbereiten und miteinander abstimmen, damit sie sich nicht wiederholen.

Zu Beginn einer Debatte wird das Wesen der Debatte durch den Leiter kurz erläutert und der Ablauf dargestellt.

In der ersten Runde kommen die beiden Hauptredner zu Wort. In einer knappen und treffenden Ausführung beschreiben sie die von ihnen vertretene Position. In der zweiten Runde kommen die Sekundanten an die Reihe. Sie entfalten die Eingangsthesen ihrer jeweiligen Partei. Ziel ist, das Publikum zu überzeugen. Ein dritter Schritt ist noch möglich: die beiden Hauptredner versuchen die Argumente der Gegenseite zu entkräften.

Im letzten Schritt schließlich wird eine Abstimmung über die beiden Positionen herbeigeführt.

Wenn Sie als Gruppenleiter einmal eine solche Gesprächsform anwenden wollen, dann dürfen Sie sich unter keinen Umständen inhaltlich an der Debatte beteiligen, auch keine Fragen stellen oder Zusammenfassungen machen. Ihre Aufgabe ist es, die Regeln konsequent einzuhalten, es gibt darüber keine Diskussion. Es kann sinnvoll sein, von vornherein eine Redezeit für die Beiträge der Kontrahenten festzusetzen - und sie auch durchzusetzen.

Eine Debatte gelingt, wenn die Kontrahenten gleichwertig sind und sie diszipliniert geführt wird.

Zum Schluß stellen wir Ihnen noch eine Gesprächsform vor, die sehr kreativ und produktiv ist:

Brainstorming

Der Sinn des Brainstormings ist es, in sehr kurzer Zeit möglichst viele Ideen zu einem Problem, einer Fragestellung oder einem Thema zu sammeln. Auch das Brainstorming kann einen spielerischen Akzent haben.

Der Leiter nennt das Thema oder das Problem und die Spielregeln:

Jeder sagt das, was ihm zum Thema/Problem einfällt,

alle Gedanken und Ideen sind wichtig und gleichwertig,

am besten sind kurze Sätze oder Stichworte,

es wird nichts diskutiert oder bewertet,

es gibt keine Rednerliste, es soll alles spontan und schnell gehen,

Rückfragen oder Kommentare sind nicht gestattet,
alles wird auf einer Wandtafel oder einem Plakat mitgeschrieben (am besten von zwei Personen).
Wenn das Brainstorming, der 'Gedankensturm', zu Ende ist, schließt sich eine Auswertung in Form eines Gruppengesprächs an.
Ein Brainstorming weckt Einfallsreichtum, es lockert die Atmosphäre auf, Alternativen werden plötzlich sichtbar, an die niemand vorher gedacht hat, und es bedarf keiner großen Vorbereitung.

4.5 Sprechen und Reden oder Miteinander und Gegenüber

Sprechen und Reden sind nicht identisch, auch wenn sie in der Alltagssprache oft so verwendet werden. Die Rhetorik unterscheidet hier aber ganz fein.
Sprechen besteht aus Monologen und Dialogen. Solange ich spreche, halte ich einen Monolog, dann kommt mein Gesprächspartner an die Reihe - mit seinem Monolog. So geht das hin und her, ping - pong. Dialogpartner sprechen miteinander, sie stehen auf einer Ebene, nebeneinander. In einem Gespräch unterhält man sich über persönliche Dinge, erzählt sich etwas und plaudert miteinander. Gespräche können sachlich, strittig oder klärend geführt werden.
Eine Rede dagegen ist ein Monolog, obwohl - siehe Tucholsky - es eine rege Kommunikation zwischen Redner und Zuhörerschaft gibt. Aber es redet halt nur einer. In dieser Situation sind Sie als Gruppenleiter immer wieder. Die Redesituation ist durch ein Gegenüber gekennzeichnet: man exponiert sich, steht anderen gegenüber, erregt die Aufmerksamkeit der Zuhörer und wirkt auf diese ein. Das ist eine Situation, die für viele Menschen unangenehm ist.
Man unterscheidet drei Redeformen:

Sachrede
Bericht, Fachvortrag, Referat;
Ziel: informieren und belehren,

Überzeugungsrede
Parlamentsrede, Plädoyers vor Gericht, Predigt, Werberede;
Ziel: überzeugen und zu einer Handlung bewegen und

Gelegenheitsrede
Festrede, Gedenkrede, Geselligkeitsrede;
Ziel: danken, loben und unterhalten.

Durch Ihre Funktion als Gruppenleiter werden Sie alle drei Redeformen praktizieren müssen.

Als Vorsitzender eines Vereins geben Sie auf der Jahresversammlung einen Jahresbericht, der über die Aktivitäten des abgelaufenen Jahres Rechenschaft ablegt - sie informieren.

Als Vorsitzende eines Kirchenvorstandes halten Sie eine Rede, um die Mitglieder des Kirchenvorstandes davon zu überzeugen, daß es notwendig ist, für die Jugendarbeit in der Gemeinde einen Sozialpädagogen einzustellen - sie wollen einen entsprechenden Beschluß herbeiführen.

Als Vorsitzender des Schulelternbeirates halten Sie eine Laudatio auf die ausscheidende Schuldirektorin - sie danken für die wertvolle pädagogische Arbeit.

Wie schon gesagt, die Rede ist nicht jedermanns Sache. Man kann es aber lernen. Die Grundregel lautet: Reden lernt man nur durch Reden. Rhetoriklehrbücher können eine Hilfe sein, sie ersetzen aber keine Praxis.

Im folgenden geben wir Ihnen einige **Grundregeln der Rhetorik.**

1. Kurze Sätze.

Lange Schachtelsätze sind für die Zuhörer eine Zumutung. Wenn Sie lange Sätze formulieren, geraten Sie in die Gefahr, am Ende nicht mehr das passende Zeitwort parat zu haben, Sie verhaspeln sich.

Der Kernsatz lautet: Eine Rede ist keine Schreibe (so der Philosoph Vischer aus dem 19. Jahrhundert).

2. Verben verwenden.

Das macht eine Rede lebhafter und anschaulicher. Vermeiden sie die Hauptwörterkrankheit.

3. Abgegriffene Redewendungen vermeiden.

Abgedroschene Begriffe erzielen keine Wirkung. Unsere Sprache ist in ihrer Ausdrucksmöglichkeit von ungeahnter Vielseitigkeit. Schaffen Sie sich ein Synonymwörterbuch an. Ein Beispiel soll das illustrieren. Anstatt das Wort "katastrophal" zu verwenden, bieten sich - je nach Zusammenhang - folgende Umschreibungen an: "abgenutzt, abgetragen, antiquiert, armselig, nicht einwandfrei, elend, erbarmungswürdig, fadenscheinig, faul, fehlerhaft, fragwürdig, furchtbar, gebrechlich, hoffnungslos, hundemäßig, jämmerlich, mangelhaft, mau ..."

4. Anschaulich sprechen.

Langatmige Beschreibungen sind langweilig, sie sollten vermieden werden. Eine alte Zeitungsregel heißt: "Ein Bild sagt mehr als tausend Worte." Denken Sie an die Gleichnisse Jesu: sie sind anschaulich und prägen sich ein.

5. Einzelheiten bringen.

Zur Anschaulichkeit gehört es, Einzelheiten zu bringen - und die wichtigste Einzelheit für den Menschen ist der Mensch selbst. Sie können bei Ihren Zuhörern Interesse wecken, wenn Sie von konkreten Menschen sprechen.

6. Humor und Ironie.

Humor, Witz und Ironie sind elementares menschliches Verhaltensinventar. Ohne zu überziehen oder zu übertreiben machen sie einen Redebeitrag lebendig. Sie müssen natürlich wissen, zu wem Sie reden. Nicht jeder Witz oder Scherz ist passend.

7. Sprechen Sie die Zuhörer an.

Vermeiden Sie die unpersönlichen "man"-Formulierungen, verwenden Sie lieber das persönliche "Sie".

8. Schauen Sie die Zuhörer an.

Manche Redner haben die Eigenart, während ihres Vortrages intensiv die Decke anzuschauen - warten Sie auf eine Inspiration von oben, oder mißtrauen sie der Dachkonstruktion? Halten Sie bewußt Blickkontakt! Sie strahlen dann Sicherheit und Überzeugungskraft aus.

9. Langsam und mit Pausen sprechen.

Je schneller Sie sprechen, desto weniger kommt bei den Zuhörern an. Bauen Sie Pausen ein, damit die Zuhörer Ihnen folgen können.

10. Wiederholen Sie sich.

Kerngedanken Ihrer Rede sollten Sie in sprachlich abgewandelter Form wiederholen, damit sie sich einprägen. Ein Zuhörer kann im Gegensatz zum Leser nicht zurückblättern. Man nennt das Redundanz.

11. Stellen Sie Fragen.

Mit Fragen - hier insbesondere mit rhetorischen Fragen - beziehen Sie die Hörer mit ein.

12. Achten Sie auf Ihr Auftreten.

Zuhörer hören nicht nur eine Rede, sie sehen und erleben auch einen Redner - sie sind zugleich Zuschauer. Wie bewegt er sich, wie ist er gekleidet, wie tritt er auf? Der große englische Prediger Charles Haddon Spurgeon (1834 - 1892) schreibt in seinen "Ratschlägen für Prediger": "Viele Prediger lehnen sich bequem und nachlässig vor, als lehnten sie sich über ein Brückengeländer und plauderten mit jemand, der unten in einem Boot fährt. Wir gehen nicht auf die Kanzel, um es uns gemütlich zu machen, sondern um eine sehr ernste Arbeit zu tun, und demgemäß muß auch unsere Stellung sein." (Wuppertal 1962) Wenn Sie als Gruppenleiter eine Rede halten, dann ist das Arbeit, die Sie selbst auch ernst nehmen müssen.

Rednerinnen und Redner sollten partnerzentriert reden. Auf diese Weise zeigen sie den Hörern, daß sie sie ernstnehmen, daß sie ihnen das Recht auf eine eigene Meinung zugestehen und daß sie die Hörer nicht manipulieren, überfahren oder besiegen wollen.

5. "Kommen wir zur Abstimmung ..."
Entscheidungen vorbereiten und herbeiführen

5.1 Ihre "entscheidende" Aufgabe

Ihr Leitungsstil und -selbstverständnis wird besonders deutlich bei Entscheidungen. Wie bereiten Sie Entscheidungen vor, und wie treffen Sie Entscheidungen?
Es können zwei Extreme beschrieben werden:
Sie alleine entscheiden, alle anderen haben Ihre Entscheidung zu respektieren und zu akzeptieren.
Oder: Entscheidungen werden ausschließlich durch die Gruppe getroffen, Sie sind dabei nur ein Gruppenmitglied neben anderen, nehmen also keine Leitungsaufgabe wahr.
Zwischen diesen beiden Extremen gibt es eine große Bandbreite, gibt es vielfältige Abstufungen. Es gibt zunächst weder ein Richtig oder Falsch, jeder Entscheidungstypus hat seine Berechtigung. Ausschlaggebend ist die Effektivität und Akzeptanz der getroffenen Entscheidungen.
Es kann also angemessen sein, die Leitungsfunktion und -verantwortung ohne "wenn und aber" wahrzunehmen, es kann genauso angemessen sein, eine Entscheidung ausschließlich in die Verantwortung der Gruppe zu legen.

Gruppenleiterinnen und Gruppenleiter haben, gleichgültig wie Entscheidungen auch jeweils getroffen werden, mehrere "entscheidende" Aufgaben:

1. Sie klären ab, ob Entscheidungen überhaupt zu treffen sind,
    sie stellen also einen Entscheidungsbedarf fest,

2. sie bereiten Entscheidungen vor,

3. sie gestalten das Entscheidungsverfahren,

4. sie haben dafür zu sorgen, daß Entscheidungen festgehalten werden

    und

5. deren Ausführung auch kontrolliert wird.

5.2 Entscheidungen - Gründe und Ziele

Drei Beispiele:

A

Der ehrenamtlich tätige Vorstand eines Berufsverbandes investiert viel Zeit in Sitzungen, in die Ausschußarbeit und in die Mitgliederversammlungen. Trotzdem stellt er auf einer seiner Sitzungen fest, daß die Arbeit wenig effektiv ist, es herrscht eine lustlose Stimmung, Sitzungen und Termine werden als lästige "Pflichtübung" erledigt, die Teilnahme - quantitativ wie qualitativ - läßt zu wünschen übrig. Er einigt sich darauf, seinen Arbeitsstil einmal genauer unter die Lupe zu nehmen. Das Ziel ist eine effektivere innerverbandliche Arbeit.

B

Seit drei Jahren besteht in einer Kleinstadt eine Fraueninitiative, die es sich zum Ziel gesetzt hat, ein autonomes Frauenhaus ins Leben zu rufen. Auf einer Mitgliederversammlung wird Kritik geübt: die Initiative trete nicht deutlich und aggressiv genug in der Öffentlichkeit auf, die von der Initiative eigentlich ausgehenden Impulse seien viel zu schwach, die Mitgliederzahlen stagnierten, der Vorstand müsse aktiver sein. Außerdem werde einem ähnlich gelagerten Konkurrenzunternehmen einer der Parteien zu wenig Beachtung geschenkt. Die Mitgliederversammlung faßt den Beschluß, mit dem sie den Vorstand beauftragt, eine neue Konzeption für die Öffentlichkeitsarbeit auszuarbeiten.

C

In einem Dorf wenden sich seit einiger Zeit immer wieder Eltern an den örtlichen Pfarrer, der zugleich Vorsitzender des Kirchenvorstandes ist, mit der Bitte, die kirchliche Gemeinde solle sich doch intensiver als bislang um die Jugendlichen kümmern. Die Jugendlichen des Dorfes lungerten besonders an den Wochenenden in den Discotheken der benachbarten Kleinstadt herum, auch sei es bereits zu gewalttätigen Szenen bei Fußballspielen des Vereins gekommen. Der Pfarrer trägt das Anliegen der Eltern dem Kirchenvorstand vor.

Drei ganz verschiedene Situationen - aber jeweils sind Entscheidungen gefordert. Das Gemeinsame an diesen Beispielen besteht darin, daß eine **aktuelle Situation** als ungenügend, als unbefriedigend angesehen wird. Zugleich wird der **Wunsch nach Veränderung** signalisiert.

Anders formuliert: zwischen einem festgestellten **Ist-Zustand** und einem gewünschten **Soll-Zustand** klafft eine Lücke, eine Differenz. Diese Differenz ist das Problem, das durch entsprechende Maßnahmen, über die zu entscheiden sind, gelöst werden muß.

Ihre Aufgabe als Leiterin oder Leiter einer Gruppe ist es, diese Differenz wahrzunehmen und sie - erweist sie sich als legitim - zu beheben. Auf Entscheidungen drängende Probleme haben also Gründe und Ziele.

Wie die Entscheidungen herbeizuführen sind, hängt von der konkreten Situation ab.

Bleiben wir bei unseren Beispielen:

A

Vielleicht liegt es im Falle der Vorstandsarbeit des Berufsverbandes an der gut gemeinten aber dilettantischen Leitung des Vorsitzenden: er muß für sich - im Interesse der Verbandsarbeit - entscheiden, wie er seinen Leitungsstil ändert, wie er die Sitzungen in Zukunft attraktiver gestaltet.

B

Der Vorstand der Fraueninitiative muß zum Beispiel über eine neue Verteilung der Aufgabenbereiche diskutieren. Hat eine Frau des Vorstandes vielleicht zuviele Aufgaben übernommen, so daß das eine oder andere zwangsläufig darunter leiden muß? Ist der interne Informationsfluß ausreichend oder lückenhaft? All das kann nur im und durch das Vorstandsteam geklärt werden.

C

Im dritten Beispiel muß der gesamte Kirchenvorstand über die Anfrage der Eltern diskutieren, da nur er - und nicht der Pfarrer allein - darüber entscheiden kann, ob eine neue Form der Jugendarbeit versucht werden soll. Eventuell lädt er zu einer speziell diesem Thema gewidmeten Kirchenvorstandssitzung Eltern und Jugendliche ein, um sich so kundig zu machen, um auf diese Weise die Bedürfnisse der Jugendlichen und ihrer Eltern kennenzulernen. Dann ist er als Gesamtgremium gefordert, entsprechende Entscheidungen zu treffen.

5.3 Entscheidungen - kybernetisch betrachtet

Ein erster wichtiger Schritt in der Entscheidungsvorbereitung ist also, daß Sie als Gruppenleiter diese Differenz zwischen einem Ist- und einem Soll-Zustand erkennen, sie zulassen und dann angemessen darauf reagieren.

Die Begriffe "Ist-Zustand" und "Soll-Zustand" sind der Kybernetik entnommen. Der kybernetische Regelkreis, den wir Ihnen hier vorstellen wollen, gibt Ihnen als Gruppenleiter ein wirksames und zugleich einfaches Kontroll-, Analyse- und Handlungsmodell in die Hand. Sie müssen es natürlich auf ihre Situation übertragen.

Der Regelkreis besteht aus fünf Elementen, die in einem offenen System einen rückgekoppelten Vorgang bewirken. Ein offenes System liegt dann vor, wenn nicht berechenbare Störungen auftreten können. Die drei Beispiele machen deutlich, was damit gemeint ist. Jede soziale Formation ist ein solches offenes System. Der Regelkreis bewirkt, daß ein bestimmtes Ziel erreicht oder ein Zustand aufrechterhalten wird.
Das klassische Beispiel für die Kybernetik (die "Steuermannskunst") ist die Schiffahrt. Ohne die Steuermannskunst käme kein Schiff an seinen Bestimmungsort.
Was geschieht auf einem Schiff? Wer hat was zu tun, damit das Schiff sein Ziel erreicht?
Da gibt es zunächst den **Kapitän** des Schiffes. Er setzt das Ziel ("Soll-Wert") fest (oder er tut es im Auftrag einer Schiffahrtsgesellschaft). Der **Lotse** (kybernetes) stellt dann - etwa mit dem Sextanten - fest, wo sich das **Schiff** befindet. Diesen "Ist-Wert" vergleicht er mit dem gesetzten "Soll-Wert", dem Ziel. Die daraus resultierende Steuereinstellung gibt er sodann an den **Steuermann**, der diese Anweisung ausführt. Dazu betätigt er den **Steuermechanismus** des Schiffes (Ruder, Steuerrad).
Die Antriebsart des Schiffes (Segel oder Atomkraft) ist in bezug auf die Steuerfunktion unerheblich. Da das Schiff auf seinem Weg ständig äußeren Einflüssen ausgesetzt ist (Winde, Strömungen), es also von der ursprünglich berechneten Bahn abkommt, müssen Lotse und Steuermann immer wieder in Aktion treten. Immer wieder muß der "Ist-Wert" mit dem "Soll-Wert" verglichen und entsprechende Kurskorrekturen vorgenommen werden. Dieser Vorgang läuft nicht automatisch, sondern bewußt und willensmäßig ab.
Viele Vorgänge in Natur und Technik werden durch die kybernetische Regelung gesteuert, es ist eine "Technik des Lebendigen" (Felix von Cube, 1970). In ihrer allgemeinen Form lauten die fünf Elemente des Regelkreises:

1. Ziel (Soll-Wert),
2. Regler (nimmt den Vergleich zwischen Ist- und Soll-Wert vor und entwirft ein Steuerungsprogramm),
3. Stellglied (mit ihm wird die Steuerung unternommen),

4. Meßfühler (er stellt den Ist-Wert fest) und
5. Regelgröße (das ist das System, das gesteuert wird).

Die folgende Grafik setzt die Elemente miteinander in Verbindung:

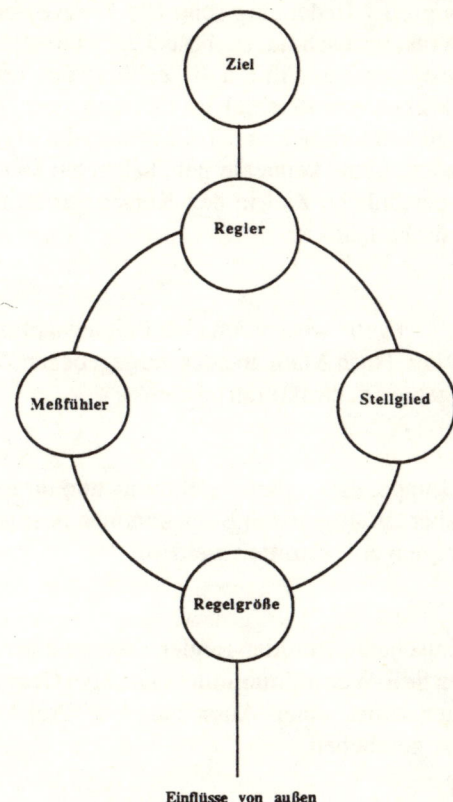

So klar getrennt wie auf einem Schiff werden die Funktionen in einer Gruppe oder in der Leitung einer Gruppe nicht sein. Eine begriffliche Trennung der verschiedenen Aufgaben ist aber für die Leitung von Gruppen und den damit verbundenen Entscheidungsvorgängen äußerst hilfreich.

Übertragen wir die Aufgabe eines Gruppenleiters in den Regelkreis:

Ziele:
Die Ziele einer Gruppe, vor allem wenn sie verfaßten Charakter hat, liegen in der Regel fest. Sie sind in Satzungen und Statuten fixiert. Neben den formulierten Zielen gibt es natürlich noch viele schriftlich nicht niedergelegte Ziele. Auch diese können von großer Bedeutung sein. Die Motive von Menschen, etwa Kurse an einer Volkshochschule zu besuchen, sind dafür ein gutes Beispiel. Das formell festgelegte und durch die Zahlung des Teilnehmerbeitrages auch akzeptierte Ziel ist zum Beispiel das Erlernen einer Sprache. Aber rund 70 Prozent aller Teilnehmerinnen und Teilnehmer, das ergaben Umfragen, wollen daneben andere Leute kennenlernen, haben ein kommunikatives Interesse. Wird dieses persönliche Ziel in den Kursen vernachlässigt, dann wird auch die Lernbereitschaft sinken.

Regler:
Die Aufgabe des Reglers ist ganz wesentlich eine Leitungsaufgabe, also Ihre Funktion als Gruppenleiter. Nach Maßgabe der vorgegebenen Ziele wird die Arbeit einer Gruppe organisiert, strukturiert, gelenkt.

Meßfühler:
Der Ist-Zustand einer Gruppe, ihre Arbeitseffektivität und ihr inneres Beziehungsgefüge können eher zufällig in den Blick kommen oder auch systematisch - etwa durch Befragungen - ermittelt werden.

Stellglied:
Die Ausführung von Entscheidungen des Reglers, die zu einer Annäherung des Ist-Zustandes an den Soll-Wert führen sollen, kann bei Gruppen entweder durch den Gruppenleiter selbst, einen Ausschuß, eine Projektgruppe oder durch die Gruppe selbst geschehen.

Regelgröße:
Das ist die gesamte Gruppe, die von Ihnen geleitet wird. Das kann also ein Pfarrgemeinderat, ein Verein oder eine Bürgerinitiative sein.

Bei den sozialen Systemen, um die es hier geht, ist eine exakte und scharfe Funktionstrennung nicht immer möglich. Sinnvoll ist es aber, die einzelnen Aufgaben und Arbeitsschritte klar voneinander abgehoben zu erkennen. Das trägt zu einem reflektierten Leitungs- und Entscheidungsstil bei.

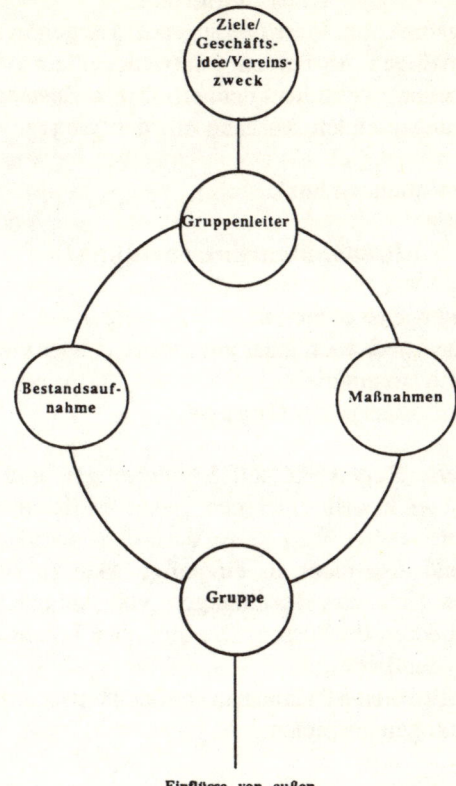

Einflüsse von außen

Ziele:

Sind die Ziele der Organisation/Gruppe klar? Oder gibt es Diskussionen über den Sinn und Zweck der Gruppe? Sind die Ziele noch aktuell und zeitgemäß? Unklare oder anachronistische Ziele haben eine demotivierende Kraft auf die Gruppenmitglieder. Es kostet unter Umständen viel Zeit und Kraft, wenn hier Unklarheiten herrschen. Als Gruppenleiter haben Sie für Klärung und auch gegebenenfalls für eine Änderung der Ziele zu sorgen.

Bestandsaufnahme:

Wie steht es um die immer wieder notwendige Bestandsaufnahme, um die Feststellung und Wahrnehmung des Ist-Zustandes Ihrer Gruppe oder Organisation? Geschieht dies systematisch oder oder nur von Fall zu Fall? Geschieht dies überhaupt?

Gruppenleiter:

Zu Ihrer Steuerungsfunktion, Ihrer Leitungsaufgabe gehört es, in regelmäßigen oder unregelmäßigen Abständen - entweder allein oder auch mit der Gruppe - eine Beziehung zwischem dem erhobenen Zustand der Gruppe und der von ihr wahrzunehmenden Aufgabe mit den vorgegebenen Zielen herzustellen:

Wo stehen wir, wo wollen wir hin?

Daraus sind dann die

Maßnahmen/Entscheidungen

abzuleiten:

Was ist zu tun? Und wie ist es zu tun?

Jeder dieser Schritte - aber auch jeder unterlassene, aber vielleicht notwendige Schritt - wirkt sich aus auf die

Gruppe.

Der hier präsentierte Regelkreis soll Sie ermutigen und ermuntern, Ihre Leitungsaufgabe bewußt wahrzunehmen, indem er Ihnen eine Handlungsorientierung anbietet.

Entscheidungen sind also nicht als einmalige Akte zu verstehen, sie sind eingebunden in ein Netz von Beziehungen, von Aufgaben und Vorgaben, von inneren und äußeren Einflüssen. Die drei oben beschriebenen Beispiele machen das ja auch deutlich.

Soweit einmal der allgemeine Rahmen, in dem sich Entscheidungsvorbereitungen und Entscheidungen abspielen.

Wie kommen Entscheidungen nun aber konkret zustande?

Worauf ist zu achten, daß Entscheidungen auch tragen, daß sie wirkungsvoll sind und das heißt auch von anderen akzeptiert werden?

5.4 Entscheidungen - systematisch herbeiführen

Entscheidungen zu treffen heißt: es wird eine Auswahl aus Alternativen getroffen, um ein gestecktes Ziel optimal zu erreichen.

Wichtig ist, daß man es mit Alternativen zu tun hat. Nur selten gibt es d i e Entscheidung schlechthin. Jede Entscheidung für eine von mehreren Möglichkeiten hat jeweils ihre Vor- und Nachteile. Oft werden Entscheidungen spontan getroffen, ohne viele Gedanken an andere denkbare Alternativen zu "verschwenden".

Besonders sogenannte "Tendenzbetriebe" oder "Tendenzgruppen" - seien es Parteien oder Kirchen - unterliegen der Gefahr, sehr schnell ein freies Denken zu unterbinden und damit die Entwicklung von Alternativen vorzeitig abzuwürgen. Die jeweils in einer Gruppe gültigen Normen und Werte behindern den freien Fluß der Gedanken und Ideen. Sofort wird alles zur Wahrheitsfrage hochstilisiert, es werden damit Tabus errichtet, an die niemand rühren darf. Schade - denn dabei geht es oft doch nur darum, ohne "Scheuklappen" Problemlösungen zu suchen. Erst im nächsten Schritt sollte nach der Angemessenheit, nach der Verträglichkeit mit den Wertvorstellungen der Gruppe und Einrichtung gefragt werden.

Immer wieder sind - etwa unter Zeitdruck - sofortige Entscheidungen notwendig. Wo es aber möglich ist, sollten Sie die **Entscheidungen systematisch** treffen.

Aus dem bisher Beschriebenen ergibt sich der folgende erste Schritt:

1. Entwickeln Sie Alternativen:
Lassen Sie dabei auch - etwa bei einem Brainstorming (siehe Kapitel 4) - unkonventionelle Ideen zu!

Der nächste Schritt:

2. Alternativen bewerten und ausscheiden:
Wichtig sind hier die Kriterien für die Auswahl. Das können finanzielle Aspekte sein, Fragen der Zuständigkeit oder der Kompetenz, auch die Verträglichkeit mit den Zielen einer Organisation oder Gruppe ist ein Auswahlkriterium. Treffen Sie klare Entscheidungen - was rausfliegt, bleibt draußen!

Der dritte Schritt:

3. Verbliebene Alternativen gewichten:
Als Frage formuliert heißt das: Welche der Alternativen wird das Ziel am besten erreichen? Wie ist die Kosten-Nutzen-Relation? Was sind die möglichen Folgen (erwünschte/unerwünschte)? Werden durch bestimmte Alternativen Widerstände geweckt? Wie groß sind sie möglicherweise? Oder gibt es förderliche Kräfte?

Nach dieser Gewichtung (das Ergebnis kann eine Rangfolge von Alternativen sein) heißt es dann:

4. Entscheidung treffen:

Die getroffene Entscheidung ist zu fixieren (Protokoll), und ist für alle verbindlich. Der Entscheidungsprozeß mündet in eine Vereinbarung. Zu dieser Vereinbarung sollte es auch gehören, daß festgelegt wird, wer die Ausführung und die Wirksamkeit der Entscheidung kontrolliert und wann dies zu geschehen hat. Auch das ist schriftlich festzuhalten.

Der hier beschrieben systematische Entscheidungsprozeß zielt im Idealfall auf Konsens, auf Einstimmigkeit. Das kann einige Zeit in Anspruch nehmen. Es zahlt sich aber in der Regel dadurch aus, da eine so entwickelte Problemlösung von den Gruppenmitgliedern auch verbindlicher getragen wird.
Problematisch bei einem solchen auf Konsens zielenden Verfahren sind Abstimmungen. Es gibt dann Sieger und Verlierer. Die Verlierer werden möglicherweise jede sich bietende Gelegenheit nutzen, um sich von dem Beschluß zu distanzieren oder ihn zu unterlaufen: er ist nicht ihre Sache.

Abstimmungen ohne Entscheidungscharakter können sinnvoll sein, um einen Trend festzustellen, wie die Gruppe zu einem Problem oder einer Lösungsidee steht. Ein solches "Stimmungsbarometer" macht den augenblicklichen Diskussionsstand für alle deutlich.

In vielen Gremien wird es aber nicht möglich sein, Einstimmigkeit zu erzielen. Notwendig ist in solchen Fällen eine Abstimmung - irgendwann müssen eben Entscheidungen getroffen werden. Nach demokratischem Verständnis ist das Ergebnis für alle verbindlich und wird von allen - auch wenn vielleicht nur zunächst - akzeptiert. Das ist Ausdruck einer "demokratischen Kultur".

Je größer eine Gruppe ist (mehr als 15 Personen), umso schwieriger werden Entscheidungsprozesse. Von daher kann es effektiv und einfach geboten sein, einzelne Probleme an Untergruppen oder Ausschüsse zu delegieren.
Zu klären ist, welche Befugnisse dann solch ein Ausschuß hat. Darf er endgültig entscheiden, oder darf er nur in einem bestimmten vorher festgelegten Rahmen Entschlüsse fassen, oder soll er nur eine entschlußreife Vorlage für die gesamte Gruppe erarbeiten?
Im letzten Fall haben wir es mit der Gefahr zu tun, daß das Thema noch einmal in ganzer Breite in der Gruppe "durchgekaut" wird.
Damit allerdings wäre der Sinn der Ausschußarbeit gründlich verfehlt.
Was also ist zu tun?

Zunächst zur Vorlage.

Sie muß präzise und klar strukturiert sein sein:

Sie muß erkennen lassen, was durch die vorgeschlagene Entscheidung erreicht werden soll (**Ziel/Soll**). Dabei wird die Ausgangssituation skizziert (**Ist-Situation**) und begründet, warum eine Entscheidung notwendig ist (**Begründung der Veränderung**). Wenn Alternativen abgewogen wurden, so können diese auch beschrieben werden (**Alternativen** darstellen). Die vom Ausschuß formulierte **Beschlußvorlage** ist klar und **begründet**. Sie nennt auch die **Maßnahmen**, die davon abzuleiten sind und gibt einen Überblick über die daraus resultierenden **Konsequenzen**.

Wenn sich eine Ausschußvorlage an diesen Kriterien orientiert, dann kann die Gruppe den Entscheidungsprozeß gut nachvollziehen. Die mündliche Erläuterung der Vorlage beschränkt sich auf die wesentlichen Aspekte.

Da die Gruppe den Entscheidungsprozeß nicht "nachdiskutieren" soll, ist jetzt die Gesprächsleitung entscheidend:

Sie muß straff sein! Sie erlaubt natürlich Verständnisfragen und kurze kommentierende Beiträge, ansonsten dringt sie auf Entscheidung.

Die Situation ändert sich , wenn es neue Informationen gibt, die bisher nicht bekannt waren, oder wenn es tatsächlich grundlegende Einwände gegen die Ausschußvorlage gibt. Wenn es die Zeit erlaubt, wird der Ausschuß beauftragt, seine Beratungen fortzusetzen und eine weitere Vorlage zu erarbeiten, die die Einwände berücksichtigt. Vermeiden Sie - wenn es irgend geht - in solchen Fällen eine "Hau-Ruck-Entscheidung" durch die Gesamtgruppe: sie entwerten sonst die immer wieder notwendige Arbeit von Ausschüssen. Es hat - sollte dies öfters vorkommen - keiner mehr Lust, in die Arbeit eines Ausschusses Kraft und Zeit zu investieren, wenn die Gesamtgruppe doch eigene Entscheidungen trifft.

6. Wahrnehmung oder:
Ich seh' etwas, was Du nicht siehst

6.1 Wahrnehmung - Akrobatik der fünf Sinne ?

Geht es Ihnen nicht manchmal auch so: Sie eilen morgens zur Arbeit, stehen in einem Stau oder zwängen sich noch schnell in die nächste Straßenbahn. Verkehrslärm, Gestank, Geruch, Hektik, Lärm und Krach überall. Plötzlich

merken Sie, daß Sie wichtige Unterlagen zu Hause vergessen haben. Sie reagieren mit feuchten Fingern, leichtem Herzrasen, dem obligatorischen flauen Gefühl in der Magengegend und anderen Ihnen ureigensten Körperreaktionen. Ihr Gehirn sucht fieberhaft nach angemessenen Lösungen und Ausreden. ....

Hier brechen wir unser Szenario ab. Nicht auszudenken, wenn dieser Mensch weiter am Steuer sitzt oder sich bei der nächsten Haltestelle aus der überfüllten Straßenbahn zwängt.

Dieses kleine Beispiel zeigt, wie unsere fünf Sinne - von denen es gilt: sie alle beisammen zu haben - dafür sorgen, daß wir mit unserer Welt in Verbindung bleiben.
Die Außenposten unserer Sinne, die sogenannten Rezeptoren, sind unermüdlich im Einsatz, wenn es darum geht, Informationen an die Zentrale (Gehirn) zu melden. Nicht alle eingehenden Signale werden so verarbeitet, daß sie bis ins Bewußtsein gelangen. Es gibt genügend Filter, die die Überzahl an

Reizen/Informationen verringern. Hier lassen sich schon die ersten Probleme aufzeigen: Welcher Art ist diese Filterung ? Was und wie wird ausgewählt? Welche Informationen gelangen letztlich in unser Bewußtsein und bestimmen unser Verhalten ?

Mehr oder weniger unbewußt wählen wir aus der uns angebotenen Palette von Wahrnehmungsstrukturen nur die aus, die uns in unserer augenblicklichen Situation von Nutzen sind, die uns ein gewisses Maß an Befriedigung verschaffen oder auch nur ein spezielles Interesse bei uns wachrufen. Dieser Vorgang der Auswahl, auch Selektionsprinzip genannt, erklärt, warum wir in entsprechenden Situationen Dinge "übersehen" oder überhören. Dies trifft besonders dann zu, wenn uns z.B. unliebsame Menschen begegnen oder wir vor Aufgaben gestellt sind, die wir nur sehr ungerne bearbeiten .

Eine weitere Wahrnehmungsfalle, diesmal positiv formuliert: da ist ein Gruppenteilnehmer, der uns auf den ersten Blick sympathisch und bekannt vorkommt; er erinnert uns an einen lieben Menschen aus unserem Bekanntenkreis. Als Gruppenleiter spüren Sie, wie Sie alle Ihre positiven Gefühle auf diesen Teilnehmer lenken. Umgekehrt ist ähnliches zu beobachten: Gruppenmitglieder sehen den Gruppenleiter in einem besonderen "Licht", projizieren bestimmte Gefühle und Erwartungen auf ihn - das ist das Projektionsprinzip.

Aus alledem wird deutlich, daß die sinnliche Wahrnehmung des Menschen nicht nur ein sensorischer Akt ist. Was ein Mensch wahrnimmt und wie er wahrnimmt, ist davon abhängig, wie er in eine solche Situation eintritt, wie er eingestellt ist, welche augenblicklichen Bedürfnisse, Antriebe er mitbringt und welche Erfahrungen aus seiner persönlichen Vergangenheit sein derzeitiges Verhalten und Erleben prägen.

Die Sozialpsychologie unterscheidet im Wahrnehmungsablauf drei verschiedene Haltungen:

> Erwartungshaltung,
> Informationshaltung
> und
> Prüfhaltung.

Diese drei, in jedem Individuum ablaufenden Wahrnehmungsphasen, sind für die Betrachtung des Gruppenprozesses von großer Bedeutung.

Hans K. Nickel möchte gerne Mitglied im örtlichen Kaninchenzuchtverein werden. Seine Erwartungen sind sehr vielfältig. Er hat eine Reihe von Fragen, die er gerne bei der nächsten Mitgliederversammlung stellen möchte. Doch zuvor muß Herr Nickel als Mitglied aufgenommen werden; dies soll nach Auskunft des Vorsitzenden beim nächsten Treffen geschehen. Herr K. Nickel sieht dem Treffen mit großer Erwartung entgegen = Erwartungshaltung.

Die Mitgliederversammlung. Herr Nickel ist pünktlich erschienen, er schaut sich interessiert im Vereinslokal um, er informiert sich bei den Vereinsmitgliedern und sucht sich einen Platz im Versammlungsraum = Informationshaltung.

Der 1. Vorsitzende eröffnet die Sitzung und begrüßt alle Mitglieder, besonders heißt er Herrn Nickel willkommen. Der Punkt 9 der Tagesordnung "Aufnahme neuer Mitglieder" soll auf Anregung des 1. Vorsitzenden vorgezogen werden. Herr Nickel wird einstimmig als neues Mitglied aufgenommen. Er fühlt sich angenommen und in seinen Erwartungen bestätigt = Prüfhaltung.

Wir können zusammenfassend sagen: Die Wahrnehmung ermöglicht dem Menschen, mit seiner Umwelt in Kontakt zu treten.
Die Wahrnehmung ist nicht eine einfache Summe von Empfindungen, sondern ein komplizierter ganzheitlicher Prozeß, der nicht nur passiv zu verstehen ist, sondern als zielgerichtete Tätigkeit aufgefaßt werden muß.
Karl Marx formulierte darüber hinaus : "Die Bildung der fünf Sinne ist eine Arbeit der ganzen bisherigen Weltgeschichte." Mit anderen Worten, aktuelle Reize der Außenwelt und Erfahrungen der Vergangenheit werden aufgenommen und zu einem Gesamtbild zusammengefügt.

Können wir uns aber auf unsere Wahrnehmung verlassen?
Ist unsere Wahrnehmung der Welt auch die unserer Mitmenschen?
Es stellt sich also die Frage:

6.2 Wie "wahr" ist die Wahrnehmung ?

"Vier Augen sehen mehr als zwei!" - Wer kennt nicht diese lapidare Feststellung? Polizisten und Richter wissen ein Lied davon zu singen: Aus einem großen Mann mit dunklen Haaren wurde bei der Vernehmung eines anderen Zeugen eine kleine ältere Dame mit heller Mütze usw. usw.
Für die Rechtsprechung ist die Qualität von Zeugenaussagen eminent wichtig,

denn es geht um die "Objektivität" von Wahrgenommenem. Aber nicht nur in diesem besonderen Falle, auch im Alltag begegnen wir auf Schritt und Tritt kleinen und großen Wahrnehmungsfallen.
Soviel steht fest: Eine objektive Wahrnehmung gibt es nicht.
Sie ist in jedem Falle subjektiv, d.h. personenbezogen.
Selbst scheinbar objektive Verfahren wie Ton-und Bildaufzeichnungen bleiben letztlich subjektiv.
Denken Sie nur an den Begriff der "subjektiven Kameraführung".

Einige dieser Wahrnehmungsfallen haben wir in Form von optischen Täuschungen zusammengestellt, um an ihnen die Tücken unserer Wahrnehmungsschwierigkeiten zu demonstrieren:

1. Versuch:
Wieviele Quadrate sehen Sie?

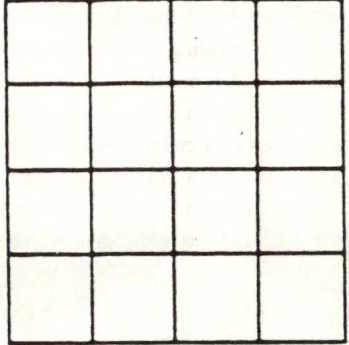

Wie steht es hier mit unserer Wahrnehmung?
Die Organisation oder Gestaltung des Quadratrasters beginnt erst mit zunehmender Beobachtung. Das läßt sich anhand der geschätzten "Einzelquadrate" leicht nachprüfen. Haben Sie gleich alle 30 Quadrate erkannt?

Es steckt mehr "drin", als wir beim ersten Eindruck erkennen. So könnte es auch beim ersten Eindruck sein, den wir von einem anderen Menschen gewinnen.

2. Versuch:

Vergleichen Sie bitte bei der untenstehenden Figur die Längen der Diagonalen A-F und F-D.

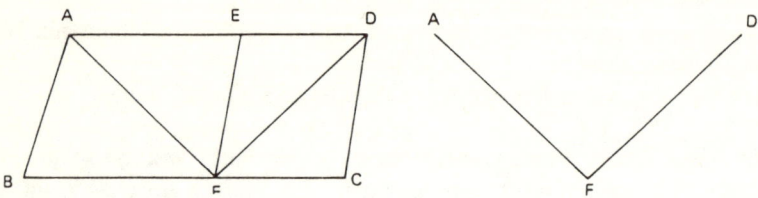

Die sogenannte "Sander'sche Täuschungsfigur" läßt die Strecke A-F länger aussehen als die Strecke F-D. Wenn wir die beiden Strecken aus dem Zusammenhang herauslösen, nehmen wir beide Diagonalen als gleich lang wahr.

So kann auch das unsere Wahrnehmung beeinflussen, was einen Menschen oder Gruppen von Menschen umgibt.

Ähnliches gilt für den nächsten Versuch.

3. Versuch:

Welcher der beiden dicken senkrechten Striche ist länger?:

In der Tat, beide Striche sind gleich lang!

4. Versuch:

Welche Figur heißt "Takete" und welche "Maluma"?

A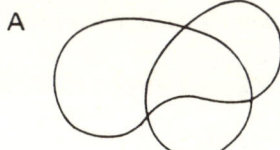

B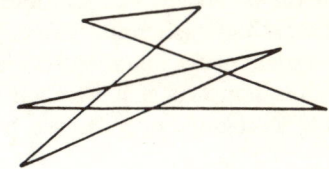

In diesem Versuch wird die Stereotypiebildung besonders deutlich.
Selbst relativ sinnlosen Zeichnungen werden in überraschender Häufigkeit genauso sinnlosen Begriffen zugeordnet.
Eine große Anzahl von Personen bezeichnet Figur A als Maluma und Figur B als Takete.

5. Versuch:

Eine weitere Schwierigkeit der Wahrnehmung:

Wie alt ist die
abgebildete Frau?

Es sind zwei Antworten möglich
  a) junge Frau   b) alte Frau

Signifikant mehr Nennungen von Teilnehmern, die eine junge Frau sehen, erhält man, wenn in einem Vorexperiment Fotografien junger Mädchen vorgelegt werden, deren Alter geschätzt werden soll. In Vorversuchen mit entsprechenden Bildern von älteren Frauen war es genau umgekehrt: es wurde im Hauptversuch viel häufiger eine alte Frau wahrgenommen. Es sind die Wahrnehmungsbereitschaften, die in einem Set von Vorstellungen unseren Wahrnehmungsablauf entscheidend bestimmen.

In unserem nächsten Versuch wird der Zusammenhang zwischenmenschlicher Zuschreibungsprozesse besonders deutlich.

6. Versuch:

Ein Mr. Miller aus Australien wurde drei Gruppen englischer Studenten vorgestellt (die Gruppen hatten untereinander keinen Kontakt):

Gruppe A   als Kommilitone an derselben Universität;
Gruppe B   als Oxford-Student, der jetzt an diese Universität kommt;
Gruppe C   als Professor in Oxford.

Die Gruppen A, B und C hatten die Aufgabe, die Körpergröße von Mr. Miller zu schätzen. Das Ergebnis: Mr. Miller wuchs an Körpergröße von A zu B und dann nochmals von B zu C.

6.3   Sich selbst und die anderen besser wahrnehmen

Um andere Menschen besser zu verstehen und ihr Verhalten zu begreifen, bedarf es neben einem gewissen Maß an Sensibilität eines weiteren sehr wichtigen Faktors: die eigene Persönlichkeit. Was heißt das?

Meine Wahrnehmung soll sich nicht nur auf den anderen konzentrieren (Fremdwahrnehmung) sondern sollte mit dem Blick "nach innen" gerichtet, die Facetten meiner eigenen Persönlichkeit erkennen und akzeptieren lernen.

"Zeigst du mit dem Zeigefinger auf einen anderen, so zeigst du im gleichen Moment mit drei Fingern auf dich!"

Nur wenn ich meine Stärken und Schwächen kenne, sie annehme und an und mit ihnen arbeite (Selbstwahrnehmung), kann ich meinen Mitmenschen, sein Erleben und Verhalten besser verstehen und ihn somit annehmen.

Meine Sicht von Welt entspricht nicht immer und unmittelbar der Weise, wie mein Gegenüber eine Sache oder ein Geschehen sieht, einschätzt und beurteilt.

Sich selbst und andere besser wahrzunehmen bedeutet auch, Kenntnisse darüber zu haben, wo wir von der rein beschreibenden Wahrnehmung zu einer bewertenden und beurteilenden Wahrnehmung gelangen.

In der Regel fällt es uns sehr leicht, einen Menschen zu bewerten, zu beurteilen, ihn dagegen unvoreingenommen, objektiv zu betrachten, ist dagegen sehr schwierig.

Es wird deutlich, daß der Wahrnehmungsprozeß durch Bewertungen, Interpretationen, durch das Hineinbringen von Gefühlen, Vermutungen usw. empfindlich gestört wird.

Diese Schwierigkeit erklärt sich u.a. aus der mehrschichtigen Art und Weise, wie wahrgenommen wird. Nicht nur "was" jemand sagt, beeinflußt unsere Wahrnehmung, auch das "Wie" ist von entscheidender Bedeutung. Hinzu kommen die Körperhaltung, die Mimik und Gestik, die diese Informationsübertragung ebenfalls mitgestalten.

In diesem Zusammenhang möchten wir Sie auf eine K.O.-Pille aufmerksam machen, die jeden Wahrnehmungsprozeß absolut sicher und zuverlässig beeinträchtigt: Die Müdigkeit.

Als Nebenwirkungen sind bekannt: Aufmerksamkeits- und Konzentrationsstörungen, Unlust, Gähnen und allgemeines Desinteresse.

In vereinzelten Fällen können leichte Gereiztheit und geistige Abwesenheit auftreten.

Von der Wirkung der Pille sind Sie als Gruppenleiterin/Gruppenleiter genauso betroffen wie Ihre Gruppenmitglieder.

Denken Sie doch nur einmal an den letzten Elternabend Ihrer Tochter, an die Pfarrgemeinderatssitzung oder den Ausschuß Ihres Sportvereines:

Beginn pünktlich um 20.00 Uhr; bis der/die Letzte eintraf, waren schon wieder fünfzehn Minuten herum! Ein anstrengender Arbeitstag steckt in Ihren Knochen. Auf dem Hinweg zum Treffen haben Sie es schon bereut, sich in den Vorstand wählen zu lassen.

Egal, heute soll und muß entschieden werden. "Wenn ich doch nur nicht so müde wäre!"

Sie spüren deutlich, daß Ihre Spannkraft nachgelassen hat.......

Selbst- und Fremdwahrnehmung ereignen sich zwischen den Polen "Ich" und "die anderen". Im folgenden Abschnitt geben wir Ihnen ein Schema, das diese beiden Pole in bezug auf die Selbst- und Fremdwahrnehmung miteinander verbindet.

Im August 1955 veröffentlichten JOE LUFT und HARRY INGHAM das nach ihnen benannte JOHARI-Fenster.

Für Sie als Gruppenleiterin oder Gruppenleiter ist dieses einfache graphische Modell von Selbst- und Fremdwahrnehmung eine wertvolle Hilfe, um Gruppenprozesse besser zu verstehen.

mir selbst

	bekannt	unbekannt
bekannt	I. öffentliche Person	III. blinde Flecken
unbekannt	II. private Person	IV. Unbewußtes

anderen

Das JOHARI-Fenster

Im ersten Quadranten sind Verhaltensbereiche genannt, die mir selbst bekannt sind und von anderen - z.B. Gruppenteilnehmern - wahrgenommen werden. Dieser Bereich der freien Aktivität, der öffentlichen Sachverhalte und Tatsachen soll hier mit "öffentlicher Person" umschrieben werden.

Quadrant 2 ist der Teil des Verhaltens, der nur mir bekannt und bewußt ist, für andere aber verborgen bleibt, solange ich ihn nicht bekannt gemacht habe. Dieser "private Teil" meiner Person bleibt für andere versteckt.

Der dritte Quadrant enthält die "blinden Flecke" meiner eigenen Wahrnehmung. Es ist der Teil des Verhaltens, der anderen bekannt ist, für sie sichtbar, mir selbst hingegen aber nicht bewußt ist. Angewohnheiten, spezielle Verhaltensweisen, die abgewehrt und im Vorbewußtsein mir nicht mehr präsent sind, fallen hierunter.

Quadrant 4 erfaßt die Bereiche, die weder mir noch anderen bekannt und bewußt sind. Die Tiefenpsychologie beschreibt diesen Vorgang als Unbewußtes. Dieser Bereich ist für unsere weiteren Betrachtungen nicht relevant. Zu Beginn einer neuen Gruppe stellt sich das JOHARI-FENSTER für Sie als Leiter wie auch für jeden der Teilnehmer wie folgt dar:

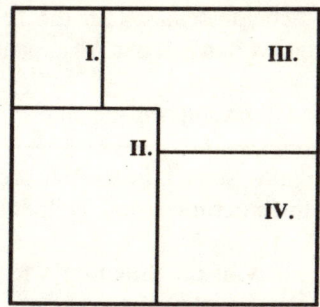

Der Bereich 1, die "öffentliche Person", ist weitgehend unbekannt, man weiß nur wenig über die einzelnen Teilnehmer. Es herrscht am Anfang der Gruppe die sogenannte "Wartezimmeratmosphäre", man wartet erst mal ab und ist im wesentlichen sehr zurückhaltend. Die Quadranten 2 und 3 sind stark ausgeprägt.
Diese Situation wird von allen Beteiligten (auch von Ihnen als Gruppenleiter) als unangenehm, unbehaglich und unter Umständen sogar als bedrohlich erlebt. Was ist nun zu tun, welche Strategien sind empfehlenswert?
Ein mögliches Ziel wäre, um in unserem Modell zu bleiben, die Erweiterung bzw. Verringerung einzelner Quadranten. Im Idealfalle sieht dies dann so aus:

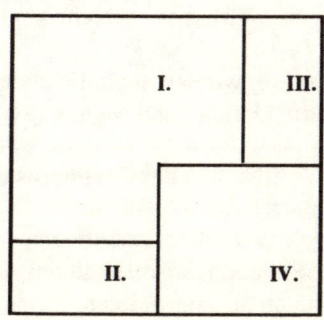

Da Sie als Gruppenleiter ein exponiertes Gruppenmitglied sind, werden Ihre Verhaltensweisen und Reaktionen auch besonders wahrgenommen und bewertet. Das bedeutet, daß Ihr Verhalten Modellcharakter für das Verhalten der anderen Gruppenteilnehmer hat. Seien Sie demzufolge

MUTMACHER,

und geben Sie als erster bestimmte Informationen aus dem zweiten Quadranten preis. Stellen Sie sich vor, schauen Sie die Teilnehmer direkt an. Wählen Sie einen humorvollen Stil der Ansprache.

Weitere Methoden und Wirkungsweisen sind:

Akzeptieren Sie das Selbstbild des/der anderen, nehmen sie die Teilnehmerinnen und Teilnehmer ernst.

Beschreiben Sie die Situation, wie Sie sie sehen - ohne Bewertung.

Wiederholen Sie Gesagtes, um sicher zu gehen, es verstanden zu haben bzw. fragen Sie nach.

Bitten Sie den Anderen nochmals um eine Erklärung, wie er die Sache "sieht".

Teilen Sie Ihre Wahrnehmung mit. Sprechen Sie über das, was gerade in der Gruppe passiert (sogenannte Metakommunikation).

Bringen Sie Ihre Gefühle in den Sozialkontakt mit ein.

Teilen Sie den anderen mit, wenn die eigenen Grenzen erreicht sind

Indem Sie offen sind, werden auch die anderen Teilnehmer bereit sein, ihre Gefühle und Meinungen mitzuteilen.

Dadurch wächst das Vertrauen in der Gruppe, es entstehen Sicherheit und die Bereitschaft, vorurteilsfrei zuzuhören.
Der Widerstand gegen Verhaltensänderungen verringert sich so, es wird möglich, die eigene Situation zu reflektieren und neue, konstruktive und zielorientierte Aktivitäten auszuprobieren.

6.4 Wahrnehmungstraining - Ihr 6. Sinn beim Gruppenleiten

Wenn wir davon ausgehen, daß Gruppenleitung auf die Dauer zu Gruppenberatung wird und daß die Wahrnehmung des Gruppenleiters und der Gruppenteilnehmer hierbei eine besondere Rolle spielt, so sollte das Wahrnehmungstraining eines Leiters unter anderem folgende fünf Aspekte berücksichtigen:

"1. Um Menschen angemessen begleiten zu können, müssen wir von ihrer eigenen Wahrnehmung der Situation ausgehen.

2. Beratung ist dann am nützlichsten, wenn sie zunächst von demjenigen Problem ausgeht, durch das ein Gruppenteilnehmer oder eine ganze Gruppe am meisten verunsichert ist.

3. Einzelne Menschen und Gruppen haben von sich aus die Fähigkeit zur Selbstheilung, sofern man ihnen eine Gelegenheit bietet, wo sie sich sicher genug fühlen können, ihre Probleme zu untersuchen.

4. Wenn einem Menschen oder einer Gruppe dazu verholfen wird, daß er sich sicher fühlen kann, nimmt sein Bedürfnis, unerwünschte Informationen auszuschließen, ab. Wenn sich der Wahrnehmungshorizont für sein Problem erweitert, muß er notwendigerweise gesellschaftliche Werte und Einstellungen miteinbeziehen.

5. Ändert sich ein Aspekt, so hat das Rückwirkungen auf alle genannten Aspekte. Eine heute neu gemachte Wahrnehmung kann allen Erfahrungen der Vergangenheit eine neue, andersartige Bedeutung geben."

LIFTON, W.: Working with groups, 1966

Das folgende Wahrnehmungstraining beginnt zunächst einmal mit Ihrer eigenen Person als Leiterin oder Leiter.

1. Empfehlung

Unsere erste Empfehlung haben wir von den Rugbyspielern abgeschaut: Der Trainer und die Mannschaftsmitglieder untereinander bestätigen sich gegenseitig, daß sie das zu erwartende Spiel souverän gewinnen und sie die besten Leistungen bringen werden. In Abwandlung für unser Wahrnehmungstraining heißt dies konkret, daß Sie sich selbst bestätigen sollen:

"Gerade deshalb, weil ich um meine Schwächen und Fehler in meiner Wahrnehmung weiß, macht es mich stark, mich auf die Gruppensituation einzustellen. Ich bin überzeugt davon, daß ich meine Arbeit als Gruppenleiter gut mache. Ich bin stark, mir auch Kritik anzuhören. Ich kenne meine Erwartungen und Wünsche, und dies alles macht mich ruhig und sicher!"

2. Empfehlung

Wir schlagen Ihnen vor, daß Sie bei der nächsten Teilnahme an einer Gruppe Ihre Rolle als Mitglied besonders wahrnehmen. Erleben Sie sich bewußt als Gruppenmitglied. Erleben Sie, was in der Gruppe vor sich geht. Erleben Sie den Leiter der Gruppe, wie er sich verhält, welche Gefühle die Teilnehmer und der Leiter bei Ihnen auslösen. Stellen Sie Ihre Teilnahme an diesem Gruppentreffen unter das Motto:
"Ich schärfe meinen Blick für Wahrnehmungsabläufe".
Vergleichen Sie Ihre Sichtweise mit der anderer Gruppenmitglieder.
Stellen Sie sich während des Gruppentreffens mehrmals die Frage: "Was macht die Gruppe/das Gruppenmitglied mit mir? Was mache ich mit der Gruppe/ mit einzelnen Teilnehmern?"
Diese Fragen sollten Sie sich, besonders in Ihrer Eigenschaft als Gruppenleiterin und Gruppenleiter, öfters stellen und beantworten, wenn Sie im aktiven Gruppengeschehen stehen.

3. Empfehlung

Ob Sie es glauben oder nicht, Ihre Wahrnehmungsfähigkeit kann auch durch spezielle Spiele trainiert werden.
Wir empfehlen hierzu die sogenannten Memory-Spiele, die neben dem visuellen Bereich besonders das Gedächtnis ansprechen.
Eine ähnliche Übung besteht z.B. darin, sich in einem Raum (Wartezimmer, Eisenbahnabteil etc.) umzuschauen, dann die Augen zu schließen und aus dem "fotografischen Gedächtnis" heraus, den Raum, die anwesenden Personen, die spezielle Situation zu beschreiben.

4. Empfehlung

Benutzen Sie einen Notizblock. Trainieren Sie während der kommenden Gruppentreffen folgende drei Funktionen: Sehen, Hören und Schreiben. Lassen Sie sich nicht entmutigen, wenn es auf Anhieb nicht klappt.

Wir wissen aus Erfahrung, daß viele unserer Seminarteilnehmer nach einiger Übung durchaus in der Lage sind, aktiv am Geschehen einer Sitzung teilzunehmen und gleichzeitig wichtige Notizen auf dem Block festzuhalten. Sie erleichtern Ihr Gedächtnis, sind in der Lage anschließend zu rekapitulieren, und falls Sie auch noch das Protokoll anfertigen müssen, haben Sie wertvolle Daten und Informationen gesammelt.

5. Empfehlung

Unser Wahrnehmungstraining schließt ab mit einem Fragenkatalog zur Beobachtung/Wahrnehmung von Gruppen. Dieses Beobachtungsschema bietet Ihnen als Gruppenleiter die Möglichkeit,

strukurierter und differenzierter wahrzunehmen,
sich an Gruppenprozesse und Handlungsabläufe zu erinnern
und
Gruppenkonflikte zu erkennen und Lösungen anzubieten

Der Gruppenleiter (vor der Sitzung)

Wie fühlen Sie sich momentan ?
Wo liegen heute Ihre Stärken und Schwächen ?
Welche Programmpunkte sind für heute vorgesehen ?
Haben Sie sich gründlich vorbereitet ?
Haben Sie an die Checkliste in dem "Sitzungs-Kapitel" gedacht ?
Was würde Ihnen jetzt gut tun ?
Welchen Punkt der Tagesordnung wollen Sie unbedingt behandelt wissen ?
Welche Teilnehmer erwarten Sie zum heutigen Treffen ?

Notieren Sie bitte, wie die Gruppenmitglieder gesessen haben ?

Wer fing heute an (Fragen, Vorschläge) ?
    a) Der Leiter?
    b) Die Teilnehmer ?

Wurden die Erwartungen der Anwesenden befragt ?

Welches Ziel, welche konkrete Aufgabe wurde für das heutige Treffen vereinbart ?

Wußten alle, um "was" es heute ging?

Wie würden Sie das Arbeitsklima des Treffens beschreiben: gespannt, gelöst, langweilig, kooperativ, defensiv, aggressiv, müde oder ...

Wie war das Sprachverhalten der Teilnehmer ?

Gebrauchte die Gruppe bestimmte Redewendungen ? - Wer brachte sie ein ?

Übte die Gruppe Druck auf einzelne aus ?

Gab es Sündenböcke ?

Wie war es heute mit Seitengesprächen zwischen den Teilnehmern?

Was könnte die Ursache hierfür gewesen sein ?

Konnten Sie längere Dialoge zwischen den Gruppenmitgliedern feststellen ?

Haben Sie sich in längere Dialoge eingelassen ?

Was ging in dieser Zeit in der Gruppe vor ?

Was machte die Gruppe mit Ihnen ? -

Was haben Sie mit der Gruppe gemacht ?

Wer war heute besonders auffällig ? - Wie äußerte sich das ?

Gab es Untergruppen, Fraktionen in der Gruppe ?

Hat die Gruppe das gesteckte Ziel erreicht ?

Welche Beschlüsse wurden gefaßt ?

Welche Programmpunkte wurden vertagt und warum ?

Welche Fragen sollten beim nächsten Treffen besprochen werden ?

Wie fühlen Sie sich jetzt, nachdem das Treffen vorüber ist ?
Sind Sie mit dem Ergebnis der Veranstaltung zufrieden ?
Wo genau lagen Ihre Stärken und wo Ihre Schwächen ?
Was machen Sie das nächste Mal anders ? - und warum ?
Wie reagierten die Teilnehmer auf die Präsentation Ihrer
Vorstellungen/Gedanken/Ziele etc.?

6.5 Stereotype und Vorurteile - Stolpersteine der Wahrnehmung

"Also, ich habe überhaupt keine Vorurteile, ich mag prinzipiell jeden,
sogar ....!"
"Na ja, die jungen Leute, die sollen erst mal in unser Alter kommen!"
"Sieh' dir doch wieder den Autofahrer da an, der kommt bestimmt aus ....!"
"Die Techniker und Ingenieure, die haben alle keine Ahnung, die sollen mal
zu uns in die Werkstatt kommen!"

Jeder kennt sie, hat sie und gebraucht sie, teils bewußt, teils unbewußt - die
Stereotype. Sie finden sich in jeder Gruppe, auch in den Gruppen, denen Sie
angehören. Und was Sie am meisten verblüffen wird: Sie und ich, wir alle
tragen selbst aktiv zur Verbreitung und Stabilisierung der unterschiedlichsten
Stereotype bei.

Was genau sind nun Stereotype? Das Lexikon erklärt sie als eine Klischeevor-
stellung, die die Gefühle einer Gruppe zu einer anderen in einer vereinfach-
ten und starren Meinung zusammenfaßt.
Unsere obigen Beispiele, die aus dem vollen Menschenleben gegriffen sind,
haben Sie bestimmt schon irgendwann einmal gehört oder auch selbst gebraucht.

Was steckt dahinter? Um die Zugehörigkeit zu einer Gruppe zu erlangen, ist
es notwendig, die gefühlsmäßig stark verwurzelten Überzeugungen dieser
Gruppe zu teilen. Wer also "mega-in" (voll dabei) sein will, muß auch die

Stereotype einer Gruppe übernehmen.

Typische Formen sind:

> Übernahme von Meinungen,
> Besonderheiten im sprachlichen Ausdruck,
> spezielles Outfit wie Kleidung, Frisur, Make-up,
> Umgang und Einsatz von Geld.

Wir können also sagen, daß Stereotype bedingt sind durch soziales Lernen im Streben nach Gruppenzugehörigkeit. Der sogenannte Gruppendruck, die Beeinflussung der Meinung einzelner durch die Gruppenmitglieder, ist in diesem Zusammenhang zu erwähnen. Er stellt eine der vielen Faktoren des sozialen Lernprozesses dar.

Gruppenzugehörigkeit und Wir-Gefühl, die durch stereotypes Verhalten weitgehend mitbestimmt werden, sind durchaus akzeptable Gesichtspunkte. Eine negative Wendung tritt unseres Erachtens dann ein, wenn der Grad der erlebten eigenen Exklusivität mit der Abwertung Außenstehender steigt. Die Selbstbestätigung durch Herabsetzung anderer ist immer dann besonders notwendig, wo der eigene Status unsicher ist und wenn von vorhandenen Schwächen abgelenkt werden soll.

Diesen Vorgang bezeichnet die Tiefenpsychologie als Projektion. Die innerhalb einer Gruppe (auch innerhalb einer Person) entstandenen Frustrationen und Minderwertigkeitsgefühle werden auf den diskriminierenden Außenseiter (die Fremdgruppe z.Zt. Asylsuchende, Ausländergruppen etc) projiziert und an ihm abreagiert. C.G.JUNG bemerkt hierzu: "Wir projizieren ungescheut und in der Regel völlig naiv unsere Psychologie auf den Mitmenschen."

Stereotype bleiben nicht nur gedankliche Klischeevorstellungen, sie entwikkeln sich auch zu verfänglichen Urteilsprinzipien, die sich in Vorurteilen bei Entscheidungen und gefühlsbesetzten Reaktionen äußern.

Stereotype und Vorurteile werden zu Stolpersteinen in unserer Wahrnehmung, weil sie auf falschen, generalisierenden und bewertenden Urteile aufbauen, an denen festgehalten wird, auch wenn sich diese als nicht richtig erwiesen haben.

Vorurteile steuern den Prozeß der selektiven Wahrnehmung, so daß nur solche Inhalte in unser Bewußtsein gelangen, die unserem bisherigen Weltbild entsprechen.

Als Leiter von Gruppen sollten Sie deshalb wissen:

Je unsicherer ein Mensch ist, desto stärker ist er auf die Scheuklappen des

Vorurteils angewiesen.

Stereotype und Vorurteile sparen Zeit und Mühe, sich in der Situation jeweils neu entscheiden zu müssen; sie sind einfacher strukturiert als die Wirklichkeit. Stereotype und Vorurteile sind sehr beharrlich und verstandesmäßig schwer beeinflußbar.

Welches Verhalten wäre angezeigt?

Es hat wenig Sinn, bestehende Stereotype und Vorurteile mit Gewalt aufzubrechen, weil man der Meinung ist, auch ohne sie auskommen zu können.

Stattdessen ist es ein kleiner und wichtiger Schritt, sich die eigene Sicht- und Denkweise bewußt und die selbstbenutzten Stereotype deutlich zu machen.

Als Leiter bzw. Moderatorin einer Gruppe haben Sie die Aufgabe, diesen Prozeß auch bei Ihren Teilnehmern zu aktivieren und zu fördern. Dies kann so geschehen, daß Sie im jeweiligen Entscheidungs-und/oder Konfliktfall, die stereotypisierenden Anteile auf ihren Realitätsgehalt hin überprüfen.

Bitten Sie um Sachinformationen, scheuen Sie sich nicht, konkrete Belege von unbegründeten Äußerungen zu erbitten: "Woher wissen Sie das?" - "Können Sie Ihre Behauptung belegen?"

Beachten Sie aber gleichermaßen den gefühlsmäßigen Erlebnishintergrund des oder der Teilnehmer(s). Fragen Sie: "Wie fühlen Sie sich in einer solchen Situation?" - oder: "Welche Gefühle verbinden Sie mit diesem Problem?" (siehe hierzu auch die Kap. 4 und 7).

EISBERG-MODELL
über die Relation der Verstandes- und Gefühlsebene

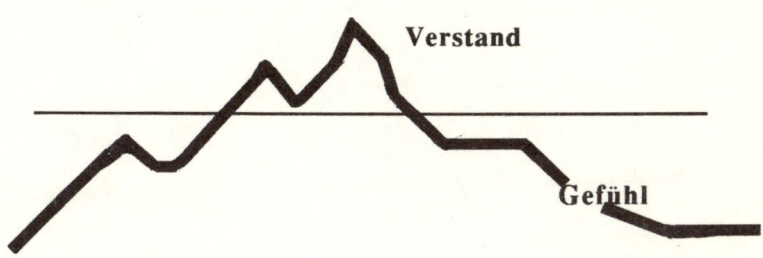

Sehr vereinfachend können wir sagen, daß zwischenmenschliche Kommuni-
kationsabläufe immer zwei Ebenen einschließen: zum einen die Ebene des
Verstandes (Kognition), zum anderen die Gefühlsebene (Emotion). Beide sind
untrennbar miteinander verbunden. WATZLAWICK (1971) führt hierzu aus:
"Jede Kommunikation hat einen Inhalts- und einen Beziehungsaspekt, derart,
daß letzterer den ersten bestimmt....". Auf der Verstandesebene werden die
Inhalte, also das **Was** wir sagen, ausgedrückt. Die Ebene des Gefühls betont
den Beziehungscharakter, also das **Wie** wir etwas mitteilen.

In der Bedeutung ihrer Auswirkungen auf Interaktionen bietet sich das oben
skizzierte EISBERG-MODELL an. Es unterstreicht das Verhältnis von Ver-
standes- zur Gefühlsebene sehr zutreffend.

Da eine Vielzahl von Störungen in Gruppen aus der ungeklärten oder nur
wenig reflektierten Gefühls- oder Beziehungsebene stammen, ist es für Sie als
Leiterin oder Leiter besonders wichtig, diesen Bereich ganz bewußt wahrzunehmen und anzusprechen.

7. Keine Angst vor Konflikten!
Oder:
Konflikte - das Salz in der Suppe

7.1 Konflikte sind Alltag

Menschen leben in Gruppen und Gemeinschaften - in der Familie, im Freundeskreis, am Arbeitsplatz, in Vereinen, als Kinder leben sie im Kindergarten, in der Schule, als alte Menschen können sie in einem Altersheim leben. Überall kommt es immer wieder zu Konflikten, zu "Zusammenstößen". Das ist Alltag. Für viele ist diese Facette von Alltag unangenehm, es wird als belastend und störend empfunden, daß das Zusammenleben nicht reibungslos und konfliktfrei verläuft.

Konflikte gab es immer schon, und es wird sie wohl auch weiterhin geben. Blickt man in das Alte Testament, in das Weisheitsbuch "Kohelet", so findet sich dort eine ganz nüchterne Bestandsaufnahme (das Wort "Konflikt" kannten die Autoren der Bibel natürlich noch nicht):
"Alles hat seine Stunde. Für jedes Geschehen unter dem Himmel gibt es eine bestimmte Zeit: ... eine Zeit zum Steinewerfen und eine Zeit zum Steinesammeln, ... eine Zeit zum Zerreißen und eine Zeit zum Zusammennähen, eine Zeit zum Schweigen und eine Zeit zum Rede, eine Zeit zum Lieben und eine Zeit zum Hassen..." (Kapitel 3).

Die Dinge, Ereignisse und Verhaltensweisen, die Auseinandersetzung und Zusammenstoß zur Folge haben, werden von dem biblischen Autor nicht als überflüssig oder gar schädlich angesehen - sie haben ihre Zeit, sie haben ihren Stellenwert, sie gehören einfach zu unserem Leben.

An dieser Stelle muß ein warnendes Wort gesagt werden. Das Wort "Konflikt" hat schon fast den Charakter eines Modewortes. Vieles wird als Konflikt deklariert, ohne daß es sich wirklich um einen Konflikt handelt. Meinungsverschiedenheiten, unterschiedliche Wahrnehmungen oder auch voneinander abweichende Deutungen und Interpretationen von Sachverhalten bekommen sehr schnell das Etikett "Konflikt" verpaßt. All das wird erst dann zum Konflikt, wenn das Merkmal der "Unvereinbarkeit" dazukommt, das kann objektiv sein oder auch nur subjektiv so erlebt werden. Auf dieses entscheidende Konfliktkriterium macht FRIEDRICH GLASL, Konfliktmanagement 1990, aufmerksam.

Menschen sind verschieden, sie haben unterschiedliche Interessen, Bedürfnisse und Wünsche, sie haben voneinander abweichende Wertvorstellungen und Ziele, genauso sieht es bei den Motiven für ihr Denken, Handeln und Entscheiden aus. Konflikte sind unvermeidlich, sie sind Bestandteil des Lebens.
Die Sache wird dadurch noch etwas komplizierter, daß im Innern eines jeden auch Konflikte angelegt sind. Wer kennt das nicht - man möchte sich endlich eine gute Musikanlage zulegen, zugleich aber auch nicht auf den lang ersehnten Spanien-Urlaub verzichten, beides aber geht nicht. Eine andere innerpsychische Konfliktkonstellation sieht so aus: die Befriedigung eines Wunsches kostet einen 'Preis', ob es ein erotisches Abenteuer oder die Anschaffung einer neuen Kücheneinrichtung ist. Das kann dann Geld, Anstrengung, Gefahr oder anderes sein. Auch das ist eine konfliktträchtige Situation.
Diese innerpsychische Konfliktebene bleibt hier aber unberücksichtigt, es geht um Konflikte zwischen Menschen.

Um es noch präziser zu formulieren: es geht um Menschen in Gruppen, nicht um Menschen, die sich zufällig begegnen. Menschen in Gruppen - sei es ein Kirchenvorstand, ein Briefmarkenverein oder eine landwirtschaftliche Genossenschaft - sind in ein soziales System eingefügt. Und zwischen diesem sozialen System und den einzelnen Mitgliedern kann es immer wieder zu Konflikten kommen. Diese Konflikte spielen sich natürlich zwischen Menschen ab. Worin können nun die Konflikte zwischen einer Gruppe, einer Organisation und ihren Mitgliedern bestehen?

Eine Organisation oder eine Gruppe ist ein ambivalentes Gebilde. Auf der einen Seite ist es eine *Gemeinschaft* von Menschen, die sich wegen bestimmter Ziele und Aufgaben zu einer Gruppe zusammengefunden haben oder die deshalb in einer Organisation mitarbeiten. Andererseits sind es eben *Einzelpersonen*, sind es Individuen, die die Gruppe bilden.

Die Organisation hat ein Sachziel - das kann zum Beispiel in einer Satzung festgelegt sein, bei Vereinen ist das üblich, Unternehmen haben das Ziel, einen Gewinn zu erwirtschaften. Die Menschen, die hier mitarbeiten, werden das Sachziel sicher mehr oder weniger teilen, sie haben aber daneben noch ganz persönliche Bedürfnisse, die nicht immer mit den Zielen der Organisation übereinstimmen müssen.

Einer Organisation sind die Kompetenzen ihrer Mitglieder wichtig, welche Motive die Menschen in ihr haben, sind nicht so vorrangig. Entscheidend ist der funktionale Beitrag der Mitglieder für die Erreichung der Sachziele.

Große Organisationen wie auch kleinere Gruppen benötigen Regeln für die Zusammenarbeit und das Zusammenleben der in ihnen tätigen Menschen. Dienstanweisungen, Geschäftsordnungen, Arbeitsplatzbeschreibungen gehören hierhin. Sie sind notwendig, um ein den Aufgaben der Organisation abträgliches Chaos zu verhindern. Selbst wenn sich die Menschen in einer Organisation an diesen Regeln orientieren, so bleiben sie doch Individualisten - jeder hat seinen Stil, seine Art der Kommunikation, seine Wege, vorgegebene Regeln auch einmal zu umgehen. Improvisation gegen Regelwerk.

Eine sach- und leistungsorientierte Organisation muß natürlich darauf achten, daß sich die in ihr tätigen Menschen wohl fühlen, daß sie zufrieden sind. Zufriedenheit allein oder der Wunsch nach Selbstverwirklichung können aber nicht das Ziel sein. Das Ziel einer Organisation, sei es ein Schulelternbeirat, ein Sportverein oder auch eine Gruppe von Leuten, die einen Naturkostladen betreiben, ist auf ein bestimmtes Ergebnis hin ausgerichtet. Das ist die Legitimation für die betreffende Organisation. Ohne die Zufriedenheit ihrer Mitglieder aus dem Auge zu verlieren, muß aber vor allem darauf geachtet werden, daß das Gruppen- oder Organisationsziel erreicht wird.

Sach- und leistungsorientierte Gruppen und Organisationen sind also konfliktträchtige Systeme - und zwar von ihrer Struktur her.

Also: es gibt kein Leben ohne Konflikte, es gibt kein Zusammen-Leben ohne Konflikte. Ist das nun ein notwendiges Übel, mit dem man sich halt herumschlagen muß, ärgerlich und belastend? Oder kann man Konflikten auch eine positive, konstruktive und sinnvolle Seite abgewinnen?

Wie GERHARD SCHWARZ zeigt (Konfliktmanagement, 1990), sind Konflikte durchaus sinn-voll. Sie haben eine doppelte, scheinbar widersprüchliche Funktion: differenzieren und integrieren.

1. Die vorhandenen Unterschiede zwischen Menschen, Gruppen oder Organisationen werden bewußt und fruchtbar gemacht. Denken Sie an das marktwirtschaftliche Motto "Konkurrenz belebt das Geschäft". Konflikte, sofern sie bearbeitet werden, klären etwa die Frage. "Wer ist der/die Bessere? Wer ist wofür zuständig?" Ausgelebte Konflikte führen zu einem Differenzierungsprozeß, sie helfen, vorhandene Kompetenzen zu erkennen und richtig einzusetzen.

2. Die Kehrseite lautet nun: Wenn in einer Gruppe die Unterschiede ganz krass sind, dann besteht die Gefahr, daß die Funktionsfähigkeit der Gruppe beeinträchtigt oder sogar ganz in Frage gestellt wird. In diesem Fall müssen die Konflikte bearbeitet werden, um die Einheitlichkeit der Gruppe wieder herzustellen. Widerstreitende Meinungen, Ziel- und Wertvorstellungen müssen einander konfrontiert werden, um zu klären, was den Zielen der Gruppe dienlich ist. Es wird geklärt, wer noch zur Gruppe gehört und wer nicht mehr. Unterlegene müssen sich - bei demokratischen Willensbildungsprozessen - der Mehrheit beugen, oder sie müssen aus der Gruppe ausgeschlossen werden. Diese Klärungsprozesse sind notwendig, um die für die Arbeit und Funktionsfähigkeit einer Gruppe notwendige Sicherheit (wieder) herzustellen.

Diese Janusköpfigkeit von Konflikten wird im folgenden in bezug auf die Pole "Verändern - Beharren" etwas näher ausgeführt.

7.2 Konflikte sind Bewegungen zwischen verändern und beharren

Jeder Konflikt ist ein Zeichen für einen Veränderungsprozeß. In welche Richtung diese Veränderung geht, ist damit noch nicht gesagt. Das kann sehr unterschiedlich sein.

Veränderungen kommen zustande, wenn es den Drang gibt, die überkommene Ordnung der Dinge zu überwinden. Die Ursachen für dieses Bestreben sind sehr vielseitig. Die Entfaltung der Persönlichkeit durch Selbstverwirklichung, durch Ausschöpfen der im Menschen angelegten Möglichkeiten oder der Wunsch, den natürlichen Lebensraum und seine technischen Erweiterungen noch intensiver zu erforschen, zu gebrauchen und dem Menschen nutzbar zu machen, können diesen Veränderungswunsch auslösen. Dieser Drang setzt dann kreative Kräfte frei:

Ich will mich und meine Umwelt verändern.

Genau umgekehrt verhält es sich, wenn Menschen entdecken, daß sich die Verhältnisse geändert haben. Sie müssen nun darauf re-agieren, indem sie Verhaltensweisen entwickeln, die den neuen Gegebenheiten gerecht werden und ihnen entsprechen. Die Einsicht, daß die ständigen Veränderungen unseres Lebensraumes und der überkommenen sozialen Ordnung immer wieder neue Antworten von den Menschen verlangen, erzeugt Veränderung durch Anpassung:

Der Lebensraum und die soziale Umwelt haben sich verändert. Ich muß darauf reagieren und mich anpassen.

Eine dritte Kraft, die Menschen treibt, ist das Bestreben eines jeden, sich selbst, seine Umgebung und seine allgemeinen Lebensverhältnisse zu verbessern. Dazu gehört auch das ständige Sich-Vergleichen und Konkurrieren mit anderen:

Ich dränge nach Verbesserung und konkurriere mit anderen.

Das ist die eine Seite der Medaille.
Menschen, die verändern wollen, stoßen immer wieder auf Menschen, die Veränderungen verhindern möchten. Das können einzelne oder auch ganze Gruppen sein.

Was sind hier die Motive für solch ein Verhalten und solch eine Einstellung?

Da ist zunächst die Furcht vor dem Unbekannten. Jede Veränderung öffnet Horizonte, greift in das Lebensfeld ein - das kann Unsicherheit und Ängste auslösen. Hier herrscht das Gefühl vor, allein der status quo, das Bekannte ist sicher, fest, vertraut und gewiß. Dieses Gefühl ist sicherlich gerechtfertigt, wenn es an Können, Erfahrungen und Fähigkeiten mangelt, die notwendigen Schritte zu tun, die sich aus einer gewandelten Situation ergeben:

Veränderungen verunsichern mich.
Ich halte am Bekannten fest, es ist mir sicher und vertraut.

Veränderungen können auch als Verlust erlebt werden, da sie die vertraute Weise der Bedürfnisbefriedigung und die durch den status quo garantierten und gesicherten Vorteile in Frage zu stellen scheinen. Da ist man lieber mit dem Bestehenden zufrieden, man weiß was man hat:

Ich bin mit dem Bestehenden zufrieden,
mit den Vorteilen, die der status quo mir gibt.

Und schließlich: Das Engagement in verschiedenen Gruppen führt zu der Erfahrung, daß die sich hieraus ergebenden Anforderungen miteinander rivalisieren können, es kann zu Interessenkonflikten kommen. Diese Gruppen-Beziehungen sind nicht so ohne weiteres zu ändern, die konkurrierenden Anforderungen sind nicht zu harmonisieren. Der Interessenkonflikt kann gültige Traditionen, Verhaltensnormen und Werte eines einzelnen Menschen oder auch ganzer Gruppen betreffen:

Ich stehe im Spannungsfeld unterschiedlicher
Gruppeninteressen und -normen, die ich nicht verändern kann.

Menschen und Gruppen stehen also in der Spannung zwischen Veränderung und Beharrung, zwischen Innovation und Tradition. Obwohl dies so ist, werden die daraus resultierenden Konflikte meist negativ bewertet, es wird oft mit Wut, Ärger und Unverständnis darauf reagiert: Konflikte sind eine unglückliche Fügung des Schicksals, es gilt sie zu vermeiden. Sie lassen sich aber nicht vermeiden, allenfalls für eine gewisse Zeit verdrängen. Irgendwann und irgendwo kommen sie dann doch ans Tageslicht, unerwartet und für alle überraschend. Ihre Sprengkraft ist dann oft größer als der Sache eigentlich angemessen wäre. Das trifft auf alle Bereiche, auf alle Systeme zu, in denen es zu Konflikten kommen kann:

Das Individuum ist in sich selbst ein dynamisches System von einander widerstreitenden Kräften und Strebungen. Es ist dauernd zu Veränderungen gezwungen, um neuen Umweltbedingungen begegnen zu können.

In kleinen überschaubaren Gruppen (wie Komitees, Teams und Familien) sind Veränderungen besonders deutlich zu registrieren, sie sind dafür ein besonders günstiges und wirksames Feld. Es stoßen in ihnen einmal die Interessen, Bedürfnisse und Wünsche der Einzelpersonen aufeinander, zum anderen sind diese Gruppen in übergeordnete Zusammenhänge eingebunden, die selbst wiederum mit voneinander abweichenden Anforderungen, Werten, Normen und Zielen auftreten.

Größere soziale Systeme in der Gesellschaft - Organisationen wie Wirtschaftsunternehmen, Bildungseinrichtungen, Verwaltungsbehörden, Religionsgemeinschaften und politische Parteien - sind von ihrer inneren eher plural geprägten Struktur notwendigerweise aufgeschlossen für interne Leistung und öffentliches Ansehen. Sie müssen daher auch bereit sein, sich den Veränderungen zu unterwerfen, die Verbesserung in bezug auf den Sinn der jeweiligen Organisation versprechen.

Die Gesellschaft als das ganze Gefüge von aufeinander einwirkenden Untergruppen, Teilsystemen, Gruppen, Organisationen und Individuen verursacht eine Vielfalt von Spannungen und Kraftfeldern. Dieses hochdifferenzierte Wechselspiel von Kräften und Interessen hat eine Reihe festgelegter Strukturen und Verfahren herausgebildet, die die Gesellschaft stabilisieren und Veränderungsmöglichkeiten sehr stark reduzieren.

Bisher wurde beschrieben, wer alles von Veränderungen und damit Konflikten betroffen ist und welche Kräfte zu Veränderungen ermutigen und welche ihnen eher widerstehen. Im folgenden sind nun einige Faktoren beschrieben, die Veränderungen verursachen.

1. Ungünstige Machtverteilung:
Die Macht innerhalb eines Systems ist zu sehr zentriert oder zu verzettelt und wird daher in schädlicher oder unwirksamer Weise ausgeübt.

2. Fehlgelenkte Energie:
Die vorhandene Energie wird in eine falsche Richtung gelenkt, entweder in bedeutungslose Unternehmen und Tätigkeiten oder in zerstörerische Verhaltensweisen (etwa Rivalitäten).

3. Gestörte Kommunikation:
Die Kommunikation zwischen den einzelnen Teilen des Systems ist ungenü-

gend. Die Ursache dafür liegt häufig in Reaktionen, die der Verteidigung dienen, in verzerrter Wahrnehmung, in gegenseitiger Abneigung oder auch nur in Nichtwissen und Unverstand.

4. Gestörter Weltbezug:

Wenn ein System, eine Familie oder ein Unternehmen, die Welt, in der es lebt, falsch einschätzt und beurteilt, also ein Vorurteil hat, dann kann auch das zu einem Veränderungsdruck führen. Wenn es sich beispielweise gegen andere Systeme abschottet, ist der Weltbezug gestört. Ein Bruch in der Übereinstimmung mit der Wirklichkeit kann auch dann vorliegen, wenn das System die Kommunikation, die es aus seiner Umgebung empfängt, falsch auslegt und interpretiert.

5. Unklare Ziele:

Wenn die Wertmaßstäbe und Haltungen des Systems unreflektiert, wenn die Ziele und damit der Sinn des Systems unklar sind, kann auch das einen Veränderungsdruck bewirken. Vielleicht stehen die proklamierten Normen und Zielvorstellungen eines Systems sogar im Gegensatz zu dem, was seine Mitglieder als wichtig und relevant ansehen.

6. Unzulängliches Instrumentarium:

Vielleicht hat das System nicht das Können, das Wissen oder die Mittel zur Verfügung, die es braucht, um seine Probleme zu lösen und die Schritte zu unternehmen, die notwendig wären, um den Anforderungen und Möglichkeiten der Verhältnisse zu entsprechen.

7.3 Reflexion der eigenen Konfliktfähigkeit

Als Leiterin oder Leiter einer Gruppe sind Sie immer wieder mit Konflikten konfrontiert. Wie die Gruppe mit den Konflikten umgeht, hängt ganz wesentlich davon ab, wie S i e Konflikte erleben und mit ihnen umgehen.

Deshalb finden Sie hier einige Fragen, mit denen Sie Ihre Einstellung zu Konflikten überprüfen und sich bewußt machen können. Im nächsten Schritt geben wir Ihnen ein Frageraster, das Ihnen Anregungen gibt, die Konfliktfähigkeit Ihrer Gruppe einzuschätzen.

Es sind hier zehn Behauptungen gegenübergestellt.

Entscheiden Sie sich möglichst schnell für einen der beiden einander zugeordneten Sätze.

Dann stufen Sie ab, ob Sie die jeweilige Behauptung vorbehaltlos (= 3) oder nur mit Einschränkungen bejahen können.

Vermeiden Sie die "0".

Ich scheue persönliche Veränderungen		Ich will mich immer wieder verändern, weiterentwickeln

3___2___1___0___(1)___2___3

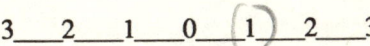

Neues verunsichert mich sehr stark		Ich bin auf Neues immer wieder gespannt

3___2___1___0___1___(2)___3

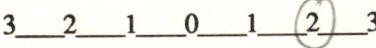

Ich bin mit dem Bestehenden völlig zufrieden		Bestehendes reizt mich immer wieder zur Veränderung

3___2___1___0___1___(2)___3

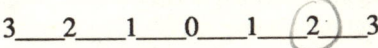

Es fällt mir ausgesprochen schwer, mich auf veränderte Situationen einzustellen		Ich passe mich neuen Situationen völlig problemlos an

3___2___(1)___0___1___2___3

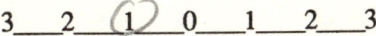

Mit anderen zu konkurrieren ist mir äußerst unangenehm, ich meide es, soweit es geht		Mich mit anderen zu vergleichen, mit ihnen zu konkurrieren macht mir Spaß

3___2___(1)___0___1___2___3

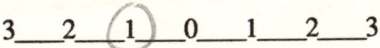

Verbinden Sie die von Ihnen angekreuzten Zahlen von oben nach unten.
Wo liegt das Schwergewicht - mehr auf der linken oder mehr auf der rechten
Seite?
Warum ist das so?

Noch eine Anregung für die Benutzung des Fragebogens:
Kopieren Sie ihn. Geben Sie den Fragebogen dann einem guten Bekannten,
einer Freundin oder Ihrem Partner. Der füllt den Fragebogen ebenfalls aus -
so wie er Sie erlebt.
Dann vergleichen Sie die beiden Ergebnisse.
Das kann zu einem interessanten Gespräch über Ihre Selbsteinschätzung und
die durch einen anderen führen.

7.4 Die Konfliktfähigkeit der Gruppe einschätzen

Jetzt zu der Gruppe, für die Sie als Leiterin oder Leiter verantwortlich sind.
Das, was über den einzelnen in bezug auf seine Konfliktfähigkeit gesagt
wurde (siehe oben), kann auch auf Gruppen übertragen werden.
Die folgenden Fragen sollen Ihnen Anstöße geben, Ihre Gruppe einzuschätzen:

Welche Behauptungen treffen auf Ihre Gruppe am ehesten zu?

Die Gruppe scheut vor Veränderungen zurück	oder	Die Gruppe ist für Veränderungen offen
Die Gruppe wird durch Neues sehr leicht verunsichert	oder	Die Gruppe ist durch eine Atmosphäre der Neugier, der Experimentierfreude geprägt•
Die Gruppe ist mit dem Bestenden zufrieden	oder	Die Gruppe stellt Bestehendes immer wieder in Frage

Die Gruppe vermeidet		Die Gruppe konkurriert
es, sich mit anderen	**oder**	gerne mit anderen
zu vergleichen,		
mit ihnen zu konkurrieren		

Wie sind die Kräfte in Ihrer Gruppe verteilt - die Kräfte, die Veränderungen gegenüber offen sind oder sie sogar forcieren - die Kräfte, die eher beharrend und bremsend sind?
Welche Richtung prägt die Arbeit der Gruppe?
Oder gibt es je nach Situation und Problemlage wechselnde Koalitionen?
Wie werden Veränderungswünsche, die entweder aus der Gruppe selbst kommen oder von außen an die Gruppe herangetragen werden, von der Gruppe aufgenommen?
In welchem Maße werden veränderte Umweltbedingungen von der Gruppe wahrgenommen und in die Arbeit integriert?

Sie haben hier als Leiterin oder Leiter eine ganz zentrale Funktion: Wenn Sie an das Ergebnis Ihrer Selbsteinschätzung denken, wie steuern Sie dann die Gruppe bezüglich der Veränderungen, denen Ihre Gruppe unweigerlich ausgesetzt ist?
Wenn Sie nun an Konfliktsituationen in Ihrer Gruppe denken: welche Gründe - neben den Gesichtspunkten der unterschiedlich stark ausgeprägten Veränderungsbereitschaft der Gruppenmitglieder - sind für das Zustandekommen der Konflikte wohl ausschlaggebend gewesen?

- Wie ist die **Machtverteilung** in Ihrer Gruppe organisiert?
  Ist die Macht auf Sie als Leiter/Leiterin zentriert oder auf andere Personen (hat die Gruppe eine klare Struktur etwa bezüglich der Aufgabenverteilung)?
  Oder ist sie völlig diffus verteilt (keiner weiß zum Beispiel, wer zuständig ist)?

- Wird die **Energie** der Gruppe, ihr Ideenreichtum, ihre Kompetenz, ihre Kraft in die falsche Richtung gelenkt?
  Gibt es Leerlauf in der Arbeit der Gruppe?
  Vergeudet die Gruppe ihre Energie in bedeutungslose Unternehmen und Tätigkeiten?
  Oder zerfleischt sich die Gruppe nach innen, gibt es fruchtlose Rivalitäten, Statuskämpfe?

- Wie verläuft die **Kommunikation** zwischen den Gruppenmitgliedern?
Ist sie unehrlich, wird mit heruntergeklapptem Visier
miteinander agiert?
Müssen sich die Mitglieder Ihrer Gruppe immer wieder
verteidigen und sich gegenseitig angreifen?
Wie sieht es mit Sympathie und Antipathie in der Gruppe aus?

- Wie ist der **Wirklichkeitsbezug** der Gruppe einzuschätzen?
Ist die Gruppe offen für Reize, Anregungen, Kritik, die aus der
Umwelt kommen?
Oder kapselt sich die Gruppe von der sie umgebenden sozialen
Wirklichkeit ab?
Ist die Gruppe eher mißtrauisch oder eher aufgeschlossen?

- Sind die **Ziele** Ihrer Organisation und Gruppe klar?
Ist damit der Sinn der Mitarbeit für die Mitglieder Ihrer Gruppe
deutlich?
Oder gibt es unterschiedliche Vorstellungen von den Aufgaben,
die von der Gruppe zu erfüllen sind?
Können die Mitglieder Ihrer Gruppe Einfluß nehmen auf die
Zielformulierung, oder müssen sie vorgegebene Ziele einfach
übernehmen?

- Ist Ihre Gruppe oder Organisation mit den notwendigen **Mitteln**
ausgestattet, die zur Erfüllung ihrer Aufgaben erforderlich sind?
Wie steht es um das Wissen, das Können und die Fähigkeiten der
Gruppenmitglieder?

Wenn Konflikte in einer Gruppe auftreten, sollte zunächst geklärt werden,
was die Ursachen dafür sind. Im nächsten Schritt geht es dann um gezielte
Maßnahmen zur Lösung des Problems. Je nach Konflikt gibt es verschiedene
Bereiche, in denen an einer Veränderung der konfliktträchtigen Situation
gearbeitet werden kann.

Die Strukturen der Arbeit:
Wenn sich herausstellt, daß die formale Zuordnung von Personen, Verant-
wortungsbereichen, von Arbeitsabläufen und Funktionen den Anforderungen und Aufgaben der Gruppe nicht mehr entspricht, kann die Organisation

der Gruppe - die Verantwortungsbereiche, die Arbeitsabsprachen usw. - so geändert werden, daß die Aufgaben von den beteiligten Personen besser erfüllt werden können. Solche Veränderungen wirken sich auch auf die Beziehungen zwischen den betroffenen Personen aus.

Der Bereich der Technik, der Hilfsmittel:
Wenn die Leistung der Gruppe verbessert werden muß, liegt es vielleicht nahe, technische Veränderungen einzuführen, um die Leistung zu optimieren. Dazu kann es auch gehören, daß die Mitglieder der Gruppe für ihre jeweiligen Aufgaben besser qualifiziert werden.

Das Verhalten der Gruppenmitglieder:
Da sich formal-strukturelle wie auch technische Veränderungen in einer Gruppe auf die Beziehungen der beteiligten Personen auswirken, ist es notwendig, den beteiligten Personen Gelegenheit zu geben, neue Verhaltensweisen in den Beziehungen unter den Bedingungen neuer Verantwortungsbereiche oder einer neuen Aufgabenverteilung zu entwickeln.

Die Einstellung der Gruppenmitglieder:
Wenn Veränderungen im Verhalten notwendig sind, muß es den beteiligten Personen ermöglicht werden, ebenfalls ihre allgemeinen Anschauungen und ihre Wertvorstellungen zu ändern, die ihr Verhalten leiten und ihre Einstellung gegenüber Veränderungen bestimmen (etwa durch Trainings oder Fortbildungsmaßnahmen).

7.5 Konfliktreaktionen

Um Ihren analytischen Blick zu schärfen, geben wir Ihnen jetzt noch eine Übersicht über typische Reaktionen in Konfliktsituationen. Wenn es in Ihrer Gruppe oder Organisation zu einer konfliktträchtigen Situation kommt, achten Sie doch einmal darauf, wie einzelne Mitglieder Ihrer Gruppe reagieren - und wie Sie darauf reagieren.

Nachgeben
Herr Schwarz: Die Musik, die Sie hier ständig laufen lassen, gefällt mir überhaupt nicht.
Herr Weiß: Mir gefällt sie aber sehr gut.
Herr Schwarz: Sie nehmen auf mich wohl überhaupt keine Rücksicht.
Herr Weiß: Na gut, dann stelle ich sie halt eben ab.

Schlechtes Gewissen

Herr Grün: Das war eine Nacht! Ich bin völlig unausgeschlafen, ich habe eine Saulaune. Alles nur, weil Du so geschnarcht hast.

Herr Blau: Ich habe Dir gleich gesagt, daß ich schnarche. Und ich hatte Dir auch gesagt, daß Du das Zimmer nebenan nehmen sollst, damit wir beide heute für das Turnier gut ausgeschlafen sind.

Herr Grün: Das nützt doch nichts, Dich hört man durch drei Wände.

Herr Blau: Was soll ich denn machen, ich schnarche halt, ich kann nichts dafür.

Weinen

Frau Weiß: Warum hast Du vorhin bei der Abteilungsleiterkonferenz nichts gesagt?

Frau Gelb: (Fängt zu weinen an.)

Flucht

Kindergartenleiterin: Helga, sie kommen ja schon wieder zu spät zur Mitarbeiterbesprechung.

Helga: Es tut mir leid, aber ...

Kindergartenleiterin: Das ist ja nicht das erste Mal ...

Helga: Ach, Sie haben ja keine Ahnung (steht auf und verläßt den Raum).

Harmonisieren

Frau Lila: Also, die Zusammenarbeit mit Ihnen ist furchtbar kompliziert, ich weiß nicht, ob das so weitergehen kann.

Fräulein Rosa: Ich finde, daß es bisher gut lief.

Frau Lila: Sie müssen doch einsehen, daß es in der letzten Zeit ständig zwischen uns kracht und zu Konflikten kommt.

Fräulein Rosa: Aber wir verstehen uns doch so gut, ich finde, daß wir bestens harmonieren und uns gut ergänzen.

Kämpfen:

Herr Braun: Fahrgemeinschaften find ich ja eigentlich gut, aber eben bist du bei Rot über die Ampel gefahren.

Herr Grau: Wenn Rot gewesen wäre, hätte ich das gesehen.

Herr Braun: Ich habe keine Tomaten auf den Augen! Du bist ganz schön stur und läßt dir überhaupt nichts sagen.

Herr Grau: Ach, du mußt auch alles besser wissen.

Herr Braun: Das ist doch Unsinn. Aber was wahr ist, das muß wahr bleiben.

Herr Grau: Bald reichts mir. Ich fahre hier. Du kannst gerne aussteigen und mit der Bahn fahren.

Den Schuldigen spielen
Frau Lila: Ich finde es nicht gut, daß Sie bei der Besprechung hier den Kollegen und Kolleginnen ständig ins Wort fallen.
Herr Weiß: Ich bitte Sie - Sie haben mir auch schon mal das Wort abgeschnitten.
Frau Lila: Das mag ja sein, aber Sie machen das doch ständig.
Herr Weiß: Ich bin halt spontan, mir ist halt nicht zu helfen.

Den Beleidigten spielen
Herr Chamois: Herr Ocker, bitte halten Sie sich an die Rednerliste!
Herr Ocker: Ist ja schon gut, ich sage gar nichts mehr.

Aufrechnen
Frau Beige: Immer muß ich die Aktenablage machen. Mir reicht das langsam.
Frau Rot: Dafür habe ich gestern die ganze Dienstpost weggebracht.
Frau Beige: Das machst du aber nur alle vierzehn Tage. Aber ich muß mich ständig um die Akten kümmern.
Frau Rot: Na also - und wer hat vorgestern die Schreibtische aufgeräumt!?

Herausfordern
Herr Schwarz: Müssen Sie in der Mittagspause unbedingt Musik hören?
Herr Orange: (Geht zum Radio, dreht die Musik lauter, kehrt zu seinem Platz zurück, zündet sich eine Zigarette an und schweigt.)

Analysieren
Frau Türkis: Wenn wir miteinander reden, Frau Silber, dann schauen sie doch bitte nicht aus dem Fenster.
Frau Silber: Was kann ich dafür, wenn sie das stört.
Frau Türkis: Sie haben wohl Probleme damit, Menschen ins Gesicht zu schauen.

Verspotten
Herr Gold: Wenn sie schon vergessen haben, die Videobänder zu kaufen, dann können sie mir wenigstens helfen, die Videoanlage ins Büro zu tragen.
Herr Bronze: Nein, ich trage dafür die Verantwortung.

Drohen

Herr Kupfer: Herr Zink, mir fehlen von Ihnen noch die Monatsberichte aus dem letzten Quartal.

Herr Zink: So?

Herr Kupfer: Ja, wenn ich sie nicht bis nächsten Montag auf meinem Schreibtisch habe, werde ich mir ihre Personalakte geben lassen und ihren Antrag auf Höhergruppierung noch einmal ansehen ...

Nach: Chr. Weisbach/M. Eber-Götz/S. Ehresmann:
Zuhören und Verstehen. Hamburg 1979

7.6 Modelle der Konfliktlösung

Viele Leiterinnen und Leiter von Gruppen sind nicht in der Lage, Konflikte zu lösen. Sie empfinden eine Konfliktsituation als kompliziert, fühlen sich nicht darauf vorbereitet, sie löst in ihnen Anspannung und Angst, auch Ärger aus. Manchmal werden Konflikte auch als Zeichen der eigenen Unfähigkeit gewertet.

Daß das so ist, hat einleuchtende Gründe: Immer wieder machen wir die Erfahrung, daß Konflikte unangenehm sind. Als Kinder gegenüber Eltern und Geschwistern, als Schüler gegenüber Mitschülern und Lehrern, als Arbeitnehmer Vorgesetzten gegenüber hat es sich eingeprägt: Bei Konflikten gibt es Verlierer und Sieger. Je nach Machtausstattung stehen wir mal auf dieser, mal auf jener Seite. Darunter leiden natürlich Beziehungen.

7.6.1 Verlieren oder siegen - oder?

Dieses Verlierer-Sieger-Muster ist wohl das am stärksten verbreitete bei der Konfliktlösung.

Die erste Methode - 0 : 1

Cornelia B. ist pädagogische Fachreferentin in einer größeren Einrichtung der Familienbildung. Ihr besonderes Interesse gilt neueren gesellschaftlichen Entwicklungen, etwa der starken Zunahme der Gruppe der Alleinerziehenden. Gerne möchte sie spezielle Angebote für Alleinerziehende entwickeln. Als sie ihre Ideen in der Mitarbeiterbesprechung vorträgt, wird sie von der

Leiterin der Einrichtung schroff abgewiesen. Das sei nicht die Aufgabe der Familienbildung, das sei alles nur ein durch die Medien aufgeblasenes Problem, es gelte vielmehr, die intakten Familien weiter konzentriert zu fördern, um so einen Beitrag zur Stabilisierung der ohne Zweifel gefährdeten Familie zu leisten.

Nach dieser - in ihren Augen - autoritären Entscheidung der Leiterin verstummt Cornelia B.

Sie ist wütend, zeigt es aber nicht. Sie denkt: "Na, irgendwann kriege ich dich doch!" Kolleginnen, mit denen sie vorher schon darüber gesprochen hatte, schauen sie verlegen an, sagen aber nichts. Das Betriebsklima ist vergiftet.

Die zweite Methode - 1 : 0

Viktor F. leitet in der Kreisvolkshochschule den Fachbereich Sprachen. Daneben bietet er noch Studienfahrten ins europäische Ausland an. Es ist bekannt, daß die Fahrten meist schlecht vorbereitet sind, die Teilnehmer sind oft unzufrieden. Aber unbekümmert stellt er bei der Jahresplanung sein nächstes Reiseprojekt vor: Eine Studienfahrt "Auf den Spuren Friedrich II - Von Worms bis Palermo". Die von ihm vorgetragene Skizze läßt deutliche Mängel erkennen. Der Leiter der Volkshochschule, ein sehr zugänglicher Mann, stellt nur wenige, sehr ungenaue Rückfragen. Viktor F. reagiert auf die Fragen seines Vorgesetzten arrogant und leicht aggressiv: Er sei ja wohl der erfahrene Reiseleiter, außerdem habe er eine durchdachte didaktische Konzeption... Obwohl er davon überzeugt ist, daß Viktor F. nicht genügend Fach- und

Leitungskompetenz für solch eine Fahrt besitzt, akzeptiert er das Projekt. Er fühlt sich dabei sehr unwohl und ist eigentlich auch sehr verärgert.

Bei beiden Methoden werden Konflikte durch einen Machtkampf gelöst.
Die Leiterin der Familienbildungsstätte wie auch Viktor F. setzen ihren Willen durch, es wird das gemacht, was sie für richtig halten.
Viktor F. setzt sich auf Kosten des Leiters der Volkshochschule und die Leiterin der Familienbildungsstätte auf Kosten Ihrer Mitarbeiterin Cornelia B. durch. Denen bleibt das Gefühl der Niederlage, des Versagens und der Wut auf den anderen, weil der die Niederlage verursacht hat.
Konflikte - also Interessengegensätze - werden auf diese Weise nicht gelöst, es wird für den Augenblick eine Entscheidung herbeigeführt, es ist ein allerdings nur kurzfristig wirkender Erfolg.

Was noch schädlicher ist, das ist ein Wechsel - mal diese, mal jene Methode, einmal autoritär, dann wieder laissez-faire, Hüh und Hott, Zuckerbrot und Peitsche. Ein Gruppenleiter, der so schwankend ist, macht sich unglaubwürdig, er sät Mißtrauen, er verschleißt sich und andere, letztlich untergräbt er seine Autorität.

Um zu vermeiden, daß es verärgerte Verlierer gibt, empfiehlt sich

Die dritte Methode - 1 : 1 oder: Einen Punkt für jeden

In einer Gemeinde haben kirchlich engagierte Jugendliche den Jugendclub "Black out" gegründet. Sie wollen mit dieser Einrichtung Jugendliche ansprechen, die wenig oder auch gar keine Beziehung zur Gemeinde haben, die ihre Freizeit in Spielcasinos und Discos verbringen. Einige Zeit läuft das Vorhaben problemlos. Dann aber mehren sich die Beschwerden: Es sei Hasch geraucht worden, die Jugendlichen würden immer mehr und häufiger Alkohol trinken, sie hörten nur Musik und daß der Club von der Gemeinde getragen werde, spiele offenkundig überhaupt keine Rolle.
Der Kirchenvorstand beschäftigt sich auf einer seiner Sitzungen mit dem leidigen Problem und beschließt, den Club sofort zu schließen. Als die Jugendlichen von dieser Entscheidung hören, sind sie empört. Sie wollen eine Schließung des Clubs unter allen Umständen verhindern. Der Konflikt ist da.
Solche Auseinandersetzungen zwischen den Generationen sind typisch. In einer anderen Gemeinde wird aber in einem ähnlich gelagerten Fall anders gehandelt.

Der Kirchenvorstand lädt die Jugendlichen zu der Sitzung ein, auf der das Thema "Jugendclub" behandelt werden soll. Die Einladung hat das Ziel - und so wird sie auch ausgesprochen -, daß beide Seiten eine Lösung erarbeiten, die für die Jugendlichen, den Kirchenvorstand und die besorgten Eltern annehmbar ist.

Wie verläuft nun diese Sitzung?

1.

Der Jugendausschuß des Kirchenvorstandes, der sich am intensivsten mit dem Problem befaßt hat, stellt das Problem aus seiner Sicht dar. Es wird berichtet, welche Vorwürfe gegen den Club von Eltern und Anwohnern erhoben worden seien.

Daraufhin stellen einige Jugendliche die Entwicklung dar, die der Club in den letzten Monaten genommen hat. Einige der Vorwürfe werden als berechtigt anerkannt - etwa die nächtliche Ruhestörung -, andere sind, so die Jugendlichen, maßlos übertrieben und entspringen möglicherweise den Phantasien der beunruhigten Eltern.

Der Vorsitzende des Kirchenvorstandes achtet in dieser Phase der Problemdarstellung darauf, daß alle Rednerinnen und Redner dicht am Thema bleiben. Andere Probleme werden ausgespart. Er ermuntert, die Konflikte möglichst präzise zu benennen. Er macht auch das Ziel des Gesprächs deutlich: es soll gemeinsam eine für alle akzeptable Lösung gefunden werden.
Ihm ist es auch wichtig, daß die Kontrahenten ihre Gefühle in dem Streit aussprechen können. Sobald aber versucht wird, die Gegenseite lächerlich zu machen oder herabzusetzen, greift er ein und unterbindet derartige destruktive Ansätze.

2.

Nach der umfassenden Problemdarstellung werden nun Ideen gesammelt, wie mit den Problemen umgegangen werden kann, es werden Lösungsvorschläge zusammengetragen. Die Jugendlichen wie auch die Kirchenvorstandsmitglieder beteiligen sich daran.

Der Vorsitzende bittet einen der Anwesenden, die Lösungsvorschläge auf DIN-A-4-Zettel zu schreiben (groß und deutlich mit Filzstift) und sie mit einem Klebstreifen an die Wand zu befestigen. Er läßt genügend Zeit, damit alle Teilnehmer die Gelegenheit haben, ihre Ideen zu äußern: Es sollen möglichst viele Vorschläge genannt werden. Zu Beginn dieser Phase schärft er allen ein, daß die Lösungsvorschläge nicht bewertet werden dürfen, sie sind zunächst einmal zu akzeptieren.

3.

Es geht nun darum, die Lösungsvorschläge kritisch zu prüfen. Das geschieht in einem Gespräch, an dem sich alle beteiligen. Die gesammelten Lösungsvorschläge werden alle noch einmal vorgelesen und jeweils kritisch unter die Lupe genommen.

Es ist die Aufgabe des Vorsitzenden, die Lösungsvorschläge zu streichen, die für die Mitglieder des Kirchenvorstandes oder für die Jugendlichen nicht akzeptabel sind. Er gibt auch ganz gezielt dafür Raum, daß die Ablehung begründet werden kann. Er legt Wert darauf, daß auch die gefühlsmäßige Ebene zur Sprache kommt.

4.

Nach dieser Klärung geht es darum, eine Lösung zu finden und zu formulieren, die von allen akzeptiert werden kann. Darüber wird dann eine Entscheidung herbeigeführt.

Dazu gehört es nun, die Lösung genau zu beschreiben. Der Vorsitzende betont in diesem Zusammenhang, daß die nun gefundene Lösung nicht endgültig sein muß. Sie kann in gemeinsamer Abstimmung auch wieder geändert, modifiziert werden. Ganz wichtig ist es, daß er alle Beteiligten fragt, ob sie mit dem Ergebnis einverstanden sind. Das so erarbeitete Ergebnis wird schriftlich festgehalten. Zur Vereinbarung gehört auch, daß nach einer angemessenen Zeit, gemeinsam geprüft wird, ob sich der gefundene Weg bewährt hat. Sollte es an dieser Stelle noch nicht möglich sein, eine allseits akzeptierte Lösung zu finden, ist es vielleicht notwendig, daß der Vorsitzende dazu auffordert, weitere Alternativen zu suchen (siehe Punkt 2). Unter Umständen ist es sogar notwendig, die Sitzung zu vertagen, um einen außenstehenden Berater hinzuzuziehe, sofern das von allen akzeptiert wird. Steht die Entscheidungsfindung unter einem Zeitdruck, dann hat der Vorsitzende daran zu erinnern. Er sollte auf die möglichen Folgen hinweisen, die durch eine Überschreitung der Frist auf alle zukommen.

5.

Das Gespräch endet mit einer klaren Beschreibung, wie die mit der Lösung verbundenen Schritte auszusehen haben. Auch das wird gemeinsam festgelegt.

Von dem Vorsitzenden wird die Frage gestellt, wer was bis wann macht. Er veranlaßt auch die Klärung von Verantwortlichkeiten. Auch diese Vereinbarungen werden in das Protokoll aufgenommen. Damit endet die Sitzung.

6.
Nach der vereinbarten Zeit kommen der Kirchenvorstand und die Jugendlichen wieder zusammen, um kritisch zu prüfen, ob und wie sich die Regelungen bewährt haben.

Der Vorsitzende lädt alle zu dieser Auswertungssitzung ein. Er erinnert an die gemeinsam getroffenen Vereinbarungen. In einem Gespräch alle Beteiligten wird geprüft, ob es notwendig ist, die ursprünglich vorgesehenen Regelungen zu korrigieren, weil inzwischen vielleicht Veränderungen eingetreten sind, weil sich die Situation gewandelt hat. Zu den Aufgaben des Vorsitzenden gehört es dann auch, allen am Konflikt Beteiligten für ihr Engagement bei der Lösung der Probleme zu danken, dafür, daß sie sich auf diesen konstruktiven Weg der Konfliktlösung eingelassen haben.

Die Methode "1:1 - Einen Punkt für jeden" hat also sechs Schritte:

1.
Das Problem erkennen, beschreiben und definieren.
2.
Unterschiedliche Lösungsalternativen suchen.
3.
Die gesammelten Alternativen bewerten.
4.
Eine gemeinsame Entscheidung herbeiführen.
5.
Den Weg zu ihrer Ausführung festlegen.
6.
Die gefundene Lösung nach einiger Zeit
überprüfen und bewerten.

Die Vorteile dieser Methode:

Da die Lösung von allen erarbeitet wurde, hat sie für alle verpflichtenden Charakter. Das Mitspracherecht im Entscheidungsprozeß motiviert die Beteiligten, sich die gefundene Lösung zu eigen zu machen und auf ihre Verwirklichung zu achten. Dieses Verfahren entlastet den Gruppenleiter, da er darauf vertrauen kann, daß sich alle an die Vereinbarungen halten.

Eine solche Vorgehensweise setzt Kreativität frei, alle Beteiligten werden ernst genommen, sie haben die Möglichkeit, ihre Erfahrungen und ihr Wissen einzubringen - es werden gute Lösungen gefunden.

Ein ganz besonderes Merkmal der Methode ist es, daß sich die Konfliktparteien auf eine gemeinsame Such-Bewegung begeben, bei dem - entsprechend durch den Gruppenleiter moderiert - ein Machtgefälle weitgehend ausgeschaltet wird. Gemeinsames Arbeiten verbindet. Und das kann auch eine Folge der beschriebenen Methode sein: Die Konfliktparteien lernen sich gegenseitig verstehen und respektieren, sie entwickeln oft sogar freundschaftliche Gefühle füreinander.

Ein weiterer Effekt ist, daß Lösungsideen und deren Verwirklichung überraschend schnell gefunden werden. Das hängt damit zusammen, daß die verschiedenen Sichtweisen eines Problems benannt und alle wichtigen Daten von den am Konflikt Beteiligten zusammengetragen werden können. Der Raum für unfruchtbare Spekulationen wird kleiner. Ein schwelender, unausgesprochener Konflikt blockiert dagegen, er ist kontraproduktiv.

Und schließlich: Niemand - im obigen Beispiel weder der Vorsitzende, noch der Kirchenvorstand, auch nicht die Jugendlichen - ist gezwungen, die von ihm favorisierte Lösung anderen mit Überredungskunst schmackhaft zu machen, niemand muß gedrängt werden, irgendwelche Entscheidungen auszuführen.

Auch wenn in die Vorbereitung zur Lösung eines Konfliktes viel Kraft und Überlegung gesteckt werden müssen, so erweist sich dieses Verfahren letztlich doch als ausgesprochen effektiv und ökonomisch.

Nach: Thomas Gordon: Familienkonferenz 1978
und Managerkonferenz. 1989

7.6.2 Das Harvard Konzept - Konflikte sachbezogen lösen

Die drei im vorangegangenen Kapitel beschriebenen Konfliktsituationen sind dadurch gekennzeichnet, daß unterschiedliche Positionen aufeinanderprallen. Bei diesem Phänomen setzt ein anderes Konfliktlösungsmodell an, das wir Ihnen auch noch vorstellen wollen: das Harvard-Konzept.

Roger Fisher/William Ury: Das Harvard-Konzept.
Sachgerecht verhandeln - erfolgreich verhandeln. Frankfurt 1990

Die Autoren beschreiben, welche Folgen es hat, wenn bei Auseinandersetzungen die Kontrahenten ihre Positionen darstellen und darauf beharren: sie sind an ihre Positionen gebunden, da sie ihr "Gesicht" wahren wollen, und sie müssen - machen sie Zugeständnisse - immer wieder Entscheidungen treffen, was Zeit und Kraft kostet. Im Kampf um Positionen gibt es vermeintlich nur zwei Strategien: eine harte und eine weiche. Die harte Strategie kämpft auf Biegen und Brechen, bei der weichen Strategie gibt man klein bei. Beide Alternativen sind unbefriedigend. Der harte Weg beeinträchtigt die Beziehung zwischen den Kontrahenten, es geht nur um die Sache, bei dem weichen Weg ist die Gefahr groß, mit seinen möglicherweise berechtigten Interessen völlig unterzugehen, da vor allem darauf geachtet wird, daß die Beziehung nicht unter einem Streit leidet. Der Ausweg aus diesem Dilemma liegt in der Unterscheidung, daß sich Konflikte auf zwei Ebenen abspielen. Es geht zum einen um ein strittiges Thema oder eine umkämpfte Sache, zum anderen geht es um den Stil der Auseinandersetzung, um die Art und Weise w i e man miteinander verhandelt. Bei dieser Unterscheidung setzt das Harvard-Konzept an und entwickelt das Verfahren des "sachbezogenen Verhandelns". Das sachbezogene Verhandeln will Lösungen erreichen, die für beide Parteien von Nutzen sind - hart in der Sache, aber weich und fair gegenüber den Beteiligten.
Die Grundlage für diesen dritten Weg sind vier Prinzipien:

1. Menschen und Probleme getrennt voneinander behandeln.
Werden Probleme verhandelt, sind Emotionen im Spiel. Es kann die Angst vorhanden sein, seine Sache nicht durchzubringen. Es können leidvolle Vorerfahrungen mit dem Kontrahenten aufsteigen, die Zorn oder Ängstlichkeit auslösen, alte Verletzungen können aufbrechen. Im Kopf spuken Phantasien herum, was die Gegenseite wohl beabsichtigt. Oder es ist die Furcht da, daß der Konflikt die weitere Beziehung belasten wird.
All das sollten Sie als Leiter oder Leiterin einer Gruppe wissen, wenn es in

Ihrer Gruppe zu einem Konflikt kommt, unabhängig davon, ob Sie selbst an diesem Konflikt beteiligt sind oder nicht. Jeder Mensch lebt in und mit seinem Gefühls-, Erfahrungs- und Sprachhintergrund. Das ist seine Welt, die sein Verhalten bestimmt. Es geht nun darum, diese Spannung zwischen den verschiedenen "Welten" zu überbrücken.

Sehen Sie zunächst den Menschen in seiner ganz spezifischen Welt.

Nehmen Sie auf seine Gefühle Rücksicht, indem Sie auf eine angenehme Atmosphäre achten, in der der Konflikt ausgetragen wird.

Achten Sie auf die Gefühle, die der andere und die Situation in Ihnen auslöst, teilen Sie das dem anderen mit - sprechen Sie über sich selbst. Sind Sie als Gruppenleiter an der Auseinandersetzung nicht beteiligt, geben Sie den anderen die Möglichkeit, ihre Gefühle zu äußern: "Ich kann mir vorstellen, daß Sie das jetzt sehr ärgert ...". Lassen Sie die Gefühlsbewegungen anderer auch zu und versuchen Sie sie zu verstehen, indem Sie sich in die Lage des anderen versetzen.

Um Mißverständnisse zu vermeiden, wiederholen Sie das Gehörte (siehe dazu Kap. 4). Gutes Zuhören ist hier elementar.

Stellen Sie sich mit Ihrer Sprache und ihren Vorschlägen auf den anderen ein, auf sein Wertsystem, auf seine "Welt". Sprechen Sie also verständlich.

Es geht also hier um eine gute Atmosphäre zwischen Menschen, die miteinander streiten. Der beschriebene Stil geht von dem Respekt vor der Persönlichkeit des anderen aus.

Von dieser Basis aus können Sie nun das Problem angehen.

2. Nicht Positionen, sondern Interessen in den Mittelpunkt stellen.
Hinter allen Positionen, hinter Meinungsverschiedenheiten stehen Interessen. Die hier beschriebene Konfliktlösung will dazu beitragen, daß die unterschiedlichen Interessen berücksichtigt werden und so weit wie es geht erfüllt werden. Die Schwierigkeit ist aber oft, daß die Interessen nicht mitgeteilt werden, sie äußern sich vielmehr als "Positionen": "Ich will dies oder jenes!" Klar und eindeutig formulierte Positionen erheben in der Regel den Anspruch, d i e Lösung eines Problems zu sein, Alternativen werden ausgeschlossen. Positionen lassen sich nur schwer "auf einen Nenner" bringen. Es wird dann halt gekämpft. Auf Gedeih und Verderb wird versucht, seine Position zum Durchbruch zu verhelfen, zu gewinnen. Das ist das Schema Gewinner - Verlierer. In abgeschwächter Form wird dann solange miteinander verhandelt, bis sich ein Kompromiß findet - man trifft sich in der Mitte, jede Seite hat nachgeben müssen und behält oft ein ungutes Gefühl. Oft ist der Kompromiß als Ergebnis eines Machtgerangels nicht unbedingt die für beide

Seiten optimale Lösung.

Also: nicht die Positionen in den Vordergrund stellen, sondern die dahinter liegenden Interessen. Es gibt gemeinsame und ausgleichbare als auch sich widersprechende Interessen. Und: die Interessen sind meist sehr vielfältig. Versuchen Sie herauszubekommen, welche Interessen Sie selbst und die Gegenpartei haben. Orientieren Sie sich dabei vor allem an den Grundbedürfnissen der Menschen:

- Sicherheit
- wirtschaftliches Auskommen
- Zugehörigkeitsgefühl
- Anerkanntsein
- Selbstbestimmung

Sprechen Sie miteinander über Ihre Interessen, teilen Sie Ihre Interessen mit. Sie können selbst damit beginnen und werden merken, daß sich die Beziehung zwischen Ihnen und der Gegenseite verändert. Sie wird ermutigt, das ebenfalls zu tun.

In der Beschreibung Ihrer Interessen sollten Sie hart und klar, zugleich aber auch flexibel sein. Ihre Flexibilität wird dadurch deutlich, daß Sie verschiedene Lösungswege vorstellen. Die Gegenseite sollte genau wissen, was Ihre Interessen sind. Als Gruppenleiter können Sie dazu beitragen, unterschiedliche Interessen deutlich herauszuarbeiten und die Beteiligten zu einer klaren Interessenbekundung zu bewegen. Das sollte sachlich geschehen, ohne persönliche Angriffe oder Verdächtigungen. Sprechen Sie von sich, und halten Sie sich an die Empfehlung, Menschen und Probleme getrennt voneinander zu verhandeln.

3. Vor der Entscheidung verschiedene Wahlmöglichkeiten entwickeln.

Verhandlungen werden oft durch vorschnelle Urteile oder das Favorisieren der einen "richtigen" Lösung behindert. Auch die Vorstellung, daß es nur ein Entweder - Oder gibt, ist ein Hindernis wie auch die Einstellung, daß der andere seine Probleme allein lösen müsse. All das sind Barrieren, die eine gemeinsame Lösung erschweren, eine Lösung, von der alle Beteiligten profitieren.

Bevor eine Entscheidung getroffen wird, sollte nach möglichst vielen Lösungsmöglichkeiten Ausschau gehalten werden. Dabei ist klar zu trennen zwischen der **Entwicklung** von Alternativen und der **Beurteilung** der Alternativen. Dieser Schritt soll verhindern, sich auf die "eine" Lösung zu versteifen. Es gehört weiter dazu, nach Vorteilen für alle Seiten zu suchen. Nur so kommt es zu einem gemeinsamen Weg. Und schließlich muß darauf geachtet werden, daß die Alternativen und Vorschläge dem anderen eine Entscheidung erleichtern.

Ein geeignetes Instrument - gerade in einer Gruppe - ist das Brainstorming, bei dem alle Ideen und Vorschläge unbewertet auf den Tisch kommen. Erst danach werden sie gemeinsam bewertet und dann die Lösungen gewählt, die Vorteile für beide Seiten versprechen (siehe Kap. 4).

4. Das Ergebnis auf objektiven Entscheidungsprinzipien aufbauen.
Die angestrebten Lösungen nach dem Verfahren des sachbezogenen Verhandelns sollen gütlich und zugleich auf wirkungsvolle Weise gefunden werden. Ein unerläßliches Kriterium ist dabei der Bezug zu objektiven Entscheidungskriterien. So können Lösungen entwickelt werden, die dauerhaft sind. Druck oder Überreden sind vielleicht für den Augenblick wirksam, sie verhindern aber gemeinsam getragene und dauerhafte Ergebnisse. Werden objektive Kriterien beachtet, dann bekommen reine Willensentscheidungen einen geringeren Stellenwert.

Die objektiven Kriterien beziehen sich auf den Verhandlungsstil wie auch auf den Verhandlungsgegenstand.

Objektive Kriterien können zum Beispiel frühere Vergleichsfälle sein, wissenschaftliche Gutachten, das Urteil von Sachverständigen, die Kosten einer Entscheidung, anerkannte moralische Kriterien, Traditionen oder ähnliches. Was objektive Kriterien auszeichnet: sie sind vom beiderseitigen Willen unabhängig und können von beiden Seiten akzeptiert werden.

Praktisch sieht das so aus, daß Sie einen Konflikt zu einer gemeinsamen Suche nach objektiven Kriterien machen, daß Sie vernünftig argumentieren und selbstverständlich auch für vernünftige Argumente der Gegenseite offen sind. Wichtig ist dabei, daß Sie sich nur sinnvollen Prinzipien beugen.

7.6.3 Acht Empfehlungen

Zum Schluß noch acht Empfehlungen für das Verhalten in Konfliktsituationen:

1.
Lassen Sie den anderen ausreden, auch wenn er Kritik
an Ihnen übt - hören Sie zu!

2.
Wenn sich Ihr Konfliktpartner hinter "man"- und "wir"-Formulierungen
verbirgt, fragen Sie ihn nach seinen Gefühlen.

3.
Überprüfen Sie, was der andere, nachdem er ausgesprochen hat,
in Ihnen auslöst. Welche Gefühle steigen in Ihnen hoch? Sie können
das dem anderen in der Ich-Form mitteilen.

4.
Es können Pausen entstehen. Halten Sie die Pausen aus, ohne
gleich zum argumentativen Gegenschlag auszuholen.

5.
Es gibt Konflikte, die nicht sofort gelöst werden können. Lassen
Sie Konflikte auch einmal stehen. Eine Nacht darüber schlafen
kann heilsam sein.

6.
Wenn Sie feststellen, daß Sie im Unrecht sind, gestehen Sie
das ein und kommen Sie dem anderen entgegen.

7.
Wenn beide Konfliktkontrahenten auf ihren Positionen beharren,
kann der Konflikt vielleicht durch einen Kompromiß gelöst werden.

8.
Dehnen Sie einen Konflikt nicht ins Uferlose aus, bleiben Sie
bewußt und konzentriert am Konfliktthema.

8. Theoretisches für Praktiker
Was die Kleingruppenforschung weiß - und was Sie wissen sollten

Unser Theorieteil macht Sie mit Wissenswertem aus dem Bereich der Sozialpsychologie bekannt. Als Einleitung und zur Umschreibung dessen, was in diesem Kapitel dargestellt wird, erzählen wir Ihnen eine kleine Geschichte.

Wenn es möglich wäre, daß ein Marsmensch einen Blick auf die Menschen unserer Erde werfen könnte, wäre er sichtlich davon beeindruckt, wieviel Zeit sie damit verbringen, irgendwelche Dinge in Gruppen zu tun.
Er würde zur Kenntnis nehmen, daß die meisten Menschen sich in kleinen Gruppen zusammendrängen, die sie Familien nennen, um in Wohnungen ihre Kinder großzuziehen, ihre natürlichen Grundbedürfnisse zu befriedigen und daß sie im großen und ganzen auf die Gesundheit eines jeden bedacht sind.
Er würde beobachten, daß sich die Sozialisation der Kinder in gewöhnlich größeren Gruppen, wie Kindergarten, Schule und anderen sozialen Einrichtungen abspielt.
Er würde sehen, daß die meiste Arbeit auf der Erde von Menschen ausgeführt wird, die ihre Betriebsamkeit in gegenseitiger Abhängigkeit und in relativ dauerhaften Verbindungen verrichten.
Traurig und betrübt wird er Gruppen von Menschen sehen, die sich bekriegen und töten und sich noch stolz ihres Kampfgeistes rühmen.
Er müßte sich daran erfreuen, Gruppen zu sehen, die sich mit Erholung, Sport und Spiel die Zeit vertreiben.
Letztlich müßte es ihn stutzig machen, warum so viele Menschen eine Menge Zeit in Gruppen verbringen, um miteinander zu reden, zu planen und Konferenzen abzuhalten.
Sicher würde er darauf kommen, daß er - wenn er mehr davon verstehen will, was da auf der Erde passiert - ziemlich sorgfältig prüfen müßte, auf welche Weise sich Gruppen bilden, wie sie funktionieren und wie sie sich auflösen.

8.1 Wie Gruppen entstehen und sich auf ein Ziel hinbewegen

Die Sozialpsychologie hat in den letzten 60 Jahren sehr intensiv darüber nachgedacht und in zahlreichen Experimenten untersucht, wie Gruppen entstehen und welche Gesetzmäßigkeiten in Gruppen vorzufinden sind. Haben

Sie schon einmal überlegt, wie Gruppen zustande kommen? Sehr oft bestimmen zwei Faktoren eine Gruppenbildung:

1. der Zufall
und
2. konkrete Aufgaben und Ziele.

Eine unstrukturierte Menge, die an einer Bushaltestelle steht, wird eine Gruppe, wenn die dort wartenden Personen in Interaktion treten. Sie tun dies z.B. dann, wenn sie sich gegenseitig ihren Unmut über die Verspätung des Busses kundtun. Es beginnt sich eine Gruppe zu bilden, erkennbare Strukturen entwik-

keln sich. Eine erste Rollenverteilung wird erkennbar. Da sind diejenigen, die viel und laut reden, die auf alles etwas zu sagen haben, es gibt einige, die die Verspätung zu begründen versuchen, oder andere, die sich eher passiv verhalten und wenig oder überhaupt nichts sagen.
Gruppen als soziale Systeme entstehen aus einer bestimmten Zielsetzung oder aus einem konkreten Arbeitsauftrag heraus. Es können sich Freizeit-und Vereinsgruppen bilden, Selbsthilfegruppen und Bürgerinitiativen, im Berufsleben entwickeln sich Arbeitsteams und Fahrgemeinschaften, die positiven Kräfte einer Gruppe werden zur Bildung von Therapie- und Selbsterfahrungsgruppen eingesetzt.

Bei all den genannten Beispielen sind Menschen an der Entstehung einer Gruppe direkt beteiligt. Neben diesen auf persönliche Entscheidungen zurückzuführenden Zugehörigkeiten finden wir Gruppierungen, denen man aufgrund bestimmter Lebensumstände angehören muß, etwa in Institutionen wie Schule, Bundeswehr, Rehabilitationszentren etc.

Als weiteren "Gruppentyp", der einen prägenden Einfluß auf die Persönlichkeit und das spätere Gruppenverhalten eines Menschen hat, kennen wir die sogenannte Primärgruppe.

Für viele von uns ist dies die Familie, in die wir hineingeboren werden. Sie ist Ort erster Erfahrungen in Gruppen. Das "primäre" an ihnen ist nach COOLEY, daß "es die ersten oder frühesten dauerhaften Gruppen sind, in die ein Mensch hineinkommt. In diesen Gruppen werden die emotionalen Bindungen, die Sozialisation des Kindes, Rollen und Verhaltensmuster ausgebildet und gelernt, die bis in das Erwachsenenalter ihre Wirkung behalten und auf deren Grundlage sich alle vielschichtigen Sozialbeziehungen entwickeln."

COOLEY, 1902, zitiert nach: C.F.GRAUMANN,Hrsg.,
Sozialpsychologie Bd.2, Göttingen,1972,S.1561

Fassen wir zusammen:

1. Als Gruppe bezeichnen wir eine Ansammlung von drei und mehr Personen.
2. Es besteht eine Wechselbeziehung der Individuen untereinander: Interaktion.
3. Es gibt Gemeinsamkeiten hinsichtlich der Ziele, Normen und Werte.
4. Eine Struktur (Organisation) ist erkennbar, Funktionen und Rollen der Mitglieder bilden sich heraus.

Die Bedeutung des Gruppenzieles bei der Entwicklung der Gruppe darf auf keinen Fall unterschätzt werden. Aus den Ergebnissen der Kleingruppenforschung läßt sich für Sie als Gruppenleiter ein Fragenkatalog zusammenstellen, der Ihnen beim Beginn der Gruppenarbeit und darüber hinaus eine wertvolle Hilfe sein kann. Bitte versuchen Sie jede Frage mit Ihrer Gruppe zu beantworten. Gehen Sie erst weiter, wenn die vorhergehende Frage zufriedenstellend und umfassend beantwortet wurde:

- a. Wer sind wir ?
- b. Was wollen wir?
- c. Was ist unser Ziel?
- d. Wie können wir dieses Ziel erreichen?
- e. Was für einen Plan haben wir?
- f. Was kann jeder einzelne dazu beitragen?
- g. Was sind die nächsten Etappen?

- h. Ist das Gesamtziel erreichbar - oder müssen Änderungen vorgenommen werden ?
- i. Was sind die nächsten Etappen ?
- k. Haben wir unser Ziel erreicht ?

Viele der Fragen werden Ihnen aus den vorangegangenen Kapiteln bekannt vorkommen. Die Fragen a-c zum Beispiel betreffen die Motivationen und die Erwartungen (siehe Kap. 2)
Der Fragenkomplex d-g bezieht sich auf die konkrete Planung und Durchführung von Gruppenvorhaben (siehe Kap. 3 und 5).
Die Fragen h-k bezeichnen wir als Kontroll- oder Rückmeldungsfragen. Insgesamt betrachtet hat dieser Fragenkatalog keinen statischen, sondern vielmehr einen dynamischen Charakter. Zielgerichtet arbeitende Gruppen sollten sich besonders die Fragen der Planung und Kontrolle immer wieder stellen. Die zentrale Bedeutung des Gruppenzieles fassen RAVEN und RIETSEMA aufgrund von Untersuchungen wie folgt zusammen:

"1. Je größer die Klarheit der Gruppensituation ist, umso mehr wird sich ein Gruppenmitglied von einer Aufgabe, die in engem Zusammenhang mit dem Gruppenziel steht, angezogen fühlen.

2. Je größer die Klarheit der Gruppensituation ist, umso weniger werden Individuen feindselige Gefühle entwickeln.

3. Es scheint, daß die Klarheit der Gruppensituation die Gruppenmitglieder dazu veranlaßt, ihre eigene Arbeit positiver einzuschätzen.

4. Ebenso verhält es sich mit dem Gefühl der Gruppenzugehörigkeit; d.h. mit wachsender Klarheit der Gruppensituation erhöht sich die Identifikation des einzelnen mit der Gruppe, die Mitverantwortung an der Arbeit und die Sympathie für die Gruppe.

5. Sind die Wege zum Gruppenziel geklärt, wird die Aufteilung der Rollen und Funktionen unter den Mitgliedern von ihnen besser wahrgenommen.

6. Von der Klarheit der Gruppensituation wird auch die Beeinflußbarkeit des Individuums von Seiten der Gruppe abhängen."

RAVEN & RIETSEMA in: CARTWRIGHT & ZANDER, 1960,
entnommen aus: SBANDI, Gruppenpsychologie, München, 1973, S.111

8.2 Welche Entwicklungen durchlaufen Gruppen?

Sicher haben Sie sich schon oft gefragt, gibt es eigentlich bestimmte psychologische Gesetzmäßigkeiten, nach denen sich Gruppen entwickeln, Abläufe, die immer wiederkehren, auf die sich der Leiter einstellen und vorbereiten kann. Vielleicht ist Ihnen sogar der Gedanke nach einem Modell gekommen, mit deren Hilfe die Gruppenprozesse transparenter werden und bestimmte Strukturen besser zu erkennen sind. Und wenn Sie dann allen Mut zusammengenommen und gefragt haben, ob es denn so etwas gibt, wurden Sie vielleicht vertröstet mit Bemerkungen wie: "So einfach ist das mal nicht! Jede Gruppe ist verschieden, und Patentrezepte lassen sich sowieso nicht verteilen!"

Diese Antworten sind unbefriedigend und lassen den Laien im Glauben, jede Gruppe fängt wieder beim "Stande Null" der empirischen Sozialpsychologie an. Daß dies nicht so ist, belegen eine Reihe wissenschaftlicher Untersuchungen aus den USA, aus England, Schweden und Deutschland. Die Ergebnisse lassen sich in Modelle umsetzen, die "....die unterschiedlichsten Daten in ein kohärentes Ganzes einordnen, weil sie eindeutig genug sind, um von anderen verstanden zu werden, weil sie mit unserer Realitätserfahrung verträglich sind und schließlich, weil ihre Aussagen überprüft und gegebenfalls im Hinblick auf Alternativ-Modelle geändert werden können." (MILLS,Th.,Soziologie der Gruppe, München 1970)

Ein Begriff, der in diesem Zusammenhang oft gebraucht wird, ist der des "Gruppenprozesses". Der vorwissenschaftliche Sprachgebrauch umgibt dieses Wort sehr häufig mit der Aura des Geheimnisvollen. Ähnlich dem "Gruppengeist" erfährt der Begriff Gruppenprozeß eine eher mystische Zuschreibung (z.B.: "In der Gruppe entwickelte sich eine sagenhafte Atmosphäre!"). In anderen Beschreibungen wird der Gruppenprozeß als eine sozialpsychologische Größe per se definiert, die exakt zu benennen, zu erfassen und zu messen sei (z.B.: "Unseren Gruppenprozeß lassen wir uns doch nicht kaputt machen!").

Eine Kurzdefinition: Gruppenprozeß - interaktionelle Entwicklung einer Gruppe zu ihrem Ziel, in der Veränderung ihrer Beziehungen nach innen und nach außen. Diese Definition macht schon deutlich, daß es unzutreffend ist, von nur *einem* Gruppenprozeß zu sprechen, da eine Vielzahl von unterschiedlichen Prozessen in Gruppen gleichzeitig ablaufen. Th. MILLS bemerkt, daß alle Gruppenprozesse individuelle Prozesse sind, soweit sie auf Trieben, Vorstellungen und Handlungen beruhen. Er teilt die komplexen interpersonalen Prozesse in fünf Bereiche bzw. Ebenen ein, auf denen sich die Elemente des Gruppenprozesses mit eigenen Merkmalen und Organisationsprinzipien herausbilden:

"1. Verhalten ist ein an anderen orientiertes Tun;

2. Emotionen sind Verhaltensantriebe, Gefühle und Affekte;

3. Normen sind Vorstellungen darüber, wie man handeln, fühlen und sein Gefühl ausdrücken sollte;

4. Ziele sind Vorstellungen darüber, was die Gruppe als Ganzes tun soll;

5. Werte sind Vorstellungen darüber, was Gruppen sein und werden sollen".

(T.M.MILLS, 1970,2).

Verschiedene wissenschaftliche Verfahren, bemühen sich um eine Objektivierung des Phänomens Gruppenprozeß, in dem sie durch kontinuierliche oder stichprobenartige Sammlung von Daten versuchen, diesen Prozeß zu erfassen bzw. als Modell zu erklären.

Selbst die Tatsache, daß es kein Modell gibt, was von der Mehrheit der Sozialwissenschaftler als "das" Modell akzeptiert wird, soll uns nicht daran hindern, die Gesetzmäßigkeiten, die besonders die Entwicklung und die dynamische Struktur von Kleingruppen bestimmen, in diesem Abschnitt unseres Kapitels vorzustellen. Für Gruppenleiter können diese Modelle sehr hilfreich sein, um Vorder-und Hintergründe des Gruppengeschehens zu sehen, Bewußtes und Vorbewußtes zunehmend deutlicher wahrzunehmen und die Ambivalenz der geäußerten Gefühle zu verstehen.

8.2.1 Grundannahmen nach W.R.Bion

Nach W.R. BION, einem englischen Psychiater und Gruppenpsychotherapeuten, lassen sich bei der Untersuchung von Gruppen sogenannte Grundannahmen herauskristallisieren. BION beschreibt diese Annahmen als:

1. Abhängigkeit
2. Kampf
3. Flucht
4. Paarbildung

Diesen Annahmen liegt der Vergleich zugrunde, daß die Gruppenentwicklung ähnlich verläuft, wie die psychosoziale Entwicklung des Individuums. TOBIAS BROCHER skizziert diese 'irrationalen Grundannahmen' in der kindlichen Entwicklung so:

Abhängigkeit = Die Erwartungshaltung des Kleinkindes gegenüber einem übermächtigen Erwachsenen, auf dessen Hilfe es angewiesen ist und den es in der Phantasie mit Allmacht ausstattet.

Kampf = Die Trotz- und Kampfphase des Kleinkindes in der ersten und die gleiche Haltung des Pubertierenden in der zweiten Trotzphase. Sie wollen sich vom Erwachsenen ablösen, behalten aber ihre innere Abhängigkeit bei und nehmen dann aus dem Gefühl der Ohnmacht heraus Rache an den anderen, den Schwächeren.

Flucht = Die Fluchttendenz des Ausreißers in der frühen Kindheit und die Ausweichtendenz in der Pubertät.

Paarbildung = Die Paarbildung des Kleinkindes mit dem gegengeschlechtlichen Elternteil in der Phantasie.

<small>entnommen aus: BROCHER,T. Gruppendynamik und Erwachsenenbildung, Braunschweig, 1972</small>

Was läßt sich nun für Sie als Leiter einer Gruppe aus diesen Ausführungen ableiten? Damit Sie diese Phasen überhaupt wahrnehmen und verstehen, möchten wir Ihnen zu jeder der Annahmen einige typische Reaktionen von Teilnehmern oder der Gruppe nennen:

1. Abhängigkeit
Die Gruppenmitglieder suchen jemanden, an den sie sich anlehnen können: meistens den Leiter oder eine Autoritätsperson (Pfarrer, Arzt, Dr.,Prof.), eine Autorität außerhalb der Gruppe, ein Programm.

Beispiele:
"Wir können erst anfangen, wenn der Leiter da ist."
"Was müssen wir denn heute wieder tun?"
"Auf der Einladung steht aber geschrieben....!"
"Sie sind doch der Pfarrer, fangen Sie doch mal an."
"Was meinen denn die anderen?"
"Also, ich weiß überhaupt nichts, sollen doch die anderen mal..."

In dieser Anfangsphase, die sich bei jedem neuen Treffen wiederholen kann, machen sich die Gruppenmitglieder ganz klein, fragen um die Meinung anderer, ohne die eigene bekanntzugeben. Sie bitten um Hilfe und Selbstbestätigung und kommen gar nicht auf den Gedanken, eine Autorität anzuzweifeln.

2. Kampf

Es entwickeln sich Angriffe auf denjenigen, der Unsicherheit erzeugt, meistens den Gruppenleiter oder ein anderes exponiertes Gruppenmitglied. Im Unterschied zur Analyse der Gruppensituation und Bemühungen, mit ihr fertig zu werden oder von ihr zu lernen, wird Angriff als Abwehrmechanismus gewählt.

Beispiele:
"Sie dürfen nicht glauben, daß ich Sie kritisieren will, nein, ganz im Gegenteil..."
"Ja, aber..." ;
"Nun hören Sie aber auf!"

Die Teilnehmer unterbrechen sich gegenseitig, lassen einander nicht ausreden; Schimpfworte, Spott und Zynismus beherrschen die Situation.

3. Flucht

Die Gruppenteilnehmer verlassen die Gruppe physisch durch Hinausgehen, Weglaufen oder psychisch durch ein Sich-innerlich-Zurückziehen. In verbalen Äußerungen wird die Problematik der Situation verneint; es gibt keine Versuche, mit der unangenehmen Lage, in der man sich befindet, fertig zu werden.

Beispiele:
"Da fällt mir gerade noch etwas anderes ein.."
"Ich habe jetzt keine Lust mehr dazu!"
"Hat es noch viel Sinn, da weiterzumachen?"
"Also, ich gehe jetzt gleich!"

Schweigen, Witze machen, Lachen, für alles eine passende rationale Begründung haben, sind charakteristische Merkmale in dieser Phase.

4. Paarbildung

Die Gruppenmitglieder gestehen sich gegenseitig ihre Ängste und Befürchtungen ein, damit man nicht mehr angegriffen wird. Der freundschaftliche Kontakt wird gesucht. Es entwickeln sich kleinere Untergruppen.

Beispiele:
"Ich freue mich, daß Sie genauso denken wie ich!"

"Wir haben doch mehr gemeinsame Interessen als ich dachte."
"Ich möchte Ihnen das DU anbieten."
"Ich schlage vor, daß Du mich einmal besuchst, dann können wir uns in
Ruhe darüber unterhalten."
"Stört Sie das Ganze auch?"

Man bittet um Hilfe, ohne sie eigentlich zu benötigen.

BION betont ausdrücklich, daß die Grundannahmen immer nur einzeln und
nicht gleichzeitig in einer Gruppensituation wahrzunehmen sind. Ein häufiges
Wechseln innerhalb eines Treffens oder das Verbleiben in einer der Grundannahmen über einen längeren Zeitraum sind durchaus möglich.

unter Anlehnung an das Buch von W.R.BION, Erfahrungen in Gruppen, Stuttgart, 1971,
sowie einem Paper von H.G. Schöpping

8.2.2 Gruppenentwicklungsphasen - Gruppenprozeß

In einem anderen Modell, das wir Ihnen nun vorstellen möchten, wird die
Gruppenentwicklung stärker unter dem Aspekt der Gruppenstruktur und den
besonderen Beziehungen der Gruppenmitglieder untereinander gesehen.
Es stellt eine sinnvolle Ergänzung bzw. praxisbezogene Erweiterung der
"Bion'schen Grundannahmen" dar.
Die Autoren BERNSTEIN & LOWY beschreiben in ihrem Modell fünf
verschiedene Phasen, die eine Gruppe durchlaufen kann. Es sind dies die:

1. Orientierungs- ; 2. Positions- und Rollenklärungs- ; 3. Vertrautheits- ;
4. Differenzierungs- und 5. Ablösungsphase

1. O r i e n t i e r u n g s p h a s e

Sie finden wir am Beginn einer neuen Gruppe. Die Teilnehmer und der Leiter
sind sich fremd und unbekannt. Es gibt vielleicht Beziehungen unter einigen
Gruppenteilnehmern, die sich von anderen Gruppen her kennen. Motivationen und Erwartungen sind noch nicht oder nur zum Teil geäußert. Unsicherheit und ein vorsichtiges Taktieren bestimmen die Situation. Die Gruppenteil-

nehmer versuchen sich zu orientieren: Wer ist wer? Es tauchen bei den Teilnehmern die Fragen auf, die wir schon im Kapitel 6 angesprochen haben: "Welche Rolle kann ich hier spielen?", "Wen kann ich beeinflussen?" und "Von wem lasse ich mich beeinflussen?"

Aufgrund der geringen Beziehungen der Teilnehmer untereinander und zum Leiter entwickeln sich angstbesetzte Vorstellungen, die sich in Fragen wie: Werde ich von den anderen geachtet? Wer wird mich vielleicht tadeln? äußern. Eine befriedigende Antwort auf diese Fragen ist zu diesem Zeitpunkt noch nicht möglich. Besonders auffällig in dieser Phase ist das Phänomen der sozialen Nähe und Distanz. Wir können einen typischen Schaukeleffekt beobachten: Der Wunsch nach Nähe, Kontakt und Angenommensein ist bei den meisten der Teilnehmer zu erwarten. Die konkrete Umsetzung jedoch bereitet Schwierigkeiten. Je stärker die erlebte Nähe, desto größer der Wunsch nach Distanz, weil durch zuviel Nähe, die Unsicherheit größer wird und auftretende Ängste abgewehrt werden müssen.
Ein humorvoller Vergleich ist die Geschichte von den Stachelschweinen: Mehrere Stachelschweine haben sich an einem kalten Winterabend getroffen. Bei der einsetzenden Kälte rücken sie näher zusammen, um sich zu wärmen. Dabei müssen sie jedoch feststellen, daß sie sich empfindlich mit ihren Stacheln stechen. Die Folge ist, daß sie weit auseinanderrücken. Das Stechen hört zwar jetzt auf, dafür beginnen sie aber wieder zu frieren; also rücken sie wieder näher zusammen. Was nun folgt, kann man sich schon denken. Irgendwann, im Laufe der Nacht, haben die Stachelschweine einen Abstand zueinander gefunden, der das Stechen auf ein Minimum reduziert und trotzdem noch etwas Wärme ermöglicht.

Was sollten Sie als Leiter oder Leiterin in dieser Phase tun?

! Schaffen Sie eine gemütliche und lockere Atmosphäre; begrüßen Sie jeden Teilnehmer persönlich.
! Ihre gesamte Haltung in Mimik und Gestik sollte geprägt sein von Offenheit, Freundlichkeit und Herzlichkeit.
! Haben Sie Verständnis für die oben beschriebenen Unsicherheiten und Ängste der Teilnehmer. Sie wissen ja jetzt, daß diese auftreten und Sie kennen die Gründe.
! Haben Sie Geduld und geben Sie den Teilnehmern viel Zeit sich kennenzulernen.

! Bilden Sie kleine Gruppen; achten Sie darauf, daß keiner der Teilnehmer isoliert bleibt.

Was sollten Sie auf keinen Fall tun?

! Zuspätkommen,
! sich hinter Aktenordnern oder dem Terminkalender verschanzen,
! einen Teilnehmer herausgreifen und sich mit ihm die ganze Zeit allein unterhalten,
! den Blick gesenkt und die Arme hinter dem Rücken verschränkt halten,
! die Gruppe sofort mit konkreten Aufgaben und vielschichtigen Entscheidungen beschäftigen.

2. Positions -und Rollenklärungsphase

Die sogenannte "soziale Organisation" der Gruppe, darunter verstehen wir die Gruppenstruktur, die jeweiligen Rollenmuster und Positionen der Gruppenteilnehmer, ist in ihren Anfängen zu erkennen. War am Anfang noch eine relative Beziehungslosigkeit unter den Gruppenmitgliedern vorhanden, so entwickeln sich jetzt deutliche Beziehungen untereinander.

Diese Beziehungen gestalten sich nicht nur positiv. Sympathie und Antipathie, Spannungen und Unbehagen sind kennzeichnende Symptome dieser Phase. Teilnehmer treten in direkte Konfrontation mit anderen Mitgliedern oder der Leitung. Man geht gewissermaßen "zur Sache", Meinungen und Ziele, Rollen und Positionen der Gruppenmitglieder werden in Frage gestellt. Die Viel-und Lautredner gewinnen an Oberwasser, Normen werden aufgestellt, diskutiert und wieder verworfen. H.G.SCHÖPPING beschreibt als wichtigste Vorgänge in dieser Phase: "Bei erhöhtem 'Gruppendruck', der von Gruppenmitgliedern, von der Leitung oder anderen Außenkräften hervorgerufen sein kann, haben die meisten Mitglieder erhebliche Schwierigkeiten, ihre Unzulänglichkeiten zu zeigen und sich selbst mit ihren Mängeln anzunehmen. Man braucht deshalb, und das ist ein unbewußter Vorgang, Mitglieder, auf die man seine Unzulänglichkeiten projizieren kann (auf mehr passive Außenseiter = Sündenböcke), und man hat sich oft zugleich gegen aggressive Mitglieder zu wehren (gegen aktive Außenseiter= tyrannische Führer)."

nach H.G.SCHÖPPING, Gruppenleitung und gruppeneigene Führung,
Verlag Haus Schwalbach, 1982.

Was sollten Sie tun?

! Versuchen Sie "neutral" zu bleiben.
! Durch präzise formulierte Zusammenfassungen können Sie erreichen, daß das Gruppendynamit entschärft wird.
! Ermöglichen Sie es, daß alle Teilnehmer zu Wort kommen und daß die Diskussion nach fairen Regeln verläuft.
! Bewahren Sie sich Ihre positive Grundhaltung allen Teilnehmern gegenüber, indem Sie grundsätzlich die jeweiligen Persönlichkeiten annehmen.
! Unterscheiden Sie demgegenüber das Verhalten der Persönlichkeit, das Sie durch entsprechende Rückmeldungen, durch Nachfragen und gegebenenfalls durch Sanktionen bei Regelverstößen zum Schutz anderer Teilnehmer beeinflussen können.
! Haben Sie den Mut, auch "heiße Eisen" anzupacken, legen Sie Themen auf den Tisch, wenn Sie beobachten, daß jemand diskriminiert wird, zum Sündenbock abgestempelt oder in sonst einer Form unterdrückt wird. Erbitten Sie hierzu Aussagen von anderen Gruppenteilnehmern.

Was sollten Sie nicht tun?

! Aktiv in die Auseinandersetzungen eingreifen,
! sich angegriffen fühlen und sich entweder resignierend zurückziehen oder in aggressiver Form "die Dinge klarstellen",
! die Situation für eigene Zwecke ausnutzen.

3. Vertrautheitsphase

Die Auseinandersetzungen in der Positions- und Rollenklärungsphase treten in den Hintergrund, die Gruppenteilnehmer beginnen sich in der Gruppe wohler zu fühlen. Es ist die Phase der positiven Beziehungen, die sich am Anfang zu einer regelrechten Euphorie entwickeln kann. Dieses Harmoniebedürfnis entsteht aus den Schuldgefühlen der vorangegangenen Phase, man sucht jetzt bewußt den positiven Kontakt zu einzelnen Gruppenmitgliedern; das Zusammengehörigkeitsgefühl der Gruppe wächst, wir können in dieser Phase von der Entwicklung des "Wir-Gefühls" ausgehen. Die Gruppe wird als die beste und attraktivste empfunden, alle Teilnehmer sind "so richtig lieb und nett" zu einander. Die Wirklichkeit wird bisweilen nur durch eine rosarote Brille wahrgenommen, Konflikte und Spannungen, die jetzt auftreten, werden nur allzu oft unter den großen Gruppenteppich gekehrt. Wir können die

Bildung von Klein- bzw. Untergruppen beobachten, wobei es dann neue Mitglieder schwer haben, jetzt aufgenommen zu werden.

Was sollten Sie tun?

! "Das starke Gruppenbewußtsein auf 'faule Kompromisse' hin abklopfen, sich den Sachaufgaben zuwenden; gruppeneigene Führerschaft akzeptieren und befähigen" SCHÖPPING, a.a.O.
! Behalten Sie die Realität im Auge und geleiten Sie freundlich und bestimmt den einen oder anderen rosaroten Höhenflieger wieder auf den Teppich der realistischen Ziele und Erwartungen der Gruppe zurück.

Was sollten Sie nicht tun?

! In das lauwarme Bad der euphorischen Gruppengefühle eintauchen,
. ! Ihre Leitungsrolle aufgeben und dem gemischten Chor der Gruppe beitreten und am lautesten das Lied "Wir kommen alle in den Himmel, weil wir so brav sind" anstimmen,
! die Gruppe und ihr momentanes Befinden als Gefühlsduselei abqualifizieren.

4. Differenzierungsphase

Andere Autoren bezeichnen diese Phase als die Reifungsphase (KELBER): die Gruppe und ihre Mitglieder werden fähig, konstruktiv ihre Ziele durch Planung, geeignete Methoden und Vorgehensweisen zu erreichen. Die Gruppe entwickelt Kontakte und Kooperationsformen zu anderen Gruppen. Ihre Bereitschaft, Konflikte wahrzunehmen, zu bearbeiten und zu einer positiven Lösung zu gelangen, ist besonders groß. Die Wahrnehmungs-, Kommunikations- und Entscheidungskompetenz der Mitglieder auf der Basis gegenseitigen Vertrauens ist positiv ausgeprägt. "Das einzelne Mitglied kann seine individuelle Identität entwickeln und in der Gruppe leben. Dadurch erhält auch die Gruppe einen entsprechend hohen Grad an Identität." SCHÖPPING, a.a.O. In dieser Phase wandelt sich Gruppenleitung zunehmend zur Gruppenberatung.

Was sollten Sie tun?

! Die vorhandenen Führungsqualitäten der Mitglieder einsetzen und sie wei-

ter befähigen, das Prinzip der "rotierenden Führung" anzustreben,
! sich immer mehr zurücknehmen und der Gruppe als Berater (Coach) zur
  Verfügung stehen,
! die Möglichkeit eines Stillstandes der Gruppe im Auge behalten und notwendige Impulse und Anregungen anbieten.

Was sollten Sie nicht tun?

Ein Leiter, der mit seiner Gruppe diese Phase der Entwicklung erreicht hat, ist
in der Regel so sensibel und geschickt, daß er unsere Negativliste nicht mehr
benötigt.

5. Ablösungsphase

Diese Gruppenentwicklungsphase beschreibt das Ende bzw. die Auflösung
einer Gruppe. Grundsätzlich besteht für jede Gruppe in jeder der geschilder-
ten Phasen die Möglichkeit, sich aufzulösen. Meist sind unüberwindbare
Konflikte - bedingt durch mangelnde Konsens- bzw. Kompromißfähigkeit - die
Ursache für das Auseinandergehen von Gruppen. Das hier beschriebene
Stadium der Ablösungsphase meint einen positiven Reifungsgrad der Gruppe
und deren Mitglieder. Die Aufgaben wurden erfüllt, das Gruppenziel wurde
erreicht, die Gruppenmitglieder sehen ihre Erwartungen und individuellen
Ziele, die sie an die Gruppe gestellt hatten, als erfüllt an. Das vorgesehene
Ende der Gruppe ist erreicht, die Interessenlage der Gruppenmitglieder hat
sich gewandelt; es gibt andere, wichtigere Beziehungen der Teilnehmer zu
anderen Gruppen, neue Perspektiven tragen zu einer Öffnung nach außen
bei.
Nicht immer gelingt diese Ablösung so unproblematisch wie oben beschrieben. Es kann Gruppenteilnehmer geben, die noch gerne an der Gruppe
festhalten und eine Auflösung mit allen Mitteln verhindern möchten. Man
versucht sich der "guten alten Zeiten" zu erinnern und alte Programminhalte
wieder zu beleben. Dies gelingt in den wenigsten Fällen. Letztlich sind alle
froh, daß "es" vorbei ist.

Was sollten Sie tun?

Im Prinzip kann sich ein Leiter oder eine Leiterin über die Entwicklung der
Gruppe freuen.

! Es ist die Zeit, ein abschließendes Fazit zu ziehen, was die Gruppe erreicht und wie sie es erreicht hat.
! Der Gruppenleiter wird darauf achten, daß Trennung und Abschied mit Gefühlen verbunden sind, die nicht nur bei den Mitgliedern der Gruppe sondern auch bei ihm selbst vorhanden sind. Ein offenes Gespräch, was jeder mit diesem "Aus" auch an Emotionen und Stimmungen verbindet, ist sehr zu empfehlen.
! Der Leiter sollte daran denken, daß sich einige der Teilnehmer vielleicht irgendwann einmal wiedersehen; von daher ist eine spezielle Form (Feier, Fest, Party etc.) des Abschiedes der einzelnen Mitglieder durchaus überlegenswert.

Was sollten Sie nicht tun?

! In eine melancholische Stimmung verfallen: "Gruppe aus - alles aus!"
! Den notwendigen Ablösungsprozeß nicht wahrnehmen wollen.
! Abhängigkeiten fördern statt sie zu lösen.
! Sich zurückziehen.

8.3 Gruppengröße - Anzahl der Teilnehmer

Aufgrund Ihrer persönlichen Erfahrung als Gruppenleiterin oder Gruppenleiter, ist es Ihnen bestimmt schon aufgefallen, daß mit zunehmender Gruppengröße immer weniger Gruppenteilnehmer immer mehr sagen, während immer mehr immer weniger sagen. Es ist offensichtlich, daß die Gruppengröße nicht nur eine Auswirkung auf das Sprachverhalten der Teilnehmer hat, sondern auch auf die Struktur einer Gruppe. In der Kleingruppenforschung hat man die Frage nach der Gruppengröße (Anzahl der Teilnehmer) in den Mittelpunkt von zahlreichen Untersuchungen gestellt. Es interessierte die Antwort auf die Frage: Welche Gruppengröße ist in bezug auf ein konkretes Gruppenziel am zweckmäßigsten?
Bei der Beantwortung sind zwei grundsätzliche Umstände zu berücksichtigen, wenn man untersuchen will, welche Gruppengröße für ein bestimmtes Ziel sinnvoll ist. Zum einen kann man feststellen, daß bei einer Verminderung der Gruppengröße auch die Anzahl der geäußerten Meinungen kleiner wird; anderseits nimmt die Aktivität der Teilnehmer bei steigender Gruppengröße ab.

Auf das Kommunikationsverhalten in Abhängigkeit von der Gruppengröße wies SCHULENBERG (1957) mit einer Untersuchung hin, deren Ergebnisse wir in untenstehender Tabelle vorstellen:

Anteil der aktiven und passiven Gruppenmitglieder in Abhängigkeit von der Gruppengröße (nach Schulenberg, 1957, zit. n.: Schneider, H.D., 1985)			
Gruppengröße	Anteil der		
	Sprecher %	Wenig-Sprecher %	Schweiger %
4 - 9	98	0	2
10-13	90	7	3
14-15	87	10	3
16-17	81	9	10
18-20	77	7	16
21-25	74	17	9
26-30	60	22	18

Dieser Befund wurde von BALES & BORGATTA in Diskussionsgruppen ebenfalls nachgewiesen. Sie stellten fest, daß die Häufigkeit der Beiträge von Gruppenmitgliedern in dem Verhältnis abnimmt, wie die Gruppe wächst.
Wir sehen, daß es sich um einen Balanceakt handelt, nämlich auf der einen Seite, dem einzelnen vielseitige Möglichkeiten des Ausdrucks zu eröffnen (Kleingruppe), anderseits relativ viele Meinungen für die Gruppe zur Verfügung zu haben (Großgruppe).
In diesem Zusammenhang soll ein weiterer Begriff eingeführt werden: der Gruppendruck. Ein einzelner Teilnehmer wird durch das Verhalten einer Gruppe, also mehrerer Personen, in seinen Entscheidungen und seinem Verhalten beeinflußt. Diese Beeinflussung ist nur durch und in der Gruppe möglich; alleine würde sich die Person ganz anders entscheiden oder verhalten.
Der Druck, den eine Gruppe auf einzelne Mitglieder ausübt, hängt unter anderem von stereotypen Wahrnehmungsvorgängen ab, die wir im Kapitel 6 ausführlich dargestellt haben. In seinem 1951 durchgeführten Experiment

konnte der amerikanische Sozialpsychologe ASCH nachweisen, daß die Wirkung des Gruppendrucks mit zunehmender Gruppengröße bis zu einem bestimmten Punkt zunahm, dann jedoch wieder beginnt abzunehmen. In Gruppen mit bis zu sieben Teilnehmern ist der Gruppendruck weitaus höher als in Gruppen mit einer Zahl von mehr als 25 Teilnehmer. Die Ursache dürfte darin liegen, daß in der Großgruppe eher Anonymität und Rückzug möglich sind. Ist die Gruppe kleiner, also überschaubarer für das einzelne Gruppenmitglied, desto stärker treten alle Meinungen in den Vordergrund.

In diesem Zusammenhang ist es für die Gruppenleiterin und den Gruppenleiter wichtig, darauf zu achten, daß einzelne Teilnehmer nicht durch eine vorherrschende Gruppenmeinung unterdrückt werden. Dieses experimentell nachgewiesene Phänomen kann dazu führen, daß sachlich richtige Einzelmeinungen und Standpunkte durch den Gruppendruck negativ beeinflußt werden.

Wir können darüber hinaus sehen, daß sich in größeren Gruppen relativ schnell ein gruppeneigener Führer herausbildet. Es ist zu vermuten, daß es mit der wachsenden Mitgliederzahl anscheinend ein Bedürfnis ist, jemanden zu finden, der die Gruppe als Ganzes zusammenhält. CARTER verglich Vierergruppen mit Achtergruppen und stellte fest, daß sich in den Achtergruppen eindeutig mehr gruppeneigene Führer herausbildeten als in den kleineren Gruppen. Interessant ist bei dieser Untersuchung, daß das Führungsverhalten in kleineren Gruppen ein hohes Maß an Emotionalität und Persönlichkeit des Führers zeigte, hingegen in den größeren Gruppen die Führer sehr auf Formalien Wert legten und ihr Führungsstil autoritäre Züge aufwies.

Haben Sie schon einmal darüber nachgedacht, ob die gerade oder ungerade Anzahl von Gruppenteilnehmern einen bestimmten Einfluß auf das Leistungs- und Sprechverhalten der Gruppe hat?

Hier die Antwort:

BALES & BORGATTA konnten deutliche Unterschiede zwischen Gruppen mit gerader und ungerader Anzahl nachweisen.

So gab es in Gruppen mit vier und sechs Personen weitaus häufiger mangelnde Übereinstimmung und Gegensätze. Sie stellten weiter fest, daß seltener um Vorschläge anderer Gruppenmitglieder gebeten wurde und deutlich weniger Fälle von Kompromiß- und Konsensbereitschaft verzeichnet wurden, als dies in Dreier-, Fünfer- oder Siebenergruppen der Fall war.

Nach Meinung der Autoren sind diese Unterschiede in der Tatsache begründet, daß Gruppen mit gerader Teilnehmerzahl in gleich große Untergruppen aufgeteilt werden können. Bei mangelnder Konsensfähigkeit entstehen häufiger "Patt-Situationen", indem sich keine eindeutigen Mehrheiten ergeben. Von daher meinen sie, sind Gruppen mit ungerader Anzahl solchen mit gerader Anzahl vorzuziehen. Wir müssen an dieser Stelle betonen, daß diese Untersuchungen lediglich bei Kleingruppen angestellt wurden. Die Übertragung auf Großgruppen ist nach unserer Einschätzung nicht möglich.

Trotzdem können die Untersuchungen bedenkenswerte Gesichtspunkte bei der Zusammensetzung von Arbeitsgruppen oder Teams geben.

8.4 Sitzordnung

Die Sitzordnung von Gruppenteilnehmern war ebenfalls Anlaß für zahlreiche Untersuchungen. HEISE & MILLER (1951) belegen, daß das zentral plazierte Gruppenmitglied meistens auch die Führung der Gruppe übernimmt. Sie haben es sicherlich schon einmal erlebt, wenn Sie in einer Diskussionsgruppe ganz außen am Rande sitzen. Es ist Ihnen schwerfallen, alles mitzubekommen und sich angemessen am Gespräch zu beteiligen. So konnte schon STEINZOR 1950 aufzeigen, daß sich zwischen Gegenübersitzenden eine intensivere Interaktion entwickelt als mit Teilnehmern, die nebeneinander sitzen. Darüberhinaus wies er bei einer Plazierung von 10er Gruppen in Kreisformation nach, daß auch hier mehr Interaktionen zu verzeichnen sind, wenn sich die Mitglieder einander mehr gegenüber sitzen.

Was kann die Leiterin oder der Leiter aus diesen Erkenntnissen für die Gruppenpraxis entnehmen?

So könnte man z.B. einem bekannten Vielredner einen etwas stilleren, zurückhaltenden Teilnehmer gegenübersetzen. Dies hat zur Folge, daß der stille Teilnehmer häufiger angesprochen wird, als wenn er außen am Rande sitzen würde. Interessant ist, daß sich Menschen, die sich in Gruppen zusammenfinden, schon aufgrund ihres persönlichen Charakterbildes entsprechend plazieren. Die Dauerredner werden sich häufiger in zentrale Positionen begeben, während die Schüchternen und Stillen mehr die Randplätze der Gruppe belegen. Auch hier kann die Leiterin oder der Leiter durch wohlwollendes, herzliches Verhalten den Kommunikationsablauf positiv beeinflussen, indem entsprechende Sitzplätze vorgeschlagen werden.

Bei Zusammenkünften, die mehr auf persönlichen Austausch und Gespräch ausgerichtet sind und keinem Arbeitsziel dienen, empfiehlt sich die Kreisanordnung ohne Tische. Bei dieser Form kommen besonders die Nebeneinandersitzenden in Kontakt, etwas weniger die Teilnehmer, die sich gegenüber sitzen. Trotzdem kann die Kreisformation als optimale Kommunikationsanordnung bezeichnet werden. Ganz im Gegensatz zu folgenden Sitzordnungen, die den Kommunikationsablauf absolut negativ beeinflussen:

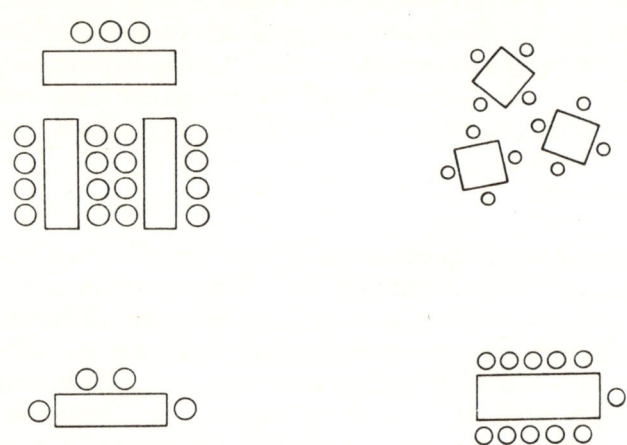

Hier sind besonders die Seitengespräche zu nennen, die Teilnehmer an Eckplätzen nur allzu gerne pflegen. Der fehlende Blickkontakt schafft ebenfalls eine nachteilige Gesprächsatmosphäre. Eine Reihe von Sozialforschern hat herausgefunden, daß Personen, die am Tischende oder sich gegenüber sitzen, die meiste Aktivität, den größten Einfluß und das höchste Ansehen in der Gruppe aufweisen. SOMMER (1967) bemerkt jedoch mit Recht, daß die wissenschaftlichen Arbeiten, die Bedeutung der Sitzverteilung auf Status und Einfluß nicht hinreichend nachweisen. Er ist der Auffassung, daß bestimmende und aktive Persönlichkeiten Leitungsfunktionen aufgrund ihrer Persönlichkeitsstruktur übernehmen; der räumlichen Verteilung der Gruppenmitglieder mißt SOMMER nur eine untergeordnete Bedeutung zu.

SCHNEIDER (1985) sieht in einem leichten gegenseitigen Blickkontakt mit allen Gruppenmitgliedern von herausragenden Plätzen eine gewisse Begünstigung. "Da auch aus der Kommunikationsnetzforschung bekannt ist, daß Positionen mit vielfältigen Kommunikationskanälen mehr Einfluß ausüben, kann jedoch die Hypothese des direkten Zusammenhangs zwischen Sitzordnung und Status als wahrscheinlich angesehen werden."

Für die Arbeit in Erwachsenengruppen haben sich folgende Sitz- bzw. Platza-
nordnungen bewährt:

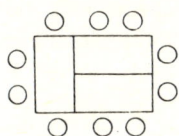

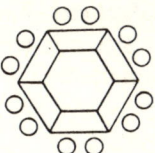

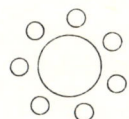

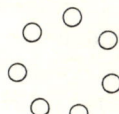

Zum Schluß

geben wir Ihnen noch einige **Literaturhinweise,** die nach unserer Durchsicht für das Leiten von Gruppen besonders zu empfehlen sind.
Wir haben zunächst die von uns verwendete Literatur in alphabetischer Reihenfolge aufgelistet. Zusätzlich schlagen wir Ihnen noch einige andere Bücher vor, die sich mit der konkreten Praxis von Gruppenleitung beschäftigen (Literatur-Empfehlungen).

Asch, S.E.: Effects of group pressure.... in: Guetzkow (Hrsg): Groups, leadership and men, New York 1951
Bales, R.F./Borgatta, E.F. zit. n. Graumann, C.F.: a.a.O
Berkel, Klaus: Konflikttraining. Heidelberg 1990
Bion, W.R.: Erfahrungen in Gruppen. Stuttgart 1971
Brocher, Tobias: Gruppendynamik und Erwachsenenbildung. Braunschweig 1972
Carter, L.F.: The behavior of leaders and other group members, Journ. Abn.Soc.Psych. 1950, 45
Cube, Felix von: Technik des Lebendigen. Stuttgart 1970
Fisher, Roger/ Ury, William: Das Harvard Konzept. Frankfurt 1990
Glasl, Friedrich: Konfliktmanagement. Ein Handbuch für Führungskräfte und Berater. Stuttgart/Bern 1990
Gordon, Thomas: Familienkonferenz. Hamburg 1978
Gordon, Thomas: Managerkonferenz. München 1989
Graumann, C.F. (Hrsg.): Sozialpsychologie. Göttingen 1972
Heise, G.A./Miller, G.A.: Problem solving by small groups, Journ.Abn.Soc.Psych. 1951, 45
Laotse: Tao te king. Düsseldorf 1974
Lifton, W.: Working with groups, 1966
Listing, Thomas: betr.: Gruppenleiter. Pädagogisches Lernprogramm. Wiesbaden 1977
Luft, Joseph: Einführung in die Gruppendynamik, Stuttgart 1971
Mills, Th.: Soziologie der Gruppe. München 1970
Neue Jerusalemer Bibel. Freiburg 1985
Raven, B.H./Rietsma, J. zit. n. Sbandi, P.: Gruppenpsychologie, München 1973
Sbandi, P.: Gruppenpsychologie. München 1973

Schneider, H.D.: Kleingruppenforschung, Stuttgart 1985

Schöpping, H.G.: Gruppenleitung und gruppeneigene Führung. Wiesbaden 1982

Schütz, Klaus-Volker: Gruppenforschung und Gruppenarbeit, Mainz 1989

Schwarz, Gerhard: Konfliktmanagement. Sechs Grundmodelle der Konfliktlösung. Wiesbaden 1990

Spurgeon, Charles Haddon: Ratschläge für Prediger. Wuppertal 1962

Steinzor, B.: The spatial factor in face-to-face discussion groups, Journ. Abn.Soc.Psych. 1950,45

Stogdill, R.M.: Personal factors associated with leadership, Amer.Journ. of Psych. 1948,25

Stroebe, R.W./Stroebe, G.H.: Führungsstile. Heidelberg 1990

dies.: Grundlagen der Führung. Heidelberg 1990

Watzlawick, P.: Menschliche Kommunikation, Bern 1971

Weinert, Ansfried B.: Lehrbuch der Organisationspsychologie. München/Weinheim 1987

Literatur-Empfehlungen

Antons, K: Praxis der Gruppendynamik, Göttingen 1973

Crisand,E.: Psychologie der Gesprächsführung, Heidelberg 1986

Eber-Götz, M./ Ehresmann, S./ Weisbach, Chr.: Zuhören und Verstehen. Hamburg 1979

Höper, C.-J./ Kutzleb, U. u.a.: Die spielende Gruppe. 115 Vorschläge für soziales Lernen in Gruppen. München 1984

Kelber, Magda: Gesprächsführung. Informieren - Diskutieren - Beschließen. Opladen 1977

Leavitt, H.J.: Grundlage der Führungspsychologie, München 1974

Mucchielli, Roger: Gruppendynamik, Salzburg o.J.

ders.: Das Leiten von Zusammenkünften, Salzburg 1972

Müller, Peter: Methoden in der kirchlichen Erwachsenenbildung. München 1982

Panzenböck, Martin: Rede, Gespräch, Diskussion. Berlin 1979

Rabenstein, R./ Reichel, R.: Großgruppen-Animation. Lernen und Spielen in großen Gruppen. Münster 1986

Rabenstein, Reinhold: Lernen kann auch Spaß machen. Organisationsmodelle kirchlicher Erwachsenenbildung Nr. 11, Darmstadt 1980

Rahn, Horst-Joachim: Führung von Gruppen. Heidelberg 1987

Roos, Klaus: Damit Gemeinde lebt. Ein Grundkurs für die Arbeit im
      Pfarrgemeinderat. Mainz, 1990

Vopel,Klaus : Anfangsphase Teil 1 u. 2, Hamburg 1984

ders.: Anwärmspiele, Hamburg 1984

Fundamentals of
Fresh Water Ecology

Fundamentals of
Fresh Water Ecology

Edmund Hagan

Editor

AURIS REFERENCE LTD.
London, UK

Fundamentals of Fresh Water Ecology

© 2012

Printed in 2017 for Sale in the Indian Subcontinent

Published by
Auris Reference Ltd., UK
www.aurisreference.com

ISBN: 978-1-78154-199-9

Editor: Edmund Hagan

Printed in UK

10 9 8 7 6 5 4 3 2 1

Cover Design: Cover Lab

British Library Cataloguing in Publication Data
A CIP record for this book is available from the British Library

For information about Auris Reference Ltd and its publications, visit our website at www.aurisreference.com

Exclusively distributed by CBS Publishers & Distributors Pvt. Ltd.
Sales & Distribution Rights only for India, Pakistan, Bangladesh, Sri Lanka, Nepal and Bhutan.This book is not to be sold outside these territories.

Contents

Preface

Initiating regulatory reform in the context of stale statutory authority can be a significant challenge for an agency. Social and economic interests entrenched in and benefitted by the status quo are likely to attempt to bring political pressure on the agency to protect their interests. On the other hand, whatever conditions have prevented Congress from acting for so long in the relevant field are likely also to dampen the prospect of legislation negating the agency's regulatory reform. Much of the action in this context thus plays out in court as interests opposed to the agency's reform agenda, whatever form it takes, seek judicial review and rejection of the agency's decision as inconsistent with existing substantive and procedural requirements. Although judicial review of agency action can take many forms and involves numerous matters for judicial consideration, the key questions in the regulatory reform context are, whether the proposed reform is consistent with the Constitution, authorised by relevant statutory authority, and compatible with the agency's existing regulations. If the answer to all three of those questions is affirmative, then all the agency need do, if even, is announce the agency's position through what is loosely described as "guidance." Although there is a point at which a substantial change in approach could be deemed to require promulgation of new legislative agency regulation, the reality is that agencies can accomplish a tremendous amount of incremental regulatory reform through guidance and other "gray law" mechanisms.

Significant regulatory innovation, however, is often going to require more significant changes to the existing regulatory regime for which mere guidance will not suffice as the sole or even primary implementation mechanism. At one extreme, agency reform action that is inconsistent with constitutional principles would require an amendment to the Constitution, which is a highly unlikely prospect. The more salient issue, therefore, is whether a proposed regulatory reform requires new statutory authorisation or only a new agency regulation. From the agency's perspective, being able to carry out the initiative without need of new legislation may often be preferable, but it is not always clear whether the existing statute will allow it. If the new proposed regulation extends, departs from, or conflicts with prior agency regulations and practice, the agency thus must predict whether the proposal is permissible under the existing statute. In making this prediction, the agency must walk the line between two types of error: a false positive, in which the agency incorrectly concludes existing laws allow a new regulatory innovation, and a false negative, in which the agency incorrectly believes existing laws do not allow the regulatory innovation.

The book contain up to date and all basic and applied information on various important facets of water microbiology.

—Editor

Chapter 1

Offshore Aquaculture and the Coastal Zone Management Act

While the practice of aquaculture dates back almost 4000 years, salmon farming is a relatively new application of the field. Farms have arisen in coastal areas from Europe to Asia to the Americas. In the United States, salmon farming is poised to leap into a new ecosystem: the federal offshore waters of the Exclusive Economic Zone (EEZ), the water seaward of state boundaries at the three-mile mark. At the same time, wild salmon risk extinction on both coasts. Farming salmon in federal waters is discussed in commercial, regulatory, and scientific circles. When viable offshore farms may materialize is not certain, but examining the potential for open ocean salmon aquaculture is important in order to allow for thoughtful planning rather than misdirected retrospective regulation. In addressing offshore expansion, one integral question is how two western states—Washington and Alaska—might react to federal permitting of open ocean farms.

These states make an interesting comparison because, while both once hosted bountiful Pacific salmon populations, they now take differing approaches to salmon farming. This difference appears to correlate with the divergent fates of the states' respective commercial fishing industries. Whereas overfishing exhausted the Washington fishery, making way for the development of a small salmon farming industry roughly thirty years ago, Alaska's commercial fishery remains strong, and the state has banned salmon farming in its waters to protect the industry. In light of these two histories, this Note examines ways in which Washington and Alaska could use the Coastal Zone Management Act's (CZMA) [section] 307 consistency provision to challenge and shape offshore salmon farming. Section 307 requires federal actions that affect a state's coastal zone to conform to select state laws that safeguard the fragile coastal ecosystem. By drawing on [section] 307, Washington and Alaska could test the true strength of their consistency rights under the current interpretation of the CZMA. Studying Washington and Alaska's interactions with salmon farming also illustrates the way in which other coastal states may embrace or reject open ocean aquaculture for a wide variety of species.

The Place of Salmon Farming in the World Salmon Market

Development of the Industry

The emergence of commercial salmon farming occurred in step with a boom in international aquaculture as a whole. Rising demand for seafood, the ability of farms to provide high-quality products on a year-round basis, advances in disease control and genetic engineering, and improved farming techniques all contributed to increased interest in the field. The growth of aquaculture also came, not coincidentally, when catches of wild fish peaked, if they were not already in decline. With capture fisheries unable to satisfy consumer demand, aquaculture emerged as the next best way to increase fish supplies. Growing salmon in artificial conditions is a multistep process. Eggs and milt are collected from a broodstock, and then are fertilized, incubated, and raised to small fish (smolts) in freshwater hatcheries. Aquaculturists then transfer young salmon to clusters of saltwater net pens where they remain until harvested. These pens anchor to the sea floor and allow for the continual inflow of fresh water and outflow of wastes.

Salmon farming originated in Norway in the 1960s, spreading primarily to Chile, the United Kingdom, and Canada. Compared with these nations, the United States contributes only a miniscule amount to farmed salmon production worldwide. In fact, the United States remains a net salmon importer. Initially, America engaged hesitantly in aquaculture research and development because of its natural abundance of wild fish and traditional reliance on foreign imports to satisfy a significant portion of its national appetite for seafood. But when a series of wild stocks reached their maximum sustainable yield in the 1970s, America began looking to artificially augment its fisheries. This resulted in the passage of the National Aquaculture Act in 1980. Although slow to catch on, aquaculture is now the fastest growing sector of the American agricultural industry.

Today, Maine and Washington are the primary producers of domestic farmed salmon. While indigenous salmon populations are quite different in the two states—Maine streams rear Atlantic salmon (Salmo salar) and Washington hosts Pacific salmon (genus Oncorhynchus) —both regions now farm Atlantic salmon. In the 1960s and 1970s, researchers and commercial aquaculturists experimented with raising both species off the West Coast, but they quickly found Atlantic salmon better suited to farming. Because of its superior disease resistance, high consumer appeal, and ability to grow in crowded net pen conditions, Atlantic salmon is the predominant species raised on farms in North and South America, Europe, and Australia.

Benefits and Concerns of Salmon Farming

Expanding the American aquaculture industry, and salmon farming in particular, creates a series of potential economic and ecological benefits and concerns. With proper management, many believe that environmentally sensitive fish farming can make positive contributions to the world's food supply. For salmon farming to play a part in this trend, operators and regulators must examine both the positive forces propelling expansion of fish farming, as well as the possible dangers of poor environmental practices.

The Promise of Farming Salmon

Supplementing the world's food supply is a primary justification put forth in support of increased investment in aquaculture. However, with regard to salmon, the majority of farmed fish feeds a relatively limited pool of consumers who can afford to pay for this delicacy. At present, technological advances have not improved feed conversion ratios enough to make the protein transfer from wild-caught feed fish, to pellets, to farmed salmon an efficient one. Instead, it takes an average of 2.44 pounds of wild fish to produce one pound of salmon, resulting in a net protein loss. Only if the amount of fish meal and fish oil in feed declines can salmon aquaculture truly contribute to the aggregate global fish supply. Meanwhile, developing countries can actually lose food resources to aquaculture, because the fish meal and fish oil used to make salmon feed frequently come from small fish caught in the waters off these nations. This practice can harm foreign fisheries whose larger fish, higher up the food chain, lose their food source.

Although it is known to negatively impact certain feed fish and their natural predators, some believe that aquaculture could decrease pressure on other wild-caught fisheries. However, consumers and farmers have yet to show a readiness to purchase and farm the environmentally appropriate species. So far, predictions that salmon farming will ease pressure on wild-caught salmon have not proven true. Investment in aquaculture has also been touted as a way to promote economic development in coastal areas suffering from the collapse of wild fisheries. But this is a questionable proposition in the case of salmon farming.

Running a farm requires significant amounts of startup capital, skill, and time, factors that have made the industry ripe for consolidation under multinational companies. Although fish processing and other land-based activities could create jobs in coastal areas, raising salmon as an employee of a large farm is quite a different way of life than catching them as the owner of a small boat. So, while opening a salmon farm might pump life into a local economy, it would not necessarily reincarnate a fishing community that once prospered from a now-depleted resource.

While aquaculture's "promise" is constrained by concerns, aquaculture, including salmon farming, has the potential to make positive contributions to the world's food supply. If performed in an environmentally sound manner, fish farming can increase the yield of healthy seafood and provide an excellent source of protein and nutrients for the human diet. As technology and regulations develop, realising this potential will be increasingly within reach.

The Need for Caution

The foremost concern for those looking into the negative environmental impacts of salmon farming on the West Coast is the fear of biological pollution in the form of escaping salmon. With Atlantic salmon constituting essentially all of the salmon farmed in Washington and British Columbia, there is growing worry that escaped fish could harm wild runs by competing for space and resources, interbreeding, and spreading parasites and disease. While net pens allow for the constant "leakage" of a small number of farmed salmon, large-scale releases from storms, human error, vandalism, and marine mammal damage have recently allowed greater numbers of fish to escape their pens. In Washington, the problem has escalated in recent years, with single-incident escapes of 107,000, 369,000, and 115,000 fish in 1996, 1997, and 1999, respectively.

Concern over such massive containment failures has escalated in light of the discovery of juvenile Atlantic salmon in seventy-seven rivers in British Columbia. In 1998 and 1999, researchers discovered naturally produced Atlantic salmon in Vancouver Island streams, suggesting that escaped fish have successfully spawned. However, no evidence exists of this first generation of Atlantic salmon born in the wild surviving long enough to spawn and produce a second generation of Atlantic salmon on Vancouver Island. Knowledge that Atlantic salmon are escaping their pens in significant numbers and reproducing is especially troubling in light of broader worries about the potential extinction of Pacific salmon.

For example, some worry that diminished Pacific salmon runs will open habitat niches in which Atlantic salmon can more easily colonise. Biologists also fear that escaped fish will interbreed with native populations, altering the genetic makeup of wild stocks and weakening local adaptations. More study is needed to ensure that farming Atlantic salmon on the West Coast does not endanger the survival and genetic integrity of Pacific salmon. Scientists are currently working on solutions to the problem of escaped fish, including the use of sterile salmon in farming operations. Other precautions include shoring up nets or moving facilities to land to curtail future escapes. Lastly, the input of farm wastes into surrounding waters also threatens the health of marine ecosystems. Whereas pollution from land-based farms usually enters waters indirectly through runoff, salmon pens flush their wastes directly into saltwater ecosystems. Primarily in the form of uneaten feed and fecal matter, these wastes can lead to nutrient loading, toxic algae blooms, oxygen depletion, and the subsequent death of marine organisms.

Federal Oversight of Salmon Farming

The federal government regulates aquaculture through a variety of statutes. This body of legislation can influence farming practices ranging from siting decisions to waste treatment. While the breadth of the federal oversight appears large, significant uncertainties about the scope and efficacy of federal regulations remain. This Part briefly outlines some of the major federal legislation governing marine aquaculture, including salmon farming.

The Rivers and Harbors Act of 1899

Section 10 of the Rivers and Harbors Act of 1899 currently provides the federal government's most significant regulations of marine aquaculture. In order to preserve the navigability of American waterways, the Act empowers the Army Corps of Engineers (Corps) to require permits for "any obstruction" in federal water. The Outer Continental Shelf Lands Act extended the Corps' authority to issue permits to the outer continental shelf (OCS), including offshore aquaculture facilities located in the federal waters of the Exclusive Economic Zone (EEZ). While the statute does not provide a clear environmental mandate to underlie permitting decisions, the Corps consults with relevant agencies such as the National Oceanic and Atmospheric Administration (NOAA), the National Marine Fisheries Service (NMFS), and the regional Fishery Management Councils, who may then contribute an environmental perspective to the permitting process.

The Clean Water Act

Salmon farming can damage ecosystems by discharging solid waste and effluents into the marine environment. The Clean Water Act (CWA) is the primary federal legislative tool for monitoring and capping water pollution. The CWA regulates waste disposal through National Pollutant Discharge Elimination System (NPDES) permits, which operators must obtain in order to "discharge ... pollutants from any point sources into the waters of the United States." Aquaculture facilities, including salmon farms, require NPDES permits when they are classified as Concentrated Aquatic Animal Production Facilities (CAAPFs), as defined by 40 C.F.R. [section] 122. or when they are designated as such by the Director of the Environmental Protection Agency (EPA). CAAPFs standards are relatively lax, however, allowing many facilities to go unregulated.

Even when regulations are in place, no uniform standards control aquaculture discharges into the nation's waters. Because the EPA can delegate responsibility for administering the NPDES program to the states, allowable discharge standards vary widely across the country. Creating national effluent guidelines and tightening CAAPF standards would increase the EPA's authority to monitor and regulate aquaculture pollution under the CWA.

The Endangered Species Act

Many of Washington State's Pacific salmon are now listed as threatened or endangered under the Endangered Species Act (ESA). As a result, West Coast salmon farms and the federal agencies that regulate them should pay close attention to the ESA. If scientists prove that escaped Atlantic salmon pose a threat to the survival of listed runs, salmon farms could find themselves in violation of the ESA's take provision. Furthermore, federal agencies permitting, funding, or developing salmon farms must comply with [section] 7 of the ESA, which requires consultation between the regulating agency and the Secretary of Commerce who must "insure that any action authorised, funded, or carried out by such agency ... is not likely to jeopardize the continued existence of any endangered species or threatened species or result in the destruction or adverse modification" of that species' critical habitat. Such consultation would occur prior to agency actions such as EPA approval of a NPDES permit or Corps issuance of a [section] 10 permit under the River and Harbors Act.

The Coastal Zone Management Act

In 1972, Congress enacted the Coastal Zone Management Act (CZMA) in response to growing pressures on the nation's coastal zone. The CZMA resembles a contract between the federal government and coastal states. The federal government gives a participating state a monetary grant to develop a coastal management program (CMP) in consideration for the state agreeing to submit the CMP for federal approval. States also receive assurances that federally permitted or sponsored activities will not affect their coastal zone in a manner inconsistent with the states' approved CMPs. Participation by the states is wholly voluntary, and the federal government can only approve a state's plan if it meets criteria specified by the CZMA. Federal regulatory authority for the program is vested in the Commerce Department via NOAA, and day-to-day oversight rests with the Office of Coastal Resource Management (OCRM).

Although CMPs were slow to catch on, thirty-three of thirty-five eligible states now have federally approved CMPs. Many states have enacted legislation delegating management decisions and oversight to affected counties, effectively creating a three-way partnership between federal, state, and local governments. These government entities now work together to promote the far reaching aims of the CZMA—"to preserve, protect, develop, and where possible, to restore or enhance, the resources of the Nation's coastal zone for this and succeeding generations."

State Experiences with Salmon Farming

Washington and Alaska, two states with celebrated Pacific salmon runs, have taken markedly different approaches to salmon farming within their own waters. Both, however, would be affected if the federal government allows open ocean salmon farming. In light of potential effects, it is important to consider how the states came to regulate salmon farming, how farming relates to their current wild-catch fisheries, and how local popular sentiment perceives the industry. Understanding these issues helps to better understand how Washington and Alaska might react to an expansion of American salmon farming

into federal waters. Washington State, and the Columbia River Basin
in particular, once hosted the preeminent salmon runs on the West
Coast of the United States. As a result of unprecedented dam
construction on the main stem of the Columbia and Snake rivers, fifty-
five percent of the river basin's original salmon habitat has been lost.
The precipitous decline in wild salmon runs has threatened a way of
life for Native American and commercial fishers who once thrived off
abundant salmon catches. Against this backdrop of diminishing returns
of Pacific salmon, the first salmon farms opened in Washington roughly
thirty years ago.

There are currently eight existing salmon farm leases at four
operating facilities in Washington, all in counties surrounding Puget
Sound. One Norwegian company, Pan Fish, holds each of these leases
through its subsidiary, Cypress Island, Inc. The farms produce roughly
ten million pounds of salmon per year, hire two hundred employees,
and contribute roughly forty million dollars annually to the state's
economy. In other words, the industry is relatively small and wholly
consolidated. Regulatory authority over Washington's salmon farms
has been split between the state's Department of Agriculture (WDOA),
Department of Ecology (WDOE), and Department of Fish and Wildlife
(WDFW).

The WDOA, with primary responsibility for promoting and
marketing farmed fish, plays the smallest role in regulating commercial
salmon farming. The Washington Department of Ecology's main line
of related work is administering NPDES permits under the federal
Clean Water Act (CWA). And WDFW's authority recently expanded
in April 2001 through passage of House Bill 1499, which gave the
agency the lead role in studying and curtailing the negative
environmental impacts of salmon farming. The two primary
environmental concerns related to Washington's salmon farms are
their effects on the marine environment through water pollution and
the escape of nonnative Atlantic salmon. The WDOE and WDFW
police these issues on behalf of the state. The following is a brief
summary of these agencies' respective roles and relevant regulations.

The WDOE administers the National Pollutant Discharge
Elimination System (NPDES) permit program required for operation
of a salmon farm under the CWA. The agency is responsible for
ensuring that farms do not discharge pollutants, including Atlantic
salmon, in violation of their NPDES permits. In 1997, environmental
groups, led by the Marine Environmental Consortium (MEC),

challenged WDOE's issuance of ten NPDES permits for salmon farms in Puget Sound on the grounds that the permits failed to comply with the CWA, the state Water Pollution Control Act (WPCA), and the State Environmental Policy Act (SEPA). The Marine Environmental Consortium claimed that escaping Atlantic salmon qualify as pollution under the CWA and WPCA, and that the issued permits were incomplete because they failed to regulate the inadvertent escape of Atlantic salmon from their pens.

The Pollution Control Board, the administrative body charged with hearing appeals of WDOE's permitting decisions, first determined that, as biological material, escaping salmon are "pollutants" under the CWA. As a result, the Board held that the farms required an NPDES permit to discharge salmon. However, the Board declined to grant summary judgment on the issue of whether WDOE violated permitting regulations. Imposition of liability under RCW 90.48.080 required a finding that the pollutant "shall cause or tend to cause pollution" and there was no conclusive evidence that escaped Atlantic salmon constituted pollution, which is defined as a "man-made change to the ... biological ... integrity of state water" under 33 U.S.C. [section] 1362. Roughly one year later, the Pollution Control Board found against MEC, ruling that Atlantic salmon, at least at current numbers of escapes, are not pollution, because they do not "degrade water quality by posing a threat to the existence of native Pacific salmon species in Washington waters.... [The Pollution Control Board found], However, that regular large releases such as those that occurred in 1996 and 1997 could constitute a significant threat to Pacific salmon."

In response to the growing number of documented escapes referenced by the Pollution Control Board, WDFW reasserted control over the state's salmon farming operations in 2001 with the unanimous passage of House Bill 1499. Prior to the bill's enactment, WDFW's authority consisted solely of the ability to implement disease control regulations for farmed salmon and to regulate the capture and destruction of fish that escaped their pens. Only when farmed Atlantic salmon escaped as a result of an intentional, nonpermitted act could WDFW punish the releasing party; accidental releases did not trigger liability.

House Bill 1499 allows WDFW to take a more proactive role in combating environmental degradation caused by salmon farming. The legislation charges the agency with developing rules governing finfish aquaculture. Specifically, WDFW is assembling regulations to prevent escapes, recapture escaped Atlantic salmon and eradicate those found in the wild, approve species and stocks of finfish raised in Washington farms, develop an industry code of practice, and institute an Atlantic Salmon Watch Program similar to the one now monitoring escaped fish in British Columbia. Promulgating these regulations is a major step toward collecting data on potential invasive species problems and working with industry to solve them. At present, information on escaped Atlantic salmon is gathered only anecdotally in the process of studying Pacific salmon. Investing in monitoring efforts targeted directly at Atlantic salmon is integral, however, to understanding the scope of the escape problem and instituting effective prophylactic measures. Furthering this effort in the context of multinational coordination with Canada is particularly important because of the close proximity of American and Canadian runs, and the clear ability of escaped fish to stray across international borders.

Expansion of salmon farming in Washington State appears to be on potentially permanent hold. In the already crowded Puget Sound, coastal communities have adamantly opposed siting any more farms along their shores, primarily by refusing to grant permits under their Shoreline Master Programs, local legislation that constitutes part of Washington's enforceable policies under the Coastal Zone Management Act (CZMA). With prices for salmon depressed globally, the farming industry lacks strong incentives to fight for new farm sites. Still, those involved with salmon farming in the state are keeping their eye on developments offshore in case economic, technological, and regulatory conditions prove favourable in the future.

Alaska has taken an extreme approach to salmon farming: The state bans the practice altogether. In 1990, State Senator Dick Eliason successfully sponsored a bill outlawing finfish farming in Alaskan waters. Popular opposition to farming was based on two primary concerns. First, commercial fishermen feared the economic impacts of competition with farmed salmon production. Second, fishermen, scientists, and environmentalists all were wary of introducing a nonnative species into Alaska, which depends so heavily, in social and economic terms, on healthy Pacific salmon. Not only might the runs fall under threat, but so could a way of life, as fishermen feared that large farming companies would overtake the small boat operators who ran the commercial fishery. Their efforts got a boost from the fact that wild salmon returns were particularly strong at the time, supporting a booming commercial fishery. Even without farming operations in Alaskan waters, salmon aquaculture has struck a blow to Alaska's commercial fishery. As wild catches declined in recent years, internationally fanned salmon flooded onto the market, severely depressing prices. Last season, commercial salmon fishermen expected their earnings to decline eighty percent from 1990 levels. Escaped Atlantic salmon have also begun making their way to Alaska. Glen Oliver of the Alaska Department of Fish and Game estimates that roughly 160 Atlantic salmon have been recovered annually from Alaska's waters since the early 1990s. The gill net and purse seine fisheries identified most of these fish, but in 1998 a sport fishermen caught the first Atlantic salmon in Alaskan freshwater in a stream north of Ketchikan. While it is impossible to know if these salmon escaped from British Columbia or Washington (keeping in mind that a much larger number of fish are farmed in British Columbia), the appearance of Atlantic salmon in Alaska has reinvigourated concern about the risks of nonnative species invasion.

Should Alaska choose to lift its finfish farming ban, it is not clear that salmon aquaculture would succeed in the state. While some believe that Alaska is well-suited to salmon farming, others claim that low water temperatures and high transportation costs would make salmon aquaculture prohibitively expensive. Instead, Alaskans are highlighting what they see as the advantages of their wild fish. The Alaska Seafood Marketing Institute is working to create a niche in the seafood market for Alaskan salmon. Its marketing efforts highlight the fact that Alaskan salmon are wild-caught in a sustainable manner by independent fishermen. Not only does the campaign point to the alleged ecological benefits of buying wild Alaskan salmon and tout its superior taste, it also speaks to preserving a way of life for Alaskan fishermen and their coastal communities.

Today, the dominant sentiment in Alaska, especially among commercial fishermen and others in the southeastern part of the state, is opposition to salmon fanning. While limited efforts have been made to repeal the finfish farming ban, there have been few serious attempts to change the law. As in Washington State, depressed prices and the fact that any new farms would be forced to compete against previously established operations lower incentives to repeal the law. Instead, salmon fishermen appear focused on how, or if, their commercial fishery will survive. While Washington's farming industry creates some cause for concern for Alaska, the amount of salmon raised in Washington is so much smaller than the quantity farmed in Chile, Norway, and British Columbia that, if Alaska has an "enemy," it is not Washington's few salmon farms. However, if the federal government allows the permitting of offshore salmon aquaculture in the Exclusive Economic Zone it could bring the enemy home.

Expansion of Salmon Farming into Federal Waters

While any expansion or start-up of farming in Washington or Alaska appears unlikely for now, the same may not be true for the federal waters of the Exclusive Economic Zone (EEZ). This Part examines the potential for the aquaculture industry to move offshore. It then looks at past state attempts to use the Coastal Zone Management Act (CZMA) to block federal actions inconsistent with state coastal management plans (CMPs).

Expansion Offshore

The National Oceanic and Atmospheric Administration (NOAA) is currently investigating the possibility of expanding aquaculture into the offshore, with multiple factors prompting this initiative. First, there is a perception that the United States has yet to live up to its aquaculture potential: While America produces roughly eight to nine percent of its seafood through farming, the global average is twenty-five percent. Second, NOAA is highly aware of the country's trade imbalance in the seafood sector and wants to move the nation out of its role as a seafood importer. Finally, local governments are blocking aquaculture expansion along the shoreline in response to a "Not In My Back Yard" movement from coastal landowners. As a result of these forces, NOAA began looking to the federal waters of the EEZ as the next frontier in the aquaculture industry. Placing sites in the open ocean could eliminate some of the user conflicts facing coastal facilities (for example, tensions between coastal landowners seeking pristine views and aquaculturists who want to place their farms within easy reach of the shore), provide access to clean, well-flushed water, and avoid variable state regulations. Furthermore, moving offshore would bring America in line with other nations currently engaged in open ocean aquaculture.

Major obstacles to a successful offshore industry remain, however. One primary issue yet to be resolved is the lack of clear regulatory and permitting oversight in federal water. Five or more federal agencies could exercise jurisdiction over offshore facilities: the Army Corps of Engineers (Corps), EPA, the NOAA/NMFS, the Coast Guard, and the regional Fishery Management Councils that steward fisheries under the Magnuson-Stevens Act. It is unclear which agency should take the lead in developing an offshore industry. However, in light of the overlapping, conflicting, and potentially insufficient regulations now in place, viable commercial aquaculture in the offshore environment will require resolution of these issues and the development of a comprehensive regulatory framework.

The NOAA has taken the first step in creating the necessary unified structure for offshore aquaculture through its Code of Conduct for Responsible Aquaculture in the Exclusive Economic Zone (Code). The document provides "general guidance to the aquaculture industry for siting and operating aquaculture facilities in this zone and provides NMFS with a framework that can be used to ensure a more consistent review of aquaculture projects that require agency actions." The drafters intended NMFS to use the document as a starting point for the development of future regulatory standards. In 2000, NOAA held a series of six public meetings across the country to gain stakeholder input, and it is now circulating a draft Code of Conduct within the agency.

In drafting the Code, NOAA did have some exposure to offshore aquaculture to draw on. Several experimental farms have operated in federal waters off of New England, in the Gulf of Mexico, and around Hawaii. Each required a [section] 10 permit from the Corps before opening. In 1988, the first permitting process began when American Norwegian Fish Farm, Inc. ("American Norwegian") proposed raising salmon in net pens off the coast of Massachusetts. After approving the company's plan in 1990, the Corps revoked the [section] 10 permit two years later when the Navy expressed concerns about submarines navigating nearby waters and the Conservation Law Foundation sued the Corps to stop the project from going forward. Despite American Norwegian's failure, experimental farms growing scallops, flounder, Pacific threadfin, and red snapper now operate in the American offshore. Each of these farms has at least partial federal research sponsorship, and no wholly commercial aquaculture operations currently exist in federal water.

In light of the complexity of running an offshore farm, the question remains whether anyone will pursue open ocean salmon aquaculture if regulatory conditions improve. Technologically, it appears that fanning salmon in the open ocean off the West Coast will be feasible. But with current low prices comes a decrease in incentives to invest in expensive and experimental processes, and the task of competing with already established foreign farms could prove daunting. While other countries now run established coastal farms with lower labour costs and less environmental regulation, an offshore facility in the United States would require significant funding to begin operations. Once underway, an American offshore facility would likely face higher labour costs, a stricter regulatory scheme, and the added expenses of running an operation at sea such as the cost of sturdier nets as well as boats and fuel to transport workers and product between pens and shore. While these considerations might inhibit West Coast expansion in the near term, they do not rule out future investment. Because offshore farming will likely be viable in the future, the next Section looks at the CZMA's [section] 307 consistency provision and surveys ways in which the legislation has been used in the past to protect state fisheries.

Using Section 307

Key to luring states into participation in the CZMA was [section] 307's consistency provision, which allows states to effectively veto federal actions that are inconsistent with an approved coastal management program. Section 307 applies to activities directly undertaken by the federal government, as well as to private actions receiving federal funds or permits. In the latter case, the permittee must certify that the covered project complies with the state's Coastal Management Plan (CMP).

The states did not achieve the full effect of their consistency power for a considerable period after the CZMA's passage. In 1984, the Supreme Court struck a blow to state consistency rights in Secretary of the Interior v. California. The key question in this case was whether the Department of the Interior's proposed sale of oil and gas leases in the outer continental shelf (OCS) was an activity "directly affecting" California's coastal zone. California could not object to the lease on consistency grounds without making this showing. Writing for the majority, Justice O'Connor held that the language and legislative history of the CZMA failed to support an interpretation of the CZMA that would define the OCS lease sales as directly affecting the coastal zone. Instead, the Court took a geographically limited view of the legislation and found that only actions occurring within the coastal zone were subject to consistency review.

A decade and a half later, in an explicit rejection of the 1984 decision, Congress amended [section] 307 to clarify and affirm the states' consistency fights. Section 307 now requires that any federal action affecting the coastal zone be subject to consistency review, regardless of where that action occurs. As of 1990, the CZMA requires that "each Federal agency activity within or outside the coastal zone that affects any land or water use or natural resource of the coastal zone shall be carried out in a manner which is consistent to the maximum extent practicable with the enforceable policies of approved State management programs." The amendments restored a liberal bent to the term "affects," reopening the door for states to exercise their consistency rights.

To mount a successful CZMA challenge to offshore aquaculture, Washington and Alaska must show that farming will affect their coastal zone in a manner inconsistent with their approved CMPs. While offshore farming could have a variety of impacts on the near-shore environment, this Note focuses solely on two types of effects: (1) the socioeconomic impact on commercial fisheries forced to compete with new farmed products; and (2) the potential biological effects of escaped fish on the health of native Pacific salmon. B.2 takes a broad look at why these effects are eligible for [section] 307 consistency review in light of consistency challenges launched elsewhere in the United States.

Demonstrating Effects on the Coastal Zone

When one thinks of ways in which an action might "affect" the coastal zone, physical results such as water quality degradation often come to mind. While such consequences were clearly intended for review under [section] 307(c)(1)(A), the section also subjects activities that affect "any land or water use" of the coastal zone to consistency review. Examination of several cases, especially in light of the liberalising effect of the 1990 Amendments, suggests that Washington and Alaska could challenge offshore farming based on potential socioeconomic impacts on the preexisting commercial fishery, as well as its effect on Pacific salmon health and habitat.

The most explicit judicial call for including socioeconomic effects in the purview of [section] 307 came in the 1983 case of Conservation Law Foundation v. Watt. At issue was Lease Sale 52, by which the Secretary of the Interior intended to sell oil and gas development rights in Georges Bank, a rich fishing area off of Massachusetts. Led by the Conservation Law Foundation (CLF), a group of environmental and fishing organisations sued to enjoin the sale. The CLF claimed that the lease violated [section] 307 of the CZMA because it was not consistent to the maximum extent practicable with Massachusetts' coastal management program. The district court first resolved that the impacts of drilling in the Georges Bank fishery qualified as effects for purposes of consideration under [section] 307. In so doing, the court rejected the strict reading of the statute proposed by the Department of the Interior that would have eliminated consistency consideration for all but direct physical impacts on the coastal zone. To support its reading, the court looked to the CZMA's legislative history and found that "not only the ecological but also the social and economic effects of a proposed Federal agency action are included in the scope of the Act." The court continued, "example after example of socioeconomic effects of oil and gas exploration were discussed in the legislative history, evidencing a clear Congressional intent to lessen such impacts from leasing. Concern was expressed over ... housing and school shortages and employee losses in agricultural and fishing industries indigenous to coastal Virginia; and over disruptions in [sic] Native American communities in Alaska." Thus, the court found that opening Georges Bank to oil and gas drilling would directly affect the state's commercial fishery in violation of Massachusetts' CMP.

The Ninth Circuit also condoned consideration of socioeconomic impacts under Section 307 in Exxon Corp. v. Fischer. The California Coastal Commission claimed that the proposed OCS oil and gas leases at issue in the case were inconsistent with the state's CMP because of the harm they would cause to the thresher shark fishery. In response, Exxon asserted that the Commission had failed to state a valid claim under the CZMA because the leases' potential harms did not constitute effects under [section] 307. The Secretary of Commerce weighed the costs and benefits of drilling and ultimately rejected Exxon's project as proposed. The Secretary based his decision primarily on the fact that drilling could be done solely in the off-season in order to avoid harming the fishery. Exxon, however, did not propose this alternative.

When the case reached the Ninth Circuit on appeal, the court wrote that "the Secretary's weighing process necessarily rested on a determination that the state's objection was valid under the CZMA and that the interests it sought to protect were encompassed by the statute. Otherwise, there was nothing to which the Secretary could have legitimately subordinated Exxon's interest." The court then upheld the Secretary's determination. The Ninth Circuit's holding legitimated California's claim that harm to the thresher shark fishery constituted an effect for the purposes of CZMA consistency review.

In contrast to attacking the socioeconomic harms of offshore farming, a more straightforward consistency claim might challenge offshore activities based on resulting physical impacts that degrade the coastal environment. As previously discussed, escaped Atlantic salmon could, for example, compete for space and resources or contaminate the Pacific salmon gene pool. Because of these risks, offshore salmon farming may affect Alaska's and Washington's coastal zones in ways inconsistent with the habitat protection goals included in both states' enforceable policies.

The next Part examines specific consistency claims that Washington and Alaska could launch on the basis of their enacted enforceable policies. Despite the strong evidence for inclusion of socioeconomic impacts review in CZMA consistency claims, some question remains about the strength or legitimacy of such arguments. No recent case law has reasserted the validity of these claims, and resource managers, while willing to support such a view, seem uncertain about pursuing this line of attack. This Note argues that both socioeconomic and environmental impacts should be considered under consistency review.

Proving Inconsistency

Washington State has taken a piecemeal approach to salmon farming: Some counties allow salmon aquaculture while others do not. Despite variation in local legislation, passage of House Bill 1499 demonstrates a statewide movement towards tightening salmon farming regulations. Part V.A focuses on how Washington can use state regulations in combination with [section] 307 to ensure that offshore facilities meet these rising environmental standards. Failure to hold offshore farms to such standards could severely undercut the goals of House Bill 1499. The enforceable policies of Washington's Coastal Program fall under six state laws, including the Shoreline Management Act (SMA). Administered by the Washington Department of Ecology, the SMA farms out management decisions to fifteen counties with marine shorelines. The counties have all enacted a shoreline master program (SMP). Combined, these SMPs constitute the enforceable policies of Washington's Shoreline Management Act for purposes of [section] 307 consistency review.

The SMA recognises the value of Washington's unique coastal environment, and its protection is a prominent theme of the enacted SMPs. The aquaculture-related enforceable policies reveal an emphasis on protecting the aesthetic qualities of the coastal zone, developing aquaculture where appropriate, conserving natural resources, and preserving navigability. Protection comes against a backdrop of economic development in which urban expansion, logging, tourism, and industrial activity have put the state's coastal ecosystem to maximum use. The ecological, social, and economic value of Puget Sound makes Washington a prototypical CZMA state since the legislation aims to balance, maximise, and protect these competing demands. For the purposes of this Note, seven SMPs were reviewed: four from counties that allow salmon farming and three from counties that have outlawed the practice. All, however, regulate aquaculture in one form or another through their SMPs.

Washington's counties can use the enforceable policies to impose strict regulations on offshore farms by focusing on provisions that promote the ecological preservation of Washington's coastal environment. For example, Clallam County calls for "particular attention ... to the possible effects that aquaculture practices may have on the long term ecological stability of the aquatic ecosystem and any secondary detrimental effects that could arise as a result of various aquacultural practices." And Skagit County's SMP mandates: "New aquaculture proposals should not adversely impact existing fish and shellfish resources." Clearly, these policies do not preclude salmon farming in light of the fact that both counties have permitted salmon net pens within their own waters. But the standards do mandate a certain level of environmental protection in association with aquaculture facilities. While proponents of offshore fanning may argue that they should not be held to higher environmental standards than near-shore farmers, the latter group will face tighter regulations when House Bill 1499 comes into effect. As the environmental protection bar is raised on near-shore farms, so too can offshore facilities be forced to live up to higher standards in order to meet the goals of enacted SMPs if these goals are interpreted to demand that such higher standards be met.

SMPs in counties that actually outlaw salmon farms also contain language that Washington could use to challenge lax offshore policies as inconsistent with the state's Coastal Program. For example, San Juan County's SMP reads: "No aquatic organism shall be introduced into San Juan County salt or fresh waters without prior written approval of the Washington Department of Fish and Wildlife or the appropriate regulatory agency for the specific organism proposed for introduction." The policy appears intended to regulate the direct introduction of aquatic organisms into the coastal zone (for example, placement of an Atlantic salmon farm in the near-shore area). But proponents of stricter environmental standards for offshore farms could argue that it would also violate the SMP for Atlantic salmon from an offshore facility to escape their pens and enter San Juan County waters. As these examples show, the CZMA provides one avenue by which Washington could shape offshore farming regulations, but exercising its consistency rights would not be the only way for Washington to do so.

Unlike Alaska, Washington does not absolutely oppose farming, nor does it face the same economic risks should the offshore industry develop. Instead, state officials are interested in helping to craft offshore regulations, not banning the industry altogether. As a result, Washington is in a good position to use informal relationships between state and federal agencies to influence offshore regulations. If needed, however, Washington could also use state legislation outside the Coastal Program to force the federal government to enact regulations that comply with the program itself. For example, WDFW's disease control rules make it illegal "for any person to import or transport within the state of Washington finfish aquaculture products without first having obtained a permit to do so issued by the department." Relying on this legislation, Washington could prevent an offshore farm from transporting harvested fish through its waters to onshore processing sites if the facility failed to comply with environmental standards deemed appropriate by the state. Such a threat would be a powerful incentive for offshore farms to conform with near-shore standards.

Amending county SMPs to include more specific environmental standards would strengthen Washington's consistency arguments. And now is a good time for counties to do so, because offshore farming has yet to become a contentious issue. With both strong channels of communication between state and federal officials and enforceable policies laying out clear standards for offshore and near-shore aquaculture in place, Washington would be in a good position to protect its remaining Pacific salmon while potentially benefiting from offshore farming. In 1977 Alaska passed the Alaska Coastal Management Act, beginning its participation in the CZMA. The statute established the Alaska Coastal Management Program (ACMP), which is administered by the Division of Governmental Coordination (DGC).

The ACMP's standards direct thirty-five coastal districts in crafting the enforceable policies that constitute the teeth of the program. These districts, most often cities or boroughs enact coastal management programs (CMPs) that guide development affecting their coastal zone, whether that development occurs within the district or outside its borders. Once approved, the district's program becomes part of the Coastal Management Act and is enforceable under the CZMA. A district may participate in consistency review of an offshore activity as an "affected coastal resource district" if it can demonstrate that a project will cause a "direct and significant impact to the characteristics of its coastal zone."

Direct and significant impacts are "effects of a project that will likely contribute or lead to a significant change in or alteration of the natural, social, cultural or economic characteristics of a district." This standard supports the types of socioeconomic and natural resource-based consistency challenges. Due to Alaska's strong stance against the international salmon farming industry, the state would likely oppose an effort by the federal government to open its waters to salmon farming. As a result, this Note approaches Alaska's options under [section] 307 with the assumption that the state would seek to ban offshore fishing entirely, rather than to merely influence applicable regulations. The next sections outline three types of consistency arguments that Alaska could make in opposition to offshore farming.

Finfish Farming Ban

The most direct way for Alaska to launch a consistency challenge to offshore salmon farming would be to identify clearly articulated enforceable policies that speak to the practice. Only two districts, however, explicitly mention finfish farming in their coastal management programs. Both do so in the context of outlawing the industry. For example, the Kenai Peninsula Borough's CMP states: "Aquatic farming of salmon or other finfish is prohibited within the marine and estuarine waters of the Kenai Peninsula Borough." Such a policy provides strong evidence with which Alaska could justify an inconsistency determination. It makes explicit the state's opposition to salmon farming, and it does so in legislation that is enforceable against the federal government through the CZMA (unlike the finfish ban itself).

Socioeconomic Effects

Many of Alaska's CMPs make specific references to fishery protection in their enforceable policies. In this way, Alaska's Coastal Program exemplifies the CZMA's protection of the coastal environment and co-existing communities. In Cordova, enforceable policy 2.10 reads: "Maintenance and enhancement of fisheries shall be given priority consideration in reviewing shoreline use proposals which might adversely impact fisheries habitat, migratory routes and harvest of significant fish or shellfish species." And Juneau's CMP states: "Offshore areas shall be managed as a fisheries conservation zone so as to maintain or enhance the state's sport, commercial, and subsistence fishery...." These enforceable policies clearly aim to foster a healthy ecosystem and promote dependent commercial fisheries. As a result, actions that negatively impact salmon fishing would be inconsistent with these policies and subject to attack. By driving down prices or by degrading salmon habitat, offshore farms could hamper Alaska's fishery-protection goals. Following Exxon Corp. v. Fischer and Conservation Law Foundation v. Watt, Alaska can use these negative impacts to challenge offshore farming as inconsistent with the Alaska Coastal Management Program.

The two approaches discussed so far in this Part (challenging consistency based either on explicit finfish farming bans or socioeconomic impacts) could be weakened by the anticompetitive spirit that seems to underlie these lines of attack. The situation may be perceived as different from previous efforts to protect fisheries off Massachusetts and California by using consistency claims based on economic impacts. In those instances, the challenged activity, oil drilling, did not directly compete with the fisheries that the plaintiffs sought to protect. Instead, in this case, one form of fish production would be sacrificed in order to protect another. Nevertheless, Alaska has valid claims under the notion that the enforceable policies of its CMP seek to preserve not just healthy salmon runs, but also the communities that define themselves through salmon fishing. In order to avoid surrendering this argument for fear of appearing anticompetitive, the state should focus on the importance of cultural conservation of small boat fishing and advocate for its legitimate protection under the CZMA.

Biological Impacts

Although not specific to aquaculture, many of Alaska's CMPs include general habitat conservation standards. For example, Valdez's CMP reads: "To the extent feasible and prudent, all land and water uses and activities shall avoid potentially adverse impacts on fish and wildlife and their habitats." And Whittier's enforceable policy A-2 mandates: "All land and water activities shall be conducted with appropriate planning and implementation to mitigate potentially adverse effects on the following resources of local, state, or national importance: a) fish and wildlife populations and their habitats; b) commercial fishing uses and activities...." Policies such as these could prove useful in launching a consistency challenge against an offshore farm. Habitat conservation policies can provide the backbone of a state consistency challenge, since they are a common theme throughout many CMPs. If escaped Atlantic salmon from an offshore farm make their way to Alaska and cause the types of biological impacts, they could greatly injure Alaskan salmon habitat. Whittier's enforceable policy quoted above demonstrates the integral tie between the health of the ecosystem and of the commercial fishery.

Proponents of offshore farming may claim that open ocean sites will not pose an ecological danger to wild salmon because few fish escape their pens. They may also assert that open ocean farms will not injure native populations due to their greater distance from shore. But salmon have been known to escape near-shore pens even where ocean conditions are much calmer, and certainly some leakage will occur from offshore farms. And while these facilities are further offshore than traditional salmon farms, salmon can migrate thousands of miles and head towards shore to spawn so distance is not an adequate safeguard. Even though farming proponents might argue that risks are speculative or nonexistent, Alaska can still take a conservative stance on the issue, defining its enforceable policies with a precautionary tone. Then, Alaska should be able to demonstrate that offshore practices must meet Alaska's interpretation of state legislation in order to be consistent with the Coastal Program.

In all, there are many indications that farming salmon offshore could affect Alaska's coastal zone in ecological and socioeconomic terms. But the CZMA provides ways in which the state can influence offshore permitting—either by stopping it altogether or by helping to shape the conditions under which federal permits may be granted. Questions about the efficacy of this approach remain unanswered, especially because consistency challenges based on socioeconomic impacts have not recently been launched. However should Alaska need to mount a consistency challenge, it has a large and varied arsenal of enforceable policies with which to do so.

The precarious health of the West Coast Pacific salmon fishery—in ecological and economic terms—has created both an interest and wariness with regard to expanding commercial salmon farming. Such an expansion could move salmon aquaculture out of the coastal zone and into the open ocean. This move, however, would not eliminate state concerns about the industry. While a viable proposal to farm salmon offshore of the West Coast may not emerge in the near future, there is known government and private sector interest in the possibility, and that interest is currently being realised in offshore farms for other species and in other nations. If salmon farming takes shape in the open ocean off of the western United States, it is almost certain Washington and Alaska will become engaged in the issue. Offshore farming, even if managed well, could pose ecological and economic threats to both states. In Washington, that threat would materialize if the offshore industry's practices undercut state attempts to tighten regulations of near-shore farms to protect Pacific salmon.

Alaskans also worry about their native salmon, particularly because the species provides the foundation for an enormous fishery that is both a job and a way of life for many Alaskans. If the states are shut out of offshore permitting decisions, they could indeed have much to lose. Government employees in both states, however, feel confident about their relationships with federal regulators at the National Oceanic and Atmospheric Administration and other agencies who will be key decisionmakers if offshore salmon farming goes forward. But if necessary, either for negotiation or litigation, Washington and Alaska have rights under the Coastal Zone Management Act (CZMA) that allow them to demand consistency between state policies and federal actions. In a relatively untested field, consistency challenges to federally permitted offshore salmon farming could provide the next test of states' rights as partners under the CZMA in an area—the American aquaculture industry—that is poised to play an increasingly important role in the nation's food supply, as well as its economy.

Integrating HRM and Business Strategy: A Case of Water

The goal of strategic integration lies at the heart of Guest's model of Human Resource Management (HRM). Legge cites Guest in identifying three aspects of strategic integration: the integration or "fit" of human resources policies with business strategy; the integration or complementarity and consistency of "mutuality" employment policies aimed at generating employee commitment, flexibility and quality; and the internalisation of the importance of human resources by line management. This chapter will concentrate on the first aspect, and as such, an appropriate starting point is to consider the development of the theory of strategic human resource management (SHRM). The HRM integration approaches have been divided into "hard" and "soft" models. According to the most technical and functionalistic approaches of HRM integration, it is the business strategy that guides the formulation of human resource policies.

Theorising on Strategic Human Resource Management

In this chapter, attempts will be made to identify and highlight some of the existing strengths and weaknesses in the SHRM literature. The broad, general (not to say rather idealised) SHRM perspective is viewed as embodying a number of important specific changes from the practice of personnel management. Beaumont (1992) cites Mahoney and Deckop (1986: 229-234) in identifying these changes as follows:

- The practice of employment planning (e.g. succession planning) has moved beyond its early, relatively narrow, technical focus and concern with forecasting work to a concern with establishing linkages between human resource planning and the larger organisational strategy and business planning of organisations;

- The traditional concern of the personnel function with negotiating and administering a collective agreement (in a unionised organisation) has broadened to a concern with a larger notion of "workforce governance" in which non-collective bargaining mechanisms (e.g. quality circles) are all-important in permitting employee involvement and participation in work-related decisions;

- The early concept of personnel management with job satisfaction of individual employees (a notion of morale) developed into an interest in the notion of "organisational climate" which has further evolved into a focus on the notion of "organisational culture";

- The idea of selection, training, performance appraisal and compensation decisions, being heavily centred on the role of individual employees (with their detailed job description) has given way to the belief that effective team or group working is the all important route through which effective performance is achieved; the basic concern of personnel management to reduce costs through minimising employee turnover and absence rates has given way to the view that HRM can make a distinctive, positive contribution to organisational effectiveness, i.e. a bottom-line contribution;

The relatively narrow focus of training on the teaching and learning of individual job skills has been broadened into a concern with developing, via both training and non-training needs, the full, longer-term employment potential of individuals. Beaumont (1992: 22) points out that SHRM in its American context can be viewed as the latest in a series of stages in a long line of management research and practices, which began with the human relations movement of the 1940s and 1950s. The widely held view that there needs to be an explicit contemporary relationship between the internal HRM strategy of individual organisations and their external product market or larger business strategy has led to the formulation of product market strategies and their (desirably) associated HRM strategies and practices. Beaumont (1992: 23) cites a paper by Schuler and Jackson (1987) which offers three strategic approaches:

1. An innovation strategy designed to gain competitive advantage (i.e. develop products or services different from their competitors);

2. Quality enhancement strategies (i.e. enhance product and service quality);

3. A cost-reduction strategy (i.e. be a low-cost producer).

Each of these approaches should have an appropriate supportive HRM policy associated with it. Schuler and Jackson (1987) developed a model to show how integration could take place between the particular business strategies and the human resource strategies, and allow the organisation to fulfil its strategic objectives and gain or maintain competitive advantage.

Beaumont (1992) goes on to argue that whichever competitive strategy is adopted, it is essentially contingency-based. Decisions are determined by factors such as the demand of customers, the nature of competition, and indeed the fact that the individual organisation may pursue multiple strategies in their varying strategic business units or functional areas. Continuous changes to strategies in organisations over a period of time are always evident, and there are many factors that can influence this. Those most frequently identified include changes in the marketplace, influence of competitors' changing strategy, changing customer preferences, and developments in economic, social, technological and political environment, both internally and externally. Beaumont states that changing product market strategies over the course of time is all important because of the perceived need for HRM priorities, strategies and practices to change accordingly.

This perspective suggests the importance of incorporating in HRM strategy formulation the notion of product or organisational life cycles, which are typically held to involve four stages: in the first stage startup, in stage two growth, in stage three maturity and finally in stage four decline. Beaumont highlights the model of Kochan and Barocci (1985: 115), to show how HRM priorities and strategies may change over the course of these four stages.

The second major theme in the SHRM literature cited by Beaumont (1992), and primarily identified by Kochan and Barocchi (1985), is that of the linkage (or lack of it) between corporate strategy and human resource strategy. Beaumont describes the basic message as being predominantly prescriptive. The message, in essence, is that human resource issues should be considered foremost in the formulation of business plans. Key elements include the theory that human resource issues are particularly important in strategic planning, which is aimed at achieving a major change in an organisation's direction or emphasis.

Significant attention has been paid in the late 1990s to a searching examination of the outcomes associated with SHRM. Within this context, in the USA influential work has included that of Huselid (1995), Becker and Huselid (1997), McDuffie (1995) and Ulrich (1997). Although these individuals have certainly enhanced the research output in the US through the use of large data sets, which have primarily analysed bottom-line business performance, the early models of SHRM remain as prominent as ever.

Strategic Human Resource Management at Organisational Level

Having identified some of the important contributions to the SHRM literature, it is important to consider the theoretical issues presented above in light of empirical research on SHRM. The data presented here is drawn from a 1998 quantitative postal survey of 69 clothing companies in Northern Ireland employing 25 people or more and constituting a response rate of 77 per cent. The survey instrument used in this study was derived from the longitudinal Cranfield Network (Cranet) survey of International Strategic HRM. The Cranet survey data includes data collected from 26 countries and covers every major industry grouping at national level in both public and private sectors, the nature of the survey samples in each country being seen as representative of the national population as a whole. This is a claim which, of course, cannot be made for the Northern Ireland Clothing Industry (NICI) survey. The NICI survey findings will be presented in conjunction with a diagrammatical overview of the findings from eight followup case studies, which were drawn from the main survey sample.

Quantitative Data Collection and Analysis

Evidence of the Integration of Human Resource and Corporate Strategies

In considering the survey findings, a number of points should be highlighted before formally presenting the results. The first issue is that the clothing industry has historically been extremely labourintensive, and although advances in technology have had an effect on this, mass production techniques still require relatively large labour forces. This is evident in the analysis of the number of people employed in each organisation with the arithmetic mean size for the 69 organisations surveyed being 287 people, and 62 per cent of the sample being represented by companies employing over 100 people.

This reflects a wider industry characteristic, where break-even in cost terms requires high production. April 1999 figures show that there are 302 companies employing less than 50 people in the industry (Local Enterprise Development Unit (LEDU), 1999) and 88 companies employing over 50 people (Northern Ireland Textile and Apparel Association (NITA), 1999). In the 1-50 category, 65 per cent are represented in the 1 to 10 employee category and are highly unlikely to have a defined P/HR function, as in many cases the owner/ manager will have direct responsibility for all people management.

As Gunnigle and Clifford (1997) state, the analysis of the number of people employed in the Human Resource (HR) department provides a crude indication of the role and general workload which Personnel/ Human Resource (P/HR) departments are undertaking within organisations. These findings suggest a considerable degree of specialisation within the P/HR function itself.

They also suggest that a P/HR function is important in the management infrastructure of clothing companies in Northern Ireland. Again, the size of the companies surveyed may be of significant importance, the number of people employed being a crude indicator of the development and enhanced position of the P/HR function in the overall management infrastructure.

The Role of the Personnel/Human Resource Function in the Organisation

As highlighted previously, considerable emphasis has been placed on the importance of integrating the P/HR function and corporate strategy. In line with this body of literature, one of the key aims of the analysis of policy and practice in the clothing industry is to consider the integration of the P/HR function. One method of evaluating the growing integration of the P/HR function is to assess the level at which the function operates. Brewster and Hegewisch (1994) define integration as the degree to which HRM issues are considered as part of the formulation of business strategies. As proxies of integration, findings can be reviewed in three distinct areas:

- HR specialist involvement in the main policy-making forum of the organisation (Board of Directors or equivalent);

- HR specialist involvement in the development of corporate strategy;

- and hether or not such strategies are linked with HR policies, which are translated into targets and evaluated.

At 43 per cent, the number of clothing industry respondents who stated that the head of the P/HR department represented the function at board is slightly low. Brewster and Hegewisch's (1994) analysis based on the 1991 CRANET data shows significant differences across Europe, with the highest levels of representation evident in Sweden, France and Spain. In each of these countries, over 70 per cent of respondents reported the head of the P/HR function as having a seat on the board of directors. Germany and Italy represent the opposite end of the scale, with the HR function rarely represented at board level. The figures for the UK in 1992 were 49 per cent, and for the Republic of Ireland 44 per cent in 1992, rising to 53 per cent in 1995.

This analysis should be interpreted in conjunction with the examination of the P/HR department's involvement in the development of corporate strategy. Considering the nature of the clothing industry sample, with a high number of inward investors, the figure of 43 per cent representation at board level and 52 per cent involvement in strategic decisionmaking from the outset are positive findings. On the basis of these findings, the P/HR function in the Northern Ireland clothing industry shows significant levels of integration and the function plays an important role in the development and implementation of corporate strategy.

When this finding is reviewed in conjunction with the information on individuals identified as representing the P/HR function on the board of directors a number of interesting outcomes emerge. For example, where there is no specific representation at board level from the most senior P/HR practitioner, HR issues are predominantly dealt with by the chief executive / managing director. This can be considered an important indicator of the growing importance of HRM and might be attributed to the philosophy of people being the organisation's most important asset; in such a setting, the P/HR function should ultimately at any rate be the responsibility of the chief executive / managing director.

The Role Played by the P/HR Specialist in Corporate Strategy Development

The previous section presented evidence of the level at which the P/HR function operated in the respondent organisations, with particular attention being paid to the key issue of strategic integration. As Gunnigle and Clifford (1997) state, such an analysis provides only limited insight into the extent of strategic consideration afforded to HRM issues, or into the level of involvement of the P/HR function in the strategic process. The presence of the P/HR practitioner on the board of directors is only one indicator and practitioners who do not have a seat on the board of directors may still have an input into strategic decisionmaking. It is therefore important to consider the extent to which the P/HR function engages in strategy formulation and development.

The first issue to be considered is how the formal processes that the organisation utilises in developing its corporate strategy and the importance it places in strategic planning are operationalised. Organisations which attach a low significance to strategic planning or, to use the popular terminology, are not strategically driven, are highly unlikely to have a P/HR function which has a strategic focus. The instrument used in the Northern Ireland clothing industry survey uses three indicators to assess the extent of both formal strategy and of P/HR strategy development:

- the incidence of a mission statement;
- the incidence of a corporate strategy; and
- the incidence of a personnel/human resource strategy.

There are a number of reasons why strategic planning is important in the clothing industry, including the highly competitive nature of the industry, where success or failure is often dependent on how effective the organisation's strategic planning and implementation is in comparison to its competitors. The nature of the industry places considerable emphasis on the buyer/supplier relationship; McNamee and McHugh (1992) identify the strategic competence of supplier organisations as being a major decisionmaking factor for buyers. This is particularly important for clothing companies in Northern Ireland, which are extremely reliant on maintaining positive relationships with their major retail buyers. It is significant that the strategy development process is indeed quite formalised, with the vast majority of organisations having a written mission statement (86 per cent) and a written corporate strategy (80 per cent).

The figure for a written P/HR strategy is lower at 49 per cent, but this still represents a positive finding, particularly in light of the fact that 25 per cent of respondents had an unwritten P/HR strategy. This contradicts the argument that the P/HR function is reactive, undermined by short-termism, that it operates on an ad hoc basis and shows little evidence of strategic awareness. The findings rather show that organisations in the clothing industry show evidence of a high level of strategic integration, operate on a proactive basis, have a long-term vision for the development of the function in particular, and are seeking to play a role in developing a corporate strategy which takes HR issues into account. The effective creation, implementation and development of a P/HR strategy will also have a major impact on flexibility and quality in the short to medium term, and employee commitment in the long term. These factors are important indicators of the internal development of the P/HR function; the growing importance of the function at an overall organisational level can also be assessed from the stage at which the function is involved in the development of corporate strategy.

Translation of P/HR Strategy into Work Programmes

In taking the analysis presented in the previous section to a more advanced level, it is necessary to evaluate the extent to which P/HR strategies impact on the operational role of the personnel function. On the issues of strategy formulation and implementation, respondents were asked to detail the translation of the P/HR strategy into work programmes.

Findings presented earlier suggest that although companies may have a formalised HR strategy, in many cases the strategy is not implemented as a central element of work programmes; this may be because the key elements of the HR strategy are difficult to translate. Another of the important emerging themes in the HRM literature is the link between the effective management of the human and organisational performance. One way of evaluating how much emphasis is placed on this issue at company and departmental level is to consider the systematic evaluation of the P/HR function. Less than one-third of respondent organisations systematically evaluated the performance of the P/HR function; this figure is low, and shows a lack of development of the function. Development and improvement are only possible if performance is assessed against feasible criteria from which aims, objectives and goals can be created and evaluated.

In summarising the quantitative findings presented above as regards the strategic integration of the HR function in the Northern Ireland clothing industry, the overall findings are generally positive. The P/HR function is of strategic importance to the organisation and strategic integration is a key feature of the function in the clothing industry. Strategic planning is often formalised, although the number of organisations reporting a HR strategy that is translated into work programmes is low. There is a high level of awareness of the importance of the systematic evaluation of performance and wide ranges of criteria are used to do this.

Qualitative Findings and Discussion

The final section of this chapter will present the findings of qualitative data collection in eight clothing companies in Northern Ireland using the typology presented by Rousseau and Wade-Benzoni (1994).

The effective measurement of the integration of HR strategies and business strategies is extremely difficult. One attempt to compare and estimate the degree of integration between human resource and business strategy comprehensively is the aforementioned typology presented by Rousseau and Wade-Benzoni (1994). In their typology, they present four enterprise groups that combine business strategy and human resource practice in different ways. This is based on the division by Miles and Snow (1984) which also introduces four business strategies and correspondingly four ways to combine HR practice with business strategy: reactive, defensive, analytical and pioneering.

Grouping of the Case Study Companies According to the Business Strategy

The grouping analysis (Quick Cluster) is aimed at recognising the four enterprise groups in the organisational context. Initially the clustering included all variables that in different ways measured the stability of an operational environment, market strategy and market position, the uniformity of business and competition strategy in the different units of the enterprise and the enterprise's strengths. Nine factors were finally selected for analysis:

1. The enterprise's experience in its core business;

2. Relative size in its market area;

3. Change in market share;

4. Change in demand during the past three years;

5. Change in competitive situation over the corresponding period of time;

6. Variation of competition or business strategy between enterprise units or departments;

7. The importance of cost effectiveness;

8. Product development and innovations; and

9. Market segment specialisation as strength.

The four enterprise groups were thus located on the basis of their distinctive characteristics to the types defined by Rousseau and Wade—Benzoni's division. The eight case study (CS) companies and the 69 questionnaire (QU) respondents were grouped as follows: Group 1 Responsive or Easily Reactive (1 CS, 18 QU), Group 2 Pioneers (2 CS, 19 QU), Group 3 Defenders (1 CS, 12 QU), Group 4 Analysers (3 CS, 30 QU).

HRM in the Strategy Groups

The link between personnel strategy and business strategy in different integration types was analysed using several different integration types and several different variable groups. It gathers together the distinctive characteristics of each integration type on the basis of those variable groups that describe the enterprise's own impression of its strengths, recognising personnel qualities as a base for competitiveness and clearly defined goal setting for the personnel function. Only those variables are listed for which responders, pioneers, defenders and analysers clearly deviated from each other in one-way analysis of variance. The significance levels exceeding ($p < 0.05$) are given in the table. In addition, the groups were compared on whether personnel policy was derived from business strategy, over which time span personnel activities were planned and the degree to which the importance of recognising strategic issues in personnel activities was emphasised.

In summarising the quantitative findings presented above in relation to the strategic integration of the HR function in the Northern Ireland clothing industry, the overall findings are generally positive. The P/HR function is of strategic importance to the organisation and strategic integration is a key feature of the function in the clothing industry. Strategic planning is often formalised, although the number of organisations reporting a HR strategy that is translated into work programmes is low. There is a high level of awareness of the importance of the systematic evaluation of performance and a wide range of criteria is used to evaluate performance.

It must be asked how strategic integration is ultimately realised. It is difficult to provide indisputable evidence that FIRM integration is a conscious process, in which business strategy directs the shape of FIR strategy, or alternatively that HR practices have an impact of the chosen business strategy. According to the empirics it seems possible that in the business environment of the Northern Ireland clothing industry, passive HR practices limit the selection of business strategies. Successful application of pioneer or responsive strategy seems to be possible only in enterprises that actively and persistently invest in continuous development of personnel skills and thus gain a highly committed staff that is willing to work on to offer possible customer services. In this way, pioneer organisations can secure their ability to renew themselves. Correspondingly, passive personnel policy and neglecting the importance of the psychological contract leads as its consequence to ageing of know-how, poor company performance in terms of customer service and low organisational learning. Because this endangers the company's ability to respond to the market changes, it must be hypothesised that it will automatically and unavoidably lead the enterprise to adopt a defender strategy.

If we regard strategy-making in Northern Ireland clothing companies from the systematic perspective, the likelihood of integration of a carefully articulated business strategy with long-term "soft" HRM policies appears to be a forlorn hope. Possibly, as Legge (1995) suggests, it may be sighted in strategically planning, high-technology companies, with sufficient market dominance to be able to compete on product/ service uniqueness, rather than principally on price. For the companies surveyed in this research, given the nature of the environment in which they operate and the power of retail buyers, the more realistic expectation is of a thinking pragmatism reminiscent of the "standard modern" employee relations style. Insofar as such short-term opportunistic policies are internally consistent, and that some conscious connection is made with business strategy (compete on costs, cut the cost base, get rid of overheads, let's downsize), a rhetoric might be created of integrating business strategy with a "hard" model of HRM. This being the case, the oil and water hypothesis may be proven correct.

Chapter 2

Collective Management and Technical Efficiency

China is the largest rice producer in the world, with about 28 million hectares (ha) of rice-planting area. Moreover, China's rice output accounts for more than one-third of the world's total rice output. However, per capita rice output in China is still lower than many rice-producing countries. The increasing demand for rice due to income and population growth has evoked debates on how well China can feed itself in the future. In general, there are three principal ways by which rice output could be raised: first, to increase the utilisation of inputs, such as land, labour, and various forms of capital; second, to apply new technologies to enhance farm output; and third, to organise the management of production efficiency so as to increase rice output by improving production efficiency with available technologies. However, input intensification has already reached the point where a further increase in input investment will not be profitable. Hence, this requires a policy shift from input intensification to efficiency enhancement.

Technical efficiency refers to the ability of a firm to achieve maximum possible output with available resources. It is also defined as the ability and willingness of producers to obtain maximum outputs at a given level of conventional inputs and technology. Large numbers of frontier models have been developed to measure technical efficiency based on Farrell's work. Stochastic frontier approach in previous studies has been widely used to estimate technical efficiency and the factors of household and village characteristics causing technical inefficiency in the rice sector in India; Philippines; Pakistan; and in China. Variables most frequently used for the purpose were farmers' educational level and experience, access to extension services, access to credit, farm size, and so on. Collective water management can affect the irrigation of rice crops. However, few papers empirically examined the importance of collective water management in improving the technical efficiency of rice production.

Irrigation has played a critical role in rice production in China. Irrigated rice contributes to about 90% of the annual rice production output. The per capita fresh water available in China is among the lowest in Asia and the need to "produce more rice with less water" is crucial for food security in China. Therefore, irrigation water management is very necessary. However, most irrigation systems cannot be managed at the individual or household level because of their spatial scale. Collective management at a water user group level is needed. Collective water management might include rules on using or not using irrigation water, as well as processes for monitoring, sanctioning, and dispute resolution.

The objectives of this chapter are to investigate the determinants of collective water management and to examine how this collective water management affects technical inefficiency of rice production in selected regions. The analysis was based on a set of data collected from sample surveys at both group and household levels in Hubei, China.

The Study Area and Data Collection

The current collective water management system in china is centralised. China has basically established the national unified water resource management system. The central ministry of water resources takes the responsibility of planning and distributing the national water resource. The local government agencies are set up according to the different river system and province. They are mainly responsible for distributing local water volume and carrying out the plan of local water resource development. They must accept the guidance and supervision from the central water ministry. The Zhanghe Irrigation System (ZIS) is a typical large-size irrigation system in China, located north of the Yangtze River near Jingmen City, about 200 kilometre(km) west of Wuhan, Hubei Province in Central China. It has a total area of 554,000 ha. This area is one of the most important bases for grain production in Hubei Province. Rice is the dominant summer crop, with wheat and rapeseed grown during winter. The other upland crops are beans, sesame, and sweet potatoes. Rice cultivation covers about 80% of the total irrigated area1.

The data set used in this study was from a survey of 70 water user groups and 140 households in China in 2006-2007. A three-stage sampling method was used for the selection of a representative sample in Hubei, China. First, two townships, Tuanlin and Wenjiaxiang, were selected. The sample of water user groups was selected in a stratified manner according to the cost of water and the size of the water user group. The final stage represented the household selection. Two households were randomly selected in each water user group, generating a sample of 140 households. In each water user group, a group interview was conducted to collect information on collective water management as well as on the group characteristics. A total of 140 rice-farming households were interviewed to collect information on input and output for rice cultivation as well as on the household characteristics. As we have excluded the farmers with yield of above 10 tons per ha as outliers, a data set from 70 water user groups and 126 households remained for our analysis.

Hypotheses

Social capital theory argues that the more closely people are related to each other, the less each of them try to do opportunistic behaviour, anticipating social sanction within a closed network. In other words, social capital can ease the compliance with rules and keep down monitoring costs. Hence, high social capital can help to construct the rules and regulations related to water management, and assist farmers to follow and implement these rules and regulations, and also contribute to reduce dispute or conflict for irrigation water among farmers. Based on the argument above, we developed the following hypothesis:

Hypothesis 1

High social capital in a water user group can enhance the probability of successful collective water management. Homogeneity of cultivated crop varieties in a water user group is an important factor affecting collective water management. If some farmers cultivate different crops or leave their field fallow, it is more difficult among farmers to coordinate water distribution because some crops demand more irrigation water than others. In this case, it is difficult to measure the quantity of water used. Since different crops need to be irrigated at different times, the cost of collective water management is increased. High homogeneity of cultivated crop varieties, on the other hand, can lower transactions and communications costs among farmers on the use of irrigation water. Hence, larger proportion of cultivating the same irrigated crop (e.g., rice) makes collective water management easier. Thus, the following hypothesis is advanced:

Hypothesis 2

In a water user group with high homogeneity of cultivated crop varieties, it becomes easier to operate a successful collective water management.

Irrigation water is very important for rice growth and increasing rice yield. If irrigation water is inadequate at the critical stages of rice cultivation, rice yield will be decreased. A successful collective water management enables farmers to obtain sufficient irrigation water at the proper time during rice growth. Consequently, we hypothesize as follows:

Hypothesis 3

A successful collective water management in a water user group will result in higher technical efficiency in rice production. This section shows an empirical approach on the examination of determinants of collective water management and the impact of this collective behaviour on technical efficiency in rice production.

Collective Water Management

Measuring Collective Management

Kajisa et al. (2007) reported from previous studies that there are two approaches to measure collective management. One is to construct a performance indicator that measures the outcomes of collective action. For example, Bardhan (2000) developed an index measuring the quality of maintenance of distributaries and channels. The other approach is to evaluate the degree of cooperation directly. Fujiie et al. (2005) measured cooperation in terms of the success or failure in organising several water management-related activities. Kajisa et al. (2007) used the dichotomous response to the question of whether the informal Water User Organisation (WUO) is active or inactive in the survey year to measure collective management. The second approach is appropriate for the purpose of this study, which examines the impact of the outcome of collective water management on technical efficiency in rice production, because it is very difficult to isolate the current status of irrigation from the influence of exogenous environmental conditions and from accumulated past success or failures in collective management. An index measuring the homogeneity of rice transplanting time within a water user group was constructed. As transplanting is a critical stage to irrigate in rice production, rice will grow much better if the critical stage can be completed during a given optimal period. Hence, higher homogeneity of transplanting time indicates that water distribution among group members is more efficient. Thus, this variable can be considered as a proxy for measuring collective water management.

This index appreciates the most dominant species since it involves the sum of the squares of the frequencies, and the square of a very small frequency becomes very small number. Therefore, uncommon species hardly contribute to the sum. That is why the Gini-Simpson index is a fairer choice as a homogeneity index, and why it arises naturally in almost every science. In our analysis of the measurement of the homogeneity of transplanting time, refers to the total number of transplanting times. In our questionnaire time of irrigation was divided into five groups. The subscript i refer to the i-th transplanting time, and P_i refers to the proportion of the number of households at the i-th transplanting time compared to the number of total households.

Variables for the Model

The variables used in the empirical study for collective water management model are defined and explained as follows. To test hypotheses 1 and 2, two key explanatory variables were used. To measure the marriage-based relationship in a group, we use the proportion of females getting married with males in the same water user group. Pin et al. (2008) measured social network using the links between individuals by marriage. Thus, the study considered this variable as a proxy for social capital. As advanced in Hypothesis 1, high social capital helps to increase the willingness and ability of collective water management among group members, reduce the cooperation cost, and enhance the performance of collective action. Thus, a positive coefficient was expected. The second variable refers to the proportion of rice parcels compared to total parcels within a group. Given a total size of farming area in a group, larger proportion means that farmers cultivate the rice crop on more parcels. The homogeneity of cultivated crop varieties can lower transactions and communications costs for coordinating irrigation among farmers, and correspondingly helps to the success of collective water management. Hence, this variable was also expected to have a positive effect on collective water management.

To control the other affecting factors, eight variables were employed in the regression analysis. First, to control for district fixed characteristics, a dummy variable which takes 1 in Tinlin district and 0 in Wenjiaxiang district was employed. The second variable was the total irrigated area in a group. On the one hand, larger irrigated area needs more irrigation water under the limited supply of water resource. It also involves more farmer households, and thus, larger irrigated area makes water distribution among farmers more difficult. In addition, there is more distance difference from the outlet of water source in larger irrigated area, and the difference may result in increasing the cost of collective water management. Consequently, a negative sign was expected. Variables 3 and 4 were the two homogeneity variables. One is the homogeneity in terms of the household heads' educational level, which is often hypothesized to positively affect collective action, because higher homogeneity may be easier to make and follow the rules of collective water management based on the same level of awareness.

The other is the homogeneity in terms of livestock holdings. High homogeneity means that farmers tend to use the same method of plowing the land, which facilitates the success of collective water management, because the same method of plowing the land requires the same irrigation. Thus, these two homogeneity indices were expected to have positive signs. They are calculated by definition of the Gini-Simpson homogeneity index introduced in the previous section. Duration of the current leader of the group was the fifth variable. Leaders play a critical role in collective water management because they bear a large share of transaction costs in organising collective action. The longer the leader of the group has been in the position, the more experience he/she has on of collective management. Correspondingly, the leader probably depends on less transaction costs in dealing with collective cooperation (positive coefficient). The sixth variable was unit water price. High price induces farmers to have collective action for water ordination among them because high prices makes collective action profitable. Thus, the variable was expected to be a positive sign. The seventh variable was pond capacity per hectare. As farmers irrigate water from pond for free, large pond capacity may result in overuse of irrigation water. Hence, a negative significant effect was expected. The eighth variable was the number of soil types in a group. Because different soil types have different water storage capacity, the diversity of soil types makes collective water management more difficult (negative coefficient).

Evaluating Technical Efficiency Model and Variables

Previous empirical studies by stochastic frontier production functions developed two approaches to evaluate the existence of technical inefficiencies of production. One is called a two-stage approach. The process of measuring inefficiency effects is divided into two steps. The first step used the frontier function approach to measure technical inefficiency; the second step is to regress a set of explanatory variables on various farmer and/or farm-special attributes to examine the determinants of inefficiency. The other is called a one-stage approach. Inefficiency effects to be a function of a set of explanatory variables are estimated simultaneously with the parameters of the stochastic frontier. The former approach involves contradictory assumptions. In the frontier function, the technical efficiency effects are assumed to be independent and identically distributed. However, in the regression function at the second step, the technical efficiency is determined by a set of exogenous variables. Thus, its effects are possibly not consistent with the assumption of independent and identically distributed. Therefore, we use the latter approach with the use of the econometric package FRONTIER 4.1.

As debated in Hypothesis 3, a successful collective water management helps to improve the technical efficiency in rice production. Hence, this variable is expected to have negatively significant effect in the inefficiency model (positive effect on technical efficiency). Z_1 represents the number of household members. More household members mean that the household contracted more land area in China, which produces greater the scale of operation than less household members. Tian and Wan (2000) found that technical efficiency is positively associated with farming size for rice in China. Thus, this variable is expected with negative sign in the inefficiency model. Z_2 represents the age of household head. The older the household head, the more experience of farming that he/she holds to reduce the technical inefficiency. Hence, it has a negative effect on technical inefficiency. Z_3 represents the educational level of the household head. Higher educational level of the household head indicated that farmers have better knowledge to improve the technical efficiency (negative sign in the inefficiency model). Z_4 represents a dummy for access to credit that is equal to 1 if the farmer has received credit loan from commercial bank or rural credit cooperatives; otherwise, it is equal to zero. The developed rural credit market is an important variable to improve the operational efficiency of household family because it can move up the budget constraint line of farmer household (negative effect on technical inefficiency). Z_5 represents the frequency of irrigation from pond. As irrigation water from pond is usually free, farmers more frequently irrigate water from pond, implying that irrigation water is probably sufficient. Sufficient irrigation water facilitates to improve technical efficiency (negative sign in the inefficiency model). Z_6 represents distance from the market (km). Being near the market means that there is better access to technology extension service. Thus, this variable is expected to have a positive influence on technical inefficiency. The parameters of the model, i.e. b i , d i , the variance parameters ..., are simultaneously estimated using the method of maximum likelihood.

Result of the Collective Water Management

As hypothesized, the proportion of females getting married with males in the same group was statistically significant with a positive sign. This result identifies that high social capital enhances the performance of collective water management because a denser and closer network can increase the ability and willingness of farmers to lower the cooperation and transaction cost of working together. Another key finding was that the proportion of rice parcels in a group was also statistically significant with a positive sign. This result indicates that higher homogeneity of cultivated crop varieties makes collective water management easier. As advanced in Hypothesis 2, the diversity of crop varieties results in the decline of collective water management. These two key findings support Hypotheses 1 and 2.

The other explanatory variables were also statistically significant except for pond capacity per hectare and the number of soil types. The homogeneity index of household head's attained educational level and the homogeneity index of household owning the number of livestock were both statistically significant with positive signs. This implies that the homogeneity among farmers plays a significant role in the successful collective management of water resource. This result was consistent with the empirical studies of Meinzen-Dick et al. (2002) and Baland et al. (1996). Duration of the current leader of the group was statistically significant with a positive sign, indicating that the leader who possesses more experience in collective management, has higher probability of successfully operating a collective water management. A possible explanation of this result is that a more experienced leader can solve the disputes or conflicts and coordinate efficiently irrigation water among farmers at a lower cost than a less experienced leader. Water unit price was statistically significant with a positive sign as expected. High price can prevent overuse of irrigation water, and help to save the limited water resource. Consequently, high price can enhance the performance of collective water management. Pond capacity per hectare was weakly significant with a negative sign, implying that smaller pond capacity in a group is much easier to manage than larger pond capacity. This result was consistent with the report of Shahbaz et al. (2006) in their study of the Zhanghe Irrigation System in China.

Results of Stochastic Frontier Production Function and Inefficiency Model

The analysis here was based on household level data collected from the sample size of 126 rice-farming households. The table reported maximum likelihood estimation results of the analysis. This implies that the stochastic frontier production function is not different from the traditional average production function, which can be estimated using the OLS procedure. This null hypothesis was rejected by a test at 5% level. The second null hypothesis tested was ..., implying that farm-level technical inefficiencies were not affected by the independent variables included in the model. This hypothesis was again rejected. This result reveals that the variables present in the inefficiency model have collectively significant contribution in explaining technical inefficiency effects for the rice farmers. Consequently, it was appropriate to include them in the model. The third tested hypothesis was ..., which demonstrated that collective water management variable did not influence the technical inefficiency effects. This null hypothesis was also rejected, postulating that collective water management played a significant role affecting farming inefficiency.

In stochastic frontier production function, the coefficients of the logarithm of manual weed control labour was estimated to be positive and weakly significant, indicating that more labour inputs were associated with higher levels of rice output. The coefficients of the fertilizer were estimated to be positive and significant at the 0.01 level. The coefficient of the seed variable was not statistically significant, but carried a positive sign. This is due to the smaller variation of farmers using the quantity of seed in the sample area. The dummy for using a tractor had an unexpected negative sign, but the value was not significantly different from zero. This result showed that using tractor for rice production did not affect yield significantly because farmers can easily substitute animals for tractors. The coefficient of the dummy variable for transplanting carried a positive sign as expected, indicating that transplanting technology is associated with a higher level of rice output than direct seeding or seedling throwing method. In the inefficient model, as mentioned earlier, technical inefficiency effects are significant and thus the technical efficiencies of sampled farmers were less than one. Our results were the similar with the empirical studies of Huang and Kalirajan (1997) and Li (2000) on China's rice production.

The inefficiency model showed that the homogeneity index of rice transplanting time within a water user group, as a proxy for collective water management, had a weakly significant and negative effect on technical inefficiency in rice production (that is, it had a weakly significant positive effect on technical efficiency) at the 0.15 level. This result was consistent with the result of the third LR test in the previous section, which identified that the successful collective water management played a very important role in improving technical efficiency of individual farmers in rice production. This finding supported hypothesis 3. In addition, the age and the educational attainment of the household head, which are also two important factors in decisionmaking, have both significant negative effects on technical inefficiency. Thus, older farmers and farmers with more formal education tend to have lower levels of technical inefficiency, presumably because of greater experience and technical knowledge.

These results were in line with the results of Huang and Kalirajan (1997) and Li (2000) that high education and more experience of household head have a significant and positive effect on improvement of technical efficiency in China's rice production. Among the other explanatory variables in the inefficiency model, access to credit and frequency of irrigation from pond was estimated to have a negative sign, indicating that access to credit and water source from ponds increase technical efficiency of individual farmers. For access to credit, the reason is that the adoption and use intensity of purchased inputs usually depend on the adequacy of the working capital. This is specifically true for the marginal farmers operating in very small holdings in developing countries like China. They are the ones who are trapped in the vicious circle of financial hardships. Credit availability eases these financial constraints and helps in buying inputs and thus facilitates their application at the proper time to enhance technical efficiency in rice production. Irrigation water comes mainly from ponds, which indicates that it is more likely that irrigation water for farming is sufficient. Hence, frequency of irrigation from ponds had a negative effect on technical inefficiency. Distance from the market had a significant and positive association with inefficiency as expected. The number of household members was estimated to have a negative sign as expected, but it was not statistically significant.

Policy Implications

Using group- and household-level data collected in Hubei, China, the factors underlying collective water management in a water users' group and its impact on technical efficiency in rice production were examined. A key conclusion of the stochastic frontier production function and inefficiency model analyses is that a successful collective water management is one of the factors improving technical efficiency in rice production. A successful collective water management means availability of irrigation at the critical stages of rice cultivation and facilitates to enhance technical efficiency of rice production. The analysis also found out that both high social capital and high homogeneity of cultivating crop varieties in a water users' group contribute to a successful collective water management because they have the confidence to invest in collective activities and lower the transaction costs of working together. High homogeneity of cultivated crop varieties in a water users' group makes collective management easy because the high homogeneity can help to coordinate water distribution more efficiently among farmers. In addition, the efficiency analysis by stochastic frontier production function concluded that the average technical efficiency in rice production was about 80% and there is a scope for increasing rice production by 20% for an average farmer relative to the best-practice technology in our sample area.

The analysis shows that there is a large potential to increase productivity of rice production by improving technical efficiency. Possible strategies include that the government should play active roles in associations' accumulation of social capital, to improve the ability of collective water management. A possible strategy for the government is to provide long-term village level public projects that could facilitate villagers to have longer perspective and thus reduce their opportunistic behaviour. In addition, the government should encourage farmers to operate in large-scale rice cultivation for enhancing village-level homogeneity, and investing in corresponding social infrastructure with further education for farmers.

Water Quality Improvement

With human cases of West Nile virus (WNV) and Eastern Equine encephalitis (EEE) again appearing in many states, citizens in all states and locations must be kept informed and continually educated about mosquitoborne diseases. Many citizens, however, still harbour misconceptions about mosquito life cycles, habits, and habitats, which continue to confuse, frustrate, and anger them each summer. For example, new residents from Northern states may not be familiar with the species of mosquitoes that occur in Mid-Atlantic tidal areas, or with the periodicity of freshwater floodwater mosquitoes. Other examples are confusion about which mosquito species are vectors for disease and what types of habitat are required for any of the 60 species that occur in North Carolina. In a local small town (Simpson, North Carolina), concern was publicly voiced over the possible negative consequences of constructing a wetland near a residential area because of confusion over the species of mosquito that carry West Nile virus, the habitat that the species use, and the periodicity of the mosquito population. Water quality improvements and other wetland services often come into conflict with citizen comfort and approval in wetland construction plans. Even in well-funded mosquito control districts, the negative mosquito effects of wetland construction near residential areas are a public concern. The study reported here was a coordinated effort of the North Carolina Clean Water Management Trust Fund (NCCWMTF), the Greenville North Carolina Resource Conservation and Development Office (NCRCD), the North Carolina Public Health Pest Management Section (NCPHPM), and East Carolina University to provide data that would address the question of whether mosquito populations would significantly rise and the question of what species would be present in a community after a new wetland was introduced.

The town of Simpson, North Carolina, was selected as the study site because of an NCRCD-planned small-wetland construction project. Simpson is a small but growing town east of Greenville with a population of about 500 citizens. Historically, the town has had severe problems with drainage during times of significant rainfall. Following Hurricane Floyd in 1999, the Simpson area had a relentless mosquito problem, similar to that experienced by other small towns in Eastern North Carolina. In an effort to correct and improve drainage problems and to contribute to water quality, NCRCD's Greenville office initiated a project to construct a wetland along the Mill Branch Creek in Simpson. There was concern within the NCRCD organisation that local citizens would object to a constructed wetland because of the perceived potential for additional mosquito breeding. Therefore, North Carolina Public Health Pest Management was contracted to do a research project to aid in addressing this concern. Recent data support the claim that constructed wetlands add to mosquito problems in a local area, but many factors besides wetland construction must be considered before cause is ascribed. Since some mosquitoes, such as Aedes vexans, travel long distances from breeding sites, a jurisdiction-wide survey of mosquito populations in Simpson was needed to determine the current mosquito-breeding levels in the town. This survey would provide a baseline for determination of whether mosquito populations in and near the wetland construction site changed after wetland construction. Measures of rainfall, time of year, and temperature were included in the analysis to account for natural yearly variability. Local citizens living in the areas under surveillance were involved in the process of surveying for mosquitoes through door-to-door questioning, explanations of surveillance, and distribution of literature, including information about mosquito breeding. At town meetings, the options for management of mosquito population levels, such as larvaciding and adulticiding with Permethrin, were presented.

One important aspect of mosquito control that is new to most small-town local citizens and necessary for conducting efficient and effective mosquito control is the need for long-term data on mosquito species and breeding locations in a local area. There are about 200 different species of mosquitoes in the United States and nearly 60 in North Carolina (North Carolina Department of Environment and Natural Resources [NCDER], 2006). Of these, Culex and Aedes species appear to be the most common mosquito vectors. Culex species are the predominant vectors of WNV. Of the 60 species found in North Carolina, the Asian tiger mosquito (Aedes [Stegomyia] albopictus) is the mosquito that generates the most complaints in urban areas. It is a potential vector of dengue fever, a disease currently not found in North Carolina. This mosquito breeds readily in any container that holds water for at least a week. Populations can rise dramatically after rainy weather. In light of the current sweep of West Nile virus across the United States, one of the main public health reasons for surveying and identifying mosquito species is to determine when and where there is elevated risk from WNV- or EEE-transmitting mosquitoes, so that people can be alerted and control measures can be increased before a human case is detected. The Culex species is a WNV vector, and EEE involves several species of mosquito vectors, including Culiseta melanura, a bird-biting mosquito.

The town of Simpson resembles a small suburban habitat. In suburban Minnesota, Aedes vexans and Coquillettidia perturbans, both WNV-transmitting species, are the dominant species found in surveys, according to Jim Stark from the Metropolitan Mosquito Control District in Minneapolis. In the Midwest, Aedes vexans, a floodwater variety, accounts for 80 percent of all infestations. Culex pipiens, found in many other suburban locations, is known as a stagnant-water variety and in many areas is one of the most dangerous species because it is a vector for many diseases, including WNV. Other problematic Culex species that are present in North Carolina include Cx. restuans, Cx. salinarius, and Cx. quinquefasciatus. If these species or other vectors are found in a jurisdictional area survey, it is important to inform citizens of the potential disease risk. The only way to be aware of the species present in a local area is to do biological surveillance throughout each mosquito season. Unfortunately, disease risk values are not easily correlated to specific mosquito population numbers; therefore, most mosquito control agencies manage mosquitoes to a given nuisance tolerance level. When WNV, EEE, or other mosquitoborne diseases have been detected in a town or county through surveys of dead birds, animal infections, or testing of collected mosquitoes, mosquito control is typically increased in the entire region. Work is progressing in the modelling of habitat and mosquito populations with the object of more closely tying control procedures to disease risk.

The town of Simpson is located in Pitt County, North Carolina, and was one of the many small towns in Eastern North Carolina that were flooded by Hurricane Floyd in 1999. Since weather patterns change the habitat landscape each year and construction of new homes continually changes the physical landscape, continual surveillance was needed—but was not affordable. A base map, with current breeding sites, was a necessary starting place for the investigation. New flood zone maps were made available in Pitt County following flooding from Hurricane Fran in 1999. Flood zone maps do not show where wetlands or flooded areas are, but they do map potential flood zones by soil and vegetation types. They can be helpful in locating breeding habitat, but they do not cover every site, nor are all mapped flood zones breeding sites.

The initial survey plan for Year 1 of the study could also be used as a model for any local jurisdiction needing to determine mosquito-breeding levels and possible elevated risk for vectorborne disease. The plan consisted of deploying a trained team to investigate every neighbourhood and the surrounding fields and woodlands for possible mosquito habitat. Since the first year of the study was 2000, after the flooding of Hurricane Fran in Eastern North Carolina, federal money was available for training and employing students from East Carolina University in mosquito surveys for the Hurricane Floyd local recovery effort. The standard method for larval surveys is to use a 1-pint mosquito dipper (a plastic cup on a 5-inch dowel) to sample water from every water-holding location found. Five to 10 dips were taken at water-holding sites. Sites that were positive for mosquito larvae over one entire year were marked on local county maps. Larval species were not identified, and sites at which first-instar larvae were found were not recorded as positive sites since it was not known at that stage whether the larvae would survive to third instar and adulthood.

A second step in the areawide surveillance was to trap adult mosquitoes. Standard Centres for Disease Control and Prevention (CDC) traps with dry ice providing CO_2 attractant were set at six locations, with a focus on protected vegetated areas near known breeding sites. These traps were set weekly during the second half of the first season (2000). Two locations were near the planned wetland. Mosquitoes from the traps were sorted and identified by species, frozen, and stored for species confirmation and photography. Total numbers of mosquitoes per collection date and total numbers of each species of mosquito per date were recorded.

Ideally, weekly surveillance should be conducted in a wide area each year. In this study, however, limitations in resources necessitated that the focus be on only the proposed wetland site and one adult-trapping method. During the second, third, and fourth seasons, mosquitoes were collected from the wetland site and from other sites when possible. Construction of the wetland occurred in early 2002. For part of the construction year and for one year following construction, standard adult CDC mosquito traps with CO_2 bait were set at the north and south ends of the new wetland. The two primary wetland mosquito collection sites were at the furthest downstream end of the wetland (north) and at the furthest upstream section of the wetland (south). Collections were made at these two sites each week, adult mosquitoes were sorted out, and the mosquito species were identified. General Pitt County rainfall data were also collected for the four years of the study.

Wetland construction consisted of excavating and expanding the creek bed to cover a wider flood zone in a small portion of the Mill Creek Branch leading to the Tar River. Vegetation was installed by a volunteer group from the town and the university as part of community involvement. A floodgate was installed at the culvert under Jethro Mills Road. Water levels in the new wetland could be adjusted with risers according to water flow in the creek. The department of transportation assisted in the construction by replacing the culvert and adding riprap along the ditches near the culverts.

Statistical analysis of mosquito count data for the wetland trap sites was carried out by a statistician in Allied Health Sciences at East Carolina University. The Statistical Package for the Social Sciences (SPSS) Version 12.0 was used for data management and analysis. Descriptive measures and graphs (box plots, histograms, and scatter plots) were used to examine the distributions of all variables and to identify outliers, or anomalous or influential values. The analysis proceeded from a crude analysis of unadjusted preconstruction and postconstruction mosquito count means to several linear regressions adjusting the counts for month of the year (a surrogate for temperature and day length) and rainfall measured in inches. The residuals from these linear regressions were examined to determine the adequacy of the modelling strategies. Results from the two periods, preconstruction and postconstruction, were calculated as the mean, or mean difference in mosquito counts [+ or -] standard deviation, with 95 percent confidence intervals.

Mosquito Population Characteristics and Rainfall

Construction of the wetland was completed in early spring 2002. Rainfall and temperature are typically the most influential environmental factors in mosquito population fluctuations. In the rainfall columns following each monthly mosquito collection column indicate relative rainfall amounts. Two examples of rainfall influence on mosquito populations are the relatively high rainfall amounts and high mosquito counts in the last two monthly samples in 2002, when there was hurricane activity in coastal North Carolina. Numbers like these should trigger control measures regardless of species. Recent thinking in mosquito control is that nuisance = disease threat, because of the large number of species capable of transmitting diseases such as WNV and because of the threat of new or re-emerging diseases. In North Carolina, hurricane season starts in July, and typically mosquito populations build up during the latter part of the summer to peaks in September, when many storm-driven rain events occur. By the end of October, cool weather slows the activity of mosquitoes, and mosquito reproduction slows dramatically. In raw numbers, 5,426 mosquitoes were collected in 2002 and 2003, compared with 8,631 in 2000 and 2001, in the two wetland sites combined.

Statistical Analysis of Time and Rainfall on Mosquito Counts

Essentially there is no difference between the preconstruction and postconstruction periods when the preconstruction period is defined as 2000-2001 and the postconstruction period as 2002-2003. These results hold for the crude analysis based on the two-sample t-test and the Mann-Whitney-Wilcoxon test (with and without outliers, or counts over 3,000). The adjusted analysis using a linear regression including rainfall, month of the year, and period also shows no significant difference between preconstruction period and the postconstruction period.

The mosquito count is not normally distributed, as is easily noted through graphs or formal tests of normality. The natural log of the counts, however, appears to be normal, and graphs and tests do not indicate that the log count is nonnormal. In addition, no outliers are indicated in the graphs for the log-transformed counts. An analysis based on the natural log of the counts essentially shows the same results as for the counts—no significant differences between periods.

Crude Analysis

When mean counts of mosquitoes between periods are compared with no adjustment for rainfall or month of the year, t-tests provide the same results: The t-test value was 1.099, based on 22 degrees of freedom (p = .284).

The 95 percent confidence interval for the change in mosquito count was [-388.3, 1,263.6]. This interval can be interpreted as showing that the data support anywhere from 388 fewer mosquitoes to upward of 1,264 more on average after construction. There was no significant difference in variability between the two periods (Levene's test for equality of variances p-value = .588). Removal of the outliers does affect these results slightly; the t-test comparing counts of mosquitoes was significant, but the nonparametric tests were not. The t-test value for a student's t based on equal variances was t = 2.113, with 20 degrees of freedom, p = .047. The 95 percent confidence interval for the change in mosquito count was [4.9, 756.9]. This interval supports anywhere from an additional 5 mosquitoes to 757 more postconstruction. The results of Levene's test for the equality of variances for the two periods was also significant, however (F = 6.79, p = .017). If the t-test for unequal variances is employed, then t = 2.002, with 13.08 degrees of freedom and p-value = .066, not quite statistically significant at the .05 level. Given the considerations of normality required for the t-test, the nonparametric tests would be considered more valid. Additional analysis based on the natural log of mosquito counts showed that this transformation led to a variable that met the assumptions for normality. The t-test for the transformed variable was t = 1.522, with 22 degrees of freedom, p = .142. Levene's test was also not significant, p-value = .570. Nonparametric test results would be the same as those above for the transformed variable. Box plots for the log-transformed variable also did not indicate any outliers, as compared to the nontransformed variable. The transformed plots show that the two distributions are quite similar for the two periods, with slightly greater counts in the post-reclamation period, but not statistically significantly so, as discussed above.

Adjusted Analysis

In a model summary of data with outliers of over 3,000 included, the [R2] in regression analysis was .102. None of the variables was noted to be significant. Removing the two outliers above 3,000 resulted in the model summaries A and B (untransformed and transformed). The influence of the two outliers can be noted in the results. Month of the year is significant, and period, adjusted for rainfall and month of the year, is nearly so (p = .070). Even with the outliers removed, the untransformed mosquito counts are not normally distributed. Since the overall sample size is small (n = 23 with outliers and n = 21 without), the inference drawn from the above regressions may be questioned. Running the regression on the natural log-transformed counts (which, from a statistical perspective, cannot be said to be nonnormal) gives results indicating that there is not a statistically significant increase in mosquito counts postconstruction after rainfall and month of the year are adjusted for.

In summary, it appears that there was some increase in the average count of mosquitoes, as well as in variability, from preconstruction to postconstruction. The increase was not, however, statistically significant. Although there were no statistically significant differences in total population numbers after wetland construction, the data on mosquito species collected did yield significant findings, including information on the presence of potential mosquito vectors of WNV in the town and surrounding area.

Over the past five years of WNV transmission in the United States, many species of mosquitoes have been found capable of transmitting the West Nile virus. The earliest species found positive for WNV were Aedes vexans, Culex pipiens, Culex restuans, and Culex salinarius. Recent research shows that these species are also the ones most likely to be transmitting WNV in future years, because of their ubiquity. Local management groups can use similar research information to direct intervention and control. In the study reported here, for example, seven genera and 24 species of mosquitoes were collected in 2000 and 2001. In 2002 and 2003, six genera and 28 species of mosquitoes were collected. All of the currently listed common WNV vectors (Ae. vexans, Cx. pipiens, Cx. restuans, and Cx. salinarius) were commonly found in these collections (CDC, 2005). In addition, of the 20 or more species of mosquitoes in North Carolina capable of WNV transmission, six were collected in Simpson.

Mosquito census data show five species groups as percentages of the total monthly collections in Simpson in 2003. Aedes vexans and Culex restuans were the most numerous species collected in 2003. Both of these species are vectors of WNV. Ae. vexans was present in higher numbers in the spring and the fall; Cx. restuans peaked in July and August. Since Ae. vexans is a floodwater species, it can be assumed that this species responded to spring and fall rainfall and consequent flooding activities in the Mill Creek tributary that flows through Simpson.

In 2001 and 2002, when six sites were sampled with CDC light traps, Ae. vexans was also found in the non-wetland locations and in high percentages in all but two sites. It is therefore not only the wetland habitat in which this species is breeding.

In 2001, fewer mosquitoes were collected overall, but Ae. vexans or Culex species were found in each of the five collection sites. Local survey work can inform mosquito management agencies about the amounts and timing of vector mosquito species in their locales, thus providing information for potential disease risk reduction strategies. Survey information can aid in decision making to direct mosquito control to critical times and places for prevention of disease transmission, and can save funds from unnecessary weekly spraying. A data-based response to vector-borne disease health problems is as valid and important in mosquito management as it is in all other health areas.

Although rainfall patterns in North Carolina vary from year to year, flooding rains are most often seen in the fall during hurricane activity and often occur in the spring following storms. Further investigation into the resulting flooding patterns of the tributary creek in the Millcreek subdivision would also be useful in helping to abate the mosquito population in Simpson. Since each of the other light trap collection sites yielded a variety of mosquitoes similar to those found in the wetland area, it can also be concluded that mosquito breeding is widespread in this town. Many breeding sites were small and could easily be altered, especially those on private property.

Drainage ditches in many places needed minor cleaning and grading to prevent ponding of water. Farmland contiguous with housing developments had small ponded sections that bred mosquitoes. Filling or providing drainage for these depressions would improve crop yield and cut down on mosquito production.

No manmade alteration in the environment, such as a constructed wetland, can escape having both beneficial and harmful consequences, so community managers and planners need to be aware of all the costs (including health costs) and benefits of each project that is proposed. When decisions about wetland-construction projects are based on the analysis of data, such as the mosquito surveillance data reported in this chapter, they can give more rational and predictable outcomes to community changes. In addition, a study of mosquito numbers for two years after a wetland construction project may not be adequate to assess changes in insect populations. Each wetland construction situation has different ecological parameters that can affect results.

The construction of a wetland in the town of Simpson, North Carolina, did not significantly increase the population of mosquitoes collected. In four years of comparative study, more total mosquitoes were collected after a wetland construction project than before. Through regression analysis, however, it was shown that this difference was not significant. Month of the year (a surrogate for temperature and day length) was a significant variable, explaining the variability of counts. The wetland was small, and mosquito breeding was widespread throughout the town and surrounding area, according to the authors' initial survey. For this reason, the authors concluded that under this ecological regime, increased mosquito populations are not a significant side effect of a small wetland construction project such as the one discussed in this chapter.

As seen in the data on mosquito species and abundance, the composition and numbers of mosquitoes changed over the years of the study. Total numbers of mosquitoes were quite variable during the study, but were not significantly higher in the years after wetland construction. A thorough, longer-term study of actual mosquito breeding and production in a small wetland, with data obtained through mosquito emergence traps, would provide needed further information on mosquito breeding in suburban constructed wetlands in North Carolina.

Further work on the succession of mosquito species and their predators inhabiting constructed wetlands would also aid in the development of more specific guidelines for building new wetlands.

In an unpublished survey done in 1979 in Arkansas rice fields, one of the authors found that mosquitoes and aquatic insect-predator species do not follow a set sequential succession, but, as in unstable communities in many disturbed habitats, reach an assemblage of species depending on surrounding "feeder" habitats. Then succession is again disrupted by drought or reflooding. The concept of "balance" of predators and prey involves averaging population fluctuations over many years, and balance is not readily measurable or achievable in the creation of wetlands. The concept is not useful for public defence of wetlands, especially since, in an unpredictable weather situation, disease can be transmitted in a single week's brood of mosquitoes. The timing of the natural or human introduction of predatory fish and predatory insects is a critical factor not yet included in a total systems approach to designing and managing newly constructed wetlands, although predator presence is often claimed as a natural means of mosquito prevention. The complete story on the succession of mosquitoes and mosquito predator life in these wetlands has still not been told, and research in this area would help in the creation of more useful, sustainable, healthy wetlands for water quality improvement and for disease prevention.

Practices to Enhance Water Quality

For a long time in the province of Quebec (Canada), water quality issues have been neglected and as a result severe environmental problems arose (e.g., well contamination). A moratorium on the development of new hog production facilities and expansion of capacity was imposed between 2002 and 2005. The moratorium slowed down expansion of agricultural activities in problem and nonproblem areas, but it failed to address the water quality issues in areas with acute problems. The lesson from this episode is that the problems tend to be local (watershed specific) and that policies ought to be applied at that level. Subsequent to the moratorium, new regulations were imposed and it has become a public policy priority to find ways to mitigate negative environmental externalities arising from agricultural activities. This is especially true in regions like the Chaudière region where there is a high concentration of hog, beef, and dairy production facilities. In this context, it seems most pertinent to analyse factors conditioning the adoption of Best Management Practices (BMPs) at the watershed level and to use this information to design programs to achieve a target adoption level set in relation to the severity of the water quality problems in the watershed.

The objective of this study is to ascertain the impact of socio-economic factors, farm characteristics, and operational factors on the probability of BMP adoption in the greater Chaudière region in Quebec. Water quality degradation brought about by agricultural production is of great concern in this region. This is why significant efforts are made to encourage the adoption and implementation of BMPs, such as crop rotation, surface runoff control, reduced herbicide use, and solid and liquid manure management. It is believed that BMPs are likely to improve water quality by limiting leaching and runoff of chemicals and sediments.

The recommended practice of gradually introducing perennial crops, such as alfalfa, into crop rotations is meant to protect surface soils and enhance nutrient uptake while improving soil structure, thereby improving water quality. For example, harvested alfalfa can export twice the volume of nitrates as corn for the same amount of dry matter removed. Also, the use of annual crops in rotation with cereals should help break the pest cycle, while providing both positive environmental and economic benefits. Surface runoff control is needed because sediment and contaminant transport from agricultural soils to ditches and streams is exacerbated locally by steep stream bank and ditch side slopes, continuous annual row cropping, and a general lack of erosion control methods. This problem is tackled through the establishment of riparian buffer strips, the reduction of the side slope of stream and ditch banks and planting of shrubs and trees along them, and the establishment of grassed waterways. The reduction of herbicide use is coordinated through a weed control program which features a decision support system developed by Agriculture and Agri-Food Canada. Manure management entails applying solid and liquid manure using a low-ramp spreader equipped with trail hoses. This practice aims at reducing nitrogen loss through ammonia volatilization. In addition, postemergence application of liquid manure should optimise plant nitrogen and phosphorus use efficiency, further reducing the environmental risks of water and air pollution.

Agricultural producers are likely to hold heterogeneous beliefs regarding die costs and benefits of BMPs and as such are likely to have different probabilities of adoption. Our analysis is designed to shed some light on the factors conditioning adoption and hence provide valuable information for die design of government programs encouraging adoption. Our analysis builds on a rich literature pertaining to technology or practice adoption by agricultural producers. The empirical results can be used to tailor incentives and promotional efforts to achieve BMP adoption objectives. The rest of die paper is organised as follows. The next section presents an overview of the theoretical foundation for our adoption models. The following section describes the survey mat was implemented to generate our data and provides descriptive statistics of our dataset. This is followed by a section devoted to the discussion of the estimation results and the marginal effects of socio-economic variables, farm characteristics, and operational variables on the probability of BMP adoption. Policy implications and concluding remarks are presented in the last sections.

Conceptual Framework: A Random Utility Approach

After consulting with representatives from the provincial ministry of agriculture (Ministère de l'Agriculture, des Pêcheries et de l'Alimentation du Quebec or MAPAQ) regarding data on adoption of BMPs, it was concluded that existing datasets were either too small, too incomplete, or not enough compatible with one another to support the intended econometric analysis.

Hence, data had to come from a survey of a sufficiently large pool of producers to generate enough observations. Our population of interest is made up of farms located in the Chaudière watershed in Quebec. We targeted hog, beef, and dairy producers. These producers also grow crops on their land (e.g., hay, cereals) and they account for the bulk of agricultural receipts in the area. The coordinates of the producers were provided by MAPAQ upon authorisation from the Commission on Information Access.

The survey was implemented between May and September of 2007. The year of reference used in our questionnaire is 2006. The pretesting of the questionnaire was done in March of 2007 and the initial mailing was done early in May of 2007. The survey was sent to 1,319 producers. Two reminders followed over the next month and a second questionnaire mailing was done early in July of 2007 to increase the response rate. From the mailings, a total of 378 questionnaires were returned for a response rate of 28.7%. Some questionnaires were discarded when too many questions were unanswered and/or when the producer claimed to be exclusively engaged in animal production (i.e., not producing any crop). Consequently, the final sample consisted of 269 observations.

In our sample, the percentage of producers claiming to raise beef cattle and dairy cows account for 59.5% and 52.9%, respectively as many do both. Meanwhile, the percentage of hog producers is comparatively smaller at 20. 8%. However, these hog producers marketed a total of 197,000 hogs compared with 8,700 head for beef producers. The dairy producers in our sample owned a total of 5,600 dairy cows. Dairy, beef, and hog farms typically grow crops (corn, hay, alfalfa, pulses, and other cereals). The total acreage cultivated with crops by our respondents amounted to 33,380 acres.

The BMP Variables

The most common specification of the dependent variable in adoption models is through binary variables. The dependent variables reflect binary choice sets by taking the value of one when the agent (producer) adopts the technology or practice and zero otherwise. There are five BMP binary dependent variables. The implementation of crop rotation cycles is captured through a binary variable denoted by CROPROT that takes the value of one when crop rotation cycles are practiced and zero otherwise. In our sample, 66% of the respondents claimed to implement crop rotation cycles on their cultivated land. The establishment and maintenance of a riparian buffer zone is denoted by RIPBUF. It takes a value of one when a riparian buffer zone larger than one metre is established and maintained and zero otherwise. The percentage of the respondents who maintained a buffer zone larger than one metre was 57%.

The adoption of herbicide control and reduction measures is represented through the binary variable HERBCONT that takes the value of one when the producer controls herbicide drift and zero otherwise. In our sample, 42% of the respondents claimed to implement one or more herbicide control and reduction measures. The BMP associated with the utilisation of solid manure is specified through a binary variable denoted by MANSOL. It takes the value of one when the solid manure is injected in the soil within 24 hours of the initial spreading and zero otherwise. The percentage of respondents who claimed to implement this practice was only 15%. Similarly, the BMP associated with the utilisation of liquid and semiliquid manure is specified through a binary variable denoted by MANLIQ that takes the value of one when the injection is practiced and occurring within 24 hours of the initial spreading and zero otherwise. The percentage of respondents who implemented the injection practice for liquid and semiliquid manure was 45%. The above statistics show that the percentage of farms that have adopted BMPs varies across BMPs. From a policy point of view, it is crucial to find out who is adopting the BMP practices and to design programs to encourage adoption.

This is where our analysis can be useful because we can estimate probabilities of BMP adoption for different profiles of farms and farmers.

The Explanatory Variables

Several studies about the adoption of new technologies and practices in agriculture revealed that producer's socio-economic attributes play an important role. The age of the primary producer is represented by the variable AGE. The sign on the age variable is a priori ambiguous. It can be hypothesized that older producers are less likely to adopt BMPs because they are less inclined to plan over a long horizon and because they are less aware of the new agricultural practices. In contrast, it can be argued that older producers are more likely to adopt BMPs because of their experience with a wider range of practices. Also, producers with lower debt-equity ratios are more likely to adopt BMPs. To the extent that older producers have lower debt-equity ratios, they might better afford BMPs. Clearly, the expected sign is ambiguous and as such statistical inference should be based on a two-tailed test. The average age of the respondents in our dataset is 49 years old, with observations ranging from 1 8 to 81. The gender of the primary producer is represented through the binary variable GENDER that takes the value of one when the primary producer is a woman. There is an argument that women have stronger environmental concerns then man. Women are perhaps more concerned about the health of their family and neighbours and therefore they are potentially more inclined to adopt BMPs. However, there is little evidence to support this. Women make up only 4% of the primary producers in our dataset.

The level of education is specified through the ordered variable EDUCATION. It takes the value of one when primary school is attained, two when secondary school is attained, three for a technical school degree, four for a college degree, and five for a university degree. As BMPs require good management and decisions making skills to obtain optimal results, it can be conjectured that education attainment of the primary producer is likely to significantly influence the decision to adopt a BMP. The average of this ordered variable centres between technical and college degrees. The residence location of the primary producer is captured through a binary variable denoted by RESFARM that takes a value of one when the residence is on farm ground and zero otherwise. The on-farm residence reflects higher involvement in farm management and health concerns for family and neighbours that are likely to increase sensitivity to local water quality issues. Therefore, residing on farm ground is expected to be associated with higher probability of BMP adoption. In our dataset, the percentage of primary producers that reside on farm ground is 88%.

The second set of explanatory variables consists of farm attributes. It is expected that larger farms are more likely to adopt environmental practices and new technologies due to economies of scale, less restrictive liquidity constraints, and bigger resources, and also because they attract greater public scrutiny. In this study, the farm size is represented by two size variables: area of cultivated land (in acres) and the value of animal production. These variables are denoted by PRODCROP and PRODANIM, respectively. In our dataset, the cultivated area per farm averaged 124 acres with observations ranging from a minimum of one acre to a maximum of 1,121 acres. The average value of animal production (i.e., live animals and milk) is $272,950 with observations ranging from a minimum of zero to a maximum of $3,489,980.

The effect of farm machinery and equipment is represented through the estimated value of owned and rented tractors, trucks, and other equipment such as tilling and harvesting equipment. This variable is denoted by MACHINERY. It is expected that higher ownership and utilisation of machinery will or may facilitate the implementation of BMPs and hence positively impact on the probability of adoption. The average value of machinery in our dataset is $142,580 with a standard deviation of $124,190. The effect of having a certificate for biological/organic production is captured by the coefficient of the binary variable BIOPROD that takes the value of one when the farm has a certificate and zero otherwise. Only 3% of the respondents in our sample claimed to have a certificate for biological/organic production. The certificate of biological/organic production is assumed to have a positive effect on the adoption of BMPs. As expected, the data shows that producers certified for biological production do not apply herbicides in crop production.

The effect of belonging to an agro-environmental club is evaluated through the coefficient of the binary variable ENVCLUB that takes the value of one when the farm is a member and zero otherwise. The membership acts as an information source about agro-environmental issues and new agro-environmental practices. Therefore, it is expected to have a positive impact on the adoption of BMPs. The descriptive statistics show that 62% of the respondents had a membership in an agro-environmental club. Another variable that captures the accessibility of information is the level of annual expenditure on telecommunication services. The relevance of the telecommunication variable hinges on a positive correlation between the expenditure on telecommunication and information derived from telecommunication services. The TELCOM coefficient is expected to be positive because it is hypothesized that higher information accessibility would translate into a greater awareness about the benefits of BMPs. The average annual expenditure on telecommunication services was $1,330.

Finally, the vector of operational characteristics consists of: (1) the effective price of labour (i.e., dollars paid per hour) denoted by PLABOR;'0 (2) the effective price of fertilizers (i.e., fertilizers expenses per acre) denoted by PFERT; and (3) the effective price of herbicides (i.e., herbicides expenses per acre) denoted by PHERB. These variables enter the specification of BMP adoption equations whenever appropriate. Generally, it is expected that lower prices paid for inputs reflect good operational practices and facilitate adoption by relaxing financial constraints. However, higher prices for fertilizers and herbicides might encourage producers to consider concentration reductions of chemical inputs. Furthermore, higher per unit labour costs might embody premium for skills or experience that positively impact the adoption of BMPs. We conclude that the effects of prices on are a priori ambiguous and might differ one BMP to another. Thus, an empirical analysis is required to determine the sign and significance of input prices on BMP adoption.

The price of labour has an average of $11.7 per hour with a standard deviation of $8.0 hour. The price of herbicides and fertilizers averaged $10.4 per acre (with a standard deviation of $3.4 per acre) and $34.8 per (with a standard deviation of $14.2 per acre), respectively. Variations in human capital tightness in local labour markets might the relatively large standard deviation associated with the price of labour.

Inequality Restrictions in Single-Equation Estimations

The above discussion about the expected signs of various coefficients can most naturally be exploited by introducing priors on the effects specific variables in the econometric estimation. "Priors are meant to reflect any information the researcher has before seeing the data" and as such can be grounded in theory or on any other information available to the researcher, like qualitative or quantitative outcomes that are consistently reported in the literature. Because our priors are defined in terms of signs, they entail estimation with inequality restrictions. Bayesian econometrics accommodates inequality restrictions in a most natural way and this is why it has been used in many contexts. For example, when monotonicity and concavity restrictions cannot be imposed parametrically in the estimation of demand systems, inequality constraints about the roots of matrices of substitution elasticities can be used to generate parameters and elasticities that are consistent with the so-called regularity conditions. We rely on importance sampling and antithetic replications to impose inequality restrictions about the signs of certain coefficients and assess the plausibility of such restrictions. These concepts were developed by Geweke as extensions to standard Monte Carlo integration when it is difficult to take random draws directly from a posterior distribution. Because the approach is described in detail in virtually all Bayesian econometrics textbooks, we simply provide a brief intuitive description. The general idea behind importance sampling is to draw from another density and to weigh each draw so as to better approximate the posterior distribution of interest. Let 2 represent the vector of coefficients obtained from an unrestricted estimation. They provide a convenient tool to increase the number of draws while insuring a symmetric distribution.

The strategy to impose inequality restrictions consists of drawing sets of coefficients from an unrestricted multivariate distribution, to keep the sets of coefficients that are consistent with the inequality restrictions and to discard the others. Thus, a weight of one is given on sets of coefficients consistent with the inequality restrictions and a weight of zero is given to the others. The mean and standard deviation for the inequality constrained coefficients can be computed directly from the resulting multivariate distribution. The coefficients that satisfy the inequality restrictions can be used to generate statistics about the distribution of marginal effects and probability differences which are easier to interpret than the coefficients of probit models. Since the mean and standard deviations of marginal effects are typically reported, the percentile method can be used to obtain confidence intervals from the sorted marginal effects. If 5 is the number of draws satisfying the inequality restrictions, then the lower and upper bounds are simply the $(0.025 * S)*$ and $(0.975 * Sf$ sorted marginal effects. For example, if $S = 10,000$, then the 250th and 9,750th sorted marginal effects are the lower and upper bounds. The precision with which the constrained coefficients are estimated can be enhanced by increasing the number of draws. The numerical standard error is routinely computed to guide the researcher in setting the number of draws. The plausibility of the restrictions can be assessed by computing the proportion of draws that are consistent with the restrictions. In this study, we used 10,000 antithetic replications or 20,000 draws. For each BMP, we report results for three sets of inequality restrictions (Models 1-3) and results from an unconstrained probit estimation (Model 4). The full set of inequality constraints restricts coefficients for education, on-farm residence, animal production, crop production, machinery, organic/ biological production, and participation in an agro-environmental club.

It is possible that one or more inequality restrictions are not supported by the data. This would make the probability for the whole set of restrictions very low even when the probabilities of other restrictions are very high. Therefore, it seems logical to test the plausibility of subsets of inequality restrictions. The second set restricts education and on-farm residence to have positive coefficients while the third set focuses on size effects (animal production, crop production, and machinery). Education and on farm residence are nonpecuniary factors conditioning adoption. A better understanding of environmental issues and concerns about health of relatives and neighbours should motivate BMP adoption. Pecuniary incentives are also expected to matter and larger farms are expected to have a higher capacity to pay. The plausibility of a smaller set of restrictions can be compared with that of an alternative nonoverlapping smaller set of restrictions or to that of the larger set of restrictions. Through such comparisons, it will be easy to find out to what extent our results agree with various hypotheses motivated by theory and/ or empirical regularity.

The first four columns report coefficients with standard errors while the fifth column reports the 2.5% lower bounds, means, 97.5% upper bounds, and standard errors from the distribution of marginal effects for continuous explanatory variables and probability differences for dichotomous variables. We reported marginal effects for the model whose inequality restrictions were most likely. The proportion of draws that are consistent with all of the inequality restrictions imposed in Model 1 is 0.218 and its numerical standard error is 0.003, which implies that the proportion is measured with accuracy. We can then say with confidence that the inequality restrictions in Model 1 are observed with a probability of 22% which suggests that at least one inequality restriction is inconsistent with the data. In this instance, the fact that biological certification has low positive coefficients and large standard errors across restricted and unrestricted models makes it a likely cause for the high rejection rate of the larger set of inequality restrictions. The large standard errors, relative to the coefficients, imply that a negative coefficient was often drawn, thus forcing a rejection of the joint restrictions even when all of the other variables had coefficients with the "right" sign. It should be pointed out that there are very few producers in our sample that are certified organic/ biological. The proportions of draws consistent with the inequality restrictions for Models 2 and 3 are respectively 0.606 and 0.832. We can interpret these proportions in terms of odds ratio by stating that the inequality restrictions in these two models are 0.606/ 0.394 = 1.54 and 0.832/0.168 = 4.95 times more likely to hold than not. Thus there is strong support for the inequality restrictions on coefficients pertaining to "size effects" and moderate support for the inequality restrictions on education and on-farm residence. The unrestricted model has a Pseudo-R^{2} of 0.17, and like the restricted models it has several coefficients that are statistically significant.

The coefficient for the age of the primary producer was not restricted because there was no definite prior motivated by theory or empirical regularity, to justify a sign restriction. The coefficient is positive and significant, emphasizing the effect of experience and perhaps a lower debt-equity ratio. The marginal effect of age on the likelihood of maintaining a riparian buffer zone implies that a 10-year increase in the age of the primary producer induces an increase in the probability of maintaining a riparian buffer zone by 13% when all variables are evaluated at their mean value. The coefficient for gender was not inequality-constrained, but it turned out to be greater than zero at the 6% level of significance (i.e., one-tailed test). The marginal effect tells us that a female primary producer is 22% more likely to establish and maintain a riparian buffer zone than a male primary producer. Education has a significant effect as a higher degree induces a 10% increase in the probability of adoption. The restricted and unrestricted coefficients on education are quite similar which means that the prior does not add very much new information to the data. The inequality constrained coefficients for residing on the farm are significant at the 8% level and quite different from the unconstrained ones which are much lower than their standard errors. In this instance, the prior obviously adds new useful information. Revenue from animal production has a positive and significant coefficient. The marginal effect implies that the probability of adopting a riparian buffer zone increases by 5% for each additional $100,000-increase in revenue from beef, hog, and dairy productions. The explanation is that large farms probably face higher pressure to implement riparian buffer zones. The coefficient on the number of acres of cultivated crop land is positive and significant at the 5% level (i.e., one-tailed test for Model 3). A 100 acre increase raises the likelihood of adopting a riparian buffer zone by 5%. The productive value of the land forgone to buffers is probably less of a concern for larger farms. The coefficient on machinery is positive and significantly so at the 3% level (i.e., one-tailed test for Model 3). The probability of establishing riparian buffer zones is expected to increase by 6%, but possibly as low as 0% or as high as 12%, for each $100,000-increase in the value of machinery. The coefficient for membership in an agro-environmental club is positive and significant, constrained or not, at the 5% level. In fact, belonging to an agro-environmental club augments the probability of establishing and maintaining riparian buffer zones by 16%. Input price variables did not have a significant effect on the adoption of buffer strips. This outcome can be partly explained by the fact that the "cost" from the producer standpoint is essentially the lost net revenue from removing land from production to buffer zones. The riparian buffer may be perceived at very low cost to the producer, particularly when using input cost as a measure.

Extension efforts in recent years have encouraged the use of reduced concentrations of chemicals. Surprisingly, none of the socio-economic factors were found to have a significant effect in Model 3. The inequality restrictions on education and on farm residence have a probability of only 36% while the "size restrictions" of Model 3 have a probability of 82% and hence are 4.55 times more likely to hold than not. Revenue from animal production has a positive and significant coefficient in Model 3. Thus, larger livestock producers are more likely to adopt herbicide control measures. The coefficient on the number of acres of cultivated crop land is positive and significant at the 1% level. A 100-acre increase raises the likelihood of adopting herbicide control practices by 11%. A $100,000-increase in machinery increases the probability of adopting herbicide control practices by 6%. Also, membership in an agro-environmental club increases the probability of adopting herbicide control by 11.2%; all else are equal. The telecommunication variable, which correlates with access to information, has a significant effect. A $1,000-increase in telecommunication expenses augments the probability of adoption by 4.1%. Input price variables did not have a significant effect, which could mean that such variables truly do not matter or that they embody offsetting effects. One might think that higher input prices reduce profit and might make BMP adoption less likely. Alternatively, higher input prices might induce producers to conduct an evaluation of their technology, input use, and management practices that could lead to BMP adoption.

The full set of inequality restrictions is less likely to hold (or has a much lower probability) than for the adoption of the two previous BMPs. As for the adoption of herbicide control, our prior about "size" finds much support from the data as these inequality restrictions holds with a probability of almost 89%. The positive and significant coefficient on the age of the primary producer highlights the effect of experience and wider exposure to various agricultural practices. The marginal effect indicates that an increase in the age of the primary producer by 10 years raises the likelihood of practicing crop rotation by 6.0%, when all variables are evaluated at their mean value. Education is another socio-economic variable that significantly impacts on the probability of adoption. Achieving a higher educational attainment increases the likelihood of adoption by 7.5%. The number of acres of cultivated land has a significant effect at the 2% level (one-tailed test, Model 3). A 100-acre increase in land endowment induces an increase in the likelihood of adopting crop rotation practices by 5.5%. The size of animal production has a significant effect at the 1% level. The marginal effect implies that the probability of adoption increases by 4% for each additional $100,000-increase in the value of animal and animal products produced on the farm. Machinery has a coefficient that is significant at the 4% level (i.e., one-tailed test, Model 3). The marginal effect of machinery implies that the probability of adoption increases by 5% for each additional $100,000 increase. The price of labour has a negative and significant coefficient at the 1% level. A $1 per hour increase in the price of labour reduces the probability of practicing crop rotation by 1.1%.

In both cases, the inequality restrictions on education and onfarm residence finds much support with probabilities of 89% and 98%, respectively. Support for the inequality restrictions on the "size" coefficients differ widely as the probabilities that the restrictions be observed are 21% and 89%, but the unrestricted models for these two BMPs have similar Pseudo-R2 values (0.22 versus 0.19). One interesting result is that a female primary producer is 32% and 34% more likely to adopt injection methods of solid and liquid manure than a male primary producer. Thus, women seem to have greater concerns for sanitation and the health of family members and neighbours. The coefficients on farm residence are again significant for both solid and liquid manure control practices. Reported marginal effects imply that residing on farm grounds increases the probability of adopting manure injection practices by 7.5% for solid manure and 26.5% for liquid manure. This outcome can also be partly explained by concern about odors in addition to sanitation and health concerns. Higher educational achievement raises the adoption likelihood by 4% for solid manure and 8.2% for liquid manure. A $100,000-increase in the value of animal products induces an increase in the probability of adoption by 2% for solid manure and 7% for liquid manure. These percentages suggest that larger farms face more, and/or are more responsive to, pressure to adopt BMPs; but the "size effect" is relatively small considering that the mean revenue from animal production is $272,950. The significance of the effect of machinery varies across models (e.g., Model 3 versus Model 2) when the adoption of liquid manure management is concerned, but is significant across models for solid manure management.

Membership in an agro-environmental club is a significant variable and it increases the probability of adopting manure injection practices by 9% for solid manure and 21% for liquid manure. The coefficients on the biological/organic certification variable are positive and the confidence intervals for the marginal effects span mostly positive values. Having a biological/organic certificate of production increases the probability of adopting manure injection practices by 18% for solid manure and 24% for liquid manure. The higher marginal effects for liquid manure control practices as opposed to solid manure control practices are due to the higher (lower) probability of adoption for liquid (solid) manure control. Finally, a $1 per hour increase in the price of labour increases the probability of adopting solid manure control by 0.4% in average, but the confidence interval spans both negative and positive values. The seemingly peculiar positive sign might reflect a premium for skills or experience that translates into a greater appreciation of solid manure control benefits.

Contemporaneous Correlation and the Probability of Adopting Both Manure Control BMPs

The robustness of our results was ascertained by considering alternative specifications, allowing for interaction and quadratic terms and the possibility of contemporaneous correlation between the residuals of BMP equations. The same can be said about the multivariate probit estimation which can be loosely described as a seemingly unrelated probit regressions estimator. The multivariate probit model is estimated using the Geweke-HajivassiliouKeane smooth recursive conditioning simulator. The only correlation coefficient that is statistically different from zero is the one involving solid and liquid manure control practices (0.67). Therefore, we can conclude that the first three BMPs can be estimated as separate equations. As for the solid and liquid manure control practices, we need to ascertain whether accounting for contemporaneous correlation has much influence on the estimated coefficients. To address this issue, we relied on a bivariate probit estimator to jointly reestimate these two equations.

Notwithstanding small quantitative differences, our inferences remain qualitatively the same and there would be no point in presenting these results if it were not for the marginal effects on the probability of adopting both solid and liquid manure control practices. These marginal effects are different from those reported previously because they pertain to the joint adoption of solid and liquid manure control practices. Being a female primary producer increases the probability of joint adoption by 30.7%. A higher educational degree and farm residence increase the probability of adopting both types of manure control practices by 3.5% and 6.9%, respectively. Revenue from animal production has also a significant effect at the 1% level. More specifically, the probability of jointly adopting the solid and liquid manure controls increases by 3% in response to a $100,000-increase in revenue from animal production. A $100,000-increase in the value of machinery leads to an increase in the probability of adoption by 5%. Although having more machinery facilitates the implementation of BMPs, having more capital might also free labour for BMP implementation. Belonging to an agro-environmental club raises the probability of joint adoption by 7.7%. None of the input price variables has a significant effect at the 10% level when conducting a two-tailed test.

This study relies on a unique dataset collected in the Chaudière watershed in Quebec. The Chaudière watershed supports intensive agricultural activities, such as hog, dairy, and beef production. Water quality is a great concern and this is why the introduction of BMPs, such as crop rotation, surface runoff control, control of herbicide use, and solid and liquid manure control practices, is a public policy matter. This study focuses on the factors conditioning the adoption of BMPs. In this study, farm attributes, producer characteristics, and operational variables enter the specification of the BMP adoption model, which is rooted in random utility theory. We imposed inequality restrictions to incorporate priors motivated by economic theory and/or empirical regularity about the signs of individual coefficients. This can easily be implemented in a Bayesian estimation framework. We reported estimation results subjected to a "large" set of inequality constraints (Model 1), inequality constraints only on education and on farm residence (Model 2), and inequality constraints to capture welldocumented size effects (Model 3). Model 4 was unrestricted. This allows us to evaluate which inequality restrictions are more consistent with the data and assess the extent by which unrestricted coefficients are affected by the addition of prior information. We found high rejection rates for the large set of joint restrictions, but this was attributable to the same few variables across BMPs. In contrast, the inequality restrictions on education and onfarm residence and those on size effects were typically much more likely to hold than not. Therefore, our results are quite consistent with the literature and economic theory.

In accordance with our prior, higher education increases significantly the probability of adoption of most BMPs. Women and producers residing on farm grounds are more likely to adopt solid and liquid manure control practices. Older producers are more likely to implement crop rotation and riparian buffer strips. Even though older producers have shorter planning horizons than their younger counterparts, their lower debt-equity ratio makes it easier for them to financially support the costs of implementing BMPs. Farm size evaluated in terms of crop and animal production impacts on the probability of BMP adoption. The bigger the crop production, the more likely it is that crop rotation, riparian buffer strips, and herbicide control practices will be implemented. Farms with larger scale of animal production have a higher probability of implementing crop rotation, riparian buffer strips, and solid and liquid manure control practices. Farms with more machinery are more likely to adopt BMPs given that machinery saves time and correlates with wealth. Because many smaller producers need off-farm income to support their household expenditures, it is not surprising that they are facing more binding financial and time constraints. Belonging to an agro-environmental club increases the likelihood of adoption of most BMPs. Also, having a biological/organic production certificate increases the likelihood of adopting solid and liquid manure control practices. Except for the price of labour, which has a respectively negative and positive impact on the probability of adopting crop rotation and solid manure control practices, the price of inputs did not have an incidence on BMP adoption. Although it is expected that lower prices paid for inputs reflect good operational practices and facilitate adoption of BMPs by relaxing financial constraints, the positive effect of higher per unit labour costs might reflect a premium for skills or experience that facilitates adoption.

We tested for the presence of contemporaneous correlation by estimating a multivariate probit and we found evidence of correlation only between the residuals of the solid and liquid manure control equations. This legitimised our single-equation results for the riparian buffer, herbicide control, and crop rotation BMPs. For the two manure control BMPs, the estimation of a bivariate probit model yielded coefficients that were very close to the ones that had been estimated equation by equation. Thus, the results presented for solid and liquid manure control measures are robust.

In terms of provincial and federal policies, it is important to note that the farms that produce the most runoffs are the large ones and to the extent that large crop and large animal producers are more likely to adopt BMPs than smaller producers, it needs not to be that important to achieve very high adoption rates. However, Beaulieu (2001) found out that most small farms are primarily located in high-density livestock areas in Quebec and Ontario where water quality is at risk for falling below acceptable thresholds. Then, monetary incentives might be needed to encourage the adoption of BMPs. Our results indicate that agro-environmental clubs transfer useful information about agro-environmental issues and practices to producers that ultimately influence BMP adoption. However, the effect of environmental clubs on BMP adoption varies across BMPs (with probability increases ranging from 0 to 21%) and this suggests that environmental clubs could probably be even more effective by reconsidering their strategies to boost the adoption of certain BMPs. Nevertheless, we feel that the government's financial assistance to these clubs is money well-spent.

Water privatization

The average availability of water is expected to be 3000 [m³] per inhabitant and per year, more than the European average of 2500 [m³] per inhabitant. However, due to Spain non-uniform geographical and seasonal distribution, it only gives one fifth of the volume available in Europe. Yet, the main concentration of population, industry and the greatest irrigated agriculture production are all located in the Mediterranean coast, in Andalucia and inland in Madrid. These are the main reasons for the decision of the National Hydrological Plan (PHN) to transfer water from the North to the Mediterranean area.

In the dry Mediterranean coast, water is mainly obtained from aquifers giving opportunities for development; tourism, oranges, garden vegetables, greenhouses for vegetables and industry. There, aquifers are in chalk grounds, water is scarce and population dense, water quality may not be good and even so, it is still a precious and disputable good extracted from private wells. Without dismissing the quality and quantity problems of surface waters, the hardest problems come from the ground water. In addition, overexploitation and destroyed aquifers have driven important wetland areas to a high-risk situation. In urban abandoned aquifers, water levels increase little by little reaching the basement of infrastructures and flooding them.

The situation can be better observed by comparing Spain with the former West Germany, and as well by comparing Japan, and two important industrial areas of both countries; Catalonia and Baden-Wurttemberg. We can highlight the dependence on groundwater, and the scarce surface water available to be use in; energy production, urban purposes and irrigation, these last unusual in central and north Europe. Catalonia shows the best industrial productivity per [hm^3] of used water, and at the same time a limitation to increase industrial activities with high water consumption.

Water Institutions in the Spanish State

Spain substituted the centenary water law (1879) by a new one in 1985. The new water law (WL) (Ley Aguas) aims at a "rational use and at the protection of water resources", and transfers all continental waters, public or private, to the public domain, putting the emphasis on protecting water quality. The WL encourages aquifer users to gather in communities, in order to administrate some aspects of aquifer protection. Nowadays, a new bill was submitted and approved by the Congress and Parliament in order to change the WL. The main aim of this new bill is to introduce a water market, changing former water fights system of the WL.

The several drafts of the National Hydrological Plan (PHN), additionally to a synthesis of the default main fiver basin resources or withdrawals plan (PHC), will be used to develop the WL. The PHN approved, states as its main objectives: to satisfy water demands, to allow for a regional and sectorial balanced development, to increase water resources protection and economy, rationality and compatibility with the environment, and other water resources. At the outset, the PHN 1983 was emphasised in the great civil works, new dams and channels to transfer water from the wetted basins to the dry ones.

The last draft of the PHN 2000 may introduce the concept of water market.

Spain has 10 great basins and two special water services in the islands, and we have 17 autonomous regional administrations or autonomous communities. The Constitution and the WL, assign to the central administration the function of hydrological planning and direct management for interregional or intercommunity basins. The Hydrographical Confederations, depending on the Ministry of Environment (MMA), are the ultimate responsible entities for each basin. For intracommunity basins, the Autonomous Communities can organise their own water services and planning.

With the WL, the Confederations assumed new responsibilities. Therefore, groundwater control, which had been under the Mining Institution (Instituto Tecnologico Geominero), part of the Ministry of Industry in the past, was transferred to the Confederations, which were first under supervision of the former Civil Works Ministry "Ministerio de Obras Publicas y Urbanismo, MOPU" (renamed as "Ministerio de Fomento, MF"), and later to the MMA. Expertise and officials' training could not be as easily transferred. Water users and other actors have not increased their participation level.

The Civil Works Ministry (ME) and the Confederations' officials had a long tradition in building infrastructures to guarantee water supply, though not in maintaining them, and they also lacked training on demand studies and water control.

In general, the hydraulic administration shows among other issues:

- A lack of human resources with skill in different scientific areas related to water and, even to law.
- Rules and procedures not fitted for its functions.
- Lack of economical and financial management of hydraulic systems.
- Anchorage in old administrative tasks such as registration, and no integration of the different actors.

The text of the new European Water Framework Directive, approved at the end of 2000, will give strength to the former Confederations, but at the same time added economic and social concepts to the water basin management. The first priority in water uses is urban supply. The second is irrigation and other uses in agriculture. The main consumers of water are farmers, accounting for the 80% of controlled water resources. Farmers should gather in

"Irrigation Communities", and groundwater users in "Users Communities", showing both similar problems like the hydraulic administration.

Irrigation Communities were under control of the Agriculture Ministry, in charge of transferring the infrastructure demand for irrigation to the DGOH, Hydraulics Civil Works Directorate, and to the Confederations. Now, these functions of the Ministry of Agriculture have been mainly transferred to the Autonomous Communities. Autonomous Communities are acting in different ways, depending on the amount of transferred functions from the Central Administration. Due to the links between water and farmers and the environment, even those Autonomous Administrations without transferred functions in water, play a significant role in the water control strategy.

Responsibilities of the Autonomous Community are not extensively defined in the Catalonian Statute and their transfer has been a slow process. The intracommunity basins include industrial, populated and tourist coastal areas while, inland, in the intercommunity basins dominate farms and eroded lands. Before in Catalonia, water administration responsibilities were shared by two Departments (Ministries). The first one, homonymous to MOPU, Conselleria d'Obres Publiques, had the Junta d'Aigues (homonymous to the Confederation). Now, there is a big public company, ATLL, which supplies water to Barcelona and to 140 cities on the conurbation. Furthermore, the Autonomous Administration shares and controls other mixed companies in charge of supplying water to different regions of Catalonia, all these give us an example of how water administration is evolving.

The second administration was the Department of Environment, detached since 1993 from the Conselleria d'Obres Publiques. It carries on the Sanitation Plan (approved in 1981), and absorbs the Junta de Saneamiento, which had been created just for sanitation purposes. The Catalonian Sanitation Plan (with several editions) is the most advanced in Spain, and the first to reach the EU objectives in 1998, prior to the deadline established by Brussels. Nowadays, Junta de Saneamiento, faces, in 2005, the sanitation of municipalities and human settlements below 2000 equivalent inhabitants. The approved new autonomous WL in Catalonia (7—Official Bulletin), merges both services; Junta d'Aigues and Junta de Sanejament in the new Catalonian Water Agency, ACA. This new law follows the text of the European Water Framework Directive and creates the ELAs, Local Entities for Water Management, free associations of municipalities and other users, to manage locally water cycle. The lacks shown by the hydraulic administration, irrigation and users communities, and the expected lacks of the new ELAs, are an opportunity for private companies to enter into the sector of water management at all levels.

Management, Companies, and Users in Catalonia: Performance Level in The Area of Water

The total population of Catalonia is 6,059,494 inhabitants (1991 census), with a high concentration all along the coast. Moreover, pressure in this area gets worse because of secondary residences (which represents around 385,000 dwellings) and tourism. Catalonia has over 3 million tourist accommodation units, distributed in apartments (82%); camp sites (10%) and hotels (7%). Thirty-five percent of the accommodation supply is located in just eight municipalities. Seasonally is the second feature, which conditions severely the hydrological planning.

Regarding consumption patterns, the yearly average per dwelling is estimated at 264.69[m^3], which implies around 234L per capita, per day. Water consumption in Spanish towns changes from one catchment to another, being the maximum 394 L/inh./day, in part III of the North catchment of Spain, one of the most raining areas. The minimum is 245 L/inh./day in part I of the same catchment. These shown the difference in urban water consumption in terms of development (data from 1NE 1995 in and without tourist population), being the average 339 for the peninsula.

Water Supply Management: Local Responsibilities Under Private Management

Municipalities are responsible for ensuring water supply to their communities. Nowadays, water consumption for household uses in Catalonia may be considered fully provided by the public authorities, though it still remains a little volume in private systems. As stated above, water sources for industry are more disperse. It shares consumption from public provision and own pumping in similar proportion as well as some outside the system purchases. According to a study commissioned by the regional government the average source allocation in the Catalonian industry was. This fact has significant influence on water policy proposals not only because of the diversity of situations that it creates, but also for the discriminatory impact. Regardless of the legal competence, water service management adopts different forms among municipalities and even sometimes within each one. Thus, the number of entities providing the service is fairly high. On average, for the Barcelona province, there was in 1991 a number of 1.4 entities per municipality, unevenly distributed, running the water supply service. For most of the municipalities (77%) there is only one entity operating the system, but there are others where a wide range of entities, depending on the district/urbanisation, coexist side by side.

The number of entities participating in the water supply grows if the whole system included: high catchments, reservoirs, treatment plants management, and regional water supplies (ATLL, different consortiums). By doing so, the understanding of the management procedures, sources and pricing, increases in complexity. At the moment, strong criticism on the complexity of the system is raising pressure to simplify it. The simplicity will be achieved after the creation of ACA.

Managerial procedures also differ. Considering the core of each municipality, direct management is undertaken in more than half of the municipalities, while concession or, to some extent renting, is applied to 38.5% of the municipalities in the Barcelona province. No extended study exists for the whole region, however, considering the population size of the province, many of these features could be extrapolated to the rest with no great variation. Public or mixed firms, at municipal level, are hardly present in the Barcelona province. On the other hand, city councils seem to prefer to give concessions in such a way that the higher the size, the greater the role of private companies operating under concession.

These results reverse when one considers the population under each management system as the allocation unit. Then, service given in concession to private firms is the main system (63%) in urban supply. Again, one has to keep in mind that direct exploitation in the industrial sector and special arrangements for agricultural users leave these main consumers out of the urban and control policies. Back to the urban services and going deeper into the water industry, market concentration is another feature to point out. In 1993, just 14 companies operated in 103 municipalities, 78.81% of the customers (Barcelona residents excluded).

Even more than that, the three big companies today are all financially connected through the Corporation Agbar, in competition with other private groups; Aigues de Catalunya, CASSA. It is noteworthy to highlight that this figure does not take into account the city of Barcelona (almost 30% of the whole population), which is managed by only one company. With this in mind, water supply under private concession is, by far, the most relevant management system operating in the province of Barcelona, and in Catalonia.

Wastewater's Management: Local and Regional Effectiveness

Near 50% of the industrial wastewater comes from the metropolitan area of Barcelona. Industrial water use represents around 280 [hm^3] per year, 135 of which represents individual extraction, and public pipes provide the rest. Approximately 85% of this extraction becomes wastewater later. The industrial wastewater is estimated to be 1 [hm^3] daily, which in terms of equivalent pollution it comes to be equivalent to as much as 5.29 millions of inhabitants (57 grams of organic waste per inhabitant and day). On the other hand, farm pollution surpasses many tunes the equivalent population pollution in some counties. Water pollution from manure comes from inadequate storage in reservoirs; use in winter under adverse climatic conditions (sub-zero temperatures and rain) or by direct disposal in water streams. The former Junta de Saneamiento, now included in ACA, estimated that there was a potential for agriculture to absorb the manure produced in Catalonia (approximately this could satisfy 70% of the field demand).

Finally, agricultural water demand is estimated to be over 1400 [hm^3] per year. The return, though, does not represent more than 20% of the water used due, partly, to evaporation. All estimates of water uses show that watering could be reduced, though the difficulties of controlling non-point (diffuse) pollution still remain. Nowadays, the implementation of the regional sanitation plan, although it was running in delay in its start, it has already covered most of the Catalonian population. According to the 1998 Junta de Saneamiento report, the population served till then, and by basins, was as follows. At the regional level, the sanitation plan has been financed from the beginning by a new tax. The tax, ITS for household and CS for industry, applies to all public water consumption in proportion to the wastewater pollution and the disposed volume. It applied to all consumers from the public pipes. The French model inspired this system. A special emphasis is put in charging industry. The secondary tax, canon CS, applies to own withdrawals with similar criteria and pollutant charge and disposal may be either estimated or metred.

Information on yearly tax collection by the former Junta de Saneamiento and the basin contribution to the financing and allocation between the ITS and the canon CS collection are shown respectively. The data shows the effectiveness of these two instruments but, unfortunately, no study on the equality of the allocation of burden has been undertaken or released. These figures just give some insight on these different issues. Taking into consideration the industrial water sources, the heavy proportion of its own pumping on the one hand, and the higher pollution of industrial wastewater on the other hand, it is striking how much the funding relies on the ITS, though great strength is devoted to the CS. In 1998 the price for collecting taxes, was 458,936,358 PTAs (2,759,191 Euro), paid to the supply companies mainly for ITS collection.

At the Spanish level the wastewater and sanitation management system is not as well developed as in Catalonia, showing a lack of effectiveness in the economical and financial system. The tax collection in 1997 was around 27,000,000,000 PTAs (1623 million Euro), a little more than the Plan tie Sanejament de Catalunya. The low level of direct metring regarding estimates could be one of the reasons underlying the apparent uneven allocation of the burden between households and industrial activities. Sewerage pipe management is an obligatory public service for all municipalities. In contrast to the water supply side, water sewage tends to be managed directly by the public sector, on a local basis for the municipal ones and on a consortium basis for inter-municipal ones.

Again, there is neither a well defined nor a single scheme, which could prove to be more innovative and efficient. For supramunicipal treatment facilities there is an attempt to search for the most efficient management system. Sometimes a consortium is created and at, others, the service is given on private concession. However, the same concern is not, at least apparently, present when it touches municipal facilities. It is true that direct management could be recommended for those less demanding facilities, though the shortage of human and financial resources makes this difficult. Supramunicipal institutions have been recommended, in previous studies, to intervene or, at least, to give sound systematic advice. Finally, the shortage of financial resources, has conducted the Junta de Sanejament to develop sanitation infrastructures by the so called "German system", which means, to sign a contract with company and pay through a long term concession.

Private and Public Water Management

The Spanish Association of Water Supplier and Sanitation (AEAS) did its fifth survey over 1263 municipalities, representing a population of 26,300,698 inhabitants. One part of the survey defines the different ways of water management in municipalities, taking into account direct management by municipalities, municipalities gathered in an entity, municipal companies (public companies acting with independence from the general administration of the municipality), private companies, mixed companies (AEAS). An initial conclusion of the survey is the prevalence of the direct management by municipalities when the population is under 15,000 inhabitants. Between 15,000 and 20,000 inhabitants the prevalence changes in benefit of private companies. It is interesting to realise the evolution of the sanitation system and wastewater treatment. In the survey, 61% of the municipalities give sewage maintenance, and a 47% wastewater treatment. Today there is a lack of both services, waiting for capitals to be invested by specialised private companies.

Data about water treatment, water price, leakage in the system, sewage system, extension of the network, taxes for sanitation, level of computerisation (hardware and software) for management and for technical purposes, use of Internet's services, are available, but not throughout time to extract conclusions about correlation with the type of management. We have no knowledge of the existence of data about the number of employees and their degree of qualification. The results of the survey show that the number of employees by one thousand inhabitants remains the same from 1992 to 1996, and it is 0.44. The cost of the human resources is decreasing throughout time, reaching an increase lower than the IPC in the year 1996, which means a best use of this resources.

One significant data is the amount of the cost of human resources in metropolitan areas (public companies in Madrid, Bilbo, Seville, ...). In these areas the average salary is 57.64% bigger than the average in other municipalities. We assume that in metropolitan areas, the use of graduates and high skilled workers, is higher than in municipal services due to the need of work in the networks and systems development. The use of direct contract and permanent labour force, and the use of temporary or external labour force and services, are taken only from the last survey, so the analysis of this data implies problems due to the lack of a temporary series.

Considering the Water Cycle

The dominant structure in water pricing is block system of increasing prices. On average almost 80% of the municipalities adopt this system and this rate is even higher for bigger cities. However, despite an apparently common system, the fact is that internal homogeneity is fairly scarce. Criteria for establishing the block as well as water prices are varied all over the province, and neither comparative nor specific studies on the local systems, have been hilly undertaken yet. Water consumption is usually the discriminatory parameter to establish blocks, followed by the service distribution shape. Very often, the block framework is used only on households while other users keep a single tariff. It seems that the block introduction affects initially only some users and therefore household users tend to be the target.

In addition to water tariffs, other components, which affect final pricing for the water supply, are metre maintenance fees, service fees and minimum billing consumption. Indeed, water pricing does depend more upon company policies and tradition than on a more conscious and planned updated policy. But all these factors do not fully complete the water bill. Sanitation costs (as already stated) and taxes for the hinting of high level infrastructures have to be added. Catalonia established by law in 1992 a new tax to raise funds for hydraulic infrastructures. The tax, a unique of this kind in the whole state, raised citizen opposition to the extent that civil associations have been in straggle against it from the start until now. The new tax and the sanitation tax, which goes to the water administrations, add up to 50% of the water bill, leaving, the remaining 50%, to finance the water distribution service.

From the sanitation viewpoint, there is also the possibility of a local tax for the environmental services, to ensure financial resources for public sewerage management. However, most of the city councils decided to avoid the sewage tax. This option grounds on the search for both, an administratively simple and progressive tax system. This is why the sewage tax has been, in many cases, substituted by an increase in the property tax. Even for those municipalities with tax, the quota differs by groups, according to the property size or value, activity and so on, following more of wealth distribution criteria than environmental ones. Within each of these, there is, generally, a single tariff.

Probably, the dependence on the concessionaire firms could be an additional explanatory variable to understand public preferences for other taxes. Critics have highlighted that a new and aggregate financial system for the sewage services from community associations would be more efficient on the design and the application. The simultaneous existence of taxes: hydraulic infrastructures, sanitation or ITS and others, sometimes not related with water, but charged and included in the water bill, arose citizen opposition and will be gathered in only one tax with the new autonomous law and administrated by the new ACA.

Urban water pricing contrasts with the fanning consumption and the farming pricing. Being the largest consumer group, it is estimated that farmers are charged for only a small part of the running expenses (20%). Then, for farmers the water price is about 1 pts/[m^3]. Nevertheless, farmers invest in it its own filtration system and network, The only real limit in water use is its availability in dry season and the cost of energy to irrigate. Farmers using groundwater pay for the investment and running expenses. For them, the cost might be between 10 and 15 pts/[m^3] (0.1 Euro). We estimate the real water price (investment, energy and maintenance) for farmer porpoises between 1 and 50 pts/[m^3] (0.01-0.30 Euro/[m^3]), depending on water availability, still far from water pricing for other uses.

If water is scarce, then poor quality water is used, mainly salted water (southeast of Spain), and then desalinisation treatment is applied, raising the price to 150 pts/[m^3] (1 Euro). Obviously when water is very scarce, treated wastewater is recycled in irrigation. In Catalonia, all Golf country clubs, the most profitable farm, are obliged to recycle their treated wastewater to irrigate the greens. Looking at the rest of Spain, municipalities not placed in metropolitan areas, use in the same proportion the system of service fees or minimum billing. In metropolitan areas dominates the system of service fees. In towns, 80% of the population uses block system of increasing prices (in average three blocks), 17% single linear tariff and 3% decreasing blocks. For industry purposes, 46% single linear tariff and 52% increasing blocks, in general two blocks.

The National Hydrological Plan

The PHN is loyal to the tradition of former MOPTMA and Confederations. Its goals are to satisfy the water demand by increasing mainly surface water resources, to improve water quality, to prevent damage by floods, to recover the hydraulic environment (that means riversides, lakes, dams, ponds, and wet lands), to improve irrigation and hydroelectricity, to sustain and replace hydraulic inheritance (infrastructure) and, lately, to promote research and development. As we can see, in the expenses shown in the adjacent, the main part of the foreseen budget is devoted to transfer water resources among catchments (investment of 750,000 millions of PTAs, $6 billion or 5000 million Euro, to be financed in perpetuity at a rate of 4%, art. 106.3 of the WL). This part, waterworks to transfer water, and sanitation, are a very huge part of the total budget (sanitation 325,000 millions pesetas, $2.5 billion or 2000 million Euro). The funding of the budget is expected to be collected from users, mainly urban consumers. The first question to be raised over the PHN is the credibility of data. Demand is not well known, as was shown for industrial water consumption in Catalonia. Industrial consumption in Catalonia was forecasted as follows: 359 [hm^3]/year in 1978, 304 in 1992, 353 in year 2002 and 414 in 2012. In fact, the measure of the real consumption was 213 in 1993.

In Spain, consumption for irrigation is the biggest part. The following statements:

- Water deficit today, and in the future, mainly due to agricultural demand;
- Increasing surface water resources in deficient regions.

There are other solutions than transferring water by building enormous infrastructure, (lately all substitute by an unique transfer from river Ebro and along the Mediterranean coast) the hypothesis that demand will increase by 18% by 2012 are being rejected by the following new actors in the water scene: future customers, regions which will provide the transferred water, National Water Council, environmentalists, and other experts as well, as some engineers and economists, the Finance Ministry and also some part of the MIMAM.

The other kind of solution to solve the problem of water scarcity, not enough strengthen in the actual PHN proposals, are:

- Promoting water saving (mainly in irrigation and leakage in transport systems), about 1000 [hm^3], by looking for an appropriate solution for irrigation in the Mediterranean coast.
- Better conjoint use of surface and groundwater in each catchments.
- Desalting and reusing when needed in particular situations.
- Controlling the demand through a realistic policy of prices.

Other actors involved, such as farmers, partially agree with the transfer of water. The main existing infrastructure to transfer water from the Tajo to Segura, never has achieved its nominal capacity of transfer, 1000 [hm^3]/year. It has worked at 300 and 400 [hm^3]/year when the water demand was 1000 [hm^3]/year, because of popular and political opposition from the autonomous community that provides the water. Then, farmers in the Segura, have learned how to save water and how to get water from other sources, even desalting. In other regions, the transformation in the water transport system, and in the way of irrigating, has shown farmers how to increase productivity without increasing the consumption of, or even saving, water. Let us have a closer look to other actors involved, as civil works companies, which could be interested in the big infrastructures to transfer water from one basin to another basin and also in the construction of new dams. Civil works companies are convinced that they will have enough business saving the hydraulic environment, building the sanitation plan and restoring the hydraulic inheritance, and so, they are not interested in pushing too much the main part of PHN (the policy of increasing and transferring surface water resources).

The tendency is to use the private sector, though the key to price water as an incentive for investment, as was stated in the last Water Forum in Hague, March 2000, organised by the World Water Council. And that is possible, because private investment in water lies behind investment in transport, energy and telecommunications in ratios of 3: 1, 7: 1, and 9: 1 respectively, as The Economist states for the period 1990-1998. The 1998 PHN text, was on hold until another one, the National Irrigation Plan, was settled. A long time of study on the advantages and disadvantages of the PHN caused that everybody agreed on postponing it to this previous study. The National Irrigation Plan evaluates the real water needs for irrigation, the potential saving in consumption in farming, the expected growth of irrigated land, and the future sustainability of rich areas of cultivation, which are producing precious crops in the south and east of Spain, and which could be substituted by the competition from emerging countries, meanly those in the Magreb. This means a new delay till the final PHN, born in 2000.

Another factor that shadowed the 1998 PHN usefulness, was that no kind of economic analysis, such as cost benefit, was done. A significant part of the experts are convinced that the elasticity of the demand will produce a reduction in water demand for irrigation enough to supply the increase of demand in other sectors. The introduction of free market mechanism, (if the law allows the market of water fights), like the transfer of water rights at opportunity costs, or marketing mechanisms, like sending signals of scarcity, should help to equilibrate and control the demand, and to avoid such questioned and high investment transfer systems as the one proposed in the

PHN. The last persistent draught, followed by a period of also persistent rainfall with many floods (1993-1995), has introduced distrust in the actual water administration, which has not implemented a long-term plan of prevention. Therefore, new actors want to enter in the water arena to perform with the old water administration team.

Technology for alternative management of water resources and demand in Spain is available. It mainly concerns water economy and we know well how to do it. Although all this factors, the Autonomous Administration of Catalonia, after many years of negotiation to get water from the Ebro fiver to Barcelona, now could change its partner and negotiate with the south of France to obtain $12[m^3]/s$ ($370[hm^3]$) from the Rhone fiver. The competition on the water market has just started; one client with two possible suppliers is the first signal. As a reference, this transfer of water, only for urban purposes, could be a good example of rationality and cooperation in the EU. Taking water from where there is more (the Alps), is of mutual interest for the south of France and Catalonia, and it is initially available at 50 pts/$[m^3]$ ($0.4 or 0.3 Ecu/$[m^3]$).

Coming back to the PHN its overall investment is 370,000 million PTAs ($2.85 billion or 2300 million Euro). As we can see there is a lack of data about the cost of running, maintaining and amortising this kind of infrastructure. Monitoring the water quality, and the National Plan of Sanitation, included in the PHN and imposed by Brussels, it is a very important part of the PHN, (needs of treatment for 36,899 millions equivalent inhabitants in the year 2000 and 11,741 in the year 2005, mainly secondary and tertiary or equivalent treatment). Although the WL and the PHN give special emphasis on water quality, the real situation is that the Confederations, in general, only have tradition in surface water quantity administration. Water surface quality will not have a real improvement unless Brussels exerts pressure. Moreover, for groundwater the situation is worst, because of the difficulties on controlling it.

For instance, in Catalonia the autonomous PH says that water quality is a subject of the previous Plan of Sanitation, where groundwater was not even mentioned. Wastewater is treated with primary processes (physical and chemical). We have started to add a secondary treatment (biological) to the waste water depuration plants. In some cases, mainly for reuse purposes, tertiary processes will be introduced. Will the actual tax be enough to pay the running costs of this complex treatment? In our opinion, is that it will not.

Diffused contamination is a common problem for our countries, which should be solved or, at least, diminished by complex strategies in water, agriculture, and consumption fields.

As usual, the previous budget of the Catalonian Sanitation Plan has been surpassed. Concrete technology has been imposed over soft and high-density technologies. Little water technological development has been done in the country and lots of licenses have been imported from other countries. Neither the research institutions, nor the engineering, have taken advantage of the Sanitation Plan to improve their position for future competition. A general problem in Spain is that the most populated urban areas are in the Mediterranean coast and all the treated wastewater is sent to the sea in an area where the level of reuse activity could be important. Water prices could go up to 400 pts/[m^3] ($3/[m^3] or 2.5 Euros/[m^3]) according to our study if farmers continue to be subsidised.

The Unrealistic Water Price in Spain

Water privatisation has strong links with needs of capitals for new investments, and commandment of the latest technologies to analyse and to process water treatment and to improve systems management, to develop the water market. In fact, a lot of water systems are supplying systems with prices under the real cost. The disagreement concerning average tariff and the average cost of the value added to water comes from the lack of recovered investment. That means, municipal water systems are consuming the assets, as the PHN tell us for the hydrological infrastructures. Additionally to this gap, further increases in the price of water will be expected coming from local failures and lack in both municipal and regional water systems and by general consideration, in the need of more accurate and frequent analysis, and in the need of additional water treatment, to accomplish the Directive 98/83/CE. Additionally, we will need to revamp the sewage treatment plants to allow for the run-off from urban areas.

Because of the unbalance water resources in Spain, and because of the need of having a supramunicipal authority, respectively, national and basin resources management and sanitation planning, will remain in the public domain. Existing public water services in metropolitan areas (Madrid, Bilbo, Seville, Zaragoza ...) will remain public, as in some autonomous regions (Navarra), because they have enough size and administrative, status to cope with the technological, administrative and financial problems arising daily. All of them are subcontracting more and more to specialised and private companies. Private companies are, and will be used, in the front desk, as tax collectors, suppliers of capitals to invest and as suppliers of technology and management systems, private companies can play a great role in the transfer of water and rights, taking the place to administration and users communities, anchored in old administrative tasks. In general, the size of the municipalities is not big enough to cope with these problems, so they will increasingly need the participation of private capitals, which might ultimately result in the privatisation of the water services.

Chapter 3

Hydropolitics: Water and Security

The semiarid environment of the Indus Basin is home to more than a quarter of a billion people with some of the lowest human development indicators in the world. As if the marginal environment and the pervasive poverty were not enough, deep political fissures across international, subnational, and local boundaries characterise the political geography of the basin. The basin would be a hostile desert if it were not for the Indus Basin Rivers and the largest contiguous surface irrigation system in the world emanating from those rivers. Needless to say, just as Egypt has been described as a gift of the Nile, the bustling ancient cultures of northwestern South Asia and present-day Pakistan and northwestern India can be called a gift of the Indus. Given the stakes involved, in terms of the survival of millions of people, the Indus River Basin has been a veritable laboratory for international and national research on various problems with water distribution, development, and management, especially as they pertain to issues of water efficiency, equity, hazards, and environmental quality.

The story of water resources in the Indus Basin is intricately linked to the political geography of South Asia, particularly in the colonial and precolonial times. But much of the attention to the hydropolitics of the Indus Basin has been either through a historical lens or limited to the international scale, and very little research has been conducted on the contemporary subnational levels of prevalent and potential water conflict in the basin. Is there a nexus between security and hydropolitics? What are the implications of a security-centred approach to hydropolitics? What are the implications of conflict over water across local, interprovincial, and international scales? How does the geography of water-resources distribution, development, and hazards at the subnational scale contribute to or threaten security at the national and international scales? This chapter defines a research agenda in the Indus Basin, in the hope that it will provide a road map for future research to address some of these questions.

The Water-Security Nexus

The end of cold war ushered in an era of intellectual instability in the field of security studies. Whereas during the cold war the relative certainties of a competitive, bipolar world kept the issue of security the exclusive preserve of the military and foreign-policy establishments, in the post-Soviet world a variety of new agendas have been subsumed within the security discourse, including the environment, economy, and, more recently, terrorism. The new concern with environmental security is premised on a wider understanding of the concept of security, one that goes beyond the traditional realist and neorealist theories of security that privileged power relations, especially military power and, to a lesser extent, economic power over all other aspects of national and international security. Those scholars and activists who are concerned with wider conceptualisations of national and international security argue that environmental degradation and resource depletion can threaten social, economic, and political stability and may very well lead to civil and military conflict.

At the international scale considerable attention has been paid to the probability of water wars in the future. Aaron Wolf argued that, based on empirical evidence, transboundary water conflicts are much more likely to be resolved through collaboration than through armed conflict (1997, 2002). Other scholars, such as Hussein Amery, who analyses the short-lived hysteria in Israel over a local water-development project in Lebanon on the Wazzani Spring, a tributary of the Jordan River from which Israel draws 60 percent of its water resources (2002), argue that conflict over water continues to have the potential for turning violent. More recently, Mark Zeitoun and Jeroen Warner have drawn attention to the fact that lack of overt armed conflict does not mean that asymmetries of power at the international level do not play a role in water management (2006). Drawing primarily on case studies of the Jordan, Nile, and Tigris and Euphrates River Basins, Zeitoun and Warner argue for a hydrohegemony framework in which the most powerful riparian imposes unfavourable water agreements on weaker riparians by threatening to use force or through superior bargaining or discursive power.

This chapter is premised on the belief that security does indeed involve more than just military or economic aspects, and its implications are not just in terms of threats to the political order and organisation of nation-states but also involve very real threats to the life, property, and peace of human populations. Environment and resources, being factors in providing the material basis for human existence and social life, are tied up with issues of security insofar as lack of them and conflict over them threatens the well-being of human populations.

Thomas Homer-Dixon is one of the more influential proponents of the environment-security nexus, but his formulation of the nexus describes population growth as an integral-causative component of the nexus, where environmentally induced conflict and violence are mediated by environmental scarcity. The population, environmental scarcity, and conflict model has become the dominant paradigm for understanding the environment-security nexus. In his later work Homer-Dixon posits that maldistribution of resources, environmental degradation, and population growth can equally contribute to potential social instability and conflict (1999). The demographic-pressure part of the model is problematic at best and counterproductive at worst. Scholars like Betsy Hartmann point to analytical obfuscations, devaluation of civil society, legitimating and normalising of injustice, and even sanctioning of thinly disguised racism and sexism as the main pitfalls of accepting the model (1999). Many writers have also outlined detailed comments against accepting population growth as the driving force for environmental degradation. Even in Homer-Dixon's formulation, the weight of evidence points to distributional inequities in causing "ecological marginalisation" of the majority of the unprivileged in most societies, yet, somehow, absolute demographic pressures and average resource distributions per capita continue to feature prominently in his conclusions; for example, "Ecological marginalisation occurs when unequal resource access combines with population growth to cause long-term migrations of people dependent on renewable resources for their livelihood".

If the bulk of environmental conflict and instability is indeed the outcome of distributional factors, what is the point of smuggling the old wine of population growth as a driver of resource depletion in the new bottle of "environmental scarcity"? To many scholars—for example, Richard Peet and Michael Watts (1996)—to switch focus from the political economic factors that affect access to resources is, in fact, tantamount to turning a blind eye to the injustices at the heart of producing affluence for the few at the expense of scarcity and misery for the many. Nowhere is the need for a focus on the political economic and discursive factors driving resource use and distribution more urgent than in the field of water resources. The sterile per capita freshwater availability numbers may seem alarming—as they do to Peter Gleick (2000), for instance—but they really serve to divert attention from water's problematic social geography, from its extremely skewed distribution across sectors and across social groups, and from discursive construction by the power elites as a "resource" to be deployed in isolation from its ecological and social roles toward modernist economic development. It is surprising that ordinary water users at the local scale tend to know that water scarcity is really mediated by social power relations, yet scholars continue to talk about per capita numbers.

The following analyses of water and security in the Indus Basin reject the centrality of the neo-Malthusian population-growth-based explanations for resource scarcity and environmental degradation and conflict. Instead, the chapter draws its intellectual capital from the twin theoretical positions that environmental degradation, resource scarcity and security are all socially constructed—normative and collective understandings that have consequences for physical and social worlds. Furthermore, the epistemic—knowledge-based experts— and political communities that are most influential in the social construction of environment and security are to be found at the subnational level, but with important linkages to international epistemic communities (for example, the engineering profession). The chapter's theoretical position is therefore consistent with the call by Christopher Sneddon and Coleen Cox for a critical hydropolitics that, in the context of their case study of Mekong River Basin, helps to "reveal barriers—discursive, political and institutional—to sustainable governance and meaningful participation" (2006, 198). The following survey of the Indus Basin concentrates on the subnational-level social construction of hydropolitics and its links with subnational and international security.

Indus Basin Hydropolitics

The Indus Basin has been host to irrigated agriculture for at least five millennia, but none of the precolonial water development matched the environmentally and socially transformative power of the water development undertaken by the British colonial government in the later half of the nineteenth century. Coincidentally, much of the massive water development undertaken by the British in the Indus Basin was motivated at least partially by national security considerations, and many of the consequences and conflicts arising from the development of the Indus Basin irrigation system were viewed through the lens of the Raj's security in northwestern India. The British colonial administration had several motives for massive water development in the Indus Basin:

- to increase food production in order to prevent famine;
- to anticipate increased tax revenues from the potential increase in agricultural production, which was expected from water development;
- to increase government control of the local populations by encouraging them to take up settled agriculture and thereby minimise the security threat they might pose to the power of the state;
- to demonstrate to local people Western science's control over the environment, thereby discouraging them from posing any threat to the security of the empire; and
- to create and develop new social elites through the settlement policies that were to follow the water development—elites who, because they owed their material and political power to their connections with the British Empire, would further secure British rule.

Needless to say, even from a narrow realist perspective of military and political security the environment-security nexus was very much in the minds of nineteenth-century water developers and managers. David Gilmartin documented at some length the importance of local-level water management to the patron-client relationship that the British Empire had developed with the local elites and the importance they attached to that relationship, as a guarantor of the security of British rule in northwestern India (1994). In fact, the nineteenth-century history of water development and management in the Indus Basin is a story of constant conflict between the security-minded civil administration, which favoured the privilege of the local elite, and the water engineers who wanted science and engineering to be the fundamental criteria for water management. De facto, the security-and-stable-governance-driven agenda of the civil administration generally prevailed over the technocratic agenda of the engineers, both in the colonial period and in the postcolonial period.

In addition to concern with local level implications of security, Indus Basin water development, particularly in the upper portion of the basin, engendered conflict at the regional scale. Very early in the history of water development in the upper Indus Basin the downstream province of Sindh, which was at the time part of the Bombay Presidency, started vigorously objecting to further water-development projects in the upper basin. Although the conflict was generally limited to bureaucratic wrangling between the water bureaucracies of the two provinces directed toward undermining each others' water projects, it was a harbinger of what was to come in the postcolonial Indus Basin. However, the British government was quite sensitive to the implications of the conflict in the atmosphere of nationalist struggle in South Asia during the late 1930s and 1940s. The themes of interprovincial and local-level conflict over water and its implications for national and international security were to carry over into the postcolonial period and were to define the water-security nexus in the postcolonial Indus Basin.

In the immediate aftermath of the partition of the subcontinent between the two independent states of Pakistan and India, the more urgent issue of water distribution between the now-divided Indus Basin eclipsed the interprovincial water conflict between the Pakistani provinces of Sindh and Punjab. Downstream Sindh and upstream Punjab redirected much of their historical hostility over water issues toward the Indian government's plans for water-development projects on the headwaters of the Indus tributary rivers running through its territory. The Indian government was also grappling with the conflict over the distribution of water among the states of Punjab, Haryana, and Rajasthan. Thanks to the active mediation and financial support of the World Bank and the Western powers led by the United States, India and Pakistan signed the Indus Water Treaty in 1960, allocating the entire flow of the three eastern tributaries of the Indus River to India and that of the three western tributaries to Pakistan. The World Bank rewarded (in a manner of speaking) both Pakistan and India with massive aid inflows to build storage and conveyance facilities to provide remedial water supplies for the flows that were supposedly lost to the other country.

The massive water development carried out in both India and Pakistan as part of the Indus Basin Water Development Project in the aftermath of the Indus Waters Treaty provided a very temporary boon to agricultural water supplies in the basin. However, with the international aspect of the water-distribution issue settled for the time being, the old issue of interprovincial water distribution slowly crept back into the forefront, both in India and in Pakistan, though much more forcefully in the latter. Furthermore, the changing demographics of the basin, with greater urban-based populations, and the emergent widening of the international water-resources agenda from a singular focus on water development to equity in water resources, water management, environmental quality, and domestic water supply and sanitation meant that the old recipe of responding with more water-development projects in the face of water demand and hazards was no longer as readily available. The water bureaucracies in the basin, however, being dominated by engineers with a very strong institutional bias toward megaprojects, continue to operate as if the multiple-point agenda with regard to water resources can be addressed only through additional engineering interventions. Much of the hydropolitics of the Indus Basin and the conflicts arising from it can be understood, at least partially, with reference to this dissonance between the multidimensional expectations and demands for water resources by the public, international donors, and politicians and the unidimensional solutions offered by the basin's water managers.

Ayub Qutub and his coauthors offer a typology of water-related conflict based on scarcity, technical capacities and human demands, political factors, and institutional/legal informational inadequacies (2004). Based on the typology of conflict and a survey of various water conflicts in South Asia, they suggest that water conflict may be "fractal" in nature; that is, having repetitive similar characteristics across geographical scales, with the most important manifestations at the local scale. The chapter recognises the multidimensional, perhaps even fractal, nature of water-related conflict but proposes that all types of water conflicts are nested within specific material and discursive social structures that may operate across spatial scales. The following analysis of water and security nexus at the subbasin level is an attempt to apprehend the contours of those structures, in order to inform public policy and research.

Tracing the Contours of Subnational Interprovincial Hydropolitics

In both India and Pakistan, interprovincial hydropolitics have been political lightening rods in terms of interprovincial relations. In the case of India the issue of interstate water distribution became one of the catalysts for a very destructive separatist insurgency. In the case of Pakistan, however, the conflict over water distribution between the dominant Punjab Province and the other, smaller provinces in the federation, particularly Sindh Province, has remained peaceful and limited to the political arena, although its wholesale appropriation by the Sindhi nationalist elements in their rhetoric bodes ill for the future. I review the Indian example in order to evaluate the prospect of Pakistan's heading down the same unfortunate path as the Indian

Punjab because of the simmering controversy over the construction of additional storage on the Indus River.

The details of separatist insurgency in the Indian Punjab can be found elsewhere (Singh 2000). Suffice it to say here that it, like all civil conflicts, had a multiplicity of contributing causes, including ethnoreligious identity politics, the question of distribution of water and other resources among the states of Punjab, Haryana and Rajasthan, and the mishandling by the central government of India of the Sikh grievances, thereby turning the insurgency into a full-fledged armed conflict. Of the many causes, the issue of water distribution among the states of Punjab, Haryana, and Rajasthan came to be very liberally used by the Sikh nationalist elements in their rhetoric against the central government of India. To briefly recap the history of the conflict, in 1966 the Indian government carved Haryana State out of the southeastern portion of Punjab State along linguistic and religious lines.

In 1955 an interstate agreement dividing the waters of the Sutluj, Ravi, and Beas rivers among the still-undivided Punjab State, Jammu and Kashmir State, and Rajasthan State had ushered in an era of extensive water development on the Beas and Sutluj rivers. The victory of the Sikh nationalist Akali Dal Party in the Punjab in 1967 further compounded the conflict between the states of Punjab and Haryana. Punjab insisted on exclusive control of the Beas and Sutluj waters because the two rivers were exclusively within its territory, while Haryana demanded an apportionment of the waters based on "needs and principle of equity". Liberal use of the water issue to inflame public opinion in the Punjab, coupled with the central government's power politics, widened the schism between the Sikhs and the national mainstream in India, resulting in the tragic loss of lives in a brutal civil insurgency throughout the 1980s.

The water conflict among Punjab, Haryana, and Rajasthan states can be viewed in the context of single-minded commitment on part of the Indian government to massive engineering interventions for water development. The Pong Dam on the Beas River, the Indira Gandhi Canal from the Harike Barrage on the Ravi, the Beas-Sutluj Link Canal, and the Bhakra-Nangal Dam project on the Sutluj, to name a few of the gigantic water projects, have completely rendered the hydrology of the Indian Punjab, much like its western counterpart in Pakistan, more cultural and political than natural. The motivation of the Indian water managers, much like that of their Pakistani counterparts, was to maximise the development of the water resources and put them to narrowly (economically) defined beneficial use.

Many questions present themselves when trying to analyse the role of water in instigating a fratricidal conflict that almost spun into an international conflict between India and Pakistan when Indian armed forces were mobilised in 1987 on the pretext of stopping Pakistan's alleged support of militancy in the Indian Punjab. Did a dissonance exist between the dominant technocratic view of water with a single-minded focus on large water-development projects and the Sikh society's wider cultural, spiritual, economic, and social values placed on water? What role did the dissonance play in further fanning Sikh militancy in the Punjab? What was the role of the Punjab rivers in the identity politics of the Sikh population in the Punjab? And could it be that the interstate water-distribution issue came to be linked to the politics of ethnoreligious identity? What role did the green-revolution technologies play in creating the massive demand and therefore conflict over water? To what extent was the water conflict underpinned by concerns for equity and food security as opposed to surplus accumulation from cash-crop production? These are some of the questions that future research needs to address and that I revisit in the context of the Kalabagh Dam controversy and the interprovincial water conflict over the Indus river waters in Pakistan. The former is a proposed dam on the Indus River near the town of Kalabagh in northwestern Punjab. The project has been on the drawing board since the 1960s, but vigorous opposition from the three less-populous provinces of Pakistan has kept the project in abeyance.

As I mentioned above, in Pakistan the interprovincial conflict over the allocation of the Indus River's waters dates back to the beginning of massive canal construction by the British in the Punjab in the mid-nineteenth century. The first substantial interprovincial water-allocation treaty between the Punjab and the downstream riparian Sindh provinces was signed in 1945. The treaty allocated 75 percent of the waters of the main-stem Indus River to Sindh, with the remainder going to Punjab. The treaty further allocated 94 percent of the water from the five eastern tributaries of the Indus River to Punjab, with the residual water going to Sindh. The partition of the subcontinent and the subsequent signing of the Indus Water Treaty by India and Pakistan in 1960 allocated most of what was Punjab's share of the Indus Basin waters according to the 1945 Sindh-Punjab Agreement to India and provided for construction of storage and link canals from the western half of the Indus Basin to the eastern half to compensate for the water lost to India. The Sindhis widely perceived compensatory water and the storage on the Indus and Jehlum rivers to be compensation to Punjab at the expense of Sindh (Talpur 2001). The Kalabagh Dam controversy is proving to be yet another insult to the long series of injuries that Sindhis perceive to have been inflicted on them by Punjabis because of their appropriation of Sindh's rightful share of water.

The seemingly perpetual water conflict between Sindh and Punjab had a tentative settlement in the form of the interprovincial water accord of 1991, when the four provincial governments, all of which were governed by the same political party, for the first time agreed to a water-allocation formula. Based on the assumed average flow of 114.35 million acre-feet (MAF) of water in the Indus system, the accord allocated 55.94 MAF of water to Punjab Province and 48.76 MAF to Sindh province (PWG 2003). Although Humaira Afzal argued that the actual apportionment came closest to what a reasonable apportionment could be, the accord nevertheless suffered a crisis of legitimacy (1995). Legitimacy was in question primarily because the negotiating process leading up to the accord was not transparent and did not include all the stakeholders, particularly from the smaller provinces, and secondarily because of the suspect legitimacy of the political setup in Sindh at the time. Furthermore, even the official statistics for average annual flows for the Indus Basin used in the interprovincial water accord and subsequent justifications for additional storage on the Indus River, particularly the Kalabagh Dam, are suspect. Many writers, including Shaheen Khan (2003) and Abdul Kazi and A. N. G. Abbasi (2003), convincingly argue against the official methodology of using the higher number for flows in the Indus system, particularly because it is based on a shorter time frame—that is, since 1977—and because the higher number works to the disadvantage of downstream, riparian Sindh Province. The official argument in favour of the construction of the Kalabagh Dam on the Indus River paints the picture of a scarce water resource that is being wasted by being allowed to flow out to the sea and outlines a doomsday scenario should additional storage not be built (Government of Pakistan 2005). The controversy is beginning to polarise public opinion in Pakistan, particularly in Sindh Province.

On the internal-security front, water scarcity in Sindh Province, especially in the aftermath of the drought experienced in southern Pakistan in the later half of the 1990s, coupled with the single-minded focus of the Pakistani water bureaucracy on water development, has

made the Kalabagh Dam project a surrogate for a litany of Sindhi
grievances against the Punjabi-dominated political, military, and
bureaucratic system in Pakistan. On the other hand, for the Pakistani
water managers, the Kalabagh Dam has become a metaphor for the
persistent meddling of "untrained" and "nonexpert" politicians in
what they perceive or wish to be a purely engineering issue. All types
of appeals to patriotism, science, economics, and neo-Malthusian
scenarios are being pressed into service by the Pakistani government
and the engineering establishment to make the case for the Kalabagh
Dam, as well as for other storage projects on the Indus. The dam
project at the moment is in cold storage, particularly because of the
combined opposition of not just Sindh Province but also of the North
Western Frontier Province (NWFP) and Balochistan Province. The
NWFP is concerned lest the lake that will be created behind the dam
flood rich farmland and the Pashtun cultural heartland. The province
is also reluctant to lend its support to the project because of suspicions
based on the poor record of the Pakistani government in providing
for the rehabilitation of dam affectees from earlier large dam projects.

The objections to the additional storage issue on the Indus River
are not limited to the nationalist politics of smaller provinces. Other
very convincing arguments have been made by environmental and
citizens groups in Pakistan, pointing out that Pakistan's irrigation
sector has some of the lowest conveyance efficiencies in the world. The
detractors argue that, instead of going for very expensive,
environmentally damaging, and economically dubious storage and
megaproject solutions to the water issue in Pakistan, perhaps
enhancement of the existing infrastructure's efficiency, coupled with
better on farm water management and more appropriate irrigation
and farming techniques, would result in more water than would be
gained from megaprojects. Clearly, additional rigorous research on
the subject will be useful in informing water-policy debates in Pakistan.

At the moment, the Indus Basin water-distribution controversy
is limited to sloganeering and street protests on part of the populace
of Sindh and, to a lesser extent, the NWFP, as well as to heated
debates among the water managers and provincial governments of the
Pakistani federation. Incidentally, in Punjab, the province that stands
to benefit the most from construction of the Kalabagh Dam—and
other water-development projects, such as the Greater Thai Canal
project, which is to supply additional water from the Indus to the Thai
area of Punjab—public opinion at the grassroots level is disinterested
at best, unlike that in Sindh. This is one controversy in which engineers'

concepts of how to manage and develop water, rather than any popular Punjabi demand for additional water projects, seems to be driving the conflict. For example, the currently ruling, Punjabi-dominated Pakistan Muslim League (PML-QA) has gone to great pains to try to mobilise grassroots support for the dam—with little evidence of success. This is in stark contrast to the Indian situation, in which public opinion was inflamed in support of keeping the waters of Punjab State waters from Haryana State. Whereas in Sindh hydropolitics may have fused with identity politics of Sindhi nationalists, in the Pakistani Punjab popular passions regarding the hydropolitics do not seem to exist. The shallowness of popular support for additional water development on the Indus River provides an opportunity for a more enlightened and multidimensional policy dialogue to resolve the controversy. Greater action research on some of the questions listed in case of the Indian Punjab will serve to inform the water-policy dialogue in Pakistan and will provide the basis for conflict resolution. The specter of an Indian Punjab-style insurgency with hydropolitics as one of the key issues is a nightmarish, but avoidable, scenario for Pakistan if the parameters of the discourse are widened from purely engineering concerns to wider, social, cultural, environmental, equity, and justice-related concerns over water resources.

Hydropolitics at the local scale in Pakistan are also driven by the dissonance between water users' need for access to affordable and safe domestic water supply and to their legally sanctioned irrigation water rights to fulfill livelihood needs, and water managers' focus on megaprojects for water supply and engineering-based optimisation of the irrigation system. I briefly discuss the two sectors, the former with reference to water-supply issues in Karachi and the latter with reference to the role of social power in influencing vulnerability to flood hazard and access to irrigation water at the local scale in Punjab Province.

Karachi has been described as Asia's roughest town: Between 1993 and 1996, 4,091 people sustained violent injuries in the city, of which 2,400 were fatal, and, after a tenfold decline in homicide rate in 1999/2000, the homicide rate in Karachi stood at 555 in 2002. Homer-Dixon presented Karachi as a prime example of how conflict over a scarce resource like water in conjunction with other factors—population growth and ethnic differences, for example—may lead to the type of very violent ethnic and religious conflict that Karachi experienced during the 1990s (1999). I contend that it will be more useful to view the ethnic conflict in Karachi as a failure of governance rather than as the outcome of an inexorable synergistic relationship between population growth and resource scarcity. The Malthusian explanation may be attractive because of its simplicity, but I am afraid that it may detract from more fundamental social structural causes. Qutub documents the role of the water-tanker mafia in Karachi and its role in creating an artificial scarcity of drinking water in the interest of private profit (2005). Some of the complexities of the social and environmental milieu in Karachi in the context of globalisation that he documents further caution us against viewing Karachi's problems through a monochromatic Malthusian lens. Moreover, almost every major city in the Third World is suffering from high population growth rates and issues of competing ethnic identities and lack of civic amenities, but not all cities explode into the type of violence that Karachi witnessed in the 1990s.

Domestic water supply is one of the key responsibilities of any city or state government, and the government of Pakistan and the municipal government of Karachi have consistently failed in that responsibility, especially in the poorer neighbourhoods of the city. In the context of Karachi, then, lack of access to clean drinking water is indicative of the failure of governance on many other fronts: transportation, representative governance, sanitation, infrastructure, health (Marsh and others 1995), and other sectors of civic life that make for a livable city. The coupling of each of the spheres of civic life with the question of ethnic identity both discursively and numerically—for example, the monopoly of one ethnic group over the transportation sector and the monopoly of another over law-enforcement agencies—makes for a volatile sociopolitical environment indeed. Furthermore, the fact that, at times, the price paid for water in the poorest neighbourhoods of Karachi is up to sixty times the price paid by residents of the more affluent neighbourhoods, which have a regular water connection, is a poignant symbol of social injustice. While most of Karachi's poorer localities continue to be underserved, a new desalination plant is to come on line for its posh Defence neighbourhood, and plans are under way for three more desalination plants to be built for the city. Indeed, not only have the city and provincial governments consistently underinvested in larger water infrastructure projects, with the exception of the desalination plants (to the extent that the water supply to the city has been consistently up to 25 percent below the average demand since 1990), but that underinvestment has also been exacerbated by endemic corruption, operations and management problems, and deliberate breaking of the pipes, mostly by shantytown dwellers, in order to gain access to water, or by influential elements.

More qualitative and theoretically driven research on the urban geography of Karachi, with governance and hydropolitics as the key foci, may help elucidate the social context within which hydropolitics are constructed and experienced, with potential consequences for security. In the irrigation sector, my local-level research documents the role of social power in influencing access to irrigation water and in vulnerability to flood hazard in the Khanewal District of Punjab Province. The case study illustrates how, even at the local level, water scarcity and vulnerability to flood hazard are mediated through social power relations, backed up by the coupling of the state power and extremely skewed property-ownership patterns. In a gravity-based irrigation system like that in Pakistan, with supply-based, fixed-time rotational irrigation scheduling, location is a key component in determining access to irrigation water. The research demonstrates a correlation between location, socioeconomic status, and social power, with the result that farmers who are locationally disadvantaged also happen to receive less than their share of water and are also more exposed to flood hazard. The consequences of this long-term, institutionally determined water scarcity mean that more and more smaller farmers in Khanewal District are finding it difficult to continue as agriculturists and are increasingly migrating to the shantytowns in the urban areas of the rural districts and beyond. One of the most deleterious consequences of this trend is the rise in religious fanaticism, partially fanned by powerful vested interests such as the Pakistani spy agency, which used the armies of poor, recent rural-to-urban migrants to fight the jihad in Kashmir and Afghanistan. Khanewal District is one of the major centres of sectarian organisations in Pakistan. Lack of access to water is neither the only nor the central causative element in the trend of increased religious fanaticism and rural-to-urban migration, but it is one of the contributing factors.

Much of the research on Pakistani irrigation system has stressed the importance of ensuring equity, system efficiency, and the social aspects of irrigation management. The Pakistani water-management bureaucracy, however, been more concerned with megaprojects, law-enforcement issues, and technical aspects of irrigation management rather than with social issues that impact system efficiency and inequities in access to water. As I document (2001, 2002b), not only is the colonial enabling legislation for bureaucratic management of the irrigation system patronizing and indifferent to geographies of differential access to water, the actual water managers tend to see their roles as law enforcers and technical engineers rather than as service providers. The actual water users, on the other hand, are quite mindful of the institutional distortions that influence their access to water and vulnerability to hazards.

Further research on how hydropolitics at the local level feed into local-level social trends of militancy and rising crime will go a long way toward identifying or making a case for social and water-sector reform, which may stop or even reverse the trends. Meaningful land reforms, increasing the conveyance efficiency of the irrigation system, and participatory irrigation management are some of the policy reforms for which a case could be made based on further research on the security aspects of institutionally induced water scarcity.

Toward a Social Construction of Hydropolitics Across Spatial Scales

At the subnational scale, considerably more research needs to be undertaken to establish the relative probability of violence versus cooperation as a means of conflict resolution. Furthermore, as I have argued in this chapter, water issues in the Indus Basin, much like everywhere else, are typically nested within broader issues related to democratisation, resource distribution, social justice, ethnic, religious, and linguistic identity, and economic well-being. With the complex interconnections that contribute to security—broadly conceptualised—teasing out the specific role of water in enhancing or diminishing national, human, economic, or cultural security is extremely difficult.

Obviously, given the central role of water as the basis of all life, at the intuitive level it is critical, but human institutions and discursive constructs mediate access to it and to the multiple values—economic/ utilitarian, esthetic, cultural, spiritual, and so forth—that societies hope to derive from it. Just the fact that more than 95 percent of water withdrawals in the Indus Basin are dedicated to agriculture where its efficiency does not exceed 36 percent is a clear indicator that the scarcity of water is institutional rather than absolute. Increased efficiency with which irrigation water is used through engineering as well as institutional reforms, coupled with intersectoral water transfers, may more than make up for any water scarcity. Consequently, the question of whether water shortages and inequities in water distribution will lead to violence or threaten human security also becomes contingent on how water-related institutions behave.

Important lessons can be drawn from this overview of water and security in the Indus Basin. First, the dissonance between the single-point, engineering-based agenda of the water managers, which ends up contributing more to cash-crop production and further integration of local and national economies into the global economy, and the wider agenda of the water users is one of the main contributors to conflict over water, as I demonstrated in my discussion of the Kalabagh Dam. Second, the issue of access to water is intricately tied up with the issue of responsive governance, as I described in the Karachi example. Lack of good governance threatens human security by limiting access of the populace to many amenities, water being the most critical. Attention to the governance-water nexus can considerably enhance security while it improves the people's access to this critical resource. Third, hydropolitics are as much power politics as any other politics; take my work in Khanewal District. Specific attention to social power as a critical variable influencing equitable, productive, and environmentally benign uses of water is a must. Lastly, if issues of water distribution are left alone to fester, they can become a dangerous tool in the hands of political leaders who espouse other ethnic or linguistic agendas, as I showed in the case of Punjab State or as Amery documents in the case of Israel and Lebanon (2002).

The emotional and cultural appeal of the water issue is such that its misuse can cause considerable grief for those who choose to ignore it. My hope is that this chapter provides useful research directions for understanding the nexus between water and security. The overarching theme that seems to emerge for me is that enough water exists to meet the needs of populations considerably larger than those that currently inhabit the Indus Basin. However, given the vexingly uneven distribution of water across space and time, human institutions and ingenuity will be the final arbiters of whether this precious resource, the basis of physical, cultural and spiritual life, will be the basis for cooperation or for conflict in the future.

Qutub and his coauthors, in using the term "fractal" to describe water conflict at and across geographical scales, are perhaps drawing on the definition of fractals as geometric objects that are infinitely complex, have fine structures at smaller scales, have irregular shapes that cannot be described in traditional Euclidean geometry, and are recursive or self-similar (2004). Although the term "fractal" would not have been my choice of a word to describe water conflict—and it is not in this chapter—I believe that Qutub is employing a useful though obscure term to draw attention to the complexity and recursive nature of water conflict at different scales; for example, the ubiquitous notion of water as a fungible resource, common to the contemporary understanding of water at different scales, underlies most water conflicts.

In addition, no political party of any significance in Pakistan in general and in the Punjab in particular has ever passed a resolution in support of the Kalabagh Dam; nor does any evidence exist of a public rally held in support of the dam in Punjab. In the aftermath of the Pakistan's nuclear tests in 1998 the Punjab Assembly did pass a resolution congratulating the then Prime Minister Nawaz Sharif on the nuclear tests and on announcement of the construction of the Kalabagh Dam. No assembly resolution has specifically supported construction of the dam, however. The system is gravity based and therefore insensitive to water demand during various phases of crop growth and/or to the varying water requirements of different crops. The fixed-time rotational irrigation scheduling implies that every farmer along a watercourse has a claim to the entire flow of the watercourse for an amount of time proportional to his/her landholding. The farmer at the head of a watercourse may have, for example, two hours of water right, after which it would be the turn of the next farmer along the watercourse for a certain amount of time, and so on. In such a system, a water user at the head of a watercourse has a distinct advantage over a tail-end water user, for the latter may not receive any water at all when his or her turn finally comes because of seepage and evaporation losses along the watercourse.

The Global Water System

Public policy on water has long been approached in the context of a locality, a country, or a river basin. However, scientific evidence now provides compelling arguments for adopting a global perspective on water management. This chapter argues that water governance today needs a multilevel design, including a significant global dimension. The discussion defines global water governance, highlights the implications for multilevel governance, and examines global water governance through the lens of governance typologies. The analysis along the categories of globalisation/regionalisation, centralisation/decentralisation, formality/informality, and state/nonstate actors and processes reveals that current global water governance is a fragmented, mobius-web arrangement. The chapter concludes by considering possible future trajectories of global water governance. Keywords: global water governance and institutions, multilevel governance, global environmental change. Water governance can be traced back more than 5,000 years. However, it was only in 1982 and 1997, respectively, that global water agreements like the UN conventions on the seas and watercourses were adopted. Only recently has water become prominent on the global political agenda—for example, with the Mar del Plata conference of 1977, the Dublin conference on water in 1992, the water chapter in Agenda 21 adopted in 1992, the four World Water Forums since 1997, and the Millennium Declaration of 2000. Likewise, scientific work on water has only recently been globalised—for example, with the Global Water System Project of the Earth System Science Partnership and the UN-wide World Water Assessment Programme. Growing political interest in water research and governance raises the questions: What are the appropriate levels at which research and policy on water governance should be undertaken; and which issues should be addressed at which levels?

In this chapter, we argue that there are different levels at which water scholars and policymakers advocate governance, but the global perspective on water governance needs to be given more importance. We present a conceptual framework for analysing governance and conclude that present global water governance (GWG) is a mobius-web form of governance. Regarding the future of GWG, we identify four possible trends in line with scenarios prepared by scholars in related fields. We also consider the implications for water management of these different scenarios.

Why should global governance scholars be interested in GWG? To begin with, huge amounts of financial, administrative, and intellectual resources are being spent in the area of water governance and in related fields of environmental governance. A number of new ethical, conceptual, and management approaches are being generated and debated in different political contexts about how water resources can best be managed. These developments need to be recorded and assessed.

Water is a major global public good. Global governance theories that do not actively study the management of global public goods— particularly in the environmental area—will miss the rapidly evolving key issues of the twenty-first century. The contemporary world is extremely competitive, increasingly resource-scarce, and subject to far-reaching environmental change. As systemic and cumulative trends indicate global stress in the very resource base of society, including water, there are increasing calls for sustainability science and Earth

System Governance theories. Studies of GWG can help to explore these possibilities.

Indeed, research on GWG and comparisons between GWG and other areas of environmental governance may provide valuable insights that could enrich the traditional core of global governance theories. For example, there is considerable discussion in the socioecological literature on the need to find transitional governance approaches to help society move from current unsustainable governance paradigms to future more sustainable governance paradigms. Notions of adaptive management are being increasingly promoted in the fields of water management and climate change. Perhaps such ideas could find application in wider areas of global governance such as economy, human rights, and security.

Water also provides a context for exploring the problematic of multilevel governance. Much as with other issue areas, researchers on water policy have tended to focus on one level only: the local, or the national, or the river basin. However, studies on water governance must adopt a multilevel approach to do justice to the complexity of current governance processes and challenges. Finally, global governance of water provides an occasion for wide-ranging multidisciplinary research. This issue requires collaboration not only among natural scientists, among engineers, and among social scientists, but also across these domains. To date, natural scientists and engineers are providing policy recommendations regarding water management, but this advice so far generally lacks input from global governance academics about how best to translate scientific findings into public policy. This gap needs to be filled.

The Need for Global Water Governance

Traditionally, resource governance has essentially been seen as a local-level issue. Many anthropologists and others continue to argue that one needs to understand local rights, needs, and stakeholders in order effectively to address governance issues. The driving forces behind this concept are the notions of decentralisation and subsidiarity. Since water problems are local, so goes this reasoning, they should be handled at the lowest appropriate governance level.

Another strong school of thought holds that water governance should be regulated at a national level. From this perspective, water is a national resource that should be governed for the benefit of the national economy and society: domestic interests come first.

Increasingly, this vision is under threat, as many question the basis of the state and its willingness to promote the welfare of the people within it, and the need for international equity. A third approach to governance of water focuses on the basin level. This view argues that water-related problems and conflicts are best dealt with within the natural sphere of the system—that is, the hydrologically defined basin, catchment, or watershed.

This concept combines notions of efficiency with a hydrological systems approach. It allows for comprehensive problem analysis and the internalisation of otherwise externalized problems as they arise, for instance, from up- and downstream relations. Such research also studies the equitable management of transboundary or international waters. A fourth and relatively new school takes a global perspective on governance of water. Many water-related environmental and societal problems as well as water use-related conflicts elude appropriate solutions at the local level or within national or basin boundaries. In these cases, it is important to address issues at a global level. Thus, growing attention is being given to multilateralism in the international politics of water and to the recognition that local, national, and basin-level water issues are interlinked within a global water system.

These approaches—local, national, basin, and global—are not mutually exclusive. They indicate that different water issues are dealt with at different levels and that historically different perspectives have dominated. However, the present chapter and special issue highlight the global level as the relatively least understood and least explored aspect of water governance. Four arguments underscore the need for a global perspective alongside attention to local, national, and basin dimensions. First, the hydrological system is a global system, and exchange processes occur at the global level over relevant time periods. Examples include climate change impacts and teleconnections (patterns/phenomena that are related to each other through cause-effect relations across vast distances) between deforestation and precipitation.

Second, global environmental change and socioeconomic phenomena at the global level increasingly create situations in which the driving forces behind water-related problems and conflicts lie outside the reach of local, national, or basin-oriented governance regimes. Global trade impacts on water provide one such example. Third, many local environmental and social phenomena surrounding water are situated in global dynamics—for instance, of erosion, eutrophication, urbanisation, and biodiversity loss. Such local phenomena may, cumulatively, imply alarming global trends. For example, the construction of dams leads to a fragmentation and flow alteration of the world's river basins, with major and sometimes irreversible impacts on associated freshwater ecosystems. Fourth, many direct and indirect impacts of reductions in quantities and qualities of water are likely to be global in character (e.g., changed patterns of food production and bird migration). Each argument is linked with a specific kind of phenomena transforming the contemporary global water system and thus also with a specific kind of policy response. Phenomena occurring in the context of the first argument can only be dealt with efficiently through governance at the global level due to the physical nature of cause-effect relations; however, adaptation to climate change-induced floods or droughts, for example, needs to take place not only at but also within basins, and actions toward mitigating the indirect causes can only be taken at global levels, which then cascade down to national and local levels. Whereas mitigation of impacts in the context of the third argument (globally occurring local phenomena) lies within the range of local- or basin-level governance, finding efficient and effective solutions to problems and conflicts as well as approaching the driving forces call for a greater global understanding of and better coordinated activities on issues.

Having argued that there is a need for GWG, we must also emphasize those global arrangements for water cannot be understood without taking cross-level interactions into account. Water governance has a multilevel character, and global mechanisms must be incorporated in ways that are complementary to instruments applied at other levels. While some research has analysed global institutions in the field of water governance, global-and basin-level issues are often treated separately, without considering interplay across levels.

Thus, GWG can be defined as the development and implementation of norms, principles, rules, incentives, informative tools, and infrastructure to promote a change in the behaviour of actors at the global level in the area of water governance. Such governance calls for: (1) recognition that water has a global dimension; (2) inclusion of a global perspective on water governance at all other governance levels; and (3) adoption of more dense systems of multilevel governance from global to local level in the water field, because water policies—if they are to be effective—have to be simultaneously designed at global, fluvial, national, provincial, and local levels.

A Conceptual Framework for Analysing GWG

Governance can be viewed as either a normative or an analytical concept for policy research. Normatively, "good" governance relates to a regulatory system that shows qualities of accountability, transparency, legitimacy, public participation, justice, efficiency, the rule of law, and an absence of corruption. In contrast, an analytical approach provides a scientific basis for developing sound policy recommendations. There is an urgent need for analytical assessment of ongoing policy processes and their ability to meet future policy challenges. In particular, the following questions need to be addressed: How well can the present state of GWG deal with current policy challenges; and what future scenarios of GWG could deal effectively with emerging policy challenges?

Recent decades have brought a shift in social-scientific discourse from government to governance. This change in terminology signals a recognition that government is no longer the single decisionmaking authority, with sovereign control over the people and groups making up civil society. Instead, governance involves a multilevel, polycentric condition where many actors in different institutional settings contribute to policy development and implementation. Governance takes into account various governmental and nongovernmental actors and networks that together formulate and implement contemporary public policy. Governance encompasses coordination and steering processes involving formal as well as informal institutions. A major challenge is to understand how all these different processes in complex interrelations with one another determine policy outcomes and how change in governance regimes occurs. With the complexity of governance systems, change results from a combination of formal regulations and informal self-organising processes among a range of actors.

Although the governance concept has the strength of encompassing the complexity of contemporary policy processes, it at the same time presents a major challenge of encapsulating this complexity within a concise typological framework. One attempt at classification distinguishes between hierarchies, networks, and markets as three principal modes of governance. Thus, the dominating influence in a given governance arrangement may come from governmental control, from specialised networks, or from market-based structures. Or the three modes may intertwine; it is increasingly realised that markets and networks function best within an official regulatory framework where contracts and the rule of law are respected. The development of GWG is influenced by (1) the tensions between globalisation and regionalisation; (2) the dominance of centralisation or decentralisation; (3) the diversity of formal and informal processes and outcomes; and (4) the influence of state versus nonstate actors and processes. These dimensions are reflected in the governance typology of James Rosenau, which focuses on the structures and processes that sustain the flow of authority, whether they are in the form of commands or of requests for compliance.

The structural attribute distinguishes between either formal or informal frameworks, as well as a combination of formal and informal structures. The process attribute makes a distinction in terms of the flow of authority in a single direction (up or down) or in multiple directions (both up and down vertically, as well as both back and forth horizontally). This typology takes into account that the common linear models of governance (those in the left-hand column) have to be complemented with models taking into account nonlinear feedback and network processes. These ideal types highlight distinctions between extremes and emphasize the dominant pathways of policy intervention. Governance includes different processes to varying degrees. The Rosenau typology is helpful in classifying actors and cross-level interactions. It also avoids normative claims and provides the basis for a strictly analytical framework. However, the typology does not offer explicit guidance regarding the relative importance of state versus nonstate actors beyond asserting that states do not play an exclusive role in governance. Likewise, Rosenau's framework does not specify the relative significance of formality versus informality, of centralisation versus decentralisation, or of globalisation versus regionalisation. These matters must be assessed separately in each empirical case.

The Current State of GWG

The characteristics of governance regimes introduced in the preceding section can now be applied to analyse players and policy processes in the current GWG landscape. The discussion that follows identifies who is involved in policymaking around water—states or predominantly nonstate actors. The analysis further considers how far GWG is formal or informal, global or regional, centralised or decentralised. The results of GWG policy processes are also examined, in terms of binding agreements versus nonbinding declarations. Important aspects of contemporary GWG come in the form of international law. These agreements generally reflect state practice and result from negotiations between states based on strict rules of procedure. They are relatively top-down, centralised global governance arrangements that lack broad involvement of stakeholder groups at different levels. GWG in this traditional statist vein includes the 1982 UN Convention on the Law of the Sea and its subsequent follow-up agreements, which aim to harmonize rules on managing the seas. Another statist construction, the 1997 UN Convention on the Law of the Non-navigational Uses of International Watercourses, aims to develop common norms for the management of watercourses. Although the Watercourses Convention has not entered into force, it has influenced policy regarding many international river basins. Other intergovernmental treaties address specific species (e.g., the Whaling Convention, 1946) and pollution of the seas (e.g., the convention related to dumping from nuclear ships, 1972).

Alongside international law, GWG also encompasses a number of permanent global intergovernmental agencies, particularly through the United Nations system. The UN is a relatively top-down organisation, although it does not exclude participation by nonstate actors and does not speak with one voice. Global governance of water involves a number of UN institutions (e.g., the Food and Agriculture Organisation [FAO], the UN Educational, Scientific and Cultural Organisation [UNESCO], the World Health Organisation [WHO], and the World Bank); funds (e.g., the Global Environment Facility [GEF]); and programs (e.g., the UN Development Programme [UNDP] and the UN Environment Programme [UNEP]).

In 2003, UN Water was established as an umbrella mechanism to coordinate UN implementation of the plan of action agreed upon at the 2002 World Summit on Sustainable Development (WSSD) and the Millennium Development Goals (MDGs), which includes reducing by half the proportion of people without sustainable access to safe drinking water and basic sanitation. UN Water endorses activities like the UNESCO-led World Water Assessment Programme (WWAP), which has since 2003 published a triennial World Water Development Report (WWDR).

In 2005, the UN launched the Water for Life Decade (2005-2015) to promote the achievement of the MDGs. Other activities fall fully under the aegis of one UN body (e.g., UNESCO's International Hydrological Programme [IHP]) or are jointly led by two or more bodies (e.g., the Global International Waters Assessment overseen by

UNEP and GEF). Other aspects of GWG are organised at the regional level. In the European Union (EU), for example, the European Union Water Initiative (EUWI), launched at the 2002 Johannesburg summit, affirmed, among other things, that the EU would help achieve the MDG 7 and promote national water resources management plans by 2005. The EUWI is not a statist construction, however, as it relies largely on voluntary agreements for the mobilisation of financial and other resources from nonstate actors. Thus, EUWI is on the one hand a formal, centralised process and on the other hand an informal arrangement where state actors function side by side with market actors.

The mix of stakeholders in GWG is taken still further in the World Water Council (WWC), established in 1996. The WWC is an international multistakeholder platform that was established to address critical global water issues through, for example, a World Water Forum, held every three years since 1997.

The forum involves an intricate mobius web of interactions between state and nonstate actors and networks. Meanwhile the forums attract more than 15,000 participants, ranging from high-level ministerial delegations to local level managers and decisionmakers, from international water industry companies to local farmer irrigation boards, and include a wide range of nongovernmental organisations (NGOs), lobbyists, advocates, and researchers in such diverse fields as drinking water and sanitation, development aid, nature conservation, food security, and energy supply.

Linked to the forum is a ministerial conference that adopts a political declaration. The conference is an informal process with informal outcomes that are nonbinding and arguably ineffective. The proposed alternative of smaller, focused UN negotiations might be more effective, but they might arguably also be less legitimate, involving fewer nonstate actors.

Other aspects of GWG go further in the direction of private governance. For example, transnational water corporations (e.g., Suez, Ondeo, Veolia) are key global actors in water supply and wastewater treatment. About 10 percent of former public water services are now in private hands concentrated in urban centres.

The privatization trend has supported the emergence of water companies, and the globalisation trend has promoted the dominance of global players who are able to outcompete smaller companies. The increasing importance of private companies and their self-governance initiatives is a case of "market governance."

Finally, global communities of scientists and water professionals increasingly shape GWG. The International Law Association (ILA) has been active on water matters since 1873, and in the 1970s UNESCO set up the International Hydrological Programme. At present, the professional community around water includes the Global Water Partnership, the International Water Association, the International Water Resources Association, the International Network of Basin Organisations, the Global Water System Project, the UNESCO-IHE Institute for Water Education, and many others. However, in contrast to other fields of research—such as climate change—professional circles around water do not constitute a well-defined epistemic community with a formal political mandate, nor do the professionals feed advice through formal channels into the governance process.

The preceding overview reveals the diffuse, heterogeneous, and fragmented character of today's GWG. A number of top-down, bottom-up, network, and side-by-side governance elements exist in parallel. The overall picture can be characterised as one of mobius web-type governance. Some initiatives are centralised, while others are decentralised. Some have a strongly global character, while others tend to be predominantly regional. No centralised UN agency is authorised to make policy, and UN Water as a platform for collaboration among UN agencies does not have a strong mandate. There are no indications of an emergent global leadership. Water is thus a rising issue of global governance characterised by comparatively young and immature structures and processes that have slowly evolved over the past two decades.

This immaturity is strange given that global governance has developed relatively more rapidly in other policy fields, such as the depletion of the ozone layer and climate change. There, formal links with organised epistemic communities have been arranged. This fuller development may have occurred because ozone depletion and climate change were both from the start perceived to be global problems that call for global governance. These challenges could not be addressed unless everyone participated in one way or other. Moreover, both problems called for the reduction of specific emissions—namely, ozone-depleting substances and greenhouse gases. Relative clarity of focus made it easier to generate concentrated governance programs. At the same time, mitigation strategies could focus on relatively simple technological solutions—for example, the phaseout of ozone-depleting substances and the reduction of [CO_2] emissions.

Obviously, this characterisation oversimplifies both of these cases of global governance. The actual picture is more complex, and these complexities have made climate governance increasingly more diffuse at the global level. Nevertheless, water is different from ozone depletion and climate change.

For example, water issues are "creeping problems," having developed into global problems slowly over the centuries, whereas ozone and climate questions have become acute in a matter of decades. Moreover, the global character of water problems is not always evident: local water problems can be addressed locally.

Although up to 2 billion people have poor access to potable water and sanitation services, this problem is not seen as dramatic. Nor are matters of water distribution susceptible to "easy" technological solutions. Awareness of the global dimension of water-related problems and the need for global governance processes to address them is only slowly emerging. In addition, the cross-sectoral character of water (across developmental, environmental, economic, and security dimensions) hampers the development of a well-structured and clear-cut global governance system.

Future Scenarios for GWG

As seen in the preceding discussion, water is an emergent problem of global public policy whose governance is so far characterised by a mobius-web structure. The various global initiatives developed to date appear to compete for influence rather than move toward coordination. This competition may be appropriate and fruitful in an early stage of developing governance.

However, for the longer-term future it becomes necessary to consider different arrangements and their potential for dealing with increasingly urgent challenges of sustainable global management of water resources. To this end the following paragraphs elaborate scenarios that are alternative projections of the future of GWG. Scenarios are a useful way to understand how driving forces may shape future developments, to assess the associated uncertainties, and to prepare for these circumstances.

Based on current trends, four possible future directions for the development of GWG can be identified. These include (1) global policymaking through informal, decentralised, and market approaches;

(2) global policymaking with a focus on formal treaties and centralised agencies; (3) regional, multilevel policymaking; and (4) state-centred regional policymaking. It should be noted here that these are stylized ideal-typical scenarios that cannot take into account all nuances of possible developments. Clearly there may be informal networks that are centralised and formal bodies that are decentralised. The four scenarios are explained in the following paragraphs.

In scenario 1, the future GWG apparatus would be global, informal, decentralised, and privatized, involving multiple competing or complementary multilevel initiatives. This scenario would take forward trends since the 1990s of multiple global initiatives, mostly undertaken by nonstate actors and the UN system. The resulting situation would be one of fragmented governance with partly competing and partly complementary platforms and initiatives. One can conceive of a growing competition between such initiatives (e.g., the World Water Forums, World Water Week, the World Water Council, the International Water Association, UN Water, and the ILA), without the dominance of one process or actor. Alternatively, one (formal) actor could take the lead and support collaboration between complementary efforts. However, such collaboration is unlikely to emerge without leadership. Scenario 2 also envisions highly globalised governance, but with an emphasis on formal treaty-based regimes. Apart from the UN conventions on the sea and on watercourses, other relevant global treaties cover a range of issues like climate change and trade. Increasing pressures on water resources and increasing unhappiness with the diffuse and unclear nature of mobius web-like approaches could raise the pressure to develop more formal treaty-based global governance.

Scenario 3 would shift the centre of gravity in GWG from the global to the regional level, albeit in a context of continuing to develop multilevel arrangements. In a multispeed world, where parts of the globe have advanced systems of regional cooperation while others lack them, some parties may prefer to regulate water issues at a regional level. Regionalists may fear that agreements at the global level do not go far enough or that global arrangements may neglect region-specific contexts. An example of a regional, multilevel agreement is the EU, with its harmonized joint legislation on water issues (e.g., the Water Framework Directive).

Scenario 4 would likewise see more region-centred GWG, but this time with greater initiative centred in states. In effect, this would mean returning GWG to the pattern that prevailed before the 1990s, when states would negotiate treaties with neighbouring states on the basis of narrow national interests. While a trend since the 1990s has seen moves to consolidate earlier arrangements in global agreements, the rise of terrorism and the return to unilateralism by the United States, as well as fears of the impact of climate change on national water systems, could take the focus back to state-centred management of water issues. None of these four scenarios for future GWG is by itself sufficient to address global water issues. A combination of global informal networks and markets (scenario 1) and a global treaty approach (scenario 2) may have the potential to do so, since it combines global coordination with flexibility and adaptive negotiation spaces. Formal regulatory approaches at the global level (scenario 3) tend to remain rather vague and face tremendous difficulties in triggering real action, as the experience with the implementation of UN conventions in the water sectors or the MDGs show. However, they create valuable political commitment as the basis for further multilateral and regional activities.

State-centred regional activities (scenario 4) are likely to continue playing an important role in water governance but are not suitable for addressing the GWG challenges at hand. To embed these scenarios for GWG in a wider context, they can be linked to other scenario work undertaken by the Intergovernmental Panel on Climate Change (IPCC) in 2000, by the Millennium Assessment (MA) in 2005, and by the fourth Global Environment Outlook (GEO) in 2007.

The IPCC developed four scenarios, named A1, A2, B1, and B2. The A1 scenario is broadly in line with GWG scenario 1. It assumes a future with rapid economic growth, rapid technological change, a peak in global population in the middle of the twenty-first century, and increased cultural and social convergence among regions. The IPCC's A2 scenario visualizes a heterogeneous world where countries and people focus on self-reliance and local identities, rather on the lines of GWG scenario 4. In IPCC's B1 world, regions converge toward a service and information society, there is much focus on environmental impacts, and governance promotes sustainability and equity. The emphasis on global solutions broadly mirrors GWG scenario 2. The B2 scenario focuses on decentralised solutions emphasizing local routes to sustainability, which again goes in a similar direction as GWG scenario 4.

The MA also developed four scenarios for the future. One, dubbed Global Orchestration, is broadly in congruence with GWG scenario 1.

It focuses on sustainable development and fair trade, with enhancement of global public goods and global education. A second MA scenario, called Order from Strength, shows significant similarities with GWG scenario 4. It focuses on conservation efforts such as reserves, regional trade blocs, security, and protection and is highly regional in character. The third MA scenario, labelled Adapting Mosaic, largely corresponds to GWG scenario 3.

It assumes a focus on local and regional comanagement owing to discredited global institutions in a rather fragmented world. The fourth MA scenario, Techno Garden, shows considerable overlap with GWG scenario 1, with its market-oriented and informal character. It emphasizes green technology, tradable rights, free movement of goods, technical expertise, and the like.

The GEO of 2007 explores four scenarios in a somewhat different manner. The scenarios mainly distinguish between different types of interactions between state and nonstate actors and their performance on environment and sustainability issues. The scenario dubbed Policy First relies on top-down approaches to environmental governance. Here, government implements strong policies to improve environmental and human well-being with the support of private and civil society actors.

This scenario has similarities with GWG scenarios 2 and 4. The GEO scenario Sustainability First has government, civil society, and the private sector collaborating to improve environmental and human well-being, with a strong emphasis on equity. With its implicit reliance on informal and decentralised processes, this GEO scenario has similarities with GWG scenarios 1 and 3. A third GEO scenario, called Security First, focuses on national and regional actors as is the case in GWG scenarios 3 and 4. It envisions government and the private sector competing for control in efforts to improve, or at least maintain, human well-being, mainly for the rich and powerful in society. Finally, the GEO scenario called Markets First, emphasizes decentralised and informal market mechanisms at the expense of centralised and formalised policy interventions and therefore overlaps with GWG scenarios 1 and 3. Here the private sector, with active government support, pursues maximum economic growth as the best path to improve environmental and human well-being.

Like the GWG scenarios, the IPCC and MA scenarios (but not the GEO scenarios) make more or less clear distinctions between the four opposing trends that were identified earlier in this chapter: global versus regional, centralised versus decentralised, formal versus informal, and state versus non-state. The comparison of scenarios shows that the exploratory analysis of GWG scenarios is generally in line with other projections of future global environmental governance. The comparison also shows that global scenarios differ in the kind of emphasis they give to different elements of governance and the kind of development they consider to be plausible. However, further research may reveal more inconsistencies. Perhaps scholars working on scenarios for global environmental governance (including in respect of water) should strive for a more consistent terminology. Such a terminology should not reduce the diversity of approaches but rather allow comparing why and how they differ.

It is unclear how actual future GWG will develop in relation to the different scenarios. What is clear is that a number of activities are taking place on a number of fronts. Each has advantages and disadvantages. A state-centred approach appears to be outdated, but given the crucial importance of water as a politically sensitive resource, many governments will be reluctant to cede control to fluvial or global-level regimes. Yet a state-centred multilateral regime may inhibit the development of cooperative norms and instruments for the global management of water. Since world regions are in different stages of development, it is likely that water will be treated more as a regional issue and that each region will address the problem within its existing capabilities. A pluralist, global, multiactor approach may work well in the developed countries, where institutional processes exist to ensure accountability of the key actors, but there are major doubts about whether such processes can function well in the developing countries.

In this chapter, we have developed a conceptual framework for analysing global governance of water. Our analysis of GWG, as well as the development of future projections, has identified clear challenges for global governance scholars. Emphasis needs to be given to cross-level interactions, the development of consistent terminologies, and the construction of a framework that allows better comparative analysis. Our analysis of present circumstances concludes that GWG is currently diffuse and mobius web-like in character. A lack of strong motivation on the part of UN agencies and states to push water management has encouraged the rise of pluralistic bodies that try to deal with these issues. However, it is not clear that these polycentric governance frameworks can be more successful in generating the necessary political will for global action. Some kind of formal global coordination is required in tandem with more decentralised network and market-based approaches.

However, further questions remain that lie beyond the scope of this chapter. For example, can effective and legitimate global governance systems for water be developed in a world of decreasing social solidarity and increasing economic and environmental stress? What kind of frameworks for global governance of water should be advocated from a normative perspective, as against the purely analytical approach maintained in the present discussion? Hopefully, the theoretical exploration we have undertaken will stimulate further research along these and other lines into this vital question of global resource management.

Chapter 4

Water Policy: Distributive vs. Regulatory Solutions

Since the mid-1970s, the depletion of the Ogallala aquifer has captured nationwide attention. Responding to predictions that groundwater mining would provoke a regional disaster with national consequences, Congress formed the High Plains Study Project in the mid-1970s to assess the Ogallala water basin situation and to study various management and water supply strategies. The High Plains Study Council's findings and recommendations, released in the mid-1980s, stimulated numerous interpretive articles and critiques. At the national level, the focal concern has been: Is the Ogallala going dry? At the regional level, however, the more critical question has been: Where is the Ogallala going dry? In response to the second question, the areas at greatest risk are those south of the Canadian River in Texas and New Mexico. Throughout most of the high plains, the volume of water being pumped for irrigation (and not natural recharge) presents the greatest problem. Although groundwater depletion is inevitable for most locations, the average specific yield for the high plains aquifer is only about .15 inches.

This means that 15% of all water available in the aquifer can be recovered with irrigation pumps. If United States Geological Survey projections of future groundwater pumpage prove correct, the southern high plains will experience severe consequences from depletion before 2020. The response to that prediction has been the proposed combination of three management strategies: voluntary conservation, mandatory regulation, and augmentation of existing supplies through importation. As we move toward the end of the twentieth century, the debate over the efficacy of these three strategies (and others) continues. Currently, voluntary conservation is the most popular and most widely-practiced option within the region, but it is not the most effective remedial approach to the continuing problem of water depletion.

As part of a statewide survey on New Mexico water policy preferences, we identified determinants of support and opposition to these three management options. Preceding the presentation of our findings is a section on related research. After a discussion of the data and methodology of our statewide survey, we offer an analysis of those data within the context of the history of groundwater management processes in New Mexico. The chapter concludes with a discussion of the implications of management strategy choices for the survival of the Ogallala water basin within New Mexico.

Related Research

Water policy preferences are dependent partially on perceptions of water's value. While some economists argue that water is a commodity that is managed most efficiently according to market criteria, research by others highlights the importance of community values, or what has been called the "water is different syndrome". Since water often has symbolic, aesthetic importance, a policy that restricts its use may encounter resistance. This is not to suggest that all water uses are valued equally; in fact, Rose (1976) has found that, while there is general agreement among the public in ranking priorities of water use, there is no consensus on how different water uses are valued.

Ingram has drown a further preferential distinction, noting that "the key attribute of water as a political issue is its basis in a locality." Perceptions vary between those individuals or groups who prefer policies designed to protect and enhance their investments and those whose preferences are guided less by personal investment and more by factors such as political ideology or socioeconomic status. A number of surveys appear to substantiate this distinction. For example, variations in levels of concern and awareness about water issues are evident in comparisons of rural and urban respondents, of public officials and the general public, and between regions within the Ogallala.

The policy literature suggests a different focus, even though it has been operationalised rarely in survey research. Building upon Lowi's typology of public policies, Ripley and Franklin (1982) contend that policy preferences vary according to policy type. Ideology plays a larger role as one moves from distributive to regulatory or redistributive policy arenas. Debate over distributive policy tends to be pragmatic and nonideological, whereas both regulatory and redistributive policy debates often involve ideological coalitions that exhibit consistent patterns of support or opposition. For example, both business and agricultural interests in arid regions have preferred voluntary rather than mandatory water policies. But, do these groups support voluntary policies because they are opposed ideologically to regulatory policies, or simply because they are trying to protect personal investment? In this example, the relative influence of these factors is unclear.

The distinctions among distributive, regulatory, and redistributive policy arenas are crucial. A distributive policy is one that provides or appears to provide specific benefits to specific groups without regard to limited resources or to the policy's impact upon third parties. There is little opposition to distributive policies among their beneficiaries, and debate over these policies tends to be pragmatic, rather than ideological. Irrigation projects, for example, can be seen as desirable because they promote the economic development of water-short regions. Potential beneficiaries may compete against one another for government assistance, but often resolve differences by mutual accommodation strategies such as logrolling - an agreement to support another's proposal in exchange for support of one's own proposal.

A regulatory policy regulates the behaviour of a defined group. Regulatory policies are similar to distributive policies in that they also provide benefits to specific groups, but these benefits usually result from policies that protect established interests. For example, privately-owned water rights are regulated by state governments throughout the United States. The western states recognise a prior appropriation doctrine, which follows two basic principles: (a) that the first user (appropriator) in time has the right to take and use water; and (b) that this first right to the water continues in perpetuity as long as the appropriator puts the water to beneficial use.(2) Owning a senior, or older, water right provides significant benefits in times of shortage, because water must go first to the possessors of those rights - even if this allocation leaves other users with no water supply. Over the years, prior appropriation systems in some western states have been modified significantly, but regulatory distinctions between types of users still exist, and thus so do conflict between users.

A redistributive policy involves reallocating resources among broad categories of citizens by providing benefits to some water users at the expense of others. Using interbasin transfers of water as an example, moving water can be seen as a redistributive policy because it transfers water - and its attendant benefits - from areas of origin to areas of destination. The distributive politics of the reclamation era no longer dominate federal water policy. Interbasin transfers of water, often enabled by porkbarrel legislation, have been criticized severely by a wide array of policy actors, including libertarian economists, environmentalists, and area residents. The impact of these critiques is evident in state and federal legislative arenas, where relatively few large projects have been authorised in the last ten years.

In policy terms, the importation of water is evaluated increasingly according to the rules of the redistributive policy arena. That is, debate centres upon the potential for equitable distribution of costs and benefits. There is little empirical evidence about the proportion of individuals who view importation as a redistributive, rather than a distributive, policy option, but it is likely that residents within a region such as the Ogallala will support any measure that will enhance the distribution of benefits to the region. However, the increasing controversy surrounding importation suggests that the level of support for importation also will be influenced by the residents' perceptions of the fairness and cost efficiency of that water management strategy.

During the summer of 1983, an extensive questionnaire was mailed to approximately 1000 New Mexico citizens statewide. The sample, hereafter referred to as "water experts," was generated from the New Mexico Water Resource Research Institute's (WRRI) master mailing list, the New Mexico Municipal League's Directory of New Mexico Municipal Officials, The Official New Mexico Blue Book, The New Mexico Soil and Water Conservation District 1982 Directory, and a listing of registered lobbyists. Because the WRRI list included a disproportionate number of academic researchers, a shorter list of academics was obtained via a stratified sampling technique: At least one representative from each listed academic department was included, but departments with a large number of water researchers - e.g., agricultural economists at New Mexico State University - were limited to no more than five potential respondents. In addition, a special effort was made to include Native American Indian officials, because very few Indians appeared to be included on the lists mentioned above. Finally, the questionnaire also was sent to the 118 members of the state legislature.

Respondents included Ogallala (East) region residents (n = 82) and other New Mexico citizens (n = 425) from outside the region. For purposes of subsequent analysis, non-Ogallala (East) respondents were divided into three subregions: Central/Northcentral, South, and

West. The survey response rate of 49.3% yielded a total sample of 507 completed questionnaires.

The questionnaire was designed to profile water expert preferences in New Mexico for alternative water management institutions, policies, and programs. Survey items asked respondents' opinions and knowledge about a variety of water policy issues: perception of water scarcity; the future adequacy of regional water supplies; the identification of New Mexico's most important water problems; preferences for private water rights; preferences for water management solutions, as well as attitudes on recreation use and the rights of rural water users and other citizens; the protection of traditional water practices; and knowledge of the state's litigation with El Paso, Texas.

For the purposes of this chapter, our analysis was focused on those questionnaire items requiring respondents to indicate their preference for each of three water management strategies (voluntary conservation, mandatory regulation, and augmentation of existing supplies through water importation), by choosing one of four options on a Likert-type scale ranging from "strongly favour" to "strongly oppose." Respondents also were asked to provide additional comments about those strategies in open-ended questions.

We developed scales of support for the three Ogallala management strategies, and assigned scale scores to each respondent using a rank-distance scaling approach. Therefore, a respondent's scale score was a relative, rather than absolute, ranking of preference. Multiple classification analysis was used to assess the determinants of support for these water policy options while controlling for eight independent categorical variables: familiarity with groundwater problems in eastern New Mexico, region of residence, irrigator/nonirrigator status, educational attainment, income, age, political ideology, and length of residence.

Hypotheses

Following Lowi (1970), we expected that support for a water policy would be pragmatic and nonideological when that policy was perceived to be distributive; but, if the policy was considered to be regulatory or redistributive, ideological factors would affect the level of support. We anticipated minimal variations in ideological support for voluntary conservation, because this policy would be perceived as distributive. This particular option would be supported primarily because it was voluntary, not because it was thought to be more effective than other options. In Lowi's terms, distributive policies engender support primarily because the likelihood of coercion is remote. Within the Ogallala region of New Mexico, we predicted that respondents would view water importation as a distributive policy that allots benefits equitably to eligible participants. In contrast, importation would be characterised as a redistributive policy by non-Ogallala east region residents, who would be more concerned about equity and efficiency.

Groundwater Rights, Water Scarcity, and Water Management in New Mexico

New Mexico applies the prior appropriation doctrine to both groundwater and surface water. To establish a right to appropriate groundwater, first one must obtain a permit from the state engineer. These permits are required for access to declared basins, which are water(s) of underground streams, channels, artesian basins, reservoirs, or lakes. Outside a declared basin, one can establish a right to appropriate groundwater simply by diverting the groundwater for beneficial use. However, the state legislature has not defined what constitutes a beneficial use, nor has it developed priorities between uses.

The administration of water rights in New Mexico is the jurisdiction of the state engineer, who must insure that the waters of New Mexico remain under state control and are used in the most effective manner. The engineer must settle conflicts involving competing water uses, whether in the allocation of unappropriated waters or the transfer of water rights - a job that requires an awareness of the paramount necessity to preserve the delicate balance between present use and future needs. In administrating water rights, the state engineer is constrained by hydrological factors, as well as by state and federal laws. The state engineer does not issue permits limited to a specified number of years, although hydrologic conditions sometimes dictate that result. For example, the extraction of water from closed aquifers (such as the Ogallala) depletes nonrenewable resources. Since the resource is finite, its depletion will result in the eventual loss of water rights in that area. Permits for water from these aquifers, then, are valid only for the number of years the water basin exists.

Water scarcity is not a new problem, but it promises to worsen as the demand for water expands. In the last 80 years, New Mexico's population has more than tripled; and this population, once widely dispersed, is now concentrated in urban areas. Most of the state's water has been appropriated, so there are mounting pressures to increase the marketability of water rights by transferring water to higher-economically-valued uses in nonagricultural areas. The increase in urban demand for water has led many observers to criticize as economically inefficient the prior appropriation system that protects the senior water rights of irrigators. Currently, irrigated agriculture uses the greatest amount of water in both absolute and percentage terms. Total agricultural use, which includes irrigated agriculture, livestock, and stockpond evaporation, accounted for 77% of total water withdrawn in 1985.

According to some experts, making water rights more marketable is a form of conservation. Thus, the definition of water conservation is being transformed from one that means simply a reduction in the quantities of water being consumed, to one that incorporates the concept of economic efficiency. Economists and conservationists argue that the federal and state governments have subsidized heavily inefficient uses of this natural and limited resource, and that the removal of these subsidies would raise the cost of water and thus create market incentives for conservation.

Where water already is scarce, as it is in New Mexico, the pressure to focus on present, rather than future, uses is strong. Although generally acknowledged as an important goal, ensuring usable water resources for future generations is protected insufficiently by policy or voluntary practice. Yet, because today's crises presage tomorrow's disasters, the value of long-term management of water is expressed more earnestly and more often than it has been in the past. It is within this context of water usage and scarcity that we begin our analysis of support for three water management strategies.

Support for Water Management Strategies

The policy of voluntary conservation through application of proven technology was favoured strongly - by well over 50% of the respondents, regardless of region. Analysis of open-ended responses suggested that many respondents equated voluntary conservation with a market solution. Their decision to conserve was influenced by the rising costs of pumping water, and they preferred this kind of voluntary and market-driven response over mandatory government regulation. Irrigators - a subset of these respondents - indicated that the cost of irrigating their crops was a greater concern to them than was the depletion of groundwater; this finding is consistent with the results of a recent study of irrigators in the Kansas, Nebraska, Texas, and Oklahoma portions of the Ogallala.

Support for mandatory regulation was considerably lower, regardless of region of origin. However, a larger proportion of Ogallala respondents favoured this water management option - 25.6%, versus 5.9%; this may indicate a weakening of the overwhelming opposition to this strategy within the affected region. Residents of the Ogallala East region also were more likely to favour importation as a water management strategy (62.2%) than were residents outside the region (45.2%). This finding is consistent with the more recent six-state Ogallala study by Kromm and White (1987).

Determinants of Support for Voluntary Conservation

Familiarity with groundwater problems in the Ogallala region of New Mexico was a strong predictor of support of voluntary conservation. Moreover, the stable eta-to-beta transitions in each subcategory suggest that the influence of this variable was independent of the influence of all other independent variables. Support for voluntary conservation was highest among respondents in the West region and lowest among respondents in the South. At the same time, support levels were average - that is, relatively close to the grand mean - in both the Ogallala East and the Central/Northcentral regions.

Income appeared to be related directly to support for voluntary conservation, but the relationship across subcategories was unclear. Neither did education show any distinct pattern in support. In contrast, age did appear to influence support for voluntary conservation; Younger respondents exhibited the highest levels of support, and the oldest respondents the lowest levels. As expected, political ideology did not appear to influence support for voluntary conservation. The variations between adjusted and unadjusted estimates for length of residence and irrigator variables suggested that they also were not strong predictors of preferences for voluntary conservation.

Determinants of Support for Mandatory Regulation

Mandatory regulation was highly supported by short-term Central/ Northcentral region residents who were least familiar with groundwater problems in the Ogallala East region. Nonirrigators also appeared to support mandatory regulation, but considerable variations between the unadjusted and adjusted deviation scores suggest that other factors were more important in determining that support.

In contrast to findings on voluntary conservation, political ideology and related socioeconomic status characteristics were strong predictors of support for mandatory regulation. Specifically, respondents who identified themselves as politically liberal, who had less than a high school education, and who earned between $20,000-$30,000 tended to favour a regulatory approach. Conservative respondents with incomes above $50,000 showed lower levels of support for mandatory regulation. Support for mandatory regulation clearly also varied by region. Acceptance of mandatory regulation was lowest among respondents in the areas most likely to be subject to groundwater regulation (Ogallala East and West regions). Throughout the 1980s, in New Mexico, opposition to the enactment and enforcement of regulatory policies has been strongest among older, conservative, and longtime residents of these regions.

A review of the open-ended responses explains the rationale for opposition to mandatory regulations. A number of respondents saw groundwater problems as unsolvable, and the implementation of solutions as too belated, to affect the situation significantly. Given the fact that rising pumping costs had prompted many farmers in the Ogallala East region to return to dryland farming, other respondents viewed market forces rather than regulation as a preferable and adequate solution to the depletion of groundwater reserves. Others noted that regulations were unfair unless similar restraints were imposed upon water users in the contiguous states of Oklahoma and Texas. Finally, some respondents argued that incentives such as a no-till tax deduction would have been more effective than regulations that tend to be both punitive and enforced selectively.

Table: Support for Voluntary Conservation

Independent Variable	n	Unadjusted Deviation (eta)	Adjusted Deviation (beta)
Familiarity with Ground Water Problems			
Very Familiar	135	.25	.25
Somewhat Familiar	227	-.07	-.04
Not at all Familiar	88	-.22	-.28
		(.14)(*)	(.15)(*)
Region of Residence			
Eastside (Ogallala)	75	.01	.01
Westside	48	.13	.21
South	108	-.21	-.20
Central/Northcentral	219	.07	.05
		(.10)(*)	(.10)(*)

Irrigator			
No	312	.02	-.01
Yes	138	-.04	.02
		(.02)(*)	(.01)(*)
Education			
High School or Less	43	-.18	.01
Some College	61	-.40	-.25
College Graduate	110	.22	.17
Graduate Study	236	.03	-.02
		(.16)(*)	(.10)(*)
Income			
[less than] $20,000	72	.06	.15
$20,000-$30,000	138	-.29	-.29
$30,001-$40,000	105	.11	.05
$40,001-$50,000	55	.21	.19
[greater than] $50,000	80	.14	.17
		(.16)(*)	(.16)(*)
Political Ideology			
Liberal	91	-.03	-.09
Moderate	177	.07	.07
Conservative	182	-.05	-.02
		(.04)(*)	(.05)(*)
Age			
18-34 years	89	.20	.20
35-49 years	171	.01	.03
50-64 years	149	-.02	-.07
65+ years	41	-.41	-.30
		(.12)(*)	(.11)(*)
Length of Residence			
Shortest	72	.26	.17
Short	90	.12	.04
Moderate	93	-.01	.01
Long	99	-.24	-.17
Longest	96	-.05	.01
		(.13)(*)	(.09)(*)

Notes: (*) p [less than] .01; grand mean = 3.83; multiple [R2] = .097; multiple R = .312.

Table: Support for Mandatory Regulation

Independent Variable	n	Unadjusted Deviation (eta)	Adjusted Deviation (beta)
Familiarity with Ground Water Problems			
Very Familiar	135	-.18	-.13
Somewhat Familiar	227	.10	.05
Not at all Familiar	88	-.01	.09
		(.10)(*)	(.07)(*)
Region of Residence			
Eastside (Ogallala)	75	-.40	-.28
Westside	48	-.20	-.17
South	108	.09	.09
Central/Northcentral	219	.14	.09
		(.17)(*)	(.12)(*)
Irrigator			
No	312	.06	.01
Yes	138	-.14	-.01
		(.08)(*)	(.00)(*)
Education			
High School or Less	43	-.31	-.14
Some College	61	-.13	-.04
College Graduate	110	-.17	-.10
Graduate Study	236	.17	-.24
		(.15)(*)	(.07)(*)
Income			
[less than] $20,000	72	-.02	.04
$20,000-$30,000	138	.19	.20
$30,001-$40,000	105	-.03	-.04
$40,001-$50,000	55	-.04	-.14
[greater than] $50,000	80	-.23	-.24
		(.12)(*)	(.13)(*)
Political Ideology			
Liberal	91	.38	.26
Moderate	177	-.06	-.06
Conservative	182	-.13	-.07
		(.16)(*)	(.11)(*)

Age			
18-34 years	89	.08	-.25
35-49 years	171	.07	-.06
50-64 years	149	-.15	.11
65+ years	41	.10	.40
		(.09)(*)	(.15)(*)
Length of Residence			
Shortest	72	.31	.32
Short	90	.23	.24
Moderate	93	.11	.13
Long	99	-.07	-.10
Longest	96	-.48	-.49
		(.23)(*)	(.24)(*)

Notes: (*) p [less than].01; grand mean = 3.24; multiple R^2 = .122; multiple R = .349.

Determinants of Support for Water Importation Ideological and regional preferences also influenced opinions on the importation of water from nearby regions. Support for water importation was relatively high among politically conservative respondents, especially in the Ogallala East region. Again, this finding is consistent with the study by Kromm and White (1987), which found that a majority of New Mexico Ogallala East region respondents favoured water importation as a management strategy. In contrast, respondents who identified themselves as political liberals living outside the Ogallala East region and who were also short-term state residents exhibited the lowest levels of support for water importation. Further regional variations also were evident. Respondents from the water-rich Central/Northcentral region clearly opposed importing water into the Ogallala East region.

In a number of open-ended comments, those respondents familiar with the history of interbasin transfers of water in the Ogallala East region expressed support for importation but doubted its feasibility, realising that such a solution was unsound fiscally and impractical politically. These findings suggest that strong support for importation could be expected only from the Ogallala East region, and, more generally, from long-term residents. This policy option, however, would have encountered significant opposition from politically liberal non-Ogallala East residents and individuals most familiar with groundwater problems. More than 75% of the respondents favoured voluntary conservation over mandatory regulation or importation as solutions to water management problems in New Mexico. The popularity of the voluntary conservation option rested on its voluntariness, rather than on expectations of its effectiveness. These findings support Lowi's argument that distributive policies engender support primarily because the likelihood of coercion is remote (Lowi, 1970). Southern New Mexico was an exception to this generalisation. Attempts by El Paso, Texas, to import water from this area of New Mexico influenced this preference. Within this group of respondents, mandatory regulations drew higher levels of support than did voluntary strategies. For these New Mexico residents, who view the importation policies of an adjoining state as a threat, regulatory policies, in comparison, appeared to promise greater protection of their interests.

Given the strong support for voluntary water management measures, coercive policies are less likely to be enacted as an initial response to the problem of water scarcity in the Ogallala region. Predictably, the opponents of regulation tend to be those whose water use most likely would be regulated. Generally confident about their knowledge of groundwater problems and their remedies, these respondents opposed regulatory approaches as unnecessary, ineffective, or inequitable in their distribution of benefits. Irrigators, however, were not opposed uniformly to regulation, and represented a relatively heterogeneous group - a finding consistent with the recent study of non-New Mexico Ogallala irrigators by Kromm and White (1990a). The variety in their perspectives may be explained by significant hydrologic, geographic, and cultural differences.

Table: Support for Water Importation

Independent Variable	n	Unadjusted Deviation (eta)	Adjusted Deviation (beta)
Familiarity with Ground Water Problems			
Very Familiar	135	-.08	-.12
Somewhat Familiar	227	-.04	-.01
Not at all Familiar	88	-.22	.21
		(.09)(*)	(.09)(*)
Region of Residence			
Eastside (Ogallala)	75	.42	.31
Westside	48	.08	-.04
South	108	.12	.11
Central/Northcentral	219	-.22	-.15
		(.19)(*)	(.14)(*)

Irrigator			
No	312	-.08	.01
Yes	138	.18	-.01
		(.10)(*)	(.00)(*)
Education			
High School or Less	43	.47	.10
Some College	61	.51	.27
College Graduate	110	-.04	-.06
Graduate Study	236	-.20	-.06
		(.23)(*)	(.09)(*)
Income			
[less than] $20,000	72	-.06	-.19
$20,000-$30,000	138	.10	.09
$30,001-$40,000	105	-.07	-.01
$40,001-$50,000	55	-.15	-.05
[greater than] $50,000	80	.08	.06
		(.07)(*)	(.08)(*)
Political Ideology			
Liberal	91	-.36	-.18
Moderate	177	-.01	-.01
Conservative	182	.19	.10
		(.17)(*)	(.08)(*)
Age			
18-34 years	89	-.29	.03
35-49 years	171	.07	.03
50-64 years	149	.17	-.04
65+ years	41	.33	-.07
		(.16)(*)	(.03)(*)
Length of Residence			
Shortest	72	-.56	-.46
Short	90	-.34	-.27
Moderate	93	.09	-.11
Long	99	.29	.24
Longest	96	.53	.47
		(.32)(*)	(.27)(*)

Notes: * p [less than].01; grand mean = 2.21; multiple [R2] = .153; multiple R = .391.

Proponents of a regulatory approach tended to be liberal, urban residents whose personal investment in water resources was relatively low. These individuals also disproportionately were short-term residents, strongly supportive of a regulatory approach, and strongly opposed to importation solutions. This finding has particular significance for rapidly-growing sunbelt states with expanding urban sectors, such as New Mexico. The increase in their urban population may lead to unprecedented demands for regulatory water policies. Our findings relating to advocacy of mandatory regulation support Lowi's depiction of the regulatory arena, with some modification. As Lowi notes, "The impact of regulatory decisions is clearly one of raising costs and/or reducing or expanding the alternatives of private individuals". Although Lowi (1964) also predicts that regulatory decisions are cumulative, largely along sectoral lines of the economy, we found that in regulatory water policy arenas, these lines are not drawn strictly according to sectors of the economy. Instead, sectors are defined more strongly by variations in geography, water supply, and personal investment in water-dependent activities.

Augmentation strategies exhibited similar patterns. In our study, individuals with considerable personal investment tended to support importing water from nearby regions. However, familiarity with groundwater problems seemed to weaken support for importation. Interestingly, we also found considerable support from conservatives for importation strategies, which inevitably would have been financed and built by the government at considerable cost and expense. A possible explanation for this preference is that some respondents, most notably long-term and Ogallala East residents, continued to perceive importation in distributive terms. For example, a number of respondents argued that it was the government's duty to provide sufficient water for the region's survival. Others noted that interbasin transfers had benefited other regions, and therefore should be an equally available option for the Ogallala East region. In contrast, opponents viewed this strategy in redistributive terms. For example, many respondents contended that importation unjustly would provide benefits to the Ogallala East region at high expense to all taxpayers. Others were concerned seriously about the environmental impact on the areas of origin. Therefore, variations in perceptions of policy type - distributive, regulatory, and redistributive - appeared strongly to influence support for importation and policy preference in general.

Although our multivariate analyses explain a modest amount of variance in strength of support for the three policy options, consistent preference patterns emerge that may help predict the future. As an increasing number of residents realise that water is relatively finite and that reallocation entails significant costs, controversy over water and its management is likely to intensify.

In this chapter, an attempt has been made to survey the political landscape of water policy preferences in a systematic fashion. Unfortunately, it is a bleak vista. Solving the problems of the Ogallala remains an unfinished and important challenge. Throughout the 1980s, water users in the Ogallala East region of New Mexico tended to oppose mandatory regulatory policies, even though regulation offers the strongest guarantee of conserving groundwater resources for future generations. Mandatory regulation did enjoy considerable support among many water experts, and inevitably may become a more preferred option as groundwater depletion escalates. Support for importation is unlikely, in part because of considerable opposition to this strategy by an identifiable coalition of interests outside of the region. Voluntary conservation has enjoyed the strongest support, despite its low effectiveness in preventing the inevitable depletion of groundwater reserves in parts of New Mexico and Texas. In retrospect, the persistent preference for voluntary conservation has become part of the problem, rather than its remedy.

Drought Crises and Other Matters

In the fabric of U.S.-Mexico border water management, the 1944 United States-Mexico Water Treaty is both the warp and the weft. It would be hard to find a document equally central to the day-to-day management of border water or the settlement of disputes when disagreements arise. It is not a stretch to call the treaty a constitutional document, for few documents anywhere are as architecturally central to a policy field. The treaty stipulates the allocation of water from the two major rivers, the Rio Grande and Colorado, and their tributaries, and extends to the Tijuana River as well. It sets the framework for implementing these arrangements, provides instruction on setting priorities for water allocation and dealing with drought as well as sanitation, and establishes the U.S.-Mexico International Boundary and Water Commission (IBWC) to administer its provisions and lead in settling treaty-based disputes. By practice and protocol, on both the Rio Grande and Colorado, the treaty dominates the law of the river.

When it comes to border water, then, the treaty is bedrock. It may be an exaggeration, but certainly not much of one, to see the treaty as practically immutable, as difficult to change in its text as any international agreement to which the United States is party. It is clearly much easier to change the Nonproliferation Treaty than this one; it may be easier still to change the Kyoto Protocol. And while some lawyers argue that international treaties lack the force and weight of domestic law, which may abstractly be true, the argument is practically irrelevant to this treaty whose alteration would affect the implementation of domestic water law and water rights in at least eight states, with secondary impacts on half a dozen interstate compacts or special arrangements for the management of interstate rivers. To use the contemporary rubric of policy studies, the treaty is simply intractable. Or so it appears.

The reasons for this state of affairs are easy to spot. First and perhaps most obvious, the treaty deals with water. Water is not just the staff and elixir of life, it is property. And a unique form of property at that. It is fugitive property. Its fluidity as property and its centrality to health and economic well-being historically make water a central point of contention in state-society relations. Whatever balance was struck in whatever society, the role of government in the management of water was usually greater than was true with respect to other natural resources. In the case of the United States and Mexico, while different regimes govern the allocation and disposition of water in each country, water ownership and governance are given special attention in both countries. In the United States, water law is a cardinal and jealously guarded element of states' rights; in Mexico the central state controls water in the national interest. Fundamental changes to these water practices ramify across society, affecting the distribution of wealth and the prospects for further development. They are thus matters of the highest order, inviting considerable public scrutiny, debate, and political conflict. It should be expected, then, that changes to an international treaty governing water entitlements would attract the greatest interest of both governments and their respective societies.

Second, this specific treaty touches the lives and livelihoods of more than seventy million people distributed across seven U.S. and six Mexican states, including all of the ten border states. Where so many international agreements deal with abstract questions remote to the lives of everyday citizens, corporate interests, and units of government, this document tangibly affects what they do, whether they know it or not. And all the critical opinion leaders at every level of government in both countries know it. The scope and reach of the treaty as it sets the limits and possibilities of growth in each country are simply staggering.

Third, and more particular to the United States, the treaty is central to the futures of two of the five most politically and economically powerful U.S. states, California and Texas, each of which has the capacity by itself to effectively veto any federal action related to the treaty. U.S. presidents have followed, not led, these states in negotiations on water relations with Mexico. While the same political dynamics are not in play in Mexico, where politics and policy remain more centralised, it is true that for more than a century the fate of Mexican chief executives has been substantially affected by their ability to safeguard territorial rights and resources. Water has been and continues to be a high-profile resource and a critical emblem of national sovereignty. Placing these sovereign entitlements at risk would most certainly tarnish the historical image of any Mexican president.

And yet, for all its bedrock solidity, despite its centrality, the 1944 treaty is under siege as never before. From 2002 on, the treaty has been assailed with a venom that would be hard to match in any year since 1944. Columnists from the Los Angeles Times to the Dallas Morning News have called for revision to it. The highly respected Christian Science Monitor says "the 1944 Treaty ... urgently needs to he rethought" ("Avoiding a Water War" 2002: 8) Ruben Navarette, lead columnist for the Dallas Morning News opines, "The 1944 Treaty was tainted from the beginning.... What's the solution? Scrap the water treaty and call both parties back to the table to work out a new deal that is better, fairer and takes into account the new realities of the modern world—not to mention the new relationships between the U.S. and Mexico" (Navarette 2002).

Behind the bluster lie some serious concerns. Mexico's failure to deliver on its Rio Grande water commitment, lagging now since 1992, came to a head this year (2003), the first time in three decades a water issue reached the summit of executive attention in both countries—the last occasion being the salinity crisis. The drought crisis is at least partially attributable to vagueness in the 1944 treaty, which as a de facto reality, allows for national differences in implementing the treaty's drought protocol. There are other problems besides drought. Critics worry about the availability of water for nontraditional uses, such as those related to biodiversity and ecological protection. Others fault perceived inadequacies in treaty design for difficulties related to public participation and the IBWC's responsiveness to public interests.

Whether these flaws are fatal and whether the treaty should be junked are to a large degree academic, or maybe we should say foolish, questions. The treaty is here to stay. What is certain is that the 1944 treaty is an older treaty that has the warts and flaws, and possibilities, of older treaties. It was framed at a time when economic development of the classic sort dominated social and governmental thinking. The treaty is unabashedly about development, about harnessing the potential of transboundary streams and rivers for economic benefit. Its priorities are old priorities and in this aspect, in some sense, the treaty's framers looked backward rather than forward. The treaty, for instance, advances navigation as a priority while ignoring ecological uses altogether. Meant to direct the development of these important rivers, it is vague in important areas and exceedingly detailed in others. It makes little provision for strategic planning of water resources, relying on an ad-hoc procedure of problem identification and solution. Notions of sustainability in the modern sense of intergenerational obligations and equitable solutions for all stakeholders were simply not on the table when the document was drafted and ratified; indeed, at the time, the very notion of stakeholder belonged to the Mormons. Crafted at a time of thin social and economic infrastructure in the border community, the treaty dealt with local questions as if they were a monopoly of the federal government.

The upside of the antiquated treaty problem is precisely that the treaty isn't so technically detailed and filled with terms of reference that contemporary negotiators lack the flexibility to interpret its provisions with some discretion—political discretion excepted, of course. The 1944 treaty has but twelve defined terms, almost unthinkable in today's world of diplomatic craftsmanship. Though its text has never been modified, political conditions were attached to its ratification that for all intents and purposes are as fixed as the text itself. Under its provisions for interpretation and operationalisation the treaty has generated 308 minutes, or official construals of its meaning and intent applied to specific matters before the two governments. These minutes address virtually everything within the treaty's range, from financing and construction of joint projects to gauging, accounting, fact finding, hydropower, drought, sanitation, water quality, interagency cooperation, and emergency procedures. The minute procedure has proven a flexible mechanism of binational cooperation, allowing for the application, extension, elaboration, and modification of the treaty's provisions. To better appreciate the possibilities the treaty contains, it is worth a moment to examine several of the more contentious issues before the governments today, including drought, ecological uses, and provision for public participation in binational deliberations related to the treaty. These problems it is fair to say are only partly treaty related; indeed, some would argue with considerable authority that disputes over the treaty language are just symptomatic of these problems and not central to their solution. Perhaps this is so. To the extent that treaty language is seen as a problem, however, solutions can be found, provided the governments have the will and foresight to reach for them. A brief review of each of these issues will flesh out the possibilities and problems of harnessing reforms to the treaty's text.

The Rio Grande Drought

Plagued by upstream shortages on the Conchos, Mexico has failed since 1992 to deliver consistently its minimum annual allotment of 350,000 acre-feet of Rio Grande water to the United States as required by treaty, shorting Texas irrigators and provoking a steady string of censure and rebuke from Austin to the Beltway. Bilaterally, this hue and cry by U.S. interests has produced several congressional resolutions and two high-level agreements, but little water and much misunderstanding. The most to be said of this state of affairs is that it has provided the United States and Mexico their best opportunity in half a century to address lacunae in the treaty regime governing water allocation between the two countries in times of drought.

Drought has been viewed as the Achilles heel of the U.S.-Mexico treaty regime that governs the allocation of water on the Rio Grande and Colorado River (Utton 1999). The 1906 convention dealing with the upper Rio Grande and the 1944 U.S.-Mexican Water Treaty did a fine job of stipulating national entitlements and a poor job of stipulating adjustments during periods of acute water scarcity. Taken as a set, these treaties, quite sensibly, do not adopt a one-size-fits-all approach to drought mitigation, providing in effect separate protocols for drought mitigation, two for the Rio Grande and one for the Colorado. In the event of "extraordinary drought" on the upper Rio Grande, the 1906 convention calls for proportional reductions to each nation's water allocation ("Convention" 1906). For the middle and lower Rio Grande, the 1944 treaty provides for water sharing in the event of "extraordinary drought" where one country has an acute shortage while the other is blessed with abundance ("Treaty" 1944). With reference to Mexico's annual obligation to provide 350,000 acre-feet to the United States, the treaty allows Mexico to incur a debt in a given year provided the debt is repaid as soon as possible. If such debt remains at the end of a given five-year cycle, it may be repaid in the next five-year cycle. The debt is considered repaid when Mexico furnishes the owed amount within one five-year cycle or the next or when the U.S. conservation capacity in two of the several international dams, to include the uppermost dam (Amistad Dam), is filled, whichever occurs first. On the Colorado River the stipulated response to "extraordinary drought or serious accident to the irrigation system in the United States" is simply proportional reduction of each nation's allotted water supply, mirroring the situation on the upper Rio Grande ("Treaty" 1944).

The problems associated with these provisions are largely errors of omission. Neither treaty defines the term "extraordinary drought" found in Article 2 of the 1906 convention and Articles 4 and 9 of the 1944 treaty for the Rio Grande, and Article 10 for the Colorado, effectively leaving the determination in the hands of the upstream party when negotiators for the two countries are unable to agree. In the case of the Rio Grande, where five-year accounting cycles are provided, the 1944 treaty fails to consider the possibility of a drought that continues beyond a two-cycle accounting interval (ten years or more).

While the two countries managed to avoid seriously disputing these terms for most of the life of these treaties, an issue arose in 1994 when Mexico desperately needed water for municipal needs downstream of Amistad Dam. The United States, then also suffering from drought, reluctantly agreed to provide the water, averting a serious crisis. This stay of conflict was short-lived. The treaty shortcomings were drawn into sharp relief in 2001 when Mexico found itself unable to meet its formal obligations on the Rio Grande. Mexico took the position that an "extraordinary drought" prevailed, citing low precipitation and substantial cutbacks in irrigation over preceding years on the Conchos. The United States challenged this interpretation, arguing that Mexican water in storage was sufficient to meet all or part of its treaty obligation and demanding repayment. Two agreements were struck, the first postponing Mexico's obligation quite literally in hope of rain, the second, when Mother Nature failed to cooperate, providing very modest temporary relief to the United States over the summer. In neither case did the two countries manage to resolve the ambiguities of treaty language, though some progress was made in other areas. Other treaty omissions stressing drought management are seen in the implementing provisions embedded in the 1944 treaty. The treaty, in Articles 2 and 24, establishes the IBWC, comprised of two national sections, and invests it with authority for treaty interpretation subject to the concurrence of the governments ("Treaty" 1944). While the treaty provides some criteria for the composition of the commission and its procedural functioning, it is silent on the specific role the commission should play in interpreting the hydrological data it collects bearing on the availability of water in binational streams and rivers. In effect, the IBWC is to operate as a binational accounting agency, monitoring inflows and outflows, assigning credits and debits against each nation's stipulated entitlement, and sharing this information with the member governments. Responsibility for determining what those credits and debits mean for purposes of prognostication and strategic planning does not clearly pertain to the commission. Whether by intention or default, that task rests with the governments. The IBWC's potential as a watchdog and monitor of shortages in our binational rivers is thus circumscribed.

Recent Progress: IBWC Minutes 293, 307, and 308

Three drought-related minutes have been struck by the IBWC since 1995. None were needed in the preceding twenty years, or in the past forty years if we exclude Mexico's shortage on the Tijuana River in 1972. This fact reflects a social as well as hydrological reality. While it is true the current drought may be more severe and regionally diffused than previous events in the past century, it is also true that demand has risen substantially since the last period of regionwide drought in the 1950s.

The good news is that since 1995 binational cooperation on drought in the Rio Grande basin has been strengthened. The bad news is that no real progress has been made in addressing the treaty-based problems mentioned previously or in broadening drought-mitigation efforts borderwide for binational streams and rivers. This is evident in a review of the three IBWC minutes of recent vintage, Minute 293, Minute 307, and Minute 308. The first of these initiatives, Minute 293 signed in 1995, provided a U.S. loan of 81,000 acre-feet of water to Mexico to alleviate acute municipal water shortages in Mexican communities downstream of Amistad Dam (IBWC 1995). Its main features include careful delimitation of the terms of the loan, an emphasis on rapid recovery of the loaned water, heightened binational attention to data sharing on water availability and management practices on the middle Rio Grande, and a modest commitment by Texas of technical assistance for improving water conservation in Mexico. Little in the minute suggests it was meant to be precedent setting or to address broader structural problems beyond resolving the immediate problem at hand.

Minutes 307 and 308 address the more recent dilemma arising from diminished Mexican flows to the Rio Grande, principally those from the Rio Conchos. Minute 307, signed March 16, 2001, responds to a U.S. demand for at least partial repayment of Mexico's treaty deficit of tributary water, estimated then at 1.4 million acre-feet since 1992 (IBWC 2001). It stipulated that Mexico would provide 600,000 acre-feet by July 31, 2001, or failing that, receive an extension through September 2001 or adopt other measures to meet its obligation. It further commits the governments to "work jointly to identify measures of cooperation on drought management and sustainable management of this basin."

When Mexico, in fact, failed to meet its commitment under Minute 307, the two nations struck Minute 308. Signed June 28, 2002, Minute 308 commits Mexico to providing a contingency assignment of 90,000 acre-feet to the United States, with the proviso that should Mexican inflows by October 26, 2002, fail to replace the water released, the United States would repay the difference up to 90,000 acre-feet. Beyond this, the two governments agreed to ask international funding agencies to which they are party to consider financing conservation projects in Mexico to better enable Mexico to meet its downstream commitments, and to increase data exchange on water management in both countries in order to enable the IBWC to "adopt principles and understandings" that would contribute to each nation's ability to meet its treaty obligations. Informally, the two nations also agreed (a) that Mexico's National Water Commission would present the IBWC with "a progress report on its studies concerning drought management planning to support the Commission as a forum under which the proper authorities in each country may coordinate their respective management plans," and (b) "to convene a binational summit of experts and water users from each country for the purpose of providing the proper authorities and stakeholders information concerning sustainable management of the Rio Grande."

The progress seen in these three minutes is substantial. Though the focus is strictly on the Rio Grande basin, the two countries in a span of seven years have moved to embrace the sustainable management of the basin based on a recognised need to support and enhance conservation by various means including international financial assistance, to intensify their sharing of data on water management, and to recognise and strengthen the role of the IBWC in developing principles and procedures that improve binational cooperation in Rio Grande water management as well as its ability to function as a forum for binational cooperation in basinwide water management.

The Binational Challenge

While recent agreements, particularly Minute 308, are promising, much remains to be done if the two countries are to better anticipate and plan for sustained drought. Of central importance in the minds of many stakeholders are treaty-consistent modifications to the binational water management framework that ensure the sustainable development of transboundary water resources. Some of these reforms require little in the way of new formal arrangements between the two countries and are best accomplished through domestic institutions. Improvements in forecasting, the development of federal-state and intrastate drought-management protocols, and improved conservation in the national reaches of our transboundary river basins fail largely in this category.

At the binational level other drought-management enhancements have and will continue to be achieved through a mix of bilateral non-1944 treaty mechanisms. The La Paz agreement on border environmental cooperation with its recently updated cooperative mechanism, Border 2012, provides a vehicle for sustainable development by facilitating binational dialogue on a range of water conservation questions in the border region. The La Paz agreement's annex process can be used for binational cooperation on water quality to protect existing supplies. The Border Environment Cooperation Commission (BECC) and North American Development Bank (NADB), with their newly expanded three hundred-kilometre reach into Mexico, continue to serve conservation ends by vetting approvals of urban and rural water projects against their sustain able-development criteria and facilitating the financing of certified projects. Still, when all is said and done, crucial improvements in binational drought management must be linked to the treaty regime. Moving beyond Minute 308 to protect against drought will almost certainly require reinforcing the treaty-linked language presently found in the IBWC minutes that endorse the principle of sustainable management of transboundary watercourses. Formulating a strategic vision of basinwide needs on the Rio Grande, the Colorado, and the Tijuana requires the creation of advisory and consultative mechanisms for each basin that are truly binational and are given standing within the terms of the treaty. A number of suggestions have been put forward in this vein, ranging from broadening existing national river basin councils to incorporate both governmental and nongovernmental stakeholders on a binational basis, to developing sub-basin watershed advisory groups and technical-scientific advisory bodies that consult with the IBWC on the conjunctive management of transboundary water and the management of drought.

Vital yet most difficult of all are further interpretations of the 1944 treaty with regard to drought. These interpretations should better define the parameters under which drought claims and preventive actions may be made and broaden the basis for implementing binational responses to prolonged shortages of water within the several transboundary watersheds. It would be wise to move beyond the de facto unilateralism presently associated with national determinations of what is or is not "extraordinary" in relation to diminished precipitation or critical disruptions of national irrigation systems affecting obligations to the other country. The present system of five-year accounting cycles should be carefully reviewed for its utility and flexibility as a system of water sharing and rationing in light of improvements in hydrological science and knowledge of global and regional climatic conditions. The two countries should strengthen the IBWC's role in coordinating drought responses in each of the binational river basins and move toward a system that provides a better articulation of drought responses amongst levels of government in each nation when drought emergencies are identified. New treaty-based agreements strengthening our binational commitment to managing transboundary groundwater and shared ecological resources will also facilitate the setting of conservation priorities and implementation of binational drought approaches.

Ecological Uses

Next to drought, the provision of adequate water to sustain natural habitat and biodiversity in the border region is the most pressing question before the governments today. The border area is host to numerous ecosystems that are to some degree water dependent. Most of these are fed by treaty waters and are thus treaty dependent.

While biodiversity protection is provided for in the domestic laws of both the United States and Mexico, there is considerable dispute as to how these laws should apply in the case of international treaty waters. The 1944 water treaty is of little help in this regard. Article 3 of the treaty, which stipulates the priority of beneficial uses in considering allocation problems such as drought, makes no reference to ecological questions, relegating these to the lowest rung of the priority ladder, a category allowing for the consideration of "any other beneficial uses". It is also true that the conventions of international law generally accord priority to economic development over the protection of ecological values. This is seen recently in the text of the United Nations' recent Convention on the Law of the Non-navigational Uses of International Watercourses, which recognises the importance of ecological protection and pollution prevention but places these values below the dominant norm of equitable utilisation that favours the development of water resources.

Priorities for water utilisation in the 1994 water treaty:

1. Domestic and municipal uses
2. Agriculture and stock raising
3. Electric power
4. Other industrial uses
5. Navigation
6. Fishing and hunting
7. Any other beneficial uses determined by the IBWC.

As demand for border-area water resources has risen, the stress on the region's ecosystems has increased. The issue of providing adequate in-stream flows to safeguard these resources has come to a head in several zones, most notably in the Colorado Delta and the New Mexico reach of the upper Rio Grande. In other areas, such as the Tijuana River estuary, the Rio Grande estuary, and the Rio Grande both above and below Ft. Quitman, it may soon surface. At issue here is whether the treaty language provides adequate protection for ecological values when these resources are fundamentally threatened by diminished flows caused by upstream development. There is little doubt that domestic law does and will continue to play the leading role in addressing these problems. In this aspect the 1944 treaty, plays essentially a supporting role. But it is an important supporting role that may either add to or detract from the difficulty of sustaining protected resources. If, for example, treaty provisions could be extended in a manner that would establish an obligation to provide minimum in-stream flows in the binational reach of the treaty rivers in all but the most dire circumstances, this would certainly strengthen the application of domestic endangered species laws in these rivers.

Whether such a treaty extension is warranted is open to debate. It can certainly be argued that as it stands the treaty is relatively neutral, or non-hostile, to the provision of in-stream flow given the wording of Article 3. From this perspective, so long as the governments consent to support the in-stream flows at stake consistent with the requirements of domestic law, there should be no problem. Others would argue that extant management practices supported by the treaty and scientific evidence of the degradation of habitats in areas like the Colorado Delta provide compelling evidence that the treaty's norms, as presently interpreted, are inadequate for protecting endangered species and valued habitats. From this perspective an ecological minute is warranted and would make the treaty more compatible with contemporary norms in domestic law. The pendulum appears to be swinging slowly in this direction, though its arc is by no means certain.

Colorado River Delta Developments

Political mobilisation on the delta issue since 1998 has driven the governments at least to explore the possibility of a further understanding on a case-specific basis. In May 2000, the two governments signed a joint declaration between the U.S. Department of the Interior and Mexico's ecology ministry, SEMARNAT, strengthening the two countries' commitment to protecting the delta ecosystem. In December 2000, the IBWC reached its first official minute, Minute 306, aimed at ecosystem preservation. Minute 306 is significant for grounding action in a stated commitment to advance "joint studies that include possible approaches to ensure water for ecological purposes in this reach [of the Colorado River]." The minute establishes a framework for continued technical analysis of the ecological needs of the Colorado Delta. Even so, it is an exceptionally cautious document. It is grounded in Article 13 of the 1944 treaty and Article 4 of the 1970 boundary treaty, which deal with the obligation to manage the channel of the Colorado River for flood control and boundary-maintenance purposes. It makes no change in the priority accorded ecological values in the 1944 treaty and offers no hint of any intent to reallocate water resources to ecological values for the delta alone, much less the other border river named therein. It is thus indicative of the extreme delicacy these issues pose for the two countries in two major river basins where water is overallocated and intensively used.

The caution with which both countries have engaged this issue, or avoided it, as some critics would argue, at least partly accounts for pending lawsuits on both the Colorado and the Rio Grande aimed at protecting endangered species. Of these, a suit filed a few years back by Tucson's Southwest Centre for Biological Diversity is the most interesting for its international implications (Perry 2000). Essentially, the filing argues for the extraterritorial reach of the U.S. Endangered Species Act in the context of other domestic administrative arrangements, international commitments and applicable international law. A decision has not be given but is sure to be highly consequential with ramification beyond the Colorado River basin.

The Binational Challenge

Whether or not federal courts compel the United States to address these issues, the problem is unlikely to vanish soon. What has changed quite fundamentally in North America is the social valuation of water. At least some polls are showing strong public support for enforcement of endangered species legislation, as controversial as that is in western states. There should be no doubt at all that public valuation of water on both sides of the border favours ecological norms over an antiquated value like navigation and, in all likelihood, would rank ecology even higher on the treaty's list of priorities if public opinion were the determining factor. That reality can no longer be ignored. Times have changed, and sustainable development now vigorously competes with traditional development for political support.

What is more, without action in the near term some vital binational resources could be lost. A good example, to return to the Colorado Delta, is the Santa Clara Slough, an important part of the delta ecology that lies beyond the Colorado mainstem. This extensive wetland is virtually manmade, a by-product of the 1973 solution to the salinity crisis. It is fed by a fifty-mile concrete canal that channels highly saline groundwater from the Wellton-Mohawk Irrigation District so as to avoid polluting Mexico's Colorado River treaty water. It has functioned in the absence of the expensive Yuma International Desalting Plant to protect Mexican water. The fact that now thirty years on we have a major wetland that serves the Pacific flyway and is habitat to a number of protected species is to some extent a true political accident. The problem now is simply that continued operation of the Wellton-Mohawk drain arguably establishes a right to that saline water independent of Mexico's 1.5 million acre-feet Colorado River entitlement under the 1944 treaty. Processed water from the desalting plant can be dumped in the river upstream and counted against Mexico's entitlement. Currently, there is pressure in the United States to operate the desalting plant and thus conserve this particular water resource—at the expense, of course, of the Santa Clara Slough and, quite frankly, U.S. taxpayers. Unfortunately, most solutions now contemplated for saving the delta leave this problem out. This is just one example, though a particularly salient one, of the need to have an understanding on the dedication of treaty water, even low grade, multiply used, waste and residual water, for ecological purposes.

Whether or not a binational minute for ecology is adopted, the two countries need to work out better arrangements compatible with the treaty to allow for more complex transfers and exchanges that one way or another allow for water to be dedicated to ecological purposes. In view of the tightly allocated water supply and increasing pressures on those resources, this is likely to entail some form of complex market trade where money substitutes for water resources. New instruments involving conservation easements, national and binational leasing, water trusts, and other mechanisms must be explored. While it would be helpful to have a framework agreement or understanding on treaty priorities for ecology, it will be necessary to develop specific agreements for particular ecological resources that are compatible with the treaty. In short, much can and should be done in the context of the treaty. Minute 306 is just evidence the process has begun.

Public Participation

Public participation in binational water management is one of the stealth issues that has not formally achieved docket status at the level of the IBWC. It may never do so. Yet it is today one of the most important issues in border water management. The problem here is that the treaty established the IBWC as a unique institutional hybrid, endowed with diplomatic and operational features. The treaty's Article 2 constitutes the commission as two separate national sections, each headed by a commissioner, supported by an official staff of two principal engineers, a secretary, and a legal advisor ("Treaty" 1944). Each national agency is responsible to its respective foreign ministry and is meant to function as a diplomatic agency in matters pertaining to its jurisdiction. It also has some operational responsibilities for operating binational dams, gauging streams, maintaining the riparian and land boundaries, and so forth, though considerable latitude is given as to how each section meets these responsibilities. No provision is made for public relations, public consultation, or more direct forms of public participation in its affairs. As originally conceived, then, the IBWC was to be a secretive, hierarchical, and otherwise narrow body insulated from public pressures and responsive to its administrative and political principals.

To say it is unresponsive, however, would be a faulty assessment. The commission's U.S. section, for example, was always and still is more responsive to key constituents in the border states than to the State Department. These constituencies include state water agencies, state governors, agricultural irrigation districts, and other water authorities. At the federal level it is most responsive to border states' congressional delegations. It is one of the historic political ironies that despite its location in the State Department for executive and budgetary purposes, it has really functioned as a congressional agency. Foreign policy in this case was virtually domestic policy and patterns of administrative representation followed suit. In Mexico, this was less the case, owing to traditional centralisation prevailing in foreign and domestic policy matters.

IBWC Relations with its Constituents

In the absence of any mandate to the contrary, the IBWC traditionally dealt with constituencies on a professional "need to know" basis, selectively consulting with private-sector actors and assiduously cultivating its governmental and quasi-governmental (irrigation and special district) clients. Meetings of the IBWC as a joint body have been and still are conducted as privileged diplomatic exchanges. Little opportunity for public input was given—though constituencies always had the option of writing their congressional representative or contacting the appropriate state or local water authority.

This exclusivist, privileged approach to border water management came under scrutiny after the two governments struck the 1983 La Paz Agreement on Border Environment Cooperation, which brought the environmental ministries into the process of coordinating binational actions for water quality and public health. Though the IBWC retained the lead role in water affairs under the La Paz protocol, it was forced to deal with more open and transparent political procedures in play in these arenas. In the new environment, what had looked like a standard and defensible diplomatic mode of procedure began to look less tenable. In the 1990s pressures steadily rose for better public access to binational water-management institutions. Contributing to this change is the new politics of sustainable development that has provided further legitimacy for bottom-up, decentralised, and participant policy processes in environmental and natural resources management.

The establishment of the BECC and NADB in 1994 pushed the IBWC in this direction as a consequence of their explicit mandate for public participation and institutional accountability. With the IBWC committed by charter to an ex-officio role on BECC's board of directors, it was after 1995 embedded, if loosely, in a participant and representative decisionmaking structure fundamentally at variance with its own mode of procedure. Further contributing to these developments was a strengthening of the La Paz process through the Integrated Border Environmental Plan, the Border XXI Program, and now the Border 2012 Program.

Embedded in this new institutional reality, the IBWC's sections have begun to listen to critics and gradually to change their procedures. The U.S. section, under Commissioner John Bernal, took the steps of creating a public relations department, making many of its public documents more accessible, and actively listening to and consulting with a wider range of actors, including environmental groups, in considering its agenda and policies.

Bernal also saw the U.S. section through the crafting of its first strategic plan which, among other things, commits the agency to a posture of support for sustainable border water management and greater public responsiveness to border constituencies and stakeholders. His successor, former El Paso mayor Carlos Ramirez, has begun a process of forming citizens' advisory forums that regularly consult with the section on matters related to the management of transboundary river basins and sub-basins. The Mexican section has also become more accessible to border constituencies.

The Binational Challenge

It is doubtful whether these unquestionably constructive measures will satisfy all critics. In certain aspects the IBWC will continue to be a closed agency for it cannot shed its treaty-based diplomatic mandate and must handle certain matters in confidence. The treaty, however, is silent on the question of public consultation and all procedures related thereto, which fact represents an opportunity to deepen binational commitment to participative processes. The measures already taken to accommodate greater public input in each section's operations are quite treaty, consistent and are not likely to be challenged.

It would be fruitful if these innovations were recognised and coordinated at the bilateral level, however. While inviting a degree of controversy, particularly from the governments themselves, there is much to be said for developing a common understanding as to the role and potential for public participation to enhance rather than detract from the IBWC's effectiveness as an agency.

This could readily be done by developing a minute grounded in the treaty's Articles 2 and 24. Such a minute would better equip the commission to confront new demands for river-basin management approaches for a range of management issues percolating on the border rivers. It would better position the IBWC to cope with what is already a fundamental refraining of the problem of water management in the form of sustainable development. And it is wholly consistent with recent trends in border environmental management that favour greater public input and greater responsiveness to border-area concerns.

The Future of the Treaty Regime

It should be clear from these various accounts that while the 1944 treaty is indeed as strong a treaty as can be found on this continent, it is also malleable. The problems at the top of the treaty agenda are difficult and potentially divisive whether we are speaking of drought, ecology, groundwater, or greater public access and investment in commission decision making, but they are not intractable. While each of these issue areas is distinct and has unique difficulties, the treaty as such is not a fundamental impediment to innovation and reform. We should expect the treaty to continue to serve for many generations to come.

Also evident is that much can be done nationally and binationally that is treaty consistent and does not require actual interpretation or reinterpretation of its text. This is certainly evident with respect to drought, where national efforts to promote conservation and take mitigating steps to ration water in times of stress diminish the likelihood of serious conflict over the treaty's implementation. Managing binational riparian ecology problems can also be made easier by the informal initiatives of governments and private actors.

Table: Recent binational progress on Rio Grande/Rio Bravo drought as reflected in IBWC minutes

Action Category	Minute 293	Minute 307	Minute 308
Water allocation	yes	yes	yes
Data sharing	yes	yes	yes
Technical assistance	yes	no	yes
Reference to need for sustainable water mgt.	no	yes	yes
Support for conservation financing	no	no	yes
Support for IBWC as binational forum	no	no	yes
Binational summit on Rio Grande basin water mgt.	no	no	yes

Where treaty change is needed, the greatest hurdle remains, as it has always been, generating sufficient political support to move the governments to adopt these constructive measures. As scholars of policy change are fond of telling us, what is usually needed are strong political coalitions and unique windows of policy opportunity that are driven by strategic political maneuvering or external events or both. What we see in all three of the issues reviewed here is some variation on this theme. The most important trend beyond the simple, inexorable fact of rapid demographic change throughout the border region is the refraining of border issues within the rubric of sustainable development. This will surely continue, and as it does will drive a series of institutional and contextual changes that will move the governments in the direction of further interpretations and treaty extensions dealing with the mix of problems confronted. These changes will better situate the treaty to address the complexities the twenty-first century presents for border water management.

Chapter 5

The Shared Water Resources

In the present positive environment and advanced stages in the search for a resolution of the Israeli-Palestinian conflict after the signing of the Oslo agreement of 1993 and the Sharm al-Sheikh agreement of 1999, some have claimed that the disputes over shared water resources can become a major roadblock in the final stages of the path of peace. In fact, some of the major opponents in Israel to reaching an accommodation with the Palestinians, based on the principal of territorial compromise and the establishment of an independent Palestinian entity or state, use the fear of threats to Israel's water resources and Israel's "water security" as one of their main emotion laden arguments against reaching an accommodation.

On the other hand, a just and equitable solution to the severe water problems faced by both sides, which will bring social and economic benefits to all, can provide a major impetus to the peace process. It is the goal of this chapter to analyse the developments in recent years towards possible approaches to a just resolution of this problem, which can meet the legitimate needs of both Israelis and the Palestinians. One of the main issues under dispute is the shared use of the mountain aquifer, the major portion of the recharge area of which lies under the occupied territories in the West Bank but which flow naturally into Israeli territory both to the northeast and to the west. Historically, major portions of the ground water of the mountain aquifer have been utilised by early Jewish farmers who settled in Palestine during the period of Turkish rule before 1918 and then under the British Mandate going back some 60-80 years. This intensive development of the aquifer continued after the establishment of the State of Israel in 1948, which was based on the decision of the United Nations in 1947.

In essence, Israel was utilising a major portion of the safe yield of the western and northeastern sectors of the mountain aquifer, through the full development of the springs, rivers and wells long before the occupation of the West Bank by Israel in 1967. Thus, Israel bases its claims for the continued utilisation of these waters on one of the cardinal principles of international water law-prior historic use and the prevention of significant damage that would result from the loss of their current water resources which are fully used to meet vital Israeli economic and human needs.

The Palestinians, on the other hand, base their claims on these very same waters, which arise mainly as rainfall over the areas populated mainly by the Palestinians and now partially under the control and rule of the Palestinian Authority in the West Bank with equal determination, on the principles of international law which call for equitable sharing of international trans-boundary water resources as well as on hydrological and geographic considerations and demands for the recognition of their historic national water rights which they feel belongs to the land in which they live, no less than their current urgent human and social needs. There are also serious questions as to the water resources needs of Gaza, which requires an urgent solution, but they will only be dealt with peripherally in this chapter.

On the assumption that as an out-come of the Oslo peace process which has been accepted both by the current Government of Israel and the Palestinian Authority some form of Palestinian State or autonomous entity will evolve in stages in all or part of the occupied territories, it is apparent that the mountain aquifer will be considered under international law as a shared body of trans-boundary groundwater with claims and counter claims by both sides as to its future utilisation and control, which must be resolved if a peace agreement is to be achieved. Even many of those in Israel who oppose the establishment of a Palestinian State or autonomy based on a territorial compromise, recognise that the water needs of the Palestinian population of the occupied territories, as it grows and develops will essentially be the same regardless of the nature of the political solution and will have to be met from the same shared pool of water resources.

The Mountain Aquifer

The mountain aquifer covers the central area of the occupied territories on both sides of what are called in Israel the Judaean and Samarian Mountain range and extends generally from the Jezreal Valley (near Afula) in the North to the Beersheba Valley in the South and from the foot hills of the Judean Mountains near the Mediterranean in the West to the Jordan River in the East. The mountain aquifer is mainly of karstic limestone/dolamite formations with permeable recharge areas mostly along the upper mountain slopes and ridges at levels above 500 metres above sea level. Most of the exploitation of the aquifer is by natural springs and artesian wells drilled in the confined areas of the aquifer on the lower slopes of the Samarian and Judaean Mountain range below the elevation of 500 m largely within the borders of Israel. The mountain aquifer can be divided schematically into three general zones.

The Western (Yarkon-Taninim), the northeastern (Schem/NablusGilboa) and the eastern aquifers. The Western aquifer which flows towards the Mediterranean Sea to its historic natural outlets at the Rosh Ha'Ayin (Rasel Ein) Springs which fed the Yarkon River (El Uja) near Tel Aviv/Jaffa in the south and the Tanninim Springs and river near Hadera in the north, is called the Yarkon-Taninim aquifer in Israel. This aquifer has an estimated mean average safe yield of about 350-360 million cubic metres/year (MCM/Yr) including some 40 MCM/Yr of brackish water, having more than 1000 mg/I of total dissolved solids. A detailed and accurate inventory of the historic use of the aquifer is beyond the scope of this chapter, however some qualitative descriptions of past use are presented. The early use of the aquifer by the Palestinian Arab population was limited to a part of the flow of springs such as those at Rosh Ha-Ayin and the Tanninim, as well as some deep traditional dug wells in the Qualqiliya and Tulkarim areas estimated at some 25-35 million cubic metre/year (MCM./Yr) utilising less than 10 percent of the potential yield of the aquifer.

The Palestinian Arab farmers, villages and towns were mainly poor and did not have any organised framework or the financial resources to develop the natural water resources of the region; as a result most of the water potential was left untouched. Before 1948 few Palestinian villages had developed central water supply systems supplying piped water to the homes. Little was done in that direction during the years 1948 to 1967 under the Jordanian administration of the area. The fact that the areas surrounding the natural spring outlet of the Western Aquifer and North Eastern Aquifer were well known for their malarious swamps provides historic evidence that at the beginning of this century most of the water went unutilised.

The British Mandatory Government granted Pinchas Rutenberg, a Jewish engineer, an exclusive concession for the use of the waters of the Yarkon River in 1920. The intensive exploitation of this aquifer initiated by the early Jewish farmers some 80 years ago, starting in the 1920s, included pumping from the Yarkon River to irrigate extensive orange groves in the area between Tel Aviv and Petach Tikva and by numerous drilled wells in the Hadera area.

The British

Mandatory Government also tapped the Rash Ha'Ayin Springs as the source of the water supply for Jerusalem, the majority of the population of which was Jewish. Prior to the establishment of the State of Israel in 1948, Jewish farmers were already utilising a significant portion of the safe yield from the springs, rivers and deep wells, while the remainder of the aquifer's potential was developed rapidly, mainly by Israel, within the boundaries of State of Israel in the period of 1948-1965. The main Israeli water project utilising the aquifer was the Yarkon-Negev Pipeline completed in 1954 which pumped some 200 MCM/yr, which is essentially the total flow of the Rosh Ha'Ayin Springs. Today the aquifer is tapped by about 300 hundred wells located to the west of the "green line," that is, within the boundaries of Israel. Since the occupation of the West Bank, Israel has dug some wells in the Western Aquifer for new Israel settlements over the green line in West Bank, areas formerly administered by Jordan. It is questionable if Israel can claim prior historic use in the case of such wells. The exact amount of water pumped by these wells is not published by the Israeli authorities.

From the engineering and hydrological point of view the most appropriate place to tap the aquifer is over the deeper confined artesian areas on the foot hills and lower slopes of the mountains towards the Mediterranean Sea, the major portion of which is within Israel. While it is technically possible to drill deep wells to tap the thinner non-confined zones of the aquifer from the mountain top areas within the West Bank, the wells required must be deeper and their yields are lower, thus the potential withdrawal of water from the Western Aquifer from within the West Bank is more limited and more expensive than pumping from wells in Israel near the coastal plain.

The North Eastern Aquifer, called in Israel, the Schem-Gilboa Aquifer, starting near Schem (Nablus) flows towards the Gilbon Mountains and Jezreal and Bet Shean Valleys to the north-east. The historic natural drainage outlets, of what is described by Israeli hydrologists as the Bet-Shean-Harod multiple aquifer system, are the Ein Harod and Bet Shean springs. Some springs and wells have been utilised historically by the local Palestinian villagers, while a portion of its flow was utilised by the early Jewish farmers and water companies in the 1920's long before the establishment of Israel in 1948. One of the early large-scale water utilisation projects by Jewish settlers, was that at the Ma'ayan Harod Springs in the Jezreal Valley (going back to the 1930's). These springs or the wells that replaced them for better flow regulation still serve as the natural flow outlet of the aquifer and are located within Israel. After 1948 the aquifer was fully utilised within, Israel.

The potential safe yield of the northeastern Basin (Schem/Nablus-Gilboa) is estimated by the Israel Hydrological Service at about 130 MCM/Yr, part of which is brackish. Of this amount it is estimated that Israel utilises some 100 MCM/Yr from historic natural sources within Israeli borders and supplies some 5MCM/Yr from new wells within the West Bank to new Israeli settlements in the Jordan Valley, while about 30 MCM/Yr or 23 percent is used by the Palestinians. The Eastern Aquifer has two main strata. The Upper Cenomanian and the Lower Cenomanian which are separated by impermeable strata several hundred metres thick. The Upper Cenomanian Aquifer is a relatively thin strata which drains naturally to the east to series of springs including Uja, Samiya and Kilt which have historically been used by the Palestinians. This aquifer has only a very limited storage capacity and thus the flow from the springs is subject to major inter-seasonal fluctuations and is dependent on the rainfall of the immediate previous season.

The natural flow of these springs and others like them was drastically reduced as a result of the severe drought conditions of the area during the years 1988-1991. Some springs and wells almost completely dried up. While some Palestinian hydrologists blamed Israel's new wells in the area as the cause of the dry springs, after the heavy rains of the 1991-1992 season the flow from most of the springs was revived. A similar and more drastic drying up of natural springs and wells has resulted from the severe drought of 1998/99.

The Lower Cenomanian Aquifer is a deep initially fresh water aquifer that flows naturally to the east from the high mountain infiltration area down to the Jordan Valley where it apparently mixes with strata of saline ground water. This brackish water flow has historically either seeped to the surface of the Jordan Valley or evaporated or partially seeped into the Jordan River. The Eastern Aquifer flows from the mountain ridges towards the Jordan River and estimates of its safe yield vary between some 150-200 MCM/Yr, part of which is brackish. It has been estimated that Palestinians currently utilise some 6OMCM/Yr including brackish water. Much of the flow from mountain springs, such as the Wadi Kelt, and Wadi Uja Springs and some wells were historically utilised by Palestinian villagers and farmers. An ancient aqueduct from the Wadi Kelt Springs transported the water for irrigation by Palestinian farmers in the Jordan Valley.

Since the occupation of the area in 1967, Israel has dug numerous new wells in the mountain aquifer within the area of the West Bank mainly drawing upon previously unexploited sources to supply water to new Israeli settlements. The Israeli wells have diverted the flow before it become saline in the lower reaches of the 2inrdan valley. Official information on the exact amount of water withdrawn by Israel from within the West Bank Aquifer in not available, but reliable estimates indicated that it may be about 35-45 MCM/Yr from the Eastern Aquifer and another 10-15 MCM from the Western and North-Eastern Aquifers for an estimated combined withdrawal of some 45 to 60 MCM/Yr The yet unexploited potential safe yield available to the Palestinians in the Eastern Aquifer has not been determined accurately but may be somewhere between 50 and 100 MCM/Yr. In the Oslo B Accord it is stated that 78 MGM/Yr of unexploited water in the Eastern Aquifer is available for unrestricted Palestinian development and use, Thus, at this time, it can be estimated that the Palestinians use some 60MCM/Yr, the Israelis use some 45MCM/Yr and that some 50-100 MCM flows to the Jordan River and the Dead Sea as saline or brackish water. However, it is anticipated that much of that saline or brackish water can be tapped for Palestinian use by wells on the higher mountain slopes prior to its becoming saline/brackish. Exactly how much is an open question. For the purposes of this analysis we have assumed that an additional 50 MCM/Yr of fresh water potential will most likely be available to the Palestinians from further exploitation of the Eastern Aquifer and that possibly another 30 MCM/Yr may eventually be extracted from that source.

As mentioned above, since the Israeli occupation of the West Bank territories in 1967, the Israeli authorities have tapped the sweet water sources of this aquifer with a number of new very deep wells along the upper slopes prior to its becoming more saline, mainly for the use of new Israel settlements in the area. In some cases the Palestinians claim that this has reduced the flow from their traditional springs and wells. As mentioned above some of the reported cases of flow reduction coincided with the severe draught period of 1988-1991.

While Israeli hydrological studies suggest that there is no physical connection between the new deep wells in the Lower Cenomanion Aquifer and the traditional shallower wells whose source is the Upper Cenomnian Aquifer, Palestinians claim that there may be a connection since the Israeli wells pass through both aquifers or they may be connected by fissures or faults in the rock formations. This remains an open issue, which must be resolved.

The Palestinians claim and some Israeli international law experts agree that any water extraction within the West Bank after 1967 for Israeli civilian settlements is illegal and in violation of the Geneva Convention concerning the rights and obligations of what is defined as "belligerent occupier". Their position is that while a" belligerent occupier" may use those natural resources of the occupied area required to support the military forces of occupation, they cannot be used to support civilian activities by the occupying power.

To summarise our tentative estimate of the total mean renewable fresh and brackish water potential of the mountain aquifer and its current utilisation by Israel and the Palestinians: It would appear that today of the estimated 630-MCM/Yr of known mean potential safe yield of the mountain aquifer, 410 MCM is now and has been utilised within Israel's borders prior to 1967, with much of its use going back some 60-80 years. Some 110 MCM/Yr is currently used by the Palestinians, while another 45-60 MCM/Yr is pumped by Israel from new wells drilled since 1967 within the West Bank for use mainly by the new Israeli civilian settlements there. It is estimated that there may be about another 50-100 MCM/Yr of unutilised water in the Eastern Aquifer, which might be tapped for Palestinian use as sweet water through deep wells.

The Palestinians pump another 100 MCM/Yr from the coastal aquifer in Gaza, although most authorities agree that the annual recharge of that aquifer would allow for a mean safe yield of only about 60-80 MCM/Yr, thus the total estimated Palestinian water supply in the year 2000 is about 210 MCM/Yr with a possible untapped potential reserve in the East Aquifer of 50 MCM/Yr for a total current water potential of 260 MCM/Yr. Thus without reducing Israel's pre-1967 water withdrawal rates from the mountain aquifer, the potential water increases that might be available to the Palestinians would be some 50 MCM/Yr from new wells in the Eastern Aquifer and possibly some 50 MCM from existing Israeli wells of disputed legality drilled by Israel in the West Bank after the 1967 occupation, to supply water to Israeli civilian settlements in the West Bank. The major portion of the recharge area of the Western Mountain Aquifer is in the Occupied Territories. Almost all of the recharge area of the North Eastern and Eastern Aquifers lie within the West Bank" area. Thus a rough preliminary estimate of the ground water flow of the mountain aquifer which originates as rainfall within the Occupied Territories indicates that it is some 80-90 percent of the total flow. However, Gvirtzman estimates that much or most of the storage and optimal pumping area of the Western and North Eastern aquifers which serve as its natural historical outlet lies under Israeli territory. As will be pointed out elsewhere the sources of the flow of a trans-boundary body of water, including groundwater, is not the sole criteria in determining water rights.

Claims, Counter-Claims, Fears and Concerns

In order better to understand the nature of the conflict and its intensity, it is essential to spell out, in some detail the stated claims and counterclaims as well as the real and perceived fears and concerns of the sides in the dispute over the mountain aquifer which are often expressed in emotional terms.

Palestinian Claims and Concerns

1. The Palestinians claim that the flow of the western and north eastern sectors of the mountain aquifer that is derived from rainfall over the West Bank, 90 percent of which is currently extracted from deep wells mainly within Israel is Palestinian water which should be allocated for their use. This demand is based on the claim that the nation controlling the land, which serves as the source of the water, should be given first priority in its utilisation.

2. The Palestinians are concerned that owing to the power of the Israeli agricultural lobby's demands for more and more water and development requirements resulting from the mass immigration of Jews from Russia, (the former Soviet Union) as well as other countries Israel will use more and more of the water from the mountain aquifer depriving the Palestinians of their fair share. They point out that Israel's much criticized, long term over-pumping of the aquifer is a serious threat to the Palestinians' future essential water reserves.

3. The Palestinians claim that the Israel Civil Administration has effectively frozen Palestinian utilisation of water sources

in the occupied territories and has allocated insufficient amounts for domestic, urban and industrial use and practically no water whatsoever for increased agricultural development to meet the needs of the growing population. They claim that during the period of the occupation, the Israel authorities have developed many new water supplies in the occupied territories and have allocated significant amounts of water for agricultural and urban use for new Jewish settlement in the areas. The Palestinians claim that by doing this Israel has violated the Geneva Convention and misused its authority as the "belligerent occupier". Particularly aggravating to water-short Palestinian villagers is the perception of wasteful Israeli water use and landscape practices which often include the irrigation of extensive lawns and the construction of swimming pools.

4. The Palestinians claim that in the process of drilling new Israeli deep wells within the occupied territories there have been cases of lowering the aquifer and drying out traditional springs and shallow wells used for domestic and agricultural purposes in neighbouring Palestinian communities. They claim that Israel's pumping of ground water near the Gaza strip has caused the severe salination of the wells in Gaza. Even when the Israeli authorities supply alternative water to the communities that lost their original wells or springs, through the Israeli Mekorot Water Company, the cost to the villagers is significantly increased, while this is viewed as a method of Israeli control and domination over the Palestinian residents.

5. The Palestinians point with concern to the fact that in all new water projects developed by Israel in the territories, serving Palestinian communities, key controlling elements such as regional reservoirs, valves and control points are located within Jewish settlements and are viewed as a method of domination.

6. The Palestinians fear that even if a peace settlement is achieved with an appropriate Palestinian State being established, that the agreed upon division of the very limited shared water resources will leave them with insufficient amounts of water to allow for normal population growth and the resettlement of the Palestinian Diaspora within their own territory, with the required urban, industrial and agricultural development to allow them to be economically viable.

7. In the event of major regional projects to import water to the

area for Jordan, Palestinian and Israeli use there is concern
and fear over the possibility that Israel will obtain practical
as well as political control over the waters to be supplied to
the Palestinians and Jordan through, for example, the use of
the Sea of Galilee as a long term inter-seasonal and inter-
annual storage reservoir. There is likewise concern that other
nations of the region, who may supply the additional water or
through whose country water pipelines pass, will use the water
supply lines for purposes of political control, as Turkey did in
the case of the Iraqi oil pipelines during the Gulf War of 1990-
1991.

8. In general the Palestinians claim the priority rights to complete
    and total control of "Palestinian" water (the mountain aquifer)
    which should be available to them directly within their own
    territory without being under Israeli control. They suggest
    that complicated schemes to supply them water from Israel,
    import water from other nations or desalinate sea water be
    allocated to Israel which in return should forgo claims to the
    local, easily accessible, "Palestinian" water sources underneath
    the Palestinian controlled lands of the Palestinian Authority/
    Palestinian State and in the West Bank in general.

Israel's Claims and Concerns:

1. Israel claims that it has legitimate historical riparian rights
    to most of the flow of the Mountain Aquifer, based on the
    principle of International Law of prior use of the Mountain
    Aquifer, major portions of which flow naturally into its territory
    and which has been developed at great expense and fully
    utilised for essential human use economic sustainability over
    a period of time going back some 60-80 years.

2. Israel is concerned that if the Palestinians achieve autonomy
    or independence, in all or part of the currently Israel occupied
    territories of the West Bank, they will, once they gain physical
    control of the territory, insist on making good on their claim
    that all of the water of the shared Yarkon-Tananim Aquifer
    (western sector of the Mountain Aquifer) that is derived from
    rainfall within the West Bank (estimated to be about 80 percent
    of the total flow of the aquifer) be allocated exclusively for their
    own use. Many Israelis fear that the once given independence,
    the Palestinians will drill many new wells in the aquifer and
    increase the pumping rates in an unsupervised and uncontrolled

manner, which will result in seriously lowering the water table and depriving Israel of water resources essential for its survival. This fear is compounded in Israel's eyes by Palestinian stated goals of returning large segments of the Palestinian Diaspora to any independent entity which is established.

3. Some Israelis fear that there will be a major unregulated increase of pumping from the aquifer by the Palestinians in the West Bank area once they gain independence, as they have done in Gaza after achieving independence there. They fear that in the process this will lead to the drying up of the wells on the Israeli side of the border, leading to a serious shortage of water in Israel. It might mean a drastic reduction of Israel's most important, high quality, source of drinking water. It might mean a reduction of Israel's current utilisation of that aquifer by some 300 MCM/Yr cutting off of the drinking water supplies for some three million people. This would result in a serious threat to Israel's viability, which would find to be completely unacceptable.

4. Even if an equitable agreement is achieved on the division of the waters of the Mountain aquifer between Israel and any future Palestinian entity or state, there is serious concern about the possible degradation of the quality of the water of the shared Mountain Aquifer as a result of inadequate monitoring and control of urban pollution, wastewater and toxic agricultural and industrial wastes in the West Bank, that could cause serious pollution in the highly susceptible karstic limestone aquifer in the downstream areas of the aquifer that drain naturally into Israel, making the water within Israel unfit for human consumption. In 1990, General (Reserves) Raphael Etan, at that time the Minister of Agriculture of Israel, published a full page ad in the Israel press expressing many of the above concerns, declaring that because of the water issue alone, Israel can never give up the physical control of any of the occupied territories since they are absolutely essential for the preservation of the country's vital water resources. He cited both the threat of the diversion and/or overpumping of water vital to Israel and the danger of environmental pollution of the shared Mountain Aquifer. These same arguments are being used at this time to oppose handing any water sources or land to the Palestinians, which in effect

means maintaining Israeli authority and control over most of the key areas of the West Bank.

5. There is also concern that unregulated over-pumping of the mountain aquifer in the West Bank areas could lead to a serious lowering of the water table with the resulting danger of sea-water intrusion and irreversible damage to the shared aquifer which could be a real threat to both partners.

6. Israeli officials hold that the Palestinians have not been deprived of the use of needed water. They cite the construction of many dozens of new village piped water supplies, introduced by Israel since the end of Jordanian rule in 1967; the granting of permits to the Palestinians to drill some 40 new deep wells and the importation of water from the Israeli National Water Carrier to increase the water supplies to Palestinian cities and villages in the occupied territories. According to the claims of some Israelis, the total water supply and per capita use in the occupied territories has increased significantly during the period of the Israel administration. Israeli hydrologists say there is limited connection between the ground water in Gaza and Israel and that the salination of wells in Gaza is solely the result of years of overpumping by the Palestinians mainly before 1967 and after independence. Israel also points out that many of the claims of drying up of Palestinian wells and springs coincided with the 1988-1991 drought period and may have nothing to do with the Israel water development projects. In light of the above partial list of the claims and counter claims of the parties, which seem irreconcilable, what can be done to resolve this conflict? Let us examine the possible contribution of international water law.

The Role of International Water Law

Throughout history there have been conflicts over the use of shared international bodies of water called international river/drainage basins or transboundary waters. Both upstream and downstream countries have claimed absolute sovereign rights to such waters and have, at times, been in conflict over such questions. International water law has evolved mainly over surface water issues but according to an early paper by Caponera and Alheritiere (1978) the legal principles and practice which have evolved for questions of surface water disputes apply by extrapolation to questions of ground water. Since then the status of ground water law has become well established in key documents of the International Law Association and the International Law Commission of the United Nations.

In the current era, where the concept of peaceful cooperation between nations over the use of shared resources has become the normative pattern in international relations, new views in international water law have developed. More recent concepts are those of "equitable apportionment" of shared international water resources. This more enlightened and peaceful approach was first summed up in the "Helsinki Rules" of 1966 recommendations of the International Law Association which propose that water disputes be settled by negotiations. Article TV of the Helsinki rules state that "Each basin state is entitled, within its territory, to a reasonable and equitable share in the beneficial uses of the waters on an international drainage basin". These rules take into consideration prior historic use as well as factors concerning the sources of the water such as the geography and hydrology of the area. They further provide for taking into account, among other means, possible alternative water sources that might be available to one of the parties, the possibility of economic compensation and the economic and social needs of each state.

The spirit if not the letter of the Helsinki rules have recently received international status with the approval by the United Nations of the proposal of the International Law Commission on international water bodies. The International Law Commission report as amended by the UN General Assembly includes the key phrase that no appreciable damage should be caused to any of the riparians on an international drainage basin, some legal experts interpret this to mean that downstream countries such as Egypt, Syria, Iraq and Israel, with claims of prior historic use of a shared water resource have the right to continue that use since depriving them of those waters by an upstream country would cause them appreciable damage. On the other hand, others claim that an upstream country deprived of vital waters which arise in that country and which are urgently needed to meet current human and social needs such as vital water supplies for drinking/domestic/urban use causes them appreciable damage that must be redressed. The definitive legal interpretation of that point has yet to be determined by the World Court.

However, despite the moral weight of the principles of international water law and the fact that there is now a proposed United Nations International Convention on the subject, there is in effect no international body with the authority or power to enforce them on unwilling nations. In fact many nations, including some of the world's leading nations, have not yet fully accepted them. A study by Wolf (1999) has shown that over one hundred agreements between nations who are riparian partners on international river/drainage basins have been reached, through negotiations, out of mutual interest and mutual benefits and gains rather than through the application or enforcement of international water law. Most of the effective international water treaties provide for the establishment of joint commissions and for a greater or lesser degree of data sharing, inspection, monitoring, control, and management of shared water resources so that all parties can be assured that the terms of the agreement are in fact being adhered to.

While the Helsinki Rules had only a limited reference to ground water, the Bellagio Draft Treaty on Ground Water of 1989, the Seoul Rules, the Geneva proposals as well as the recently approve UN convention on international water, covers this area in a most specific manner so that today experts in international water law generally accept that all of the above principles apply equally to surface water and to ground water. This acceptance is less universal among the nations of the world, however.

If we are to accept the point of view of the experts in international water law we would come to the following conclusions: the position of some, that only by the physical occupation of territories which serve as a source of its water resources can a country assure its water rights is not generally supported by the normal practice of peaceful nations or international water law. If this were so Iraq and Syria would be justified in conquering Turkey to assure the continued flow of the Tigris and Euphrates Rivers, and Holland would have to occupy Germany to assure the flow of the Rhine River.

Similarly there is little legal basis in international water law for the claim of others that they have exclusive rights over the use of water derived from sources within their territory. If this were so, it would mean that Egypt, which receives the flow of the Nile River entirely from upstream countries, would have no rights to the water that it has used for thousands of years. On the other hand, the claim that prior historical use assures immutable water rights is also not absolute in terms of international water law. For example international water law would not support the Syrian claims that Turkey cannot carry out major water and irrigation projects for the welfare of its people with the waters of the Tigris and Euphrates Rivers which arise from within its borders as long as Syrian historical use of the water is not affected. There are many underdeveloped upstream countries who have developed and used only limited amounts of their own water resources in the past, such as Ethiopia, for example, with growing populations and serious food shortages, who are now entering periods of more rapid economic and social development. These nations will have urgent needs for a greater share of the water resources that arise within their territory. International water law does recognise the need to meet new human and social requirements for water on an existing international watershed. The Palestinians are to a great extent in just such a position.

Whether or not international law is actually binding at this time, the community of nations will undoubtedly expect that Israel and the Palestinians as well as Syria and Lebanon will negotiate a settlement based on the assumption that they share common international water resources and that an accommodation should be reached in the spirit of the principles of international law assuring that "Each basin state is entitled, within its territory, to a reasonable and equitable share in the beneficial uses of the waters on an international drainage basin." Thus, based on modern principles of international water law, both the historic riparian rights of Israel as the downstream user and the rights of the Palestinians as the upstream party on a shared international body of water must be considered on the basis of equity and legitimate needs. Both parties to the conflict would be expected, in the first instance, to negotiate directly between themselves to arrive at a settlement based on the principles of "equitable apportionment" rather than to enter some type of confrontational litigation, expecting some supra-government authority to enforce a judgment based on what each side views as their legitimate rights.

MWR Concept for Basic Water Security

An attempt shall be made to estimate the minimum legitimate baseline water needs of the parties required to ensure a reasonable minimum standard of living in a semi-arid area suffering from serious water shortages. I have defined this as the Minimum Water Requirement- MWR. I have held that the partners to the dispute will each require as a minimum degree of "water security"—so that they will have access to adequate and equitable allocations of good drinking quality water for domestic, municipal and industrial use. The basis I have proposed for estimating these quantities would be an equal amount per capita for both sides.

Thus, I have suggested that a basic element in resolving the water disputes in the frame work of the final stage peace settlement with the Palestinians would be the recognition of principle of a sufficient, fair and equitable allocation of the essential MWR for domestic, urban, and industrial use. I proposed this concept at Israeli/Palestinians meetings as early as 1991 with the suggestion that the ultimate MWR allocation for domestic, urban, and industrial use for Israelis and Palestinian alike be about 125 cubic metres/person/year (CMIP/Yr). Some Israelis point out that the actual current Palestinian drinking water demand for domestic/urban is only about 35 CM/P/Yr and claim that this indicates that the Palestinians do not need as much water for domestic and urban use as the Israelis do. I have not accepted this position and base my estimates on the natural increase in domestic/urban water consumption among the Palestinians as socio-economic conditions improve and water supplies become more available to meet growing needs. It is correct and proper to assume that in time the Palestinian domestic/urban water demands will be the same as the Israeli present rates of use. Domestic/urban demand in Israeli cities that suffered from serious water shortages, such as Jerusalem, some 50 years ago have more than doubled over the years.

The MWR figure of 125 CM/P/Yr I have proposed is considered in Israel as an adequate minimum water allocation to support a good hygienic standard at the household level as well as sufficient water for a high level of urban/commercial/tourist and industrial development, if coupled with sound measures of water conservation. This is in fact the amount of water used in the domestic/urban/industrial sector in Israel in 1998 and it is anticipated that with good household and urban water conservation this level can be maintained in the future. This allocation does not include any use of the limited resources of good quality drinking water for agriculture since almost all water of drinking water quality will be required within the next thirty years for domestic/ urban/commercial and industrial use. Water allocations for further agricultural development can become available from recycling and the reuse of purified municipal wastewater, which is estimated at 65 percent of the urban water supply. Furt her water needs beyond locally available sweet water sources will eventually have to be met by imported water and/or desalination of brackish water or sea-water in the framework internal Israeli and Palestinian water projects and/or a regional Water-for-Peace plan, as it develops.

In 1993, Nader AlKhatib together with Dr. Elisha Kally, the veteran Israeli water planner and I published this concept in a book with the goal of promoting our Water for Peace plan. Our concept of the MWR was not accepted at first and in fact generated considerable opposition both among Israelis and Palestinians. Meanwhile many Palestinians, some Israelis and key international authorities have adopted this concept and proposal as being a realistic and fair basis for estimating the ultimate basic human needs of the partners to the water disputes and as an equitable basis for sharing of the limited water of the area.

The official negotiating position of Israel remains that it has no intention of reducing its current rate of utilisation of the waters of the Mountain Aquifer, which is based on prior historic use. However, it is important to note here, that the recently retired Israel Water Commissioner, Meyer Ben-Meir, who served both under Prime Minister Netanyahu and Prime Minister Barak has on more that one occasion, written in articles and stated publicly in TV, radio and newspaper interviews both before and after the 1999 elections, that regardless of the final borders reached and the political nature of the settlement with the Palestinians, Israel must accept the fact that it shares the responsibility of supplying the drinking water/domestic and urban needs of the total population, including the Palestinians, between the Mediterranean and the Dead Sea on an equitable basis-Palestinians the same as the Israelis. He often uses the figure of 100 CM/P/Yr as the basis for future total domestic/urban water supplies, By these statements, the highest water official in Israel has accepted in principle the fundamental concept that Israel has the moral responsibility to help supply the drinking water/domestic/urban needs of its Palestinian neighbours on an equitable basis with Israelis, regardless of the political solution reached between the Israelis and Palestinians.

Water Scarcity Among all the Partners Exacerbates the Dispute

The intensity of the water conflicts are particularly grave since the main partners to disputed waters — Israel and the Palestinians — face serious long-term water problems, particularly when considering the expected doubling of populations within the next thirty years or so. Jordan is in no better position. The three years of drought in 1989-199 1 and the even more severe drought in 1998-1999, which has threatened agricultural and economic development, made Jordan acutely aware of the critical nature of its limited water resources. The bountiful rains of the winter of 1992 have not changed the long-term mean water potential. Based on the author's estimates from various sources but mainly from World Resources (1998) the available renewable fresh potable water resources for Israel and Jordan in the year 2000 (assuming a return to normal rainfall, expressed on a annual per capita basis, in what is often called the water stress index), will be about 270 and 200 cubic metres/person/year (CM/P/Yr) respectively, while only a mean of about 93 CM/P/Yr will be available to the Palestinians including those in Gaza. For purposes of comparison shows the annual fresh water availability per capita in cubic metre/person/year- CM/P/Yr for Israel, Jordan, Syria, Lebanon, and the Palestinians as well as for Turkey.

The calculation of the above water stress index for the Palestinians is based on estimates of current water allocations provided by the Israel Civil Administration, the actual water use in Gaza and the potential untapped water reserves of the Eastern Aquifer of some 50MCM/Yr for a total of 260MCM/Yr and not on the Palestinian's own estimates of what they consider to be their legitimate water rights which include most of the water available from the mountain aquifer. Most of this disputed water is currently utilised by Israel from within Israel's borders. It is these very amounts of water which are the subject of the dispute.

Assuming an anticipated immigration resulting from in-gathering of Diaspora populations for both Israel and the Palestinian Authority, each within their own borders, and natural population growth, it can estimated that there will be at least a doubling of the population within a thirty year period. This will mean that the limitations on water resources will become even more severe. It is possible to make a rough estimate of the water stress index for the year 2030 by assuming a doubling of the population in each of the countries which will result in a reduction to one half of the current level of the water available per person. — that is unless additional water resources are added to the area by then. The situation of the Palestinians in the West Bank and Gaza would according to these estimates be most difficult. If the per capita water resources potential of the Palestinians today are 93CMIP/Yr, with a doubling of the population and no increase in water they would drop to a unacceptable low of less about 4 7 CM/P/Yr in 2030.

Possible Approaches to Resolve the Water Issues

As shown previously, Israel has a strong legal case of historical riparian rights concerning its use for some 60-80 years of most of the ground water in the Western Mountain Aquifer (the Yarkon-Taninim) and the North-Eastern Aquifer (Schem- Gilboa) which flow naturally into its territory. Israel considers this water vital for its own survival and the Israeli official position is that it will not agree to any unilateral reduction in its current use of those aquifers. This will mean that in general the Palestinians in the West Bank will not be able to meet their own needs for water from internal sources alone, unless they can reach an agreement on importation or larger allocations from the shared aquifers.

Without questioning Israel's legal position as to their claims to that portion of the mountain aquifer that it has used historically, it will undoubtedly be asked to consider the possibility of negotiating an agreement on the shared use of that aquifer with the Palestinians including increasing their allocation of the shared waters in order to reach an accommodation in the framework of the final peace agreement. Exactly how much of an increase in the Palestinians share will be agreed upon is beyond the scope of this chapter but I have pointed out my estimate of the Palestinian's minimum human needs for drinking water and essential fresh water for domestic/urban/commercial and industrial use.

It must also be pointed out that it is estimated that there will most likely be a reduction in the amount of drinking quality water available to Israel by some 200-300 MCM/Yr over the next fifteen to twenty years as a result of the ongoing ground water pollution processes from anthroprogenic and natural sources affecting mainly the coastal aquifer and to some extent the Mountain Aquifer from sources within Israel as well as those in the West Bank. The concentration of ground water salinity and nitrates has been increasing at the rate of 1-2 mg/l for many years now. Within 30 years a significant number of the wells currently supply drinking water or water for agriculture will no longer be of be able to supply water of an acceptable quality standard. The salinity increase is partially from sea-water intrusion, fallout/washout from marine aerosols, from underground saline springs and partially from the percolation of irrigation return flows which are always considerably higher in dissolved salt concentration th an the initial irrigation water. The plants take up the irrigation water through membranes, which reject excess concentrations of salts, which then percolate into the ground water. The nitrate increases are mainly the result of the use of chemical fertilizers in agriculture, infiltration of animal wastes from barns and chicken coops, infiltration of wastewater from septic tanks, wastewater irrigation and seepage from solid waste dumps. In addition, Israel's fresh water reserves may be further reduced in the framework of peace agreements with Jordan, Syria,

and Lebanon. If these estimates are correct, then the amount of
drinking quality water that will be available to Israel over the period
of the next 30 years will just about be enough to meet Israel's own
needs for its minimum water requirement (MWR) with only a small
amount available to help meet the needs of the Palestinians.

In mentioning the possible need for reallocations of water to other
neighbours of Israel in the framework of peace agreements with them,
I am not implying that these countries should have priority over the
needs of the Palestinians who, without question, suffer from the most
severe water shortages of all the countries with whom Israel is
interested in reaching peace agreements. However, it is important to
mention at this stage that the Palestinians will not be the only nation
requesting a greater share of Israel's limited water resources and
Israel must take all of these potential demands into account.

It is also important to understand the deep ideological commitment
of Israel to preserve at least some of its agricultural base as an
essential part of its heritage and national goal of "the return to the
soil" in its ancient homeland. It is no more logical to expect Israel
completely to give up its deep national commitment and support for
agriculture than it is to propose such a move to the Swiss, French,
Americans, Egyptians or Palestinians which are nations with equally
deep commitments to their agricultural heritage. However, the
Palestinians will also have to accept the serious limitations on their
agricultural potential based on the limited availability of water
resources and their high cost. Even if Israel agrees to allow the
Palestinians to pump a greater share of the Mountain Aquifer from
wells within the West Bank such water will most likely be too expensive
for any agricultural use. However, they cannot be expected to
completely forgo the agriculture base, which has been a deep-rooted
part of the Arab economy and tradition. Nevertheless with increasing
populations Israel will undoubtedly have to reduce severely its
allocations of fresh water supplies for agricultural purposes and will
have to decrease it's subsidies for agricultural water so as to assure
its rational use, mainly to meet the needs of the domestic, urban,
commercial and industrial sectors. The Palestinians will, in the long
run, have little alternative but to do the same and reallocate good
quality drinking water from the agricultural sector to the domestic/
urban sector. It may be more difficult for them since most if not all
of the water used by the Palestinian farmers is privately owned, while
in Israel all water is owned by the state. Possibly some form of a water
market mechanism could be created where by water can be sold to

the highest bidder, which undoubtedly will be the Palestinian urban consumers.

It is expected that neither side will agree to restrict immigration and the return of their respective Diaspora's within their areas, as a water conservation measure. Both sides have deep commitments on this matter and would view any restrictions on immigration as an unacceptable constraint.

The water stress index indicates that Lebanon and Syria are estimated to have, in the year 2000, about 1000 CM/P/Yr each, while Turkey has some 3000 CM/P/Yr. Thus, Syria and Lebanon each have almost four times the amount of replenishable water resources per person/year as Israel, some ten times that of the Palestinians and 5 times as much per capita as Jordan. Thus, these two countries can be considered to be relatively water rich countries in Middle Eastern terms, compared to their down-stream neighbours on the Jordan River Basin, the Palestinians, Jordanians, and Israelis.

Since Syria and Lebanon are true riparian partners with the Palestinians, Jordanians, and the Israelis, on the shared waters of the international Jordan River Basin, I suggest that it is not unreasonable to expect that they too should be considered as potential candidates in assisting their less fortunate downstream neighbours, particularly the Palestinians, in the solution of their severe water shortages. The fundamental principle of international water law of equitable sharing applies no less to Syria and Lebanon than it does to the other three riparians. This would be in the spirit of the Helsinki Rules and the UN decision, which accepted the proposals of the International Law Commission.

Turkey is not a formal riparian on the Jordan River Basin but is the most water rich country in the Middle East with over 10 times as much as the Israelis and 30 times that of the Palestinians on a per capita basis. Since Turkey is contiguous to Syria and Lebanon, two of the Jordan River Basin riparians and shares with them other international waters (the Orontes and Tigris Rivers) they might well be able to play an important role in helping to alleviate the severe water shortages faced by the nations in their immediate area.

The Minimum Water Requirement of the Palestinians for the Immediate Future

Since it is difficult if not impossible to plan for all future developments and population growth, it is suggested that the estimated

MWR requirements for a 15 year period serve as the basis for reaching an agreement on firm water allocations in the final stage agreement between Israel and the Palestinians. There most likely will not be enough fresh drinking quality water to meet the needs of the Israelis and Palestinians together much beyond the next 15 years without major supplemental sources such as import of water or desalination of seawater.

Estimates of the water needs for the second stage of 30 years are in any event difficult if not impossible to make at this time. Israel will almost certainly need to find external sources of additional drinking water within the next 15-30 years. It will most likely resort to desalination of seawater to meet the increased domestic/urban water demands resulting from its own population growth. Thus, any long term estimates of water needs and plans to meet those needs beyond the 15-year period should be based on a framework agreement of regional cooperation to develop additional water resources to meet the future needs of all the partners.

As an illustration, it can be assumed that the estimated populations in about 15 years (the year 2015) and 30 years (2030) will be as follows: Israel, 8 and 10 million and the Palestinians, 3.5 and 5 million. The true populations may be greater or smaller than these estimated figures depending on many demographic and political factors which are difficult to determine at this stage. These are presented as one possible scenario.

From this it can be seen that over the next 15 years the Palestinians will be short some 180 MCM/Yr to meet their essential minimum water requirements- (MWR). Without going into detail it is not unreasonable to estimate that a small part of the above missing quantities of essential water supply required up to the year 2015, which will be needed to meet the Palestinians MWR, can be developed by the Palestinians themselves from sources in the Eastern Aquifer which are available to them according to the Oslo B agreement.

The true untapped mean safe yield of the Eastern Aquifer has not been determined and estimates vary between 50-100 MCM/Yr. However, we have already assumed that at least a minimum of some 50 MCM/Yr of water can be extracted by the Palestinians from that source and have included that in the estimate of the current Palestinian potential. How much additional water might be extractable from that source is still unknown, but for the purpose of this estimate we have assumed an additional 30 MCM/Yr will be available. This still leaves the Palestinians short of about 150 MCM/Yr up to the year 2015. In my personal opinion, it is not unreasonable to expect that part of the increased allocation of water to the Palestinians will include the disputed 50 MCM/Yr of water that Israel currently pumps from wells it dug in West Bank areas, mainly in the Eastern Aquifer, after the occupation in 1967. Israel would be hard pressed to claim prior historic use as a basis for continuing the use of this water, as it does in connection with the waters of the Western and North Eastern Aquifers which flow into Israel and have been utilised by Jewish farmers and Israel for up to 80 years.

The remaining 100 MCM/Yr needed by the Palestinians for drinking water over the next 15 years might be supplied by Israel in incremental stages over that period as populations grow, through a reallocation to the Palestinians of a portion of the water from the Western or North Eastern Aquifers currently used by Israel. Part might be made available by allowing the Palestinians access to the flow of the lower Jordan River for use by Palestinians in the West Bank and the Jordan Valley.

Such allocations can help meet the urgent MWR requirements of the Palestinians for the next 15 years or possibly longer. This is only an example of one possible formulation of an accommodation between Israel and Palestine but it could well serve as basis for discussion for an equitable foundation for a final status peace agreement between Israel and the Palestinians. Neither side will be happy with such a reallocation of water.

Some Israelis may see such reallocation as a threat to Israel's agriculture and water security. The Palestinian may well feel that it is not up to their expectations. However considering the constraints of the limited water resources in the shared pool which are not really enough to meet all the long term needs of either partner, such a division may well be the most equitable division that is feasible. In the event that such an agreement is included in the final phase agreement it will certainly give the Palestinians a respite of at least 15 years, probably more, with a significant increase in water resources to meet urgent growing needs. It will also provide sufficient time to work on plans to develop additional water resources, which will be eventually, be needed in any case.

After the year 2015 other water sources must be found elsewhere since Israel itself will be facing a situation where within some 15-20 years it will not be able to meet its own minimum water requirements without resorting to desalination. Here I propose that the countries with richer water sources further to the north come into the picture. I am assuming that in the not too distant future Israel will reach a peace agreement with Syria and Lebanon which may well include some reallocation of Jordan River/Golan Heights water currently used by Israel to them.

If this amount of water is based on the so-called Johnston Plan of 1956, then Israel may have to reallocate some 80 MCM/Yr of water to Syria and Lebanon. I would propose that in the negotiations between Israel, Syria, and Lebanon, Israel or preferably a third party mediator/ facilitator, such as the United States propose that Syria and Lebanon contribute a fair and equitable share of the flow of the Jordan/Yarmuk Rivers and/or possibly the Litani and Awali Rivers to the most severely water short riparian partner on the Jordan River basin-the Palestinians. I suggest that an allocation of some 150-200 MCM/Yr from Syria and Lebanon be transferred to the Palestinians on the West Bank of the Jordan Valley by the revival of the original Western Ghor Canal project which was in the advanced planning stage by Jordan just prior to the 1967 war.

Is it unreasonable to expect that Jordan should cooperate in meeting part of the Palestinians basic needs in the West Bank by agreeing to construct, within Jordan, the Western Ghor Canal from the Yarmuk, siphoned under the Jordan River to West side the Jordan Valley for use by the Palestinians in the West Bank? This project was called for in their own water plan and in the Johnston plan of 1956. The source of water could be from the planned Syrian/Jordanian Unity Dam on the Yarmuk or other external sources such as the Litani and Awali Rivers in Lebanon.

Thus with the participation of Israel, Syria, Lebanon and Jordan in fulfilling the Helsinki/UN International Law Commission principles of equitable sharing to meet human and social needs, it will hopefully be possible to meet most if not all of the Palestinian's most urgent human needs for drinking/domestic/urban water supplies for the foreseeable future- that is the next 30 years. This would mean that additional water for all other uses, including agriculture for local markets or for export from local sources of fresh water, would have to be severely restricted by both partners. This also means that both Israel and the Palestinians would themselves have to give priority in reallocation of existing fresh water resources, available to them, to meeting the growing demands for drinking water and domestic/urban requirements as populations double over the next thirty years. The declaration of some Palestinian leaders that it is their intended policy to increase water allocations to agriculture is unrealistic under the present conditions of extreme water scarcity where both for the Israelis and the Palestinians there will barely be enough water to meet the growing domestic and urban demands. Another, no less important, reason why such a vision of increased Palestinian agriculture is unrealistic will be the high cost of water, which makes it unfeasible for any agricultural use.

Regional Cooperation in Developing Water Resources

In addition to meeting these minimum human needs there may be some place to develop additional regional water projects which can be economically justified and, which can be of benefit to all five riparians on the Jordan River Basin: the Syrians, Lebanese, Jordanians, Palestinians, and Israelis.

Such projects might include, the sale of water from the Awali and Litani Rivers in Lebanon to all or some of the downstream riparian for a limited period of time— say thirty years, which would be the normal life of such an engineering project. Studies have shown that such a project is relatively low in cost and highly feasible from an engineering point of view. Of course it could only be carried out in an era of peaceful cooperation between all of the riparians on the Jordan River Basin.

Another project worth evaluating would be the Turkish proposal to build the "Peace Pipeline" or in this case called the "Mini-Peace Pipeline" from Turkey to supply water to all five Jordan River Riparians or part of them. This project which might transport as much as 1,000 MCM/Yr or more to the south is most complex from an engineering and geopolitical point of view, since it would involving building a very big pipeline several hundred km in length that would have to cross the borders of several countries. It may well be as expensive as sea water desalination, if not more so.

An innovative alternative concept, which is less complex from a geopolitical and engineering point of view, was proposed by our joint Israeli/Palestinian team in 1993. This concept calls for an agreement between Turkey, Syria, Jordan, and the Palestinians, mainly with the goal of assisting the Palestinians. It would include an increased allocation of water from Turkey to Syria through the normal streambed of the Tigris River, which will not involve any new pipelines. In return, as part of the agreement, Syria would then increase its allocation of flow to Jordan through the Yarmuk River, which would be diverted to the Abdullah Canal in Jordan on the eastern side of the Jordan Valley. Jordan would then allow the construction of the Western Ghor Canal, with the help of international funding, which would siphon water from the Abdullah Canal under the Jordan River for the use of the Palestinians on the West Bank.

Along the route Syria and Jordan would also benefit from increased water allocations. This innovative concept involves a minimum of engineering works and new pipelines and requires no new transboundary pipelines other than the Western Ghor Canal. The total cost would be minimal. However, this project too, is only conceivable in the framework of a peace agreement between all the riparians on the Jordan River Basin including Israel. It would also require Turkey and Syria to reach an accommodation on their long-standing differences on the utilisation of the Tigris River. Turkey, of course, would be paid by all the beneficiaries for the additional water it releases to the Tigris.

Another attractive alternative is building an under-sea pipeline in the Mediterranean sea from Turkey, in international waters near the coastline, which could deliver water to Syria, Lebanon, Israel, Jordan and to the Palestinians, as well as to northern Cyprus, is actually currently under active consideration. The alternative of transporting water from Turkey by sea in large floating plastic bags called "Medusas" or in large relined former oil tankers is also being considered. The economic and engineering feasibility of these projects is yet to be determined.

At some stage major local and/or regional desalination plants will also come under active consideration. However, even if the price of desalination is reduced to as little as 60 or 70 US cents/[m^3] its use will still only be economically feasible for domestic/urban/commercial/tourism and industrial use. No agriculture crops could afford to pay such a high price for water. Beaumont (1999) has estimated that the economic return, in the Middle East, from use of one cubic metre of water in agriculture is at most about US \$0.50-1.00/[m^3] while the return on the use of water in the urban sector for commerce, tourism and industry is any where between \$100 to \$1000/[m^3]. Thus only desalination to serve the needs of the urban/commercial/industrial sector would ever be justified.

An additional possible format for future regional cooperation could be an "inter-country water market" through which water could be bought and sold between countries like any other commodity or natural resources such as oil, coal or gas. Such a water market might become feasible eventually in an era of stable peace and mutual trust among all five riparians of the Jordan River Basin. However, it would be particularly attractive and beneficial, even essential, for Israel and the Palestinians. The Harvard Middle East Water Project, in which I participated in it's early developmental stages, has reached the preliminary conclusion that intra and inter-country water markets between Israel, Jordan, and the Palestinians would be economically beneficial to all partners.

Another tentative conclusion of great interest, which has come out of the economic/ market analysis of the water dispute between Israel and the Palestinians, is that the monetary value of the water in dispute between Israel and the Palestinians, based on the estimated current value of water to Israel of about $0.20/[m^3] is about 20-40 million dollars per year. This means that if Israel reallocated some 100-200 MCM/Yr of the water it currently uses to meet the Palestine MWR it would cost the Israeli economy that sum of money. According to Fisher when you examine the water dispute in such monetary terms it appears to be small and that "a dispute over such a sum can be settled by negotiations rather than war."

An annual expenditure even of a sum as large as 40 million dollars would only be about 0.05 percent of the Israel GDP of 80 billion dollars in 1999 and could not be considered an impossible economic burden on the economy. It would only be a small part of the total price of a final stage peace agreement with the Palestinians which will probably involve heavy multi-billion dollar expenditures in moving military installations, roads, fences, border crossings, and most probably the compensation, with additional billions of dollars, required for the resettlement of tens of thousands of settlers. The economic cost of a generous accommodation in the water field may appear to be somewhat smaller and less of an obstacle to peace when it is compared to these other elements of the price of peace. In any event, water must now be looked at as a totally replaceable commodity available in unlimited quantities at the price of desalination of sea-water which apparently will reach a price as low as $0.500.60/[m^3] or less in the coming years.

There is a need to develop a bold regional Water-for-Peace plan This plan should be based on economic feasibility as well as the principle of sufficient and equitable allocations for all, which can bring in quantities of additional water to all the countries of the region from the large water resources reserves available for many years to come in countries such as Turkey, Syria, Lebanon and possibly Egypt and/ or by the construction of major sea-water desalination plants. It will be much more feasible for the Israelis and Palestinians to reach an accommodation, painful as it may be, based on feasible but equitable allocations if there is an assurance by the major powers of the world that the size of the pie will eventually be increased and that neither side will be left without sufficient water to assure its future development within the framework of their own national goals which include a limited but economically feasible agricultural base.

An Agreement on Equitable Apportionment and Joint Control of Water Resources

In the peace negotiation process on the question of the shared water resources in the Middle East, including the Mountain Aquifer, the partners to the dispute will have to give serious consideration to ways of applying the principles of the Helsinki Rules and the UN International Law Commission including an agreed upon formula for equitable apportionment and eventual joint monitoring, inspection, and control on both sides of the border. It is essential to assure all partners that the water allocations, from surface and ground water sources, agreed upon, are being abided by.

Both the Israelis and the Palestinians will have to accept and learn to live with joint inspection teams verifying that the terms of the agreement are being fulfilled on both sides of the border. There must be ways of assuring both sides that neither partner to the agreement is pumping more water from the shared aquifer than agreed upon nor that either side is causing pollution of the ground or surface water that may effect the quality of the common pool of water serving both peoples. There must also be arrangements for the joint management and operation of any water import facilities agreed upon and joint desalination plants if any are constructed. No less important is to assure that there is proper control of potential and actual sources of environmental pollution, which might threaten the quality of the shared water resources. This will require a recognition of the reality that the use and management of a shared resource for mutual benefit, such as water, means that both sides must accept a certain degree of limitation on their territorial sovereignty.

Accepting a degree of limitation on territorial sovereignty may well be a bitter pill to swallow for the parties to the dispute in the Middle East, but it is not hard to find examples where powerful sovereign nations have accepted that principle in treaties, in order to end conflicts and protect their mutual interests in shared water resources.

This is particularly so in Europe among the countries belonging to the EU. An outstanding example of international cooperation is the joint management of the Rhine River which started in 1815 and today has evolved into the ten nation International Rhine Commission (IRC) which regulates and controls chemical, microbial and thermal pollution, fishing, flood control, navigation and water use. The IRC carries out joint monitoring, inspection, control and research on all aspects of the river's management. These countries have agreed to a certain degree of limitation of their territorial sovereignty in order to achieve shared goals of orderly management and pollution control of shared international bodies of water.

An essential element of the agreement is that the legitimate water rights of the Palestinians and Israelis to a fair portion of the shared Mountain Aquifer be recognised and regularized. Another important section of the treaty should be an agreed upon procedure for resolving differences that arise out of the agreement by such procedures as direct negotiations, facilitation or mediation. In the case that those steps do not achieve a resolution of the disagreement they might be followed by binding arbitration by an agreed upon procedure or adjudication before the World Court.

While providing a solution to the water conflicts in the Palestinian-Israel dispute, including that over the Mountain Aquifer, is not a sufficient condition for peace it is undoubtedly a necessary condition. A bold and generous internationally sponsored Water-For-Peace Plan can provide the framework of encouragement and optimism that can motivate the partners to reach an accommodation based on compromise, even a painful one, not frilly meeting the expectations or hopes of either side.

This will be necessary in light of the limited water resources available in the shared water pool for any kind reallocation. However the assurance that there will also be outside assistance to increase the size of the pie for the benefit of all will help the sides reach an agreement. In this way it will not only be possible to remove an important obstacle on the path to peace but provides a real motivation for peace which will enable the partners to the dispute to solve urgent problems for the social welfare and economic benefit of all.

It is beyond the scope of this chapter to suggest the outcome of the peace negotiations between Israel and the Palestinians concerning the water issues, which are often laden with deep emotions and misunderstandings on both sides. I certainly do not claim to represent the official Israeli position on this question. However, I can state my own considered opinion, which is, that it is in Israel's national and security interest to see to it that the Palestinians are assured sufficient water supplies to meet their basic human and social needs. This can be done by a generous gesture by Israel which would reallocate certain amounts of vital water needed desperately by Palestinians but will not be a significant burden on the Israel economy or endanger Israel's own water security. It is in Israel's interest that the Palestinians have enough water, not only so that they can survive, but so that they can thrive economically and socially and live in peace and economic prosperity with their Israeli neighbours, with a sense that a fair and just peace agreement has been reached.

Chapter 6

The Challenges of Sustainable Access to Safe Drinking Water

Water is a vital limited resource for human existence and the availability of adequate and safe water connects strongly with the sustainable development concept. Water plays a major role in enhancing economic growth, reducing poverty, attaining food security, and protecting ecosystems. Moreover, water is a critical component of public health, and failure to supply safe water will place a heavy burden on the entire population. Although the 20th century witnessed great wealth and advanced development in many areas of the world, billions of people are still striving to access the most basic human needs: food, shelter, safe drinking water, and sanitary systems. Closing this gap requires the availability of safe water for more than 1.1 billion people and sanitary systems for 2.4 billion people worldwide.

Water is subjected to biological and chemical contamination originating from many sources in the catchment area or during collection, storage, and distribution. Chemical and biological contaminants in water can cause many problems related to human health (diseases) or people's acceptance of water (a bad taste, odor, or colour). Water-related diseases are either infectious (caused by pathogens) or noninfectious (caused by toxic chemicals). While chemical pollutants in water can cause adverse health effects in the longterm, microbial pathogens can cause health effects within a short period of time.

Waterborne diseases are a great burden on both public health and the economy. Globally, four billion cases of diarrhea occur annually, of which 2.2 million are fatal (WHO & UNICEF, 2000). In developing countries, nearly 80% of all diseases are linked to water and sanitation (WHO & UNICEF, 2004). Children bear the greatest health burden related to poor water and sanitation. Diarrhea is a major cause of death among children worldwide, causing death of one in five children and 15% of all deaths in children under age five. Furthermore, diarrhea causes 54 million disability-adjusted-life-years (DALYs) each year, forming 3.7% of the total global burden of disease. Improving water and sanitation conditions is a critical tool to minimise diarrhea. Up to one-third of the cases can be minimised by an adequate access to water and sanitation and one-third can be reduced by washing with water and soap (WHO & UNICEF, 2000).

In Lebanon, water resources are progressively affected by natural and anthropogenic activities. It is estimated that 60%-70% of water resources are contaminated, with higher levels expected in the rural areas. Moreover, rapid population growth in some areas was not associated with the required concurrent infrastructure development. As such, many areas are still suffering from water shortages. Improvements in sanitation and provision of water services continue to lag behind the needs of the population in almost all rural areas in Lebanon. In the village of Zawtar El-Charkieh, our study area in southern Lebanon, drinking water sources are anticipated to be microbiologically contaminated due to the absence of sanitary methods to dispose of wastewater. As part of an ongoing partnership between the Faculty of Health Sciences at the American University of Beirut and the municipality of the village, an initial assessment study of the quality of drinking water was conducted in summer 2007. Results revealed that water is microbiologically contaminated in more than 60% of the collected samples. Also, people were concerned about the potential effects on the water supply system in Zawtar El-Charkieh and other villages in southern Lebanon after the July 2006 war. People need to be reassured about water quality based on scientific data. Accordingly, the main objectives of our study were as follows.

- Assess the drinking water quality, cost, quantity, continuity, and coverage from the sources to the end users at the household level in Zawtar El-Charkieh.
- Identify the challenges of sustainable access to safe drinking water in Zawtar El-Charkieh village in order to determine the short-term management actions and long-term strategies to improve water quality.
- Inform decision makers and researchers on the challenges and approaches that could be applied in rural areas of other developing countries to ensure sustainable access to safe drinking water and facilitate in achieving the Millennium Development Goals (MDGs).

Description of the Study Area

The study area is located in Nabatiyeh province of southern Lebanon, 83 km away from the capital Beirut. It has 600 households and a total of 3,750 residents. It is located at an altitude of 340-490 m and covers an area of about 36.5 [km2]. The climate in this region is Mediterranean, characterised by seven hot months (May to October) with almost no precipitation and five cold months (November to April) with precipitation ranging between 200 and 1,400 mm. Households in the village are served by two piped water supply systems as follows.

- Al-Beer water supply network, which receives water from a well inside the village. Water is pumped out to the village to a sole storage tank of 450 [m^3] capacity from which it is distributed by gravity to the households.
- Nabeh Al-Tassi network, which receives water from a spring outside the village. Water is pumped and distributed directly to the households.

A complementary nonpiped water supply system, which derives water from a private well outside the village, delivers water by cisterns to the households. In addition, many people purchase bottled water to meet their demand.

Study Design and Sampling Strategy

The assessment encompassed all the drinking water sources in the village. A total of four samples were collected from each source in addition to the storage tank during the months of November and December 2007 and January and February 2008 to cover dry and wet seasons.

With regard to the terminal ends of the water distribution system, a total of 41 households were sampled once during the month of February 2008 and once during the month of April 2008. The sample size was estimated using Equation 1. Based on the contamination prevalence of 60%, which was estimated from the preliminary assessment, the sample size was determined within 10% standard error and with 80% (z = 1.28) confidence interval.

n = [[(z)2] x p x q]/[d2] (1)

Where,

n = household sample size

z = confidence interval

p = probability of success

q = probability of failure

d = margin of error.

A total of 24 households at the terminal end of Al-Beer network and 17 households at the terminal end of Nabeh Al-Tassi network were chosen randomly based on the availability of taps connected directly to the water network. Samples were distributed among the seven zones in the village. Based on their corresponding approximate household number, samples were divided proportionately among the zones. In order to track the source of contamination, drinking water sources and the storage tank were sampled on the same days the household samples were collected. Water coverage, quantity, continuity, and cost were assessed by interviewing key persons in the municipality and the water authority as well as the households that were sampled.

Analytical Procedures

All sampling equipment and containers were thoroughly washed in dilute (0.1%) low-phosphate detergent and tap water, then rinsed with dilute (1%) nitric acid solution (analytical grade) and deionized water. Except during processing, all samples were kept chilled (4[degrees]C) from the time of collection until analysis. Physico-chemical analyses were conducted at the American University of Beirut following standard and recommended methods (American Public Health Association [APHA], American Water Works Association [AWWA], & Water Environment Federation [WEF], 2005). Water temperature, pH, electrical conductivity (EC), and total dissolved solids (TDS) were measured on site using a Hach Model 44600 Conductivity/ TDS Metre. Turbidity was measured by using HACH 2100 P Turbidimetre. In addition, the dissolved oxygen (DO) was also measured on site using a membrane electrode Hach Model Sension 6.

Water samples were analysed for indicator parameters including total (TC) and fecal coliform (FC) bacteria, nitrate-nitrogen (N[O3-]_N), ammonia-nitrogen (N[H3]_N), chlorides ([Cl-]), and sulfates (S[O42-]). A spectrophotometre was used for N[H3]_N (Direct nesslerization; Standard Methods 4500 N[H3] C), N[O3-]_N (Cadmium reduction; Standard Methods 4500-N[O3-] E), and S[O42-] (Turbidimetry; Standard Methods 4500-S[O442-]E). Free residual chlorine was analysed by using HACH colorimetre. The bacteriological analyses were determined by the membrane filtration technique (Millipore). Titration method was used for the analysis of total hardness, calcium (Ca) hardness, Chloride ([Cl-]) and alkalinity. Total organic carbon (TOC) was measured by using PASTEL UV analyser.

The field quality assurance/quality control (QA/QC) component consisted of field blanks, equipment blanks, and duplicates. The QA/QC component of the analytical methods consisted of procedural blanks, lab duplicates, and reference samples (laboratory spikes and reference materials). The results from duplicate analyses were averaged for use in this study.

Water Quality

All samples collected from Al-Beer well were microbiologically contaminated with levels exceeding the recommend World Health Organisation (WHO) and United States Environmental Protection Agency (U.S. EPA) value of 0 CFUs/100 mL for total and fecal coliform bacteria. This manifests a relationship between the quality of water and the land use and human activities within the catchment area. The levels of total coliform bacteria ranged between 27 and 320 CFUs/100 mL. Likewise, fecal coliform bacteria (0 to 71 CFUs/100 mL) were detected in almost all samples with the exception of the sample collected at the end of the wet season. Predictably, the water samples collected from the storage tank were all microbiologically contaminated with the exception of the sample collected at the end of the wet season, which was free from fecal coliform bacteria. This result may be attributed to the contamination of the water source, the infrequent cleaning schedule of the tank, and the fact that no disinfection method is being practiced.

By contrast, almost all the samples collected from Nabeh Al-Tassi spring were free from fecal and total coliform bacteria, which may be attributed to the fact that water is being chlorinated. The free residual chlorine ranged between 0.19 and 0.25 mg/L. Similar to the Al-Beer well, poor water quality conditions were observed at the private well, which delivers water by cisterns to the households. The samples collected from this complementary nonpiped water supply system (private well) were all microbiologically contaminated, with the exception of the sample collected at the end of the wet season that was free from fecal coliform bacteria.

All water samples collected at the end of the wet season from the households connected to the Al-Beer network were contaminated with total coliform bacteria. Although the Al-Beer well and the storage tank were free from fecal coliform bacteria at the end of the wet season, about 42% of the samples collected at the household level were contaminated with fecal coliform bacteria. This may be attributed to improper sewage management. About 29% of the samples collected from households connected to Nabeh Al-Tassi network revealed levels of fecal and total coliform bacteria, which may be attributed to a reduction in free residual chlorine. The concentration of residual chlorine decreased from 0.19 mg/L at the source to 0.02 mg/L at the distal ends.

Physical and Chemical Analysis

Physical and chemical water analyses were conducted on samples taken from the three water sources: Al-Beer well, Nabeh Al-Tassi spring, and the private well. As a result of seasonal variation, the temperature values decreased between the dry and the wet season for the three water sources. Slight variations were exhibited in the levels of pH between the dry and the wet season with values ranging between 6.4 and 7.4. While the levels of turbidity decreased between the dry and the wet season for Al-Beer well and Nabeh Al-Tassi spring, higher levels were observed for the private well. This result may be attributed to a dilution factor in the case of the former sources and maintenance operations during the sampling period for the latter. The concentrations of DO slightly increased during the wet season, which may be attributed to a decrease in temperature.

The values of TOC exhibited a slight increase between the dry and the wet season for Al-Beer and the private well, which may be a result of wastewater contamination. Due to the dilution factor, the levels of TDS exhibited a slight decrease between the dry and the wet season for all sources. Hydroxide alkalinity exhibited a value of zero in all samples. As such, total alkalinity is attributed to bicarbonate, which decreased between the dry and the wet season as a result of dilution factor. Total hardness in all samples exhibited values greater than the total alkalinity. Accordingly, total hardness is attributed to both carbonate hardness and noncarbonate hardness. All sources exhibited a decrease in the levels of total hardness, calcium, and magnesium between the dry and the wet season, which may also be attributed to dilution factor.

Generally, the concentrations of $N[O_3-]\_N$ and $N[H3]\_N$ exhibited a decrease between the dry and the wet season as a consequence of dilution. With the exception of Nabeh AlTassi spring, the concentrations of $S[O42-]$ and $[Cl-]$ exhibited an increase between the dry and the wet season. Moreover, $S[O42-]$ and $[Cl-]$ to TDS ratio increased between the dry and the wet season, which may be ascribed to the build up of their concentration as a result of sewage contamination. Compared to the WHO and U.S. EPA recommended values for drinking water, the measured concentrations of all physical and chemical indicators were within these limits.

Water Coverage, Quantity, Continuity, and Cost

Of the 600 total households in the village, 444 are connected to Al-Beer network, 150 are connected to Nabeh Al-Tassi network, and six are not connected to the networks. About 61% of the houses are legally connected (subscribed) with a gauge system. The remaining houses are illegally connected. Unaccounted-for water (physical and commercial water loss) in the networks is expected to be as high as the Middle East and North Africa region, with a value of 52% due to aging of the networks. Given a total population of 3,750 residents and a total number of 600 households, the average number of persons per household is 6.25. A gauge system that supplies one cubic metre per day is being utilised in the households connected to Al-Beer network. While pumping hours in the case of the Al-Beer network may reach up to 16 hours/day for two to three days per week year-round, Nabeh Al-Tassi network provides water on a 24-hour basis for two (summer) to four (winter) days per week. Accordingly, the estimated per capita water quantity that people receive is 42 L/capita/day in summer and 64 L/capita/day in winter. This is mainly attributed to the limited pump capacity and electricity rationing in the case of Al-Beer network and the over demand that exceeds the supply of Nabeh El-Tassi network.

Both networks in the village work intermittently. People are used to using storage tanks to store water during pumping hours. In addition, they purchase water, particularly in the summer, to meet their needs. The monthly family income ranges between $495 and $550 U.S. The average monthly expenditure that each household pays for the public water subscription is 20,144 Lebanese Lira (LL) ($13.50 U.S.) and the complementary water (bottled and cistern water) is 41,928 LL ($28 U.S.). As such, total cost of water per month is equivalent to $41.5 U.S., constituting about 8.4% of the average total family income.

Water contamination, primarily bacteriological verified by the presence of total and fecal coliform bacteria, may be attributed to the improper management of wastewater. Due to the absence of a sewage network, unsanitary pits are being utilised to dispose wastewater. Contamination of the source, absence of any disinfection method or insufficient dose, poor maintenance operations, and aging of the networks are significant factors contributing to water contamination during storage and distribution process. The fragile political stability, restrictions, and insecurity in southern Lebanon for almost two decades have led to a lack of water development plans. This situation is still ongoing and will probably not come to an end in the near future. In addition to the resources and educational challenges, political disputes are major stumbling blocks to achieving safe drinking water conditions. Needless to say, economic and political considerations in spite of everything tend to manipulate water policies and strategies.

Although the results revealed that chemical quality of drinking water meets the WHO and U.S. EPA standards, seasonal variation in the concentrations of various indicators demonstrates the influence of anthropogenic activities and land use on water quality. In addition to improper sewage disposal, contaminants may originate from runoff from fields where crops are irrigated and the use of inorganic fertilizers (usually as ammonium nitrate) and animal manure is substantial. Thus, the qualitative and quantitative improvement of agriculture productivity resulting from agrochemical use is counter-balanced by the detrimental consequences on human health, environment, and hydrologic systems.

Since a public water supply is cheaper than private sources, almost all the households in the village are subscribed to the public network. Yet, the quantity of water is far below the estimated water consumption of 190 L/capita/day in Lebanon. The quantity of water provided to the community is far below neighbouring countries in the region such as Palestine, Jordan, and Egypt where the values range between 90, 95, and 183 L/capita/day, respectively. This shortage may be ascribed to a large amount of water that has not been accounted for due to physical and commercial water loss, aging of the networks with minimum maintenance operations, and illegal connections. The interruption in the water supply also may partially contribute to the acute water shortage in the village. Hence, local people seek other sources to meet their water needs with average monthly expenditure reaching 8.4% of the total family income. This value exceeds the recommended international value of less than 2%. Therefore, many people may be forced to seek lower-priced water, which in turn may be of lower quality, or they may minimise their hygienic activities. This inflicts a significant threat on the health of the local community due to waterborne diseases.

While there are many impediments and challenges towards achieving safe, affordable, and sustainable access to drinking water, these can be overcome by suitable planning and proper measures. Although it may seem costly, rehabilitation of both networks will be cost-effective in the long-term by decreasing water loss and improving water quality.

Yet, new sources of water as well as community participation in conservation practices are essential to achieve sustainability and reduce water shortages. Given the limitations of external and domestic financial resources in developing countries, it will be necessary to develop new innovative financial schemes that could include public-private partnership in financing. A high priority should also be given to preventive actions, such as protection of the catchment areas of water sources.

An optimised operation strategy for wastewater management in rural areas should be developed. Such a strategy should be based on an integrated assessment of the local technical, environmental, economic, and social aspects. Determining the nonpoint sources of pollution would be imperative in protecting the sources of water. Since nonpoint sources of pollution are diverse and nonspecific, however, control and prevention measures through the application of conservation principles that are ecologically sound should be developed. As such, environmentally sound national agricultural policies should be introduced in addition to controlled and optimal use of agrochemicals.

Considering that drinking water is not effectively monitored in these areas with low population density, several problems may arise. Under conditions of poverty, unemployment, and political instability, few incentives or sufficient capital are present to employ environmental monitoring programs. Environmental issues do not always command a high priority in light of the severe social, political, and economic problems that face most developing countries. If sustainability is to be achieved, a clear institutional and regulatory framework with quantitative objectives and standards for decision making; a system that provides reliable information on the availability, use, and quality of water; as well as adequate funding for management and operation are crucial. Regular monitoring of residual chlorine concentration as well as fecal and total coliform bacteria in the water distribution system should be carried out systematically by the local water authorities or municipalities.

In the short-term, simple but effective measures can be taken to ensure the protection of water resources and prevent the buildup of contaminants. Increasing the residual chlorine dose is essential to reducing microorganisms in the distribution network. The presence of residual chlorine improves sanitary conditions, suppresses the regrowth of microorganisms, and prevents the formation of biofilms on the internal surface of distribution pipelines. Training programs for employees of the municipalities and water authorities are essential for the proper operation and maintenance of equipment and facilities, including monitoring of water quantity and quality. Educational material with illustrations and understandable information on the quality of drinking water, risk of water contamination, and how to protect water sources from contamination and keep water clean and safe is very crucial. This would empower the local community to protect themselves against waterborne pathogens and consequently reduce waterborne diseases. Promoting public awareness of the long-term environmental and economic benefits of water conservation and identifying habits and efficient water devices influence community behaviour.

The majority of the challenges of sustainable access to safe drinking water in Zawtar El-Charkieh are also common to other small villages in Lebanon as well as many rural areas in developing countries. These communities often suffer from an inadequacy of services related to health care, nutrition, and public education in addition to inadequate infrastructure and very low income levels. Therefore, governments in developing countries have more pressing needs than water management. Environmental issues are frequently low on the list of priorities. Public awareness relating to the extent of adverse health impacts as a result of unsafe drinking water and improper sanitation is minimal in these countries.

Meeting the goal of sustainability and safety of drinking water sources and consequently the MDG goal for water is a major problem in Zawtar El-Charkieh and in many rural areas in developing countries. In light of the aforementioned, environmental education as well as public awareness and community empowerment should be given a high priority. Providing local people with access to resources, education, and information necessary to influence environmental issues that affect them is a necessity. To ensure public health protection and if sustainability is to be achieved, however, establishing a comprehensive drinking water system that integrates water supply, quality, and management as well as a clear institutional and regulatory framework with quantitative objectives and standards for decision making associated with adequate funding for management and operation are crucial.

Holy and Wholesome

Among the blessings of working in the multilateral, international and interdisciplinary context of the World Council of Churches (WCC) are the many different dialogue partners who are able to challenge, broaden and mutually enrich one another. One such dialogue has been between a Canadian Anglican liturgical theologian and a German Lutheran eco-justice activist. Over a series of months Maike Gorsboth, coordinator of the Ecumenical Water Network, and John Gibaut, director of the Commission on Faith and Order, have engaged in a challenging and enlightening dialogue on the issue of water. We have already collaborated in the successful preparation of texts for the 2010 Seven Weeks for Water, which address the ecological crisis of water and its accessibility from different liturgical perspectives.

We are aware that to some, if not many, the Ecumenical Water Network and Faith and Order are unusual dialogue partners within the WCC. While the Ecumenical Water Network focuses on mobilising concrete ecumenical activities to promote good stewardship and just access to water, Faith and Order engages in long-term multilateral theological reflection which seeks to resolve church-dividing issues, many of them relating to liturgical and sacramental questions, including water baptism. In this chapter we would like to share some of the learning we have gleaned from one another and our conversations, including the challenges posed by eco-justice advocates to the churches in their liturgical use of water and the challenges that the liturgical tradition poses in the context of the water crisis. In the end, we affirm that liturgical and activist perspectives belong together and are mutually enriching.

The Global Water Crisis

Today, humanity faces the overuse and pollution of water to an unprecedented degree, threatening ecosystems and the health and livelihoods of billions, particularly of the most vulnerable. Economic growth, population growth, changing life-styles and urbanisation are increasing the demand and therefore the pressure on our world's water resources. Climate change is an important additional factor, aggravating water scarcity and leading to more extreme and less predictable weather patterns that affect how much water is available, where and when.

Those who suffer most from this situation are the world's poorest. Of the almost 1 billion who do not have adequate access to safe drinking water today, almost all live in developing countries and two out of three are surviving on less than $2 a day. Many of them rely on dirty water from open rivers, lakes and wells, or spend several hours collecting water every day. Others spend large parts of their restricted income to buy water.

Moreover, half of the more than 2 billion people who do not have access to adequate sanitation belong to the world's poorest households. The unsafe collection and disposal of human excreta is closely linked to the contamination of food and water and the spread of water-related diseases that kill 2 to 3 million people every year. WaterAid estimates that inadequate water and sanitation may be the underlying cause of more than a quarter of the 8.8 million deaths among children under five each year.

It is also the poorest who are hardest hit by increasingly unpredictable and more extreme droughts and floods. Seventy percent of the world's poorest live in rural settings where they depend on rearing livestock and on mainly rain-fed agriculture to feed themselves and their families and generate some income. Already today about 700 million people live in areas affected by water stress; by 2025 this figure could be up to 3 billion. For many governments and communities, it is becoming more and more difficult to satisfy the different demands and needs beyond drinking water: water to ensure food security, water to supply rapidly growing cities and industries, water for ecosystems. Ecosystems collapse as the natural water cycle is altered and the dumping of our waste overwhelms nature's capacity of purification. In many places the very "bloodstream of the biosphere" is at risk of being clogged.

While the exact nature of water problems and their possible solutions differ from one situation to another, it still seems appropriate to talk of a "global crisis" for a number of reasons. First, even the promotion and implementation of local solutions require global solidarity and analysis. Second, there are many cases where water is depleted and polluted in the production of food and goods that are sold and consumed far away from the local populations suffering the consequences. Similarly, climate change is not always caused where its impact is most felt. Third, some of the underlying causes of the crisis are global in nature: the often rather single-minded pursuit of economic development, the inefficient and wasteful use of water resources, inadequate management and regulation, and all too often the insufficient prioritisation and protection of the needs of the poorest.

Faith and Water

For us as inhabitants of our planet, water is an issue that concerns all Christians, raising the topics of just stewardship of the gift of God's creation, just access to water and just usage of water. This idea was expressed by the Ninth Assembly of the WCC at Porto Alegre in 2006:

Water is a symbol of life. The Bible affirms water as the cradle of life, an expression of God's grace in perpetuity for the whole of creation (Gen 2:5ff). It is a basic condition for all life on Earth (Gen 1:2ff.) and is to be preserved and shared for the benefit of all creatures and the wider creation. Water is the source of health and well-being and requires responsible action from us human beings, as partners and priests of Creation. As churches, we are called to participate in the mission of God to bring about a new creation where life in abundance is assured to all (John 10:10; Amos 5:24). It is therefore right to speak out and to act when the life-giving water is pervasively and systematically under threat. The deep Christian concern for water is shaped by the biblical narrative beginning with the waters of creation and ending in the waters of the new creation, the river of the waters of life coursing through the New Jerusalem, bringing healing to the nations. The narratives of life and death and new life in the Hebrew and Christian scriptures are often described in the context of water, from the Flood and the Exodus to the narrative of the baptism of Jesus, the stories of events around the Sea of Galilee in the gospels, and Paul's preaching of the Gospel across the waters of the Mediterranean. The ordinary, everyday experience of water as healing, cleansing, quenching, life-giving, as well as death-dealing, and the bountiful biblical instances of water as part of God's healing action, are brought together within the context of the liturgy, in particular in baptism. Paul makes this connection clear in the letter to the Romans, where Christian participation in the death and resurrection of Jesus takes place in the experience of being baptized—literally "plunged under"—and raised up in the waters of baptism.

Water plays a pivotal role in the life of the church through baptism and consequent liturgical acts, such as the blessing of people and things through blessed water, the celebration of the baptism of Jesus in the waters of the river Jordan, the place of water in the Byzantine celebration of the Theophany, and other liturgical acts. The theme of water appears in the course of the lectionary or assigned biblical readings throughout the liturgical year. And, for many traditions, water is liturgically blessed for use in baptism. Given the pivotal role of water in the liturgical tradition, it is curious that sacramental and liturgical theologians on the one hand, and eco- or environmental activists and theologians on the other, are not in frequent alliance with one another for the enriching of the experience of water for the Christian community at prayer, and for strengthening the prophetic and advocacy role of the church around a just and faithful stewardship of water as a part of God's creation.

Liturgical Theology

An axiom of contemporary liturgical theologians is derived from a fifth-century theologian, Prosper of Aquitaine: lex orandi, lex credendi. The Latin tag in ancient and contemporary literature states that the "law of praying" establishes or constitutes the "law of believing". In other words, how we pray shapes what we believe. Here, liturgy is understood as an event or experience, from which theological reflection follows; it posits that the experience of the encounter with God precedes its theological reflection. Many add a third factor, namely the "law" of acting or living, forming a neat triad: lex orandi, lex credendi, lex vivendi. Accordingly, if experience gives rise to reflection or meaning, and horizons of meaning give rise to concrete actions, then the experience of God in liturgy shapes Christian believing; this in turn shapes Christian action. The axiom refuses to allow experience, belief and praxis to drift apart. Few would want to limit this dynamic interaction to liturgical prayer alone, but, as Aidan Kavanagh has poetically asserted, For if theology as a whole is critical reflection upon the communion between God and our race, the peculiarly graced representative and servant of cosmic order created by God and restored in Christ, the scrutiny of the precise point at which this communion is most overtly celebrated by us under God's judgment and in God's presence would seem to be crucial to the whole enterprise.

The intimate relationship between liturgy and theology is borne out through study of the development of doctrine, as well as in pastoral practice. For instance, the Nicene-Constantinopolitan Creed, while developed by two ecumenical councils, finds its historic origins in the earlier baptismal creeds recited during the liturgical celebration of baptism. A simple example of pastoral life that illustrates the same development in individual Christians is found in the impact of Christmas carols and hymns on how we understand the incarnation. At times, insights into the validity of lex orandi, lex credendi are derived from negative experiences of corporate liturgical prayer; when liturgy is consistently sloppy or dull, it comes as no surprise when personal faith and piety falls away. An important insight about the power of liturgy in shaping belief and action arises from feminist critiques of liturgy, which point out that when exclusively male imagery is used for God or the human person, maleness becomes normative, with a decreased accent on the place and insights of women. It is chastening to remember that 20th-century apartheid in South Africa began as liturgical division around access to the celebration of the Lord's supper and holy communion in the 19th century. In short, what and how the Christian community prays has profound and often serious consequences for what it believes and how it behaves. We have wondered whether part of the reason that the sacramental and liturgical use of water has played such a weak role in Christian discourse on the environmental and accessibility issues around of water lies in the all too frequent impoverished use of water in baptism in particular and in the liturgical life of the church in general.

Liturgical Praxis and the Water Crisis

In the understanding of liturgical theology, liturgy is an event rather than a set of prayer texts, so how the Christian community uses water is as important as what it says about it in liturgical texts. The earliest Christian practice of immersing children and adult candidates for baptism in water continues in some traditions, notably the Orthodox traditions. It was restored by Anabaptist and other traditions in the 16th century and recovered more widely in some of the Western liturgical traditions in the 20th century. Nevertheless, for most Western Christians, baptism by sprinkling or pouring a small amount of water on the forehead is still normative. The gradual move from immersion to sprinkling in the Western traditions from late antiquity through the medieval church is due to a variety of factors, such as the normative candidacy of infants, the corresponding privatizing of baptismal celebration and the spread of the centres of Western Christianity to more northern climates. As baptism became more and more clinical and baptismal fonts smaller and smaller, the minimalist instrumentality of water came to dominate. As such small amounts of water could no longer correspond to the reality of water in daily life, or evoke the deep biblical narratives of water, the rite of baptism could no longer "exegete" itself, and became overly dependent on words and explanation, and less rooted in the inherent and rich experiential symbolism of water.

An important question is the extent to which the diminished experience of water in the church's central act of Christian initiation, and its disconnection from water in daily life, may gave rise to a diminished sense of the holiness of water, with a corresponding absence of Christian responsibility for the health and wholeness of water. It is worth asking to what extent the theological devaluing of water, with its roots in liturgical praxis, led Western society to treat water as a commodity to be used and abused, rather than as a holy gift. While the roots of the current crisis are of course more complex, there is a link between the beliefs about water from the major Western religious tradition, Christianity, and attitudes that have misused water for centuries.

The sources of the rise in Christian consciousness around the environment, together with the emergence of eco-theology evident in the works of theologians such as Thomas Berry, Larry Rasmussen, Leonardo Boff and Rosemary Ruether, are rich and varied, with strong roots in the biblical witness. It is not surprising that the liturgy, understood as event or action, is seldom cited. Through the liturgical movement, however, there has been an insistence on the recovery of the fullest use of all the sacramental symbols, including eucharistic bread and wine, oil and touch.

The recovery of baptismal pools, immersion baptism with larger fonts, as well as the baptism of adult candidates has been part of a wider liturgical reappropriation of the central place of water. Locating the baptismal pool or font to a central place in the church building, often accompanied by flowing water, begins to match the use of water for bathing or swimming, for healing and the quenching of thirst; it begins to evoke the biblical imagery of water. Such richer experiences of water give rise to a more fulsome theological understanding; it is at this point, where praxis and reflection meet on a different level, that liturgical theology and environmental theology and action begin to meet. Here, environmental concerns challenge the churches to live up to the theological vision of water inherent in baptism. It is here that the holiness of water is reflected in prayers of blessing or thanksgiving over it and its use in Christian initiation, and that the identification of gift and holiness in all water is authentically proclaimed.

Our conversations about the points of convergence between liturgical praxis and the environmental crisis around water have arisen from two "case studies" in particular arising from the articles prepared internationally and ecumenically for the 2010 Seven Weeks of Water. The first touches on the water crisis in terms of pollution, while the second touches on the issue of access to water. Both point to the radical discontinuity between liturgical understandings of water and the realities created by the global water crisis.

Holy Water—Please Do Not Drink!

From Elias Abramides, an Orthodox theologian from Argentina, comes an account of the Feast of the Theophany. The blessing of water occurs in many different liturgical traditions, usually for the celebration of baptism, and, by extension, for other blessings of water. For Eastern Christians, particular blessing of waters takes place on the Feast of the Theophany, the Eastern equivalent of the Western celebration of the Epiphany on 6 January. Whereas in the West, the "epiphany" or manifestation of Christ is to the Gentiles in the visitation of the Magi to the Christ Child, for Eastern Christianity the "Theophany" or "appearance or manifestation of God to the world" focuses on the Baptism of Christ in the River Jordan by John. The Orthodox celebration of Theophany includes a blessing of water using a rich and powerful variety of biblical images and liturgical actions. If possible, the blessing of water takes place outside the church building, by living water such as a river, stream, lake or sea. The blessing includes dipping lighted candles into the water, breathing over the water, and dipping a cross in the water, then plunging the cross into the living waters of the river, stream, lake or sea. The faithful and their homes are blessed by being sprinkled with the holy water, as well as by drinking it.

As celebrated in settings such as the monastery Valamo in Finland, this ritual can bring the beauty of creation before the eyes of worshippers, and perhaps also some of its terror: the waters of baptism as a symbol of both death and rebirth, when you take the traditional bath in the ice-cold waters, as is customary in some countries in the northern hemisphere.

This year, a few days after Theophany, newspapers and internet sites around the world carried a news item with the headline "200 people hospitalised after drinking dirty holy water". It was reported that hundreds of people in the east Siberian city of Irkutsk in Russia had fallen ill after drinking from unprotected water sources on the date of the Theophany, in the belief that any water collected on Theophany was blessed and had curative powers. Apparently the cause was not water that had been blessed during the ceremony, but water from another, unprotected and unsafe source of water. However, it is worth thinking about the possible implications for a moment.

Some reactions to this news item expressed in comments on the internet showed little concealed ridicule and Schadenfreude, though these were mainly, but not exclusively, restricted to anti-religious platforms. Many remarked on how naive it was of people to think that blessing water would at the same time purify it. One commented that "maybe they should have added holy chlorine".

Leaving aside the apparent desire to ridicule "overly credulous ... believers", these reactions are interesting in our context as they reflect something else: the understanding that it is "common sense" to regard any open water source as likely to be harmful. Admittedly, even in Jesus' time it would have been common sense to be aware that there were both safe and unsafe sources of water.

Today, however, with up to 12,000 cubic kilometres of severely polluted fresh water—that is, one-eighth of all global resources—the scale of the current crisis is one that would have been unimaginable in pre-industrial times, is For instance, in China, more than half of all surface water is too contaminated to be used for human consumption. In Latin America, less than 14 percent of human waste is being treated; the untreated water ends up either directly or indirectly polluting rivers, lakes and groundwater. The chapter on the worshippers who fell ill from drinking contaminated water on the feast of Theophany mentioned that generally, tap water in Russia was undrinkable.

We asked Elias Abramides what it means if the Feast of Theophany is celebrated over a polluted body of water. His answer was clear: "It does not matter; it is still Holy Water." But holy polluted water? Shouldn't something in us rebel at the very thought? Although not an water is liturgically "blessed", all water is inherently holy. Its quality of "normal", "daily" water lies at the roots of its biblical and symbolic meaning and the churches' liturgical use of (holy) water, which reflects this meaning. Here, the liturgical blessing of water, revealing its inherent holiness as a gift of God, stands in radical contrast to the human misuse of water which, in a dangerously sacrilegious fashion, renders the holy unwholesome.

The discontinuity between blessed-yet-also-contaminated water stands as a judgment against human abuse of God's creation. As such, polluted water blessed at the Feast of the Theophany becomes an intolerable liturgical scandal that impels Christians towards a just stewardship of God's creation.

Come to the Waters—Access to Water and Inequality

In the Great Commission at the end of Matthew's gospel, Jesus says to his disciples, "Go therefore and make disciples of all the nations, baptizing them in the name of the Father and of the Son and of the Holy Spirit." The universal call to baptism contains an assumption that there will be universal access to water. The global water crisis raises serious questions about the accessibility of water for all and, hence, of universal access to the waters of baptism.

From Lucy Wambui, a Presbyterian from Kenya, comes an account of baptism in an African context. She recounts a recent celebration of about 80 adults from the Maasai community of Kajiado (a semi-arid area in Kenya). They were baptized in a constructed pool, which she describes as a "deeper" version of a trough. Because the rivers are dry, water for the baptism had to be brought in from elsewhere, and was bought at the price of 2,000 Kenyan shillings (about 25 Swiss francs or US$35). In an area of Kenya where people and livestock are dying due to lack of food and water, this is a great deal of money, and represents a remarkable commitment to the liturgical practice of immersion baptism. Here, the people opted for the water of baptism, rather than buying food or drinking water.

After the celebration of baptism was over, the members of the congregation scrambled to collect the remaining baptismal water in order to feed their livestock. As Lucy points out, this story "represents the reality for many communities." It speaks of the poverty and lack of water and reflects the great inequality and injustice in access to water, as well as the potential for conflict. To some, the use of holy water for livestock could be understood as a sacrilege; to us, however, the sacrilege is the lack of access to water, including the waters of baptism, at least for those who cannot afford the high costs of water.

As highlighted before, and as illustrated by Lucy's story, the poorest suffer most from the shortage of water: part of that suffering is that they pay the most for water. Most of the urban poor in developing countries rely on usually unregulated private water vendors; the result is that they pay many more times the price for water than those who are connected to a publicly run or regulated water supply network. For the poor, living with the consequences of an unchecked commercialisation of water is a bitter reality. This point is something to take into account when the use of the market logic is promoted as a way to use and allocate water more effectively. What are the effects for the economically and politically less empowered? How can we ensure that water both is effectively used and contributes to economic 'development', yet ensure access to water as a human right, water for sustainable livelihoods, for creation, as well for sustaining cultural and religious traditions? In this context, Steve de Gruchy called for an "olive agenda", recognising the interconnectedness and aligning the brown agenda of (economic) liberation from poverty with the (ecological) green agenda of caring for creation. It is profoundly disturbing to see in this story how the reality of water affects people's ability to fully live their liturgical practices, how the crisis of water intrudes on people's experience of God in prayer and worship. For some, it might be surprising that a poor and water-deprived community would opt to pay so much money to be able to have an immersion baptism. Lucy Wambui concludes that "the people who thirst most for physical water thirst even more for baptismal water."

The celebration of baptism promises spiritual salvation and the quenching of our spiritual thirst with the "living water"; it introduces the one who is baptized into the Christian community. Baptism is a universal promise that makes no difference between the poor and the rich. There is a strong discontinuity between the symbolism of this liturgical practice and the thirst and struggle for water in the real physical world. As the church offers the waters of baptism freely to everybody who wishes to drink of the living water and never thirst again, should not the same celebration remind us of the physical thirst and the discrimination from which so many suffer?

The insights of liturgical theology propose that how we pray shapes how we believe, and that how we believe shapes how we live and act in the world. Regarding the place of water in the prayer of the church, especially in the celebration of baptism, the experience in many traditions and communities, especially within Western Christianity, has been weak and minimalist. As such, water in its fullness cannot bear or reveal by its own nature its inherent meaning as something both life-giving and death-dealing, which quenches, heals, cleans, restores and kills. Such a self-exegesis is suggested in Faith and Order's text on the polyvalent nature of baptism in Baptism, Eucharist and Ministry:

Baptism is the sign of new life through Jesus Christ. It unites the one baptized with Christ and with his people. The New Testament scriptures and the liturgy of the Church unfold the meaning of baptism in various images which express the riches of Christ and the gifts of his salvation. These images are sometimes linked with the symbolic uses of water in the Old Testament. Baptism is participation in Christ's death and resurrection (Rom. 6:3-5; Col. 2:12); a washing away of sin (I Cot. 6:11); a new birth (John 3:5); an enlightenment by Christ (Eph. 5:14); a reclothing in Christ (Gal. 3:27); a renewal by the Spirit (Titus 3:5); the experience of salvation from the flood (I Peter 3:20-21); an exodus from bondage (I Cor. 10:1-2) and a liberation into a new humanity in which barriers of division whether of sex or race or social status are transcended (Gal. 3:27-28; I Cor. 12:13). The images are many but the reality is one.

The diminished experience of water in the church's central act of Christian initiation, disconnected from water in daily life, reflects a diminished theological appreciation of the holiness of all water, with a diminished sense of Christian responsibility for the health and wholeness of water. While again we underline that the roots of the current crisis are more complex, there is interrelatedness between the beliefs about water from the major Western religious tradition, Christianity, and attitudes that have misused water for centuries. The weakened lexorandi contributes to weak leges of both theology and action around environmental protection of water and just accessibility. Here, the context of the water crisis and the insights of eco-justice activists call for a richer and more holistic use of water by the church at prayer that allows water to speak for itself if it is to be considered holy by usage and blessing. At the same time, the two examples we noted of a rich liturgical use of water—the Orthodox Feast of the Theophany and a Reformed celebration of baptism incorporating full immersion into water—reflect a serious discontinuity between practice and theology of water and the lex vivendi. In these instances, the discontinuity raises liturgical questions of sacrilege. In the first, liturgical practice stands in judgment over any human practice that pollutes water and renders it undrinkable, if when theologically it is considered holy. In the second, liturgical practice stands in judgment over human practices that deny or limit access to water. Here, the liturgical tradition of the Church convokes Christians to seek and advocate for a just and ecological coherence between what it says in word and deed about water and what it says about the effects of the water crisis. We end our reflection with the hope that we may believe what we pray and live what we believe:

"In baptism we use your gift of water,

which you have made a rich symbol

of the grace you give us in this sacrament.

At the very dawn of creation

your Spirit breathed on the waters,

making them the wellspring of all holiness."

Chapter 7

Water Politics: Technocratic Cooperation and Lasting Security

Water, like religion and ideology, has the power to move millions of people. Since the very birth of human civilization, people have moved to settle close to it. People move when there is too little of it. People move when there is too much of it. People journey down it. People write, sing and dance about it. People fight over it. All people, everywhere and every day, need it. —Mikhail Gorbachev

The distribution of environmental resources as a potential contributor to conflict has been the subject of considerable research, and these linkages have dominated the post-Cold War interest in environmental security. Within this genre much attention has been given to water resources, owing to their vital importance for human survival. The distribution of environmental resources may contribute to conflict, but recent scholarship has begun to focus on the potential of environmental threats in stimulating conflict resolution. Uniting around a common aversion to environmental threats, as well as confidence-building through environmental cooperation, potentially hold great appeal for policymakers who aim to engage in proactive problem-solving rather than in precise problem identification. What is most significant for government decisionmakers to consider is that even if a conflict is not environmental in nature, the remedy may well be achieved through environmental means. Environmental cooperation may offer pathways to confidence-building or peacebuilding, whether or not the conflict has environmental roots.

This chapter explores the potentiality of such instrumental cooperation in the case of South Asia where regional conflict between two nuclear neighbours, India and Pakistan, is predicated in a history of religious rivalries and post-colonial demarcation. Despite inveterate antagonism, the two countries have managed to cooperate over water resources of the Indus River. How was this riparian cooperation enabled? And can it be reconfigured to provide for lasting peace in the region?

Anatomy of the Indus Waters Treaty

The Indian subcontinent quite literally owes its name to the waters of one river—the Indus. Regional politics are closely tied to the river's history and how different societies have used its waters for livelihood and for consolidating power. Hindu nationalists frequently recount that the very essence of their faith, dating back to the writings of the Rigveda in the second millennium B.C.E., is linked to the flow of the Indus. The name itself is a Latinized version of Sindhu, which means river in ancient Sanskrit, and from which the word "Hindu" and its concomitant ethnoreligious identity emerged. The partition of the subcontinent by the British in 1947 gave all but the very upper headwaters of the Indus to the newly formed Muslim majority country of Pakistan. More significantly, the major tributaries of the Indus that provided irrigation water for the fertile and densely populated region of Punjab on both sides of the border were divided. This was a classic conflict situation between upstream and downstream riparians, exacerbated by a lack of trust and intense territorial animosity between the two sides. This led to a series of disputes related to the Indus and its tributaries. Both countries tried to settle the matter bilaterally several times after partition but no lasting agreement was reached until the World Bank got involved as a mediating entity.

The resulting agreement, known as the Indus Waters Treaty, took nine years to negotiate and was signed in 1960. It is a particularly remarkable treaty since both sides have otherwise had tremendous hostility for one another and have defied efforts at cooperation. It is therefore instructive to consider the development and history of the treaty in greater detail as a potential model for regional environmental cooperation. The treaty is often cited as a success story of international riparian engagement, as it has withstood major wars between the two signatories (in 1965 and 1971), several skirmishes over water distribution and derivative territorial concerns. The agreement is also heralded as a triumph for the World Bank, which played an instrumental role in its negotiation during the height of the Cold War. The World Bank's role in this region was particularly unusual because India was a vanguard of the Non-Aligned Movement and wanted to disavow any pressure from international institutions or Western nations. The initiator and technical adviser of the agreement was David Lilienthal, the former head of the United States' Tennessee

Valley Authority, who suggested that an engineering perspective could contribute to resolving this political stalemate. After a visit to India and Pakistan in 1951, he advised the two countries to divide the Indus Basin geographically. India would have unrestricted use of the three eastern rivers (the Ravi, Sutlej and Bias), while Pakistan would completely control the three western rivers (the Jhelum, Chenab and Indus). The World Bank played a significant role by providing mediation, support staff, funding and proposals for pushing negotiations forward. Under the leadership of President David Black, the World Bank was able to persuade the international community to contribute nearly $900 million for impoundment construction.

Nine years after Lilienthal's initial visit, both countries were finally convinced to sign the agreement. The Indus Waters Treaty obligated Pakistan to build a canal system, which, by utilising previously less-developed rivers, decreased Pakistan's dependence on the Indus tributaries the treaty gave to India. The treaty also charged India and Pakistan with exchanging information and establishing joint monitoring mechanisms of river flow to ensure enforcement. The key provisions of the agreement are as follows:

- An agreement that Pakistan would receive unrestricted use of the western rivers, which India would allow to flow unimpeded, with minor exceptions;
- Provisions for three dams, eight link canals, three barrages and 2,500 tube wells to be built in Pakistan;
- A ten-year transition period, from 1 April 1960 to 31 March 1970, during which time water would continue to be supplied to Pakistan according to a detailed schedule;
- A schedule for India to provide its fixed financial contribution of $62 million in ten annual installments during the transition period; and,
- Additional provisions for data exchange and future cooperation.

As is often the case with riparian agreements, the treaty also established the Permanent Indus Commission, made up of one commissioner of Indus Waters from each country. In the technocratic spirit of the agreement, these representatives are often engineers rather than politicians. The two commissioners meet annually in order to:

- Establish and promote cooperative arrangements for implementation of the treaty;

- Promote cooperation between India and Pakistan in the development of the waters of the Indus system;
- Examine and resolve by agreement any question that may arise between the two countries concerning interpretation or implementation of the treaty; and,
- Submit an annual report to the two governments.

Both countries have upheld the Indus Basin Commission's information-sharing responsibilities; data on new projects, the water level in rivers and the water discharge of rivers are routinely conveyed to the other parties. If conflicts rise to the level of a dispute, the Indus River Commission will agree to mediation or arbitration, and the World Bank will appoint a neutral expert who is acceptable to both countries to resolve the dispute. Remarkably, although India and Pakistan constructed and carried out this agreement amidst skirmishes, threats and full-scale war, and even during armed conflict, neither country sabotaged the other's water projects. One of the water negotiators for Pakistan has commented that the role of international institutions is vital in making this enterprise function:

Both the parties are under the obligation of the Indus Waters Treaty, which asked the signatories not to disrupt the functioning of the commission. Any hurdle in the working of the commission is challengeable under the treaty, the guarantor of which is the World Bank.

No projects allowed under the treaty's provision of "future cooperation" have been submitted since 1960, nor have any water quality issues. There have, however, been several other disputes that have arisen over the years. The first issues arose from Indian non-delivery of some waters during 1965 to 1966 that became questions of procedure and of the legality of commission decisions. Negotiators resolved that each commissioner acted as a government representative and had the authority to make legally binding decisions. Another dispute involving the design and construction of the Salal Dam on the Chenab River in Jammu, India was resolved by way of bilateral negotiations. As noted in a recent World Bank study of Pakistan's water policy, India and Pakistan advocate conflicting principles of management: "equitable utilisation" and "no appreciable harm," respectively. Both sides continue to foster misgivings about the treaty but accept it as the best option in a time of conflict. From the Indian perspective, the 75 percent allocation of water to Pakistan represented a fundamental violation of equitable utilisation. From the Pakistani perspective, the allocation of only 75 percent of the water when it possessed 90 percent of the irrigated land was a violation of the principle of no appreciable harm. As a mark of how leadership can achieve reconciliation despite high tensions, former Pakistani President Ayub Khan is quoted in the aforementioned study as saying, we have been able to get the best that was possible ... very often the best is the enemy of the good and in this case we have accepted the good after careful and realistic appreciation of our entire overall situation.... The basis of this agreement is realism and pragmatism.

As part of a study of the Tarbela and Mangla dams (the two Pakistani impoundments constructed as a result of the treaty), the World Commission on Dams concluded that:

The Indus Waters Treaty represents the only ongoing agreement between India and Pakistan that has not been disrupted by wars or periods of high tension. Cooperation that builds on this treaty could not only present opportunities for better water management between those two countries, but also serve as a model for water-sharing arrangements between India, Bangladesh and Nepal.

Beyond Technical Cooperation: Prospects for Instrumental Peace

Although the Indus Waters Treaty has been able to overcome some minor issues (such as the Salal Dam dispute, which was resolved in 1978 through a new treaty), it has not been able to facilitate the resolution of larger conflicts, like Kashmir. The prospects for using the agreement over riparian issues as a means of conflict resolution more broadly can be traced back to a statement by U.S. Assistant Secretary of State George McGhee, who pointed out in 1951 that, a settlement of the canal waters question would signify those basic reversals of policy by the Governments of both India and Pakistan without which there can be no political rapprochement. Thus, the canal waters question is not only a functional problem, but also a political one linked to the Kashmir dispute.

As reported in the World Bank archives on this case, the British Prime Minister Anthony Eden felt that if this linkage were not possible, the resolution of the waters dispute could at least reduce tension over Kashmir. Interestingly enough, at one time it was argued by Pakistani politicians that the urgency of territorial claims on Kashmir for Pakistan also had a hydrological component. In 1957, the Pakistani prime minister, Hussain Suhrwardy, stated publicly that, "There are as you know six rivers (in the Indus Basin). Most of them rise in Kashmir. One of the reasons why, therefore, that Kashmir is so important for us is this water, these waters which irrigate our lands." However, since then, the Pakistani government has de-linked the Kashmir dispute from the reconciliation over water allocation. Commenting for this research on the potential of using the treaty as a conduit for resolving the Kashmir conflict, the Pakistani government's senior spokesmen on foreign policy, Mohammed Sadiq, stated the following:

The Indus Waters Treaty has been an important document for the water issue between the two countries. It has also helped in a framework for the resolution of water disputes in the region. Pakistan is fully committed to the treaty in letter and spirit. As far as the Kashmir dispute, this is not a water issue. It relates to the inalienable rights of Kashmiri people to self-determination.

As early as 1951, the Indian government has argued adamantly that: "The Canal Waters dispute between India and Pakistan has nothing to do with the Kashmir issue; it started with and is confined to the irrigation systems of East and West Punjab." Yet this decision to de-link the two has been made consciously by politicians, despite the ecological reality that Kashmir does indeed lay strategically within the headwaters of the river systems. In fact the Indus flows right through the valley corridor that connects Indian and Pakistani-held Kashmir. One can thus consider the cooperative role of water in this case at two levels. First, as suggested in the aforementioned statement by George McGhee, the resolution of the water dispute was a necessary but perhaps not a sufficient condition for conflict resolution over Kashmir. Second, since that condition for water cooperation has been met, the communication and opportunities for trust-building provided by the treaty continue to act as a potential means of further cooperation at the level of political psychology. Therefore, the Indus Waters Treaty has become the strongest link of cooperation between the two sides and, in times of crisis, it is often referenced as the ultimate cord of engagement that might be cut.

The latter proposition was put to the test in December 2001 following the Kashmiri militants' attack on the Indian Parliament two months prior, when India threatened to unilaterally abrogate the Indus Waters Treaty. However, six months later, the Permanent Indus Commission, which was established as part of the treaty, still met for the thirty-seventh time in New Delhi and the agreement weathered the story yet again. On a technical level, the Indus Waters Treaty was tested again when both India and Pakistan considered new dam projects to meet rising energy, demands. India is undertaking the Baglihar Hydropower Project (BHP) on the Chenab River in India, 160 kilometres north of Jammu, under severe opposition from Pakistan. Apart from objecting to the project design of the BHP, Pakistan has expressed opposition to the Tulbul navigation project, the Sawalkote Hydroelectric Project and the Kishanganga Hydroelectric Project, all located in Jammu and Kashmir. The Baglihar dispute was taken to the World Bank, which appointed a neutral technical expert, Swiss engineer Raymond Lafitte, in August 2005 to make a binding decision on the case. Lafitte gave his ruling on the dispute in early 2007 and the matter was amicably settled, with both sides claiming victory.

So far, the Indus Waters Treaty has served its purpose in de-escalating tensions over riparian water and has provided a direct avenue for regular, if technical, dialogue between the countries. It has not led to greater peacebuilding between the two countries as some of the original motivators of the treaty may have hoped. However, these most recent dam projects in Kashmir raise some potential prospects for using the agreement more instrumentally in resolving the Kashmir dispute. Increasingly, Kashmiri politicians are arguing that since the status of the territory is uncertain and so many of the disputes are in Kashmiri territory, they should be part of the Indus Basin negotiations as well. Whether such integrative solutions to the conflict would be found through cooperation on water remains to be seen, and is largely a question of leadership. Even when all the ingredients of rational state behaviour are in place, the ultimate action is dependent on individual leaders.

The Indus Waters Treaty may also be relegated to a broad range of confidence-building measures that countries may develop during times of crisis. As Shaista Tabassum has argued, the treaty did initially help to build some measure of conciliation between the two countries and was also framed as a "conflict avoidance measure." Soon after the treaty was signed, both countries did agree to negotiate actively on Kashmir and six rounds of talks were held from 1962 to 1964. However, the talks failed because of territorial intransigence on both sides and the escalation of domestic political pressures. It may also be argued that the de-linkage of the substantive issues related to the Indus Waters Treaty and the development of Kashmir as a region might have provided an opening for dialogue which was not availed. India's dominance as a hegemonic power in the region also gave it much more negotiating power that was not effectively countered by international pressure. For efficacy in such asymmetric circumstances, it is also important to consider the regional dynamics of cooperation over water.

Regional South Asian Strategies

South Asia has a remarkable history of cooperation over water-related issues in both maritime and riparian areas. India is South Asia's major littoral state, and shares maritime borders with several other South Asian states; in contrast, none of the other states have maritime borders with each other. India has settled its maritime boundaries with several of its neighbours, signing twelve bilateral agreements, including nine agreements with the Maldives, two each with Sri Lanka, Indonesia and Thailand, and one with Myanmar, as well as three trilateral agreements with Sri Lanka and the Maldives, Indonesia and Thailand, and Myanmar and Thailand. Pakistan has also signed two bilateral agreements to settle its maritime disputes—one with Oman and the other with Iran. However, maritime disputes continue between India, Pakistan and Bangladesh.

In the case of Bangladesh and India, the problem is not the maritime boundary, which can be defined fairly easily, but rather competing sovereignty claims over the island of Talpati. Bangladesh has a concave coast, and maritime boundaries in such geographical structures require integrative solutions and are extremely difficult to draw. Nevertheless, if a comprehensive settlement is reached in such cases, environmental factors can play a pivotal role since they help link various issues such as economic development and security. For example, a joint conservation monitoring arrangement can allow both sides access to areas that would otherwise be off-limits and give both sides an opportunity to cooperate in reducing environmental degradation. In particular, states that are ecologically vulnerable to extreme climatic events, such as Bangladesh, are recognising that poor environmental planning in coastal areas can have devastating economic impacts. The old environment/economy tradeoff is becoming less relevant as environmental pressures begin to have direct economic impacts. Pakistan's maritime dispute with India over the Sir Creek region could conceivably provide an opportunity to forge such a link between economic development and environmental cooperation.

In addition to maritime dispute settlements, several important river-sharing treaties have also been concluded in South Asia. India has agreements with Nepal, Bangladesh and Pakistan over riparian issues that are likely to be expanded in the future. Nepal, a small landlocked neighbour of India, is the upper riparian on the Mahakali River, which flows from Nepal into India. After protracted negotiations, the two states agreed on a treaty for the river in 1996. The importance of water negotiations was highlighted by the fact that the Nepalese parliament passed the treaty with the required two-thirds majority, despite a serious political crisis in Nepal at the time. According to commentator Krishna Rajan:

The treaty attracted attention in a number of countries as an important indication of the ability of India and Nepal as multiparty democracies to reach an agreement on cooperation on water resources on the basis of equality, transparency and equitable sharing of costs and benefits.... It does offer a model for India and Nepal on how to reach important understandings despite the uncertainties of democratic politics and coalition governments.

Also in 1996, India and Bangladesh signed a treaty on India's construction of the Farakkha Barrage, a dam that diverts the flow of the Ganges River into the Hooghly River during the dry season to flush silt from the port of Calcutta. The negotiations were spread over two decades and, after overcoming a number of controversies, finally concluded in the form of a thirty-year Farakkha Barrage Treaty. Regional organisations are often an important mechanism in promoting multilateral peacebuilding efforts. South Asia, as an example, has the potential to engage in such a process through the South Asian Association for Regional Cooperation (SAARC), which was established in 1985. While bilateral dispute resolution is excluded from SAARC's mandate, there are numerous aspects of bilateral disputes, which can have multilateral, or even global, implications. For example, the Siachen dispute between India and Pakistan has prevented scientists from studying glacial recession, hydrological impacts and climate change that can potentially influence the entire region. Arguments can thus be made that many of the so-called bilateral disputes that involve ecological factors have a salient global purpose. Despite discouraging signs that both quantitative and qualitative environmental issues (scarcity and pollution, respectively) have historically been relatively low on the priority list of decisionmakers in the region, it is important to note the establishment of SAARC was preceded by the formation of a regional environmental organisation. At the initiative of the United Nations Development Program, the South Asian countries—including Afghanistan and Iran—came together in 1980 and established the South Asian Cooperative

Environmental Program (SACEP). The stated goal of SACEP at the time of establishment was: to promote regional co-operation in South Asia in the field of environment—both natural and human—in the context of sustainable development and on issues of economic and social development which also impinge on the environment and vice versa; to support conservation and management of natural resources of the region and to work closely with all national, regional and international institutions, governmental and nongovernmental, as well as experts and groups engaged in such co-operation and conservation efforts.

In its early years, SACEP was able to establish a "Regional Seas" program that had the potential to bring forth the territorial contentions for potential resolution. The interactions at a regional level through SACEP may well have helped to establish SAARC, which has a broader mandate in its charter of regional cooperation, covering a wide range of activities from energy to tourism to environmental protection, as well. While such instances of regional cooperation are promising, the South Asian case on its own does not provide us with enough structural coherence to develop an effective strategy, for moving forward with potential paths to making water an instrumental means of peacebuilding. Understanding the limitations of the current frames of policy analysis within international relations and considering alternative mechanisms for peacebuilding are important if we are to move beyond the self-fulfilling prophecy that tends to de-link environmental factors from peacebuilding.

Exploring Functionality of Water in Peacebuilding

Political geographer Kathryn Furlong has noted that dominant theories in international relations and international organisations tend to have five key flaws: 1) a mis-theorisation of hegemonic influences at work; 2) undue pessimism regarding the propensity for multilateral cooperation; 3) an assumption that conflict and cooperation exist along a progressive continuum; 4) a tenet that conflict is restricted to state competition; and 5) a depoliticization of ecological conditions. The Indus Waters Treaty exemplifies these challenges, which need to be addressed by scholars and practitioners alike. Theories of international relations that emphasize interdependence through mediating institutions such as the World Bank or the United Nations are most likely to offer some cooperative mechanisms in such asymmetric cases. The key to analysing environmental cooperation as a potential pathway to peacemaking is to dispense with notions of linear causality and instead consider conflict de-escalation processes as nonlinear (not having a simple cause and effect relationship), often constituting a complex series of feedback loops. Positive exchanges and trust-building gestures are a consequence of realising common environmental threats. Often, a focus on common environmental harms (or aversions) is psychologically more successful in leading to cooperative outcomes than a focus on common benefits, which may lead to competitive behaviour over the distribution of the gains. Specific research in game theory and operations research on the potential for cooperation over water is empirically showing that there are clear behavioural responses that suggest that such cooperation is possible.

We also appear to have history on our side in this regard. An important historical study on water conflicts conducted by Oregon State University has noted that "the rate of cooperation overwhelms the incidence of acute conflict." In the last fifty years, only thirty-seven disputes involved violence, and thirty of those occurred between Israel and one of its neighbours. Outside of the Middle East, researchers found only five violent events, while 157 treaties were negotiated and signed. The total number of water-related events between nations also favours cooperation: the 1,228 cooperative events are more than twice the number of 507 conflict-related events. Of these events, 62 percent are verbal, and more than two-thirds of these were not official statements.

Realist scholars argue that cooperation on environmental issues among adversaries merely constitutes "low politics" and does not translate into larger resolutions over high-level national security concerns. In this view, environmental conservation would be at best a means of diplomatic maneuvering between mid-level bureaucrats, and at worst a tool for influential elites to pursue their own narrow interests. Such critics give examples of cooperation on water resources between adversarial states such as India and Pakistan or Jordan and Israel without this cooperation translating into broader reconciliation or peace. Thus, it is presumed by some scholars looking at large historical data sets that environmental issues are not important enough in world politics to play an instrumental role in conflict resolution. Meanwhile, recent research conducted by the International Peace Research Institute in Norway has tried to extricate some of the various geographical aspects of cooperation and conflict potential of riparian states using regression analyses. The basic conclusion of this study is that a shared river basin tends to accentuate conflict, but a shared river boundary as a border does not. However, such studies cannot provide the granularity of analysis required to understand how cooperative mechanisms might still operate in cases such as the Indus, where the principal cause of the overarching conflict is not water.

One of the earliest contributions to the study of environmental peacebuilding was Peter Haas' work in the context of the Mediterranean Action Plan. Haas focused on ways in which knowledge exchange promotes environmental cooperation through the formation of what he termed "epistemic communities," networks of professional experts who arrive at shared views on scientific policy questions. These networks often take the form of civil society groups—sometimes facilitated by development donors—that exchange information on environmental issues. There is also a growing commitment from donors to "bioregionalism," the notion that ecological management must be defined by natural delineations such as watersheds and biomes rather than by national or other borders. Numerous joint environmental commissions between jurisdictions and countries have taken root all over the world, at times with implicit or explicit confidence- or peacebuilding goals. This evolution has also played out at various international forums in which bioregionalism and common environmental sensitivities have sometimes transcended traditional notions of state sovereignty. An important role for such organisations is to improve an understanding of interconnections between distributive competitive issues of environmental scarcity with the mutual loss of deteriorated quality of the resource in the absence of cooperation. Through such a process it may be possible to move functionally towards using water as a means of peacebuilding in South Asia and beyond.

The Indus Basin agreement has often been heralded as a success story of riparian cooperation between warring states. The role of the World Bank as the mediating institution in resolving this dispute between India and Pakistan is often cited as a positive intervention that led to a win-win outcome for all sides in the dispute. Yet the cooperation between the two states on this technical matter has not catalysed the resolution of the overarching conflict over the Kashmir region, giving some credence to realist assumptions about environmental factors being "low politics." A closer examination of the cooperative arrangements reveals that the cooperation may still have played an important role in deescalating tensions during times of crisis. Consequently, it is possible to link such arrangements to larger narratives of conflict over territory that may be deemed "high politics." A more positive framing of the case might reveal that water resources in this context are so important that adversaries must show some semblance of cooperation over them, even when that does not spill over into broader peace. Furthermore, the use of environmental issues in building peace must be considered over longer time horizons and repeated interactions, premised empirically on the following conditions:

- Development of a joint information base on a common environmental threat;
- Recognition that cooperation is essential to alleviate that threat;
- A cognitive connection and trust-building from initial environmental cooperation;
- Continued interactions over time due to environmental necessity;
- Clarification of misunderstandings and de-escalation of related conflicts; and,
- Increased cooperation and resultant peacebuilding.

These pathways are also considered the most empirically observed mechanisms, following a collective review by policy analysts for the United Nations Environment Program. The likelihood of environmental resources being used instrumentally in conflict resolution has increased in recent years. Certain environmental resources are now better understood as fundamental to basic economic, environmental and social processes, including sustaining human life. There is a growing realisation that environmental issues require integrated solutions across national borders since natural ecosystems do not recognise political boundaries. At the same time, politicians need to acknowledge that natural resources, particularly those as essential as water, can provide an important tool for resolving territorial disputes as well as providing a conduit for confidence-building measures between adversaries. Cooperation over water and the environment is also a potential way of avoiding conflict if we can frame the matter appropriately While South Asia has exemplified some parts of this framing routine, there is far more which can be accomplished if leaders are more willing to explore inherent ecological linkages between technical collaboration on water and lasting territorial security.

Chapter 8

The Clean Water Act: Strategies

The Clean Water Act (CWA) has proven to be a remarkably effective and adaptive law over its forty-year history. It is widely credited with being the catalyst for the great strides our nation has achieved in improving water quality and protecting public health. But it is an old law, and it has not been updated through significant legislative reform in over two decades. In that time, it has become apparent that the statute's statutory structure has failed to keep pace with scientific advances, one prominent example being research on ecosystem services.

Ecosystem services flow to human communities in four streams: 1) provisioning services are commodities such as food, wood, fibre, and water; 2) regulating services moderate or control environmental conditions, such as flood control by wetlands, water purification by aquifers, and carbon sequestration by forests; 3) cultural services include recreation, education, and aesthetics; and 4) supporting services, such as nutrient cycling, soil formation, and primary production, make the other three service streams possible.

As research that has emerged and burgeoned over the past decade has shown, aquatic resources provide bountiful supplies of ecosystem services to human populations, including through groundwater recharge, storm and flood mitigation, sediment control, water purification, climate regulation, water supply, and recreation. The connections between the CWA, the central objective of which is "to restore and maintain the chemical, physical, and biological integrity of the Nation's waters," and the conservation of ecosystem services thus seem obvious and numerous, yet nowhere in the CWA are these connections made explicit. This Chapter addresses the questions of whether, where, and how those connections can be drawn so that new knowledge about ecosystem services can be integrated into decision making under the CWA.

To be sure, the CWA is not the only environmental law that has fallen behind the times in this respect. Ecologists and economists have been forging the theory and application of the ecosystem services concept since the mid-1990s, but only in the past few years has the concept begun to register in any meaningful way in federal environmental policy. Many of the environmental laws Congress passed in the 1970s have undergone little more than superficial reforms, if any, in the past twenty years, meaning new scientific concepts such as ecosystem services often find no clear home in existing statutes. This gradual scientific atrophying of environmental statutes has put tremendous pressure on administrative agencies such as the United States Environmental Protection Agency (EPA) to adapt regulatory programs to stay up to date with new knowledge and emerging policy challenges. In some cases agencies have carried out sweeping reforms at the administrative policy level, such as the broad reforms the United States Department of the Interior accomplished for the Endangered Species Act (ESA) in the 1990s. But the latitude agencies have to engage in substantive administrative reform in the absence of substantive legislative reform depends on the text and interpretations of the existing statutes on the books. Each statute thus presents its own specialised "policy space" within which an agency could, if so inclined, adjust the regulatory program through administrative reform to reflect new knowledge.

Defining Policy Space for Administrative Reform

Initiating regulatory reform in the context of stale statutory authority can be a significant challenge for an agency. Social and economic interests entrenched in and benefitted by the status quo are likely to attempt to bring political pressure on the agency to protect their interests. On the other hand, whatever conditions have prevented Congress from acting for so long in the relevant field are likely also to dampen the prospect of legislation negating the agency's regulatory reform. Much of the action in this context thus plays out in court as interests opposed to the agency's reform agenda, whatever form it takes, seek judicial review and rejection of the agency's decision as inconsistent with existing substantive and procedural requirements.

Although judicial review of agency action can take many forms and involves numerous matters for judicial consideration, the key questions in the regulatory reform context are, whether the proposed reform is consistent with the Constitution, authorised by relevant statutory authority, and compatible with the agency's existing regulations. If the answer to all three of those questions is affirmative, then all the agency need do, if even, is announce the agency's position through what is loosely described as "guidance." Although there is a point at which a substantial change in approach could be deemed to require promulgation of new legislative agency regulation, the reality is that agencies can accomplish a tremendous amount of incremental regulatory reform through guidance and other "gray law" mechanisms.

Significant regulatory innovation, however, is often going to require more significant changes to the existing regulatory regime for which mere guidance will not suffice as the sole or even primary implementation mechanism. At one extreme, agency reform action that is inconsistent with constitutional principles would require an amendment to the Constitution, which is a highly unlikely prospect. The more salient issue, therefore, is whether a proposed regulatory reform requires new statutory authorisation or only a new agency regulation.

From the agency's perspective, being able to carry out the initiative without need of new legislation may often be preferable, but it is not always clear whether the existing statute will allow it. If the new proposed regulation extends, departs from, or conflicts with prior agency regulations and practice, the agency thus must predict whether the proposal is permissible under the existing statute. In making this prediction, the agency must walk the line between two types of error: a false positive, in which the agency incorrectly concludes existing laws allow a new regulatory innovation, and a false negative, in which the agency incorrectly believes existing laws do not allow the regulatory innovation.

One of the key principles of federal administrative law provides considerable latitude for agencies in navigating between these two types of regulatory reform error. In Chevron U.S.A, Inc. v. Natural Resources Defence Council, Inc. (Chevron), the United States Supreme Court held that ambiguities in statutes within an agency's jurisdiction to administer are congressional delegations of authority to the agency to fill the statutory gap in a reasonable fashion. Filling these gaps, the Court explained, involves difficult policy choices that agencies are better equipped to make than courts. Thus, if a statute is ambiguous, and if the implementing agency's construction is reasonable, Chevron requires a federal court to defer to the agency's construction of the statute, even if the agency's reading differs from what the court believes is the best statutory interpretation.

Chevron has many nuances and has received considerable favourable and critical attention in legal and policy scholarship, but its core principle remains quite active and enforced in the courts in the context of an agency regulatory promulgation interpreting the agency's organic statutes. Indeed, more recently the Supreme Court explained that Chevron applies even when an agency is not merely extending existing policy, but also when it has completely changed directions under its statute. In National Cable & Telecommunications Association v. Brand X Internet Services (Brand X) , the Court held that if the agency adequately explains the reasons for a reversal of policy, "change is not invalidating, since the whole point of Chevron is to leave the discretion provided by the ambiguities of a statute with the implementing agency." "An initial agency interpretation is not instantly carved in stone. On the contrary, the agency ... must consider varying interpretations and the wisdom of its policy on a continuing basis," for example, in response to changed factual circumstances, or a change in administrations.

The Brand X Court went even further to hold that "a court's prior judicial construction of a statute trumps an agency construction otherwise entitled to Chevron deference only if the prior court decision holds that its construction follows from the unambiguous terms of the statute and thus leaves no room for agency discretion," and thus "only a judicial precedent holding that the statute unambiguously forecloses the agency's interpretation, and therefore contains no gap for the agency to fill, displaces a conflicting agency construction." Hence, in predicting whether a proposed regulatory reform requires new legislation or only new regulation, an agency deciding that a new regulation will suffice can take safe harbour in Chevron and Brand X Only ff it is clear from the statute that the agency has no authority to carry out the reform through regulation as a reasonable interpretation of the statute must the agency depend on legislative reform to implement the policy. The next section applies these principles to devise strategies for integrating ecosystem services into agency decision making.

Strategies for Integrating Ecosystem Services into Existing Regulatory Programs

When taken together, Chevron and Brand X provide agencies like EPA the room to experiment with regulatory innovations based on new knowledge, such as the now well-established and growing body of knowledge on ecosystem services. It is not always necessary, however, to rest on Chevron, as some statutes may clearly authorise use of ecosystem services concepts in agency decision malting. But the 2008 Farm Bill, which requires the United States Department of Agriculture to "establish technical guidelines that outline science-based methods to measure the environmental services benefits from conservation and land management activities in order to facilitate the participation of farmers, ranchers, and forest landowners in emerging environmental services markets," is at present the only such example at the federal level. At the other extreme, some statutes may make it clear that ecosystem services cannot be taken into consideration. When deciding whether to list a species under the ESA, for example, the United States Fish and Wildlife Service must take only the biological status of the species into account, and thus could not consider as a reason to list the species the economic benefits of ecosystem services that would be provided once the species and its habitat came under the statute's protection. When a statute is not clear in either of these directions, however, Chevron and Brand X are controlling.

If an agency such as EPA were to decide to integrate ecosystem services concepts into its regulatory program, therefore, the challenge would be to locate provisions in the relevant statute that can provide the platform for reasonable interpretations that using ecosystem services science in decision malting is within the scope of the agency's authority. Two different approaches seem promising in this respect. First, a statute may contain provisions suggesting that the agency can directly protect and manage natural resources for the purpose of conserving the flow of ecosystem services to human populations. For example, if a statute mandated that an agency manage or protect natural resources for, among other things, the "public welfare," one could reasonably make the argument that ecosystem services, because of their economic value and importance to human health and well being, enhance public welfare and thus maintaining or enhancing the flow of ecosystem services can be the direct focus of regulatory efforts under the statute. Declines in the flow of ecosystem services thus could be used under this "direct protection" authority to justify changes in the resource management protocol specifically for the purpose of restoring those flows.

The other approach—a fallback in the event no statutory hook credibly supports the direct protection strategy—is to locate terms in a statute that would reasonably support using ecosystem services as a criterion for determining whether the directives of the statute are being adequately fulfilled. For example, if a statute mandated that an agency manage or protect natural resources for the purposes of maintaining "environmental quality," one could reasonably argue that a credible way of determining if environmental quality is maintained is to examine trends in the flow of ecosystem services from the resource. Declines in the flow of ecosystem services thus could be used under this "performance metric" authority for deciding how to implement management changes for the resource, the incidental consequence of which would be restoring or enhancing the ecosystem services.

Using this two-pronged strategy, the challenge for agencies hoping to integrate ecosystem services into regulatory programs under statutes that do not clearly authorise or prohibit doing so is to search for provisions that reasonably can be interpreted to provide either direct protection authority or performance metric authority. While direct protection authority may be preferable for agencies hoping to establish ecosystem services as a secure focal point of regulatory policy, the advantage of the performance metric authority strategy is that it may present more flexibility for creative statutory interpretation, as Congress is less likely to put statutory sideboards on how agencies measure regulatory performance than it is on the scope of agencies' regulatory authority. The next section provides two case studies under the CWA illustrating this searching and interpretation process.

The Clean Water Act

The appropriate place to start with a holistic inquiry into the scope of the CWA, as with any statute, is with its statement of purpose—"to restore and maintain the chemical, physical, and biological integrity of the Nation's waters." One will search the statutory text in vain, however, for clues as to what "chemical, physical, and biological integrity" means. Some hints may be found in the laundry list of goals and policies Congress appended to its statement of purpose for the CWA, which include eliminating discharges of pollutants, establishing interim water quality goals for fish, wildlife, and recreation, and controlling nonpoint sources of pollution. But these do not put meat on the bones of "integrity" and if anything broaden more than narrow the potential reach of the statute. When one turns to the operative language of the CWA, moreover, matters get no less ambiguous. As Professor Robert Adler has observed in his probing review of the meaning behind what he calls the "water quality trilogy" of chemical, physical, and biological integrity, the statute's provisions are riddled with anomalies and inconsistencies in this respect.

But Adler does find evidence of two overarching themes. First, his review of the legislative history concludes that both houses of Congress seem to have given the concept of aquatic ecosystem integrity due deliberation, indicating that the Act's opening phrase was not intended as a mere rhetorical flourish. It does appear the Act's chief sponsors in the House of Representatives and the Senate disagreed on the precise meaning of the statutory objective, as is true of many other provisions of the Act. The Senate Committee's understanding of the concept of integrity seems to suggest a return to pristine, natural ecological conditions, while the House Committee suggested that the concept of integrity implies a return to natural ecosystem structure and functions.

So there is support for the proposition that the CWA is amorphously ecological in scope, with natural conditions and functions on ecosystem scales being an intended implementation yardstick. The problem Adler detects, however, is that the regulatory teeth of the statute and of EPA's implementation for the most part have been sharpened on the chemical component of the water quality trilogy through a focus on controlling pollutants, with not enough attention to addressing the broader problem of pollution. As he observes, while progress has been made in moving toward "chemical" integrity, and while significant resources and programs have been directed at discharges of chemical pollutants, both the "physical" and "biological" integrity books in the trilogy have remained largely hortatory. Empirical evidence shows measurable gains in reducing chemical pollution, but in the thirty years since the law was passed, the overall health of the nation's freshwater aquatic ecosystems has declined dramatically.

Adler thus concludes that "neither the federal nor the state agencies charged with implementing the CWA have taken full advantage of their existing legal authority to address the physical and biological books in the water quality trilogy," and hence "it is time for EPA to revisit its virtually exclusive focus on chemical impairments to our aquatic ecosystems." That is precisely the objective in exploring how to work ecosystem services science into the statute. The two case studies that follow illustrate that the CWA presents ample opportunities for doing so, if one thinks creatively.

Section 404 Dredge and Fill Program—The Direct Protection Approach

Section 404(a) of the CWA authorises the Secretary of the Army, through the United States Anuy Corps of Engineers (Corps), to "issue permits ... for the discharge of dredged or fill material in the navigable waters of the United States at specified disposal sites." Although the Corps is the front-line regulatory agency for administering this permit program, pursuant to section 404(b)(1) of the CWA, EPA must promulgate substantive permitting standards focused on environmental factors, known as the "404(b)(1) Guidelines," which the Corps must follow when issuing permits for disposal of dredged or fill material. Under section 404(c), EPA also may deny, or "veto," any disposal site if the discharge "will have an unacceptable adverse effect on municipal water supplies, shellfish beds and fishery areas (including spawning and breeding areas), wildlife, or recreational areas." Thus, under the section 404, and subject to specified exceptions, wetlands subject to federal jurisdiction may be filled only if the Corps grants a permit in accordance with EPA's 40400)(1) Guidelines. These permits, known ubiquitously as "404 permits," "wetland permits," or "Corps permits," have become the cornerstone for federal protection of wetland resources.

When a land development project involves filling of wetland areas regulated under section 404 of the CWA, the Corps usually requires compensatory mitigation for the loss of wetland resources as a condition of permit approval. The compensatory mitigation program suffered withering criticism for decades on a number of bases, however, one being that it failed to account for displacement of ecosystem services between fill sites and compensatory mitigation sites. Critics thus urged the agencies to incorporate ecosystem services into the array of resources directly protected under section 404.

Responding to this criticism, in 2008 the Corps and EPA jointly published final legislative regulations defining standards and procedures for authorising compensatory mitigation of impacts to aquatic resources for the Corps permits under section 404 of the Clean Water Act. Prior to the rule, the section 404 compensatory mitigation program had been administered under a mish-mash of guidance, inter-agency memoranda, and other policy documents issued over the span of seventeen years. Although motivated primarily by the need to bring the program under one coherent regulatory umbrella, the new rule also for the first time introduced ecosystem services into the mitigation program standards, requiring that "compensatory mitigation ... should be located where it is most likely to successfully replace lost ... services."

EPA and the Corps thus adopted the direct protection approach to integration of ecosystem services into the section 404 program. The question that EPA and the Corps had to contemplate, of course, was whether this is a permissible interpretation of section 404, especially in light of the facts that section 404 does not mention ecosystem services at all and that for nearly two decades EPA and Corps rules for section 404 compensatory mitigation had not mentioned ecosystem services. Enter Chevron and Brand X.

Clearly, nothing in the language of section 404 unambiguously prohibits EPA and the Corps from incorporating ecosystem services into the compensatory mitigation program, so the question under Chevron is whether doing so is a reasonable application of the statute. Piecing together such a case begins with the statute's directive that the 404(b)(1) Guidelines "shall be based upon criteria comparable to the criteria applicable to the territorial seas, the contiguous zone, and the ocean under section 1343(c) of this title." That provision in turn specifies that the guidelines address the following criteria, with emphases added to point to the hooks upon which to hang ecosystem services:

(A) the effect of disposal of pollutants on human health or welfare, including but not limited to plankton, fish, shellfish, wildlife, shorelines, and beaches; (B) the effect of disposal of pollutants on marine life including the transfer, concentration, and dispersal of pollutants or their byproducts through biological, physical, and chemical processes; changes in marine ecosystem diversity, productivity, and stability, and species and community population changes; (C) the effect of disposal, of pollutants on esthetic, recreation, and economic values...

Through this incorporation of regulatory goals, including human health and welfare, marine ecosystem diversity, productivity, and stability, and recreation and economic values, section 404 gives EPA and the Corps ample room to include ecosystem services among the resources that the program is designed to protect. Ecosystem services from wetland resources support human health and weffare; the diversity, stability, and productivity of marine ecosystems support their capacity to supply those ecosystem services; and providing esthetic, recreation, and other economic values is the policy objective of incorporating ecosystem services knowledge into decision making. Given the strength of these connections, it would be futile under Chevron to argue that EPA and the Corps misconstrued section 404 and unreasonably incorporated ecosystem services as a protected resource, and Brand X dispenses with any objection that the abrupt change in policy is impermissible.

Section 303 Water Quality Standards and TMDL Program—The Performance Metric Approach

Whereas section 404 expressly focuses agency decision making on impacts to aquatic ecosystem health, thus providing the base of support for the direct protection strategy for incorporating ecosystem services into decision making, the section 303 program presents much less opportunity for pursuing that strategy. The performance metric approach, however, seems well suited to section 303.

The section 303 water quality standards and TMDL program work in tandem with the permitting provisions of the CWA found in section 402, which authorises EPA to issue permits "for the discharge of any pollutant" other than discharges covered in provisions such as section 404. Discharge is defined in the CWA so as to limit section 402 to pollutants emitted from "point sources," which are defined as confined and discrete conveyances, such as pipes and ditches. For such discharges, section 402 sets up an extensive technology-based effluent control standards and a permitting program known as the National Pollutant Discharge Elimination System (NPDES).

Section 303 enters the picture when the technology-based effluent limits imposed on NPDES dischargers under section 402, even with full compliance, are inadequate to meet water quality goals for specific water bodies. Section 303(c) requires states to prepare and present for EPA approval water quality standards consisting of "the designated uses of the navigable waters involved and the water quality criteria for such waters based upon such uses." To assist states in this function, section 304 requires EPA to develop guidelines for establishing water quality criteria "accurately reflecting the latest scientific knowledge." Section 303(d)(1)(A), in turn, requires states to identify waters for which the technology-based effluent limitations imposed through section 402 permits are not adequate to attain an applicable water quality standard, and section 303(d)(1)(C) requires states to establish and implement for such listed waters the "total maximum daily load ... for ... pollutants" as a means of reducing discharges to levels that will attain the water quality standard.

Nothing in these provisions overtly addresses ecosystem services science one way or the other; hence, as with section 404, EPA would have to dig deeper into them to search for and interpret authority for the agency to incorporate ecosystem services science into the section 303 program. At the threshold level of such an inquiry, section 303 divides into two distinct components—the section 303(c) water quality standards component and the section 303(d) TMDL and load allocation component. The load allocation component is the regulatory branch of section 303 and thus where one would search for direct protection authority. But section 303(d) is a set of dry technical provisions devoid of opportunities for creative interpretation along these lines. All the policy space in section 303 lies instead in the water quality standards component, which is fundamentally about establishing the criteria for assessing the performance of technology-based effluent standards imposed on dischargers under section 402 NPDES permits. Hence, if there is ecosystem services gold to be mined in the section 303 program, it will come by searching for provisions in section 303(c) that can reasonably be interpreted to provide performance metric authority.

The first such provision is a potential bonanza for the performance metric approach: section 303(c)(2)(A) requires that water quality standards "shall be such as to protect the public health or welfare, enhance the quality of water and serve the purposes of this chapter." The provision goes on to require that the standards take into consideration the "use and value" of the water body for, among other things, "public water supplies, propagation of fish and wildlife, recreational purposes, and agricultural, industrial, and other purposes." Furthermore, EPA's authority under section 304 to develop guidelines the states are to use to designate water quality standards under section 303(c) requires that EPA consider "all identifiable effects on health and welfare, including, but not limited to ... shorelines, beaches, esthetics, and recreation which may be expected from the presence of pollutants in any body of water," as well as "the effects of pollutants on biological community diversity, productivity, and stability."

As with section 404 (through its incorporation of section 403), these provisions contain strong connections to ecosystem services, opening the door wide to incorporating ecosystem services science broadly into water quality standards formulation. By using ecosystem services such as groundwater recharge and flood control to describe designated uses of water bodies, and by specifying levels of ecosystem service flows to human populations as water quality criteria, EPA could move the section 303 program closer to Adler's vision of the trilogy of physical, chemical, and biological water quality goals. For example, if adequate capacity for flood control were described as a water quality standard for a water body, pollutants degrading the aquatic vegetation contributing to that flood control capacity could trigger an impairment finding and the appropriate responses under the TMDL component of section 303. The language of sections 303 and

304 surely would support doing so under Chevron, and the fact that the agency has not done so in the past would present no obstacle given Brand X.

The hitch, as noted above, is that as a performance metric program, the water quality standards component of section 303 depends entirely on the load allocation component of section 303(d) for its regulatory implementation. Also, although nonpoint sources such as agriculture, urban runoff, and unspecified sources are significant contributors to water quality impairment, EPA is limited under 303(d) in its ultimate reach to regulating discharge of pollutants from point sources subject to section 402 NPDES permits. Nevertheless, states must identify a water body that fails to meet water quality standards as impaired even if nonpoint sources are contributing to the impairment, and the load allocation must include such nonpoint sources. If states choose not to regulate nonpoint sources and thereby fail adequately to implement the TMDL program, EPA can withdraw federal grant money from the state.

Hence, although it is true that "by limiting the effective control mechanisms to total maximum daily loads of pollutants, Congress included in section 303(d) no direct mechanisms to redress other sources of pollution," there is still good reason to include ecosystem services as one of the performance metrics of water quality standards. EPA recently has claimed to be committed to modernising the section 303 program by busting the water quality standards regime out of its chemical focus and moving it closer to Adler's trilogy vision. Using ecosystem services science to do so will allow EPA to regulate point source discharges in water bodies with impaired ecosystem services, will call attention to the contribution of nonpoint sources to ecosystem services impairment, and will put pressure on states to address those nonpoint sources. Chevron and Brand X do not allow EPA to overcome the structural limits of regulatory authority under section 303(d), but they could pave the way for EPA to use sections 303(c) and 304 as a platform for making ecosystem services an important performance metric of the section 303 program.

Speaking about one of the CWA's siblings, the Clean Air Act, the Supreme Court recently observed that Congress understood when it designed the statute "that without regulatory flexibility, changing circumstances and scientific developments would soon render the Clean Air Act obsolete," and hence "the broad language of [the statute] reflects an intentional effort to confer the flexibility necessary to forestall such obsolescence." This principle, of course, is not limited to the Clean Air Act—the CWA embodies the very essence of employing broad language to impart the flexibility needed to incorporate scientific developments. Indeed, Congress made doing so an explicit command.

The science of ecosystem services has emerged as a powerful organising principle of interdisciplinary ecological, economic, and social research, and has begun to take hold in policy formulation. Within EPA, for example, the Office of Research and Development's Ecosystem Services Research Program is transforming the way we account for the type, quality, and magnitude of nature's goods and services so that they can be considered in environmental management decisions. The research is providing the data, methods, models, and tools needed by states, communities, and tribes to understand the cost and benefits of using ecosystem services.

Clearly this is the type of scientific advancement that Congress contemplated agencies would incorporate into administration of environmental statutes such as the CWA. The judicial review principles embodied in Chevron and Brand X facilitate this incorporation process by allowing agencies to adapt statutory provisions to new knowledge and by relieving agencies of the concern that change is impermissible because "that's not how we've done it." As Adler's work emphasizes, the narrow chemical pollutant focus EPA has taken with its CWA authority is neither demanded by the statute nor consistent with contemporary scientific perspectives on aquatic ecosystem health and integrity. Incorporating ecosystem services science into the CWA programs as broadly as possible will be one important component of moving the statute forward in this respect. This Chapter has laid out the strategies for so incorporating ecosystem services science and illustrated their application with two cases studies of discrete CWA programs. Agencies like EPA and the Corps, if they are committed to staying scientifically relevant, need not and should not walt for Congress to graft new science into statutes. Instead, agencies should scour statutes like the CWA and other environmental laws for opportunities to interpret the existence of direct protection and performance metric authority as leverage points for incorporating new science into evolving regulatory programs. To be sure, the science of ecosystem services should not be sitting on the shelf waiting to be dropped into the CWA and other environmental statutes. Further research on ecosystem services tailored to regulatory programs such as section 404 and section 303 will be needed, which fortunately has begun at EPA, and numerous policy design questions must be addressed. But by no means should the existing set of environmental statutes themselves be seen as insurmountable obstacles simply because they were designed before the concept of ecosystem services took hold in the scientific community. Fitting new science into old laws will take political will and some creative interpretations of stale laws, but it will be necessary if our environmental statutes are to remain relevant and effective. As this Chapter has shown, the new science of ecosystem services presents just such an opportunity.

Water Law and Associated Stories

In some respects, the Pacific Northwest as a region has been defined by what it is not: it is not as arid as the intermountain West. But it is a mistake to think that water in the Northwest is not a scarce resource, subject to increasing demands for a variety of consumptive and nonconsumptive purposes. The 1990s have made evident that Northwest water supplies are insufficient to meet regional needs, as perhaps best illustrated by the listing of Snake River salmon for protection under the Endangered Species Act (ESA). Thus, the myth of abundance has been only recently exposed. In truth, a student of water law in the Northwest must confront a number of myths that inhibit a full understanding of the framework within which rights to the region's most precious natural resource are allocated.

Northwest Water Law Myths

Myth No. 1: The Northwest is Humid

It is true that the Northwest is home to the largest remaining temperate rain forest in North America, and climatic conditions here are wet enough to provide ideal conditions for the growth of Douglas fir trees. But heavy moisture characterises only the Pacific slope of the Cascade Mountains, which comprises but a small fraction of the four states of the Pacific Northwest. Roughly two-thirds of Oregon and Washington lie east of the Cascades as, of course, do all of Idaho and Montana. East of the Cascades aridity rules. While precipitation in the Olympic peninsula northwest of Seattle can average over one hundred inches a year, Seattle's average precipitation averages only about forty inches, and just one hundred miles east of Seattle, on the east side of the Cascades, annual precipitation averages less than nine inches. Moreover, virtually all of the region's rainfall occurs between November and April, before the summer irrigation season begins. During the summer, in the majority of the region lying east of the Cascades, the Northwest is arid. Because most of the people in the

Northwest live along the narrow ribbon on the Pacific slope of the Cascades, the region's geography has masked this essential aridity. Those who wish to understand the reality of the critical importance of water in the Northwest must look behind the mask.

Myth No. 2: Salmon Divides the Region into Lower and Upper Basin Constituencies

The great river that drains all of the states of the Pacific Northwest, the Columbia, and its principal tributary, the Snake, unite the region as no other resource does. Over the past half-century, the region constructed (mostly with substantial federal subsidies) the largest interconnected hydroelectric system in the world. Hydropower gave the Northwest the cheapest electric rates in the nation, brought electricity to rural areas east of the Cascades, and lured to the region electric-intensive industries, such as aluminium plants, that diversified the regional economy. Unfortunately, the damming of the Columbia River crippled what were once the world's largest salmon runs. For the past twenty years, coincident with the completion of the last mainstem federal dam, the region has been preoccupied with salmon restoration. That concern produced the innovative fish and wildlife provisions of the 1980 Northwest Power Act, which in turn produced the largest biological restoration program on the planet. Unfortunately, the ineffectiveness of that program prompted listing of Snake River sockeye and chinook salmon runs for ESA protection. The ESA listing' led to moderate changes in Columbia River flows, increasing flows somewhat in the spring and summer when juvenile salmon migrate to the ocean. Salmon advocates have protested that these flow increases are too small to restore the endangered runs.

While some debate the adequacy of salmon flows, others question the efficacy of flow increases at all. Since Idaho Governor Cecil Andrus (D) left office, Idaho has resisted increased Snake River flows where those flows would be the result of storage reservoir drawdowns in Idaho. Although it is plain that Idaho salmon require Idaho water, Idaho officials have questioned the scientific basis of increased river flows, and the state has even made water transfers more difficult where the result is to send water downstream, out-of-state.

The upshot of Idaho's reluctance to support river flows for salmon restoration has been to create the perception that there is a divide between the upper basin states and the lower basin states. Such a division would, for example, produce a stalemate on the Northwest Power Planning Council, where upper and lower basin states are represented equally. While there is no specific requirement that the Council increase water flows to facilitate salmon migration, there may be limits on unilateral actions inconsistent with salmon restoration that an upstream state such as Idaho can take under state law. For instance, if Idaho were to deny a water right transfer aimed at boosting Snake River salmon flows, that denial could be subject to a Commerce Clause challenge for discriminating against out-of-state users.

Such a denial would also seem to violate Idaho's affirmative conservation duty under the equitable apportionment doctrine, which the U.S. Supreme Court has ruled applies to salmon. In so ruling, the Court concluded: "At the root of the [equitable apportionment] doctrine is the same principle that animates many of the Court's Commerce Clause cases: a State may not preserve solely for its own inhabitants natural resources located within its borders." As a result, if Idaho were to deny a water transfer whose purpose was to improve flows in the Snake River for the benefit of salmon on the ground that it was "conserving" water for in-state use, that denial could violate both the Commerce Clause and the equitable apportionment doctrine. As the Court concluded, "States have an affirmative duty . . . to take reasonable steps to conserve and even to augment the natural resources within their borders for the benefit of other States."

Thus, even if the political winds seem to be blowing the upper and lower basin states apart on salmon recovery issues, the courts may insist that upper basin states not hoard water necessary for effective salmon migration. If so, it will have been the least representative branch of government that refuses to allow us to escape the reality that the salmon and their migrations are the fundamental ties that bind us together as Northwesterners.

Myth No. 3: The Market Allocates Western Water Rights

One of the myths propounded by advocates of the prior appropriation system of water rights is that it is a market-driven system. According to this myth, although Western water law rewards the first diverter (who may or may not be the most efficient user) with property rights, the prior appropriation doctrine's great virtue is that it allows alienability of rights, so that water may flow to the user who values it most, measured by willingness to pay. For some advocates of rules promoting efficient use of natural resources, Western water law's emphasis on private rights and market-based transfers provides a paradigmatic illustration of the operation of the Coase Theorem's contention that market transfers will produce economic efficiency. But the reality of water allocation under the prior appropriation doctrine is that the market operates with frequency only in some states, and then usually only to transfer one diversionary use to another. The "no injury" rule to third parties has worked to foreclose many transfers, as has the failure of the seller to demonstrate full use of his water right. In the Snake Basin, efforts to purchase water from agricultural users to increase river flows to improve salmon migration have met with considerable local resistance. This resistance is not based on market principles, such as sellers demanding a higher price to forego diversions necessary for agricultural crops. Instead, the resistance is due to local community opposition to market transfers where those transfers would take land out of agricultural production, with attendant erosion of tax base and adverse local economic effects. This resistance to the potential consequences of a free market caused the 1995 Oregon House to pass a bill that, had it not been killed in the Oregon Senate, would have banned market transfers of agricultural water for the purpose of increasing instream flows.

In truth, then, the market is far from the overriding force in allocating Western water rights. Where the market conflicts with local community values, water market transactions are regularly thwarted, a reminder of the strong communal interest in Western water.

Myth No. 4. Appropriators Are Entitled to a Fixed Quantity of Water

Although it is hornbook law that the measure of a water right is beneficial use without waste, many diverters continue to believe that the quantity of water they may legally divert is a constitutionally protected property right. This myth has been perpetuated by the courts, which have only rarely restrained historic uses by finding customary methods of diversion to be wasteful. Nevertheless, prior appropriation protects only nonwasteful beneficial uses, not historic diversions. As modern irrigation systems reduce evaporation and seepage losses in conveying water to crops and increase the percentage of diverted water that can be consumed by the crop, outmoded carriage and application systems can be declared wasteful, and therefore not within the diverter's water right. The concept of nonwasteful beneficial use thus has the potential to demand cessation of historic wasteful practices and adoption of modern conservation measures. The Washington Supreme Court recently supplied an example of how stricter application of the beneficial use and waste doctrines can help modernise Western water law. In Department of Ecology v. Grimes, the court upheld a referee's decision that refused to recognise a diverter's historically wasteful irrigation practices as the measure of his water right. According to the court, while customary irrigation practices are a factor in determining what constitutes waste, they are not determinative. Thus, the wasteful diverter had no right to constitutional compensation as a consequence of the referee's decision limiting his right to divert water.

Proper understanding of the scope of the property right in water under the beneficial use and waste doctrines not only means that state efforts to limit wasteful diversionary practices will not run afoul of the Constitution, it also makes less revolutionary the application of public trust principles to Western water rights. After all, the essence of the public trust is accommodating both instream and diversionary needs; rigorous application of the beneficial use and waste doctrines could free up diverted water for instream (public trust) purposes. The Idaho Supreme Court's recent affirmation that the public trust burdens all water rights in that state gives the public some hope that Idaho courts will insist upon a reconciliation between instream and diversionary uses, which will necessarily result in curtailment of wasteful diversions. Similar results may be occasioned by implementation of the Endangered Species Act and the Clean Water Act.

Myth No. 5: Hydropower Law is Not Water Law

Over the next fifteen years, the Federal Energy Regulatory Commission (FERC) must consider relicensing some two hundred nonfederal dams in the Northwest under the terms of the Federal Power Act. The outcome of these procedures may have a substantial effect on Northwest water flows, so it is a mistake to think that these federal adjudications are not an integral part of water law. In fact, the courts have ruled that a federal hydroelectric licenses can preempt state water law. The most significant FERC relicensing proceeding on the regional horizon is Idaho Power Company's three-dam Hells Canyon complex.

Authorisation of these projects in the 1960s extirpated the salmon runs of the middle Snake Basin, despite Idaho Power Company's assurances that a trapping and hauling program around the dams would preserve the runs. Today the Hells Canyon complex is an important spigot of storage water, essential for downstream salmon flows. The relicensing process could produce higher flows to aid salmon migration in the spring and summer months and might even call for a reintroduction of salmon in the Snake Basin above the three-dam complex. A similar reintroduction of salmon in the upper Deschutes Basin in central Oregon is under consideration in connection with the relicensing of Portland General Electric's Pelton and Round Butte Dams.

The U.S. Supreme Court's recent decision in the Dosewallips River case has helped to expose as myth the notion that hydroelectric licensing is separate from water quality law. In ruling that the state could impose minimum flow conditions on a FERC-licensed project through section 401 of the Clean Water Act, Justice O'Connor's opinion for the Court referred to an attempted separation of water quantity concerns (as reflected in the FERC licensing process) and water quality concerns (under the Clean Water Act) as an "artificial distinction." She noted that "in many cases, water quantity is closely related to water quality; a sufficient lowering of the water quantity in a body of water could destroy all of its designated uses, be it for drinking water, recreation, navigation or, as here, as a fishery." Advocates of water law reform should adopt Justice O'Connor's holistic view of the water resource and view the FERC relicensing process as a central element in restoring water flows in many Northwest river basins.

Myth No. 6: Water Law is Unconnected to Watershed Protection

The Supreme Court's recognition of the inseparable relationship between water quantity and water quality in the Dosewallips case calls into question Western water law's narrow focus on the stream channel. In the rural West, water quality is largely a function of upland land management, especially federal land management. The link between water law and watershed management has been noted in the leading public land treatise, which observes that "excessive diversions can harm watershed values, and watershed protection can assure sustained yield of high quality waters for downstream use." Yet legal recognition of watershed values is in its infancy, and even the definition of what constitutes a watershed is unclear.

The Ninth Circuit has initiated judicial recognition of watershed protection by recognising the connection between federal land management activities and state water quality standards in a series of recent cases. In holding that citizens may enforce state water quality standards against federal timber harvests, the courts have begun to forge a "reluctant marriage" between watershed concerns and federal land management. But these cases depend on clear violations of enforceable state water quality standards, which may prove to be more the exception than the rule. Perhaps a more promising means of enforcing this reluctant marriage, at least on national forest lands, is through the National Forest Management Act's provisions promising that forest plans must protect water quality and that clearcutting will not injure watershed values. One court has remanded a forest plan for failure to assure watershed protection. It is also possible that public land managers could foster watershed management through their authority to condition rights-of-way necessary for water diversions upon provision of "bypass flows" to protect downstream watershed conditions.

Perhaps the paradigm example of managing federal lands to protect watersheds is the Clinton Administration's efforts to redirect Northwest public land timber harvests to protect species—like the northern spotted owl, the marbled murrelet, and the Snake River salmon—listed under the Endangered Species Act. However, the Administration's plans have been crippled by enactment of the "timber salvage" rider as a part of the 1995 Rescissions Act, Judge Michael Hogan's sweeping interpretations of the scope of that rider, and a congressional threat to defund ecosystem planning east of the Cascades. Yet at the same time that Congress is threatening to end the federal government's involvement in watershed management, watershed planning on the local level appears to be on the rise. The logic of managing lands and waters on a watershed basis, first recognised by John Wesley Powell over a century ago, may be so persuasive that even the 104th Congress cannot stop it.

Myth No. 7: Indian Treaty Fishing Rights are Not Water Law

Federal reserved water rights have long been a source of controversy throughout the West because they do not depend on state law concepts such as diversion or beneficial use, and because reservations were often established in the nineteenth century, giving them valuable early priority dates. States have gained some control over reserved rights through broad judicial interpretations of the McCarran Amendment, a congressional waiver of sovereign immunity that allows federal reserved water rights to be adjudicated in state comprehensive basin water adjudications. Nevertheless, despite predictably narrow state court interpretations, Indian reservations have secured large amounts of reserved rights. Until recently, however, courts have based their recognition of reserved water rights largely on agricultural purposes of reservations. Yet many Indian reservations in the Northwest have both fishing and agricultural purposes, and under the Stevens Treaties the signatory tribes also possess off-reservation fishing rights. The scope of water reserved to carry out these purposes remains largely unsettled, but the amount could be quite large.

Among the more prominent interpretations of the scope of the reserved water for fishing is the federal district court decision in United States v. Anderson, which concluded the Spokane Tribe had sufficient water reserved in Chamokane Creek to maintain water temperatures cold enough to promote fish spawning, and the Ninth Circuit decision in Colville Confederated Tribes v. Walton, which ruled that the reserved water in Omak Lake was the amount necessary to maintain a replacement fishery for the Colville Tribes. In another decision, the Ninth Circuit in United States v. Adair distinguished the Klamath Tribe's reserved water for fishing from the Tribe's reserved water for agriculture, ruling that the former, with a priority date of "time immemorial," takes precedent over the latter.

As to the scope of the reserved water right for fishing, the court determined that the treaty did not reserve sufficient water to restore a treaty-time "wilderness servitude," and instead reserved only sufficient water to maintain fishing "as currently exercised." Similarly, the Washington Supreme Court, in Department of Ecology v. Yakima Reservation Irrigation District, concluded that because the scope of the Yakama Nation's reserved water for fish had been diminished by post-treaty congressional policies favouring irrigation in the basin and an Indian Claims Commission settlement, the scope of the right was limited to "the minimum instream flow of the river necessary to maintain anadromous fish . . . [under] annual prevailing conditions."

The latter two results could be interpreted to mean that the amount of reserved water for fish is not sufficient to promote restoration of damaged fish runs, a result that would be contrary to the results in Anderson and Colville Confederated Tribes. However, on remand in the Yakima case, the trial judge employed the "maintain anadromous fish under annual prevailing conditions" standard to order storage releases to increase flows in tributary streams and to increase "flushing flows" in the mainstem Yakima River. Thus, some restoration of the Yakama Nation's fish runs is underway. The amount of restoration to which fishing tribes are entitled is not clear, but the answer is more likely to be a function of the degree to which Congress has taken action in direct conflict with treaty promises to continue to fish than a reflection of the existing condition of the fishery.

Uncertainties associated with the scope of the reserved water right for fish, coupled with the clear temporal seniority of the tribes' fishing right over virtually all other water rights, has induced some competing water users to seek to negotiate agreements with the tribes. Over twenty years ago, federal water managers promised not to "impair or destroy" the fishing rights of the Umatilla Reservation tribes. More recently, irrigators in the Dungeness Basin agreed to curtail water diversions to help restore salmon runs in which the Jamestown S'Klallam Tribe has treaty rights. Settlements of treaty rights to reserved water are proliferating throughout the West, and there is no reason to think that there will not be more settlements in the near future involving treaty rights to fish.

The Northwest Water Law & Policy Project, a foundation-supported think tank studying Northwest water law and policy issues, sponsored its first spring conference in May 1995. Earlier, the project sponsored a fall conference on Columbia River governance, which was subsequently reprinted in Environmental Law. At the spring conference, the project released several papers for public review and comment, many of which are published in this symposium. Others are available from the project, as is the project's quarterly newsletter. David Getches's keynote address blames water law and policy for much of the destruction of the Columbia River's fabled salmon runs, which he refers to as "the buffalo of the Northwest Indians." He argues that water law and policy, however, may be redeemed through evolution of the concept of beneficial use to become "an engine of the public interest," through modifying dams and diversions to allow them to be managed for ecosystem benefits, and through the rise of governance on the watershed level, which may allow local citizens to devise solutions to water conflicts that are fine-tuned to specific places and real people. Through watershed planning, Professor Getches implies we may be able to recreate conditions that will foster the kind of civic virtue the nation's founders thought essential to pursuit of the public interest.

Dar Crammond explores leasing water for instream flow enhancement as a means to improve ecosystem functions on the watershed level. His article considers a variety of potential water sources for leases, examines federal and state laws in the Northwest affecting water leases, including the unsettled question of whether private parties may control leased instream rights, and suggests strategies for valuing and negotiating leases for instream purposes. His article concludes that the glacial rule of instream flow leasing in the Northwest is due to the novelty of the concept, limited agency budgets inhibiting development of efficient leasing programs, and the uncertainty over whether individuals may hold property rights in instream flows.

Reed Benson evaluates ongoing watershed planning in the Northwest in terms of its capability to restore water flows for instream uses such as salmon spawning and migration. Surveying watershed management activities throughout the Pacific Northwest, Benson concludes that most plans focus on land use and riparian measures, not on protecting and restoring instream flows. He argues for including streamflow measures in watershed plans but cautions that doing so will require overcoming inflexible state water laws and political hostility to governmental management of natural resources.

Shauna Whidden considers the future of the last free-flowing stretch of the Columbia River, the Hanford Reach. The Hanford Reach provides spawning habitat to the largest remaining wild populations of Columbia River salmon, due largely to the fact that the nearby Hanford Nuclear Reservation blocked development of water projects. Ms. Whidden explains that now that the federal government has changed the reservation's purpose from Cold War-driven nuclear arms production to environmental restoration, the lands adjacent to the Hanford Reach may be preserved as a national wildlife refuge or sold to private parties for agricultural development. She contends that Congress should adopt the recommendations of a recent National Park Service study by designating the Hanford Reach as a wild and scenic river and preserving the adjacent lands in federal ownership by designating them a national wildlife refuge.

Finally, Joy Ellis considers the moratoria on water diversions from the Columbia River that Idaho, Oregon, and Washington put into place in response to the endangered species listings of Snake River salmon species. She examines the effectiveness of each of the state laws, evaluating exceptions to the moratoria and the exceptions' applicability to tributary streams. She explains that the most effective of the moratoria, Idaho's, is actually a drought measure aimed at facilitating groundwater recharge, not salmon recovery. The chapter explores the role of the Endangered Species Act in exerting control over the states' moratoria and concludes with suggestions on how to improve the effectiveness of moratoria, including a proposal that state agencies subordinate any new water rights to later developed instream rights.

The Adoption of Water Conservation

Proponents of environmental conservation policies face significant costs and risks in the political arena since effective policies typically regulate or redistribute social resources. As students of the policy process have long recognised, regulatory and redistributive policies are likely to produce political conflict. Adoption of new environmental conservation policies, thus, requires policy entrepreneurs who are willing to bear the risks and costs of innovation. Despite their popular depiction as risk averse, public administrators are identified as entrepreneurial drivers of environmental policy innovation in several recent studies. In light of the risks and costs of policy entrepreneurship, why do bureaucrats pursue environmental policy innovations?

This chapter investigates the ways that bureaucratic professions and their labour markets affect the diffusion of environmental conservation policy in the United States. The bureaucrats who serve American local governments are, by and large, career professionals engaged in policy networks with other professionals. Professional networks can be sources of policy ideas and political resources and so can help explain the diffusion of policy innovations from professions to government agencies. That bureaucrats sometimes emerge as environmental policy entrepreneurs also is well known, as noted above. We know little, however, about why bureaucrats in some agencies are more likely than others to drive environmental policy innovations. Why do some administrators introduce policies from their professions into the agencies that they serve, whereas others do not? When is a bureaucrat likely to push an environmental policy favoured by her profession?

This chapter argues that bureaucratic job mobility increases the likelihood that environmental protection policies will diffuse from professions to governments. When an agency head arrives from outside the government she serves, she carries both a reputation and mandate for professional innovation. Conditions are less conducive to professional innovation when an agency head is promoted from within. The result is mobility-contingent professionalism, for the priorities of an administrator's profession are more likely to become manifest in policy when she arrives from outside than when she is promoted from within an agency. In short, in matters of environmental conservation policy, professionalism matters more for the mobile bureaucrat. Mobility-contingent professionalism offers a new way to think about the relationship between professions and the diffusion of innovations across governments.

The present study tests this theory of mobility-contingent professionalism by modelling the adoption of conservation-oriented water rate structures in American public utilities. In addition to being a redistributive environmental protection policy, conservation-oriented water rates are also highly salient and generally favoured by the water utility profession today. After reviewing the conceptual issues at hand, I describe how career paths favour more or less diffusion of environmental protection policy through the selection of candidates for administrative jobs. I briefly relate an illustrative case of a utility that recently adopted water conservation rates under the leadership of a professionally active, mobile professional manager. Drawing data from an original survey of water utility managers, I then present a pair of statistical models that demonstrate the ways in which career paths and professional identity affect conservation policy adoption. Finally, I summarise the results of the analyses and highlight their theoretical and normative implications for the study of policy diffusion generally and environmental policy particularly.

Environmental Policy Entrepreneurs

Scholars have sought to understand the process of policy innovation in government since Walker's (1969) seminal article on the spread of policies from state to state. Innovation in these diffusion studies means the introduction of a policy new to the government adopting it. Studies of innovation have isolated a number of social, economic, and institutional correlates of policy diffusion and so have identified several conditions that promote or inhibit the spread of innovations from one government to another. Over the past decade, studies of policy diffusion and innovation have begun to pay attention to the specific mechanisms by which diffusion occurs and to the people whose political decisions cause innovation. These studies identify policy entrepreneurs as important causes of policy innovation. Policy entrepreneurs are individuals who recognise latent demand for new policies and then expend resources and bear political risks to drive policy innovation.

Policy entrepreneurs figure especially prominently in recent studies of the diffusion of environmental protection policies. Elected officials seize entrepreneurial opportunities to advance environmental policies at the local, state, national, and international levels. Bulkeley and Betsill's (2003) study of local governments' responses to climate change identifies entrepreneurial bureaucrats as drivers of policy innovation. Similarly, Rabe (1999, 2004) finds that professional administrators frequently emerge as entrepreneurs who drive innovations in pollution control and climate change policy. That entrepreneurs are significant in environmental protection politics is unsurprising since environmental policies are regulatory and/or redistributive. Regulatory policies control the use of private resources, whereas redistributional policies affect the distribution of resources among individuals. Regulatory and redistributional policies are prone to controversy and so are costly and risky to pursue.

Balla (2001) and Mintrom and Vergari (1998) find that involvement in professional policy networks is related to the diffusion of policy innovations. With respect to environmental policies in particular, Rabe (1999) finds that entrepreneurial administrators borrow innovative policy ideas from "policy communities" related to their professions. In these studies, professional organisations and related issue networks are resources that policy entrepreneurs draw upon in pursuit of innovation.

Several accounts of administrative behaviour suggest that the process of professional accreditation (through formal education, apprenticeship, and so forth) imbues individuals with the ethics of their professions. Steeped in the cultures of their professions, administrators come to understand good and bad policy according to the conventions of their professional peers, goes the argument; this socialisation process causes administrators to be, as Brehm and Gates put it, "principled agents." An administrator's preference for the policies favoured by his profession may follow from his very identity as a professional, gained through years in college, graduate school, and service in the ranks of his fellow professionals.

Left unanswered is why professional bureaucrats-turned-entrepreneurs bother pursuing innovation in the first place. Invoking Mohr's (1969) theory of organisational innovation, Berry and Berry (1990, 399) identify two factors that increase the probability of innovation in organisation: "(1) the motivation to innovate and (2) the availability of resources for overcoming obstacles" to innovation. Theories of policy innovation to date have had much to say about the latter but scarcely anything systematic about the former. Why do policy entrepreneurs—especially bureaucrats, whose jobs may be at stake—bear the costs and risks of innovation? As Tews, Busch, and Jorgens (2003, 593) observe, "...the question about the concrete motivations of policy makers to adopt environmental policy innovations is still unanswered."

The approach of Berry and Berry (1990) to the motivational question is typical of policy diffusion studies: they conceptualise the motivation to innovate in terms of a need or problem that demands a policy solution. Since the policy they study is adoption of state lotteries, Berry and Berry use a state's fiscal condition as an indicator of its motivation to innovate. Similarly, the study by Zahran et al. (2008) of local climate change policy uses vulnerability to natural disasters as a measure of motivation to adopt climate change policy. This approach is appropriate when the objective of the study is to find economic, institutional, and social correlates of innovation. But when examining a diffusion-by-policy-entrepreneur model, to conceptualise "motivation to innovate" as a public need is to conflate individual goals with organisational goals. As organisation theorists have long recognised, individuals do not necessarily share the goals of the organisations in which they work. It is one thing for a local utility to suffer a drought; it is another for a bureaucrat to assume costs and risks in pursuit of a controversial policy to address the crisis. On its own, need for a policy is an inadequate explanation for the emergence of policy entrepreneurs.

As Kingdon (2003) described them, the defining characteristic of policy entrepreneurs is "...their willingness to invest their resources— time, energy, reputation, and sometimes money—in the hope of a future return" (123, italics added). Kingdon suggests that entrepreneurs may champion policies that they believe are important, or that they simply enjoy the act of political engagement in itself. At first blush, professional socialisation would seem to underlie the "willingness to invest resources" and to offer the "future return" that Kingdon specifies.

But professional identity alone is theoretically problematic as an explanation for bureaucratic policy entrepreneurs. Professional identity and the prestige associated with a profession are collective goods that offer free-riding opportunities for professionals. A bureaucrat may enjoy good standing in her profession and the prestige and perquisites of office without incurring the costs of championing her profession's favoured causes. It is not clear why administrators would take significant political risks in the name of professionalism alone. Moreover, professional socialisation fails to account for variation in administrators' pursuit of professionally sanctioned goals. In an age when virtually every government agency of any substantial size is staffed by professionals, why do professional innovations emerge in some agencies and not in others?

Theory

Kingdon (2003, 123) identifies a third potential motivation that might spur policy entrepreneurs to innovate: "promoting one's personal career." This study seeks to explain the diffusion of water conservation rates from professions to local governments by focusing on bureaucrats as policy entrepreneurs. Agency heads are well positioned to drive innovation, and their professions provide the "raw materials" of entrepreneurship in the form of new policy ideas. But the incentive to pursue professionally sanctioned innovations lies in the professional labour market, I argue. Professions may have preferred policies, and administrators may be socialised and identify as professionals. But job mobility—the movement of bureaucratic professionals from one government to another—creates conditions under which bureaucrats' professional sensibilities are likely to become manifest in policy. Like most jobs in a market economy, bureaucratic jobs are temporary matches of individuals with employers. But individuals and agencies do not latch on to one another at random, like so many atoms in Brownian motion. Governments' selection processes and individuals' adaptation to those processes shape bureaucratic behaviour and, ultimately, government policy.

Selection

When elected officials hire professional administrators, they are usually laypersons hiring experts. So as in most hiring situations, qualifications and reputation are important factors for elected officials selecting agency heads. But the procedures and criteria applied in selection of agency heads depend on whether bureaucrats are promoted from within the agency or hired from outside.

Professional credentials and reputation are prominent selection criteria for governments hiring bureaucrats from outside. Elected officials rely heavily on the advice of other professionals when vetting and selecting candidates. Local governments hiring agency executives from outside their organisations typically hire executive search firms or consultants specialising in the professions at hand. These search consultants are usually themselves former administrative professionals, and they are influential in framing issues and establishing evaluative criteria. With little knowledge about the candidates, elected officials rely heavily on the advice of their search consultants and the candidates' credentials and reputations. Overall, in evaluating external candidates' reputations, local governments hiring from outside scrutinize applicants through the prism of professionalism. If a profession generally favours conservation policies, then governments are likely to favour professionals with a demonstrated interest in or success with such policies.

Few or none of these selection processes apply when organisations promote internal candidates as a matter of policy. Governments promoting from within the organisation are familiar with their candidates and select an agency head with whom they are comfortable. Organisations with a standing practice of hiring executives from within the organisation almost certainly have fewer candidates for the job—perhaps only one. In some organisations, hiring an agency head is a virtually automatic process: the next school superintendent is simply whoever the assistant superintendent is today. No search consultants or professional vetting is necessary when organisations hire from within. References and recommendations are not so important, if they are used at all. Administrators selected through such internal promotional processes arrive at the agency head position through adherence to preexisting agency norms.

Of course, many agencies sometimes hire from outside and other times promote from within. The important point here is that governments promoting administrators from within tend to apply different selection standards from those recruiting from outside, perhaps, even when comparing internal and external candidates for the same position. The very act of recruiting candidates from outside the organisation indicates, at some level, a demand for innovation.

Adaptation

A simultaneous adaptation process occurs among mobile administrators. Administrators seeking career advancement observe the behaviour of those who successfully "get ahead" and then mimic this winning behaviour. For the mobile administrator, adaptation means building a professional reputation pursuant to higher status jobs since professional credentials and professional reputation are important selection criteria for higher status agency heads. A bureaucrat seeking career advancement via movement to another government will be very active in her profession and will seek to introduce professionally fashionable innovations to her agency. If a profession favours environmental conservation policies, then a reputation for environmental conservation policies is advantageous for the mobile bureaucrat. A bureaucrat hired from outside arrives with a perceived mandate for innovation, for her hiring was due in part to her reputation for professionalism. For administrators not interested in potential movement to a job in another government, adaptation means adhering to organisational norms. A bureaucrat who has advanced vertically within an organisation and who is not seeking job options elsewhere is not so interested in pursuing professionally innovative policies and likely has no specific mandate for innovation.

Conditional Professionalism

Consequently, agencies' policies depend in part on their bureaucratic selection processes and individuals' adaptations to those selection processes. A government that hires its agency heads from outside is most likely choosing to hire a "professional" to provide expert advice and service. An agency head arriving from outside is likely to perceive a mandate for professional innovation and so is more likely to introduce professional innovations than her peers promoted from within. For professions whose policy sensibilities favour environmental conservation, we would expect environmental conservation policies to follow the hiring of an agency head from outside the agency.

The result is mobility-contingent professionalism. Bureaucrats' political decisions must be traceable to their professional identities if professional socialisation is to be useful as a theory of public administration or policy innovation. I argue that professional sensibilities are most likely to materialize as policies where labour market conditions are amenable to them. For political purposes, the mobile administrator is the professional administrator, and professionally sanctioned environmental policies are likely to follow where she goes. With apologies to Forrest Gump, in politics, professional is as professional does.

Conservation Water Rates

For several reasons, water utility service rates provide an excellent subject for evaluation of the theory advanced here. First, water utilities are ubiquitous throughout the United States, and so utility service rates are as well. Although resource and financial conditions vary widely, local governments provide water utility service in virtually every urbanised area in the United States. Wherever water utilities exist, natural resource policies also exist. Few environmental policies are so universally applicable at the local level and, therefore, broadly generalisable in the United States.

Second, though water rate designs are formally adopted into law by elected officials, they are also inescapably technical and are typically developed by and with professional utility managers. Water rates are designed collaboratively, with both administrators and elected officials involved in the process. Berry's (1979) analysis of electricity rates demonstrates that bureaucratic professionalism can significantly affect utility rate design. That administrators are so involved with rate design makes utility rates an excellent place to look for the influence of bureaucratic professionalism in policy making. Utility rate setting is among the most visible, politically sensitive tasks that utility administrators must perform. Although other actors are often involved in the rate design process (e.g., elected officials, lower-level staff members, consultants and citizens), it is difficult to imagine a utility setting its rate structure without the significant involvement of its top administrator.

Third, though American water utilities employ a wide variety of rate structures, they are easily categorised into five basic types:

1. Flat rates, which charge all customers the same amount periodically, regardless of consumption;

2. Uniform rates, which charge a single price for every unit of water consumed at any level of volume;

3. Declining block rates, which charge higher per-unit prices for low volumes of water, but lower per-unit prices at higher volumes;

4. Inclining block rates, which charge progressively higher per-unit prices for water at higher volumes; and

5. Seasonal rates, which charge higher per-unit prices during periods of peak demand or low resource availability, and lower per-unit prices during periods of lower demand or higher resource availability. Seasonal rate variations may be used in conjunction with any of the other four structures.

At the most basic level, principles of price elasticity imply that any rate structure imposing a marginal unit cost greater than zero encourages conservation. However, only the last two structures, inclining block and seasonal rates are considered conservation oriented for purposes of this study because these rate structures are designed with resource conservation in mind. Inclining block rates raise the marginal cost of water consumption at progressively higher volumes, and seasonal rates raise the marginal cost of water during periods of relative resource scarcity. Any rate structure can be designed to generate a desired level of revenue; the choice to increase or reduce rate revenue is distinct from the choice of rate structure.

Like many other environmental policies, public utility rates have important redistributional consequences, for rate designs necessarily affect the allocation of costs and benefits among customers. Utility rates collect revenue as necessary to meet a utility's operating and capital needs. However, utility rates also can be designed to send signals to consumers about socially desirable use of a collective resource. Low prices can promote affordable water for basic sustenance or signal a preference for more water use to encourage development, for example. Higher marginal prices can signal a desire to conserve water. A utility's adoption of a conservation-oriented rate structure is a decision to redistribute resources and so to accept the political risks that accompany redistributive policies. Adjusting water rates in ways that adversely affect high-volume water users is "a political high-wire act" as Postel has observed. A conservation-oriented water rate structure is exactly the sort of risky, potentially controversial policy that a policy entrepreneur might be expected to champion.

Finally, a distinct and mature water utility management profession exists in the United States, with values and priorities that include water resource conservation. A professional society, the American Water Works Association (AWWA), constitutes and governs the water utility management profession, and it establishes standards of practice, licensure, and ethics that carry the force of law in many states. Dominant norms and values are not static in any profession and, in fact, have changed significantly over time within the water utility profession. Water resource conservation generally, and conservation-oriented water rate structures particularly, have emerged and grown as AWWA priorities over the past three decades. AWWA's general interest conferences routinely feature numerous sessions on conservation, and since 2002 AWWA has sponsored numerous conferences and publications devoted to conservation. The 1972 edition of Manual M1, AWWA's manual of practices on water rates, explicitly discouraged the use of pricing as a means of managing demand or promoting resource conservation (AWWA 1972). By contrast, the most recent edition of Manual M1 devotes six chapters to conservation-oriented rate design, as well as a chapter on securing political support for new rates (AWWA 2000). Conservation-oriented rate structures are among the management practices now clearly favoured by the water utility profession, and this relatively coherent professional norm makes a useful subject of study.

Hypotheses

The following hypotheses relate professionalism and job mobility to the adoption of water conservation rates in American local utilities:

Hypothesis 1—Professionalism: The likelihood of a utility adopting conservation water rates increases as the professional involvement of its agency head increases.

Hypothesis 2—Mobility: Governments that hired agency heads from outside the organisation are more likely to adopt conservation water rate structures than are governments that promoted agency heads from within.

Hypothesis 3—Contingent professionalism: For governments that hired agency heads from outside the organisation, the likelihood of adopting conservation rates increases as the professional involvement of its agency head increases.

The dependent variable for all three of these hypotheses is the adoption of conservation-oriented water rate structures. Hypothesis 1 relates professional identity to the likelihood of conservation water rate adoption. If professional socialisation drives administrators to favour professionally innovative policies, we would expect high levels of professional involvement to be associated with introduction of conservation rates. Hypothesis 2 relates bureaucratic career path or job mobility to the likelihood of conservation water rate adoption. If job mobility encourages the diffusion of professionally fashionable policy innovations, then we would expect governments hiring agency heads from outside to adopt conservation rates more often than those promoting bureaucrats from within. Hypothesis 3 posits a role for professionalism that is contingent upon mobility: the policy effect of an executive's professional involvement depends on his or her career path. In this way, professionalism becomes manifest in policy when a government signals a demand for innovation by hiring from outside.

An Illustrative Case

Though it sits just 20 miles from the shores of Lake Michigan, the fast-growing Milwaukee suburb of Waukesha, WI (population

67,814), faces a potentially serious water supply shortage. By the late 1990s, long-term draws on the city's aquifer had left the city's groundwater contaminated with potentially unsafe levels of radium. Waukesha's water utility offers an illustration of contingent professionalism at work in conservation policy.

Late in 2002, Waukesha hired Dan Duchniak as general manager for its water utility. At 35, Duchniak was an unusually young hire to head a large municipal utility, but by 2002, he had already served utilities in nearby Racine and Oak Creek for several years. As assistant manager in Oak Creek, he helped develop an innovative storage and recovery system to manage the city's aquifer. Duchniak joined AWWA early in his career and became very active in the organisation, serving as secretary-treasurer of the Wisconsin section and cofounding the Midwest Utility Expo, an annual regional conference for utility operators (AWWA 2007). In 2007, Duchniak ran for and won a seat on the AWWA's national Board of Directors. His record of professional leadership and demonstrated technical proficiency were central to the Waukesha's decision to hire him.

Since taking over the utility, Duchniak has addressed Waukesha's supply shortage by experimenting with new treatment technology and groundwater management techniques and has pursued new sources of supply, including a controversial proposal to draw water from Lake Michigan. More importantly for the present inquiry, under Duchniak's direction, Waukesha has emerged as a leader in water conservation policy. Waukesha recently introduced a rebate program for efficient fixtures and residential irrigation restrictions. Waukesha was not the first or only Wisconsin utility facing supply problems, but in 2007, Waukesha became the first Wisconsin utility to adopt conservation rates, which Duchniak explicitly characterised as a policy meant to help manage demand. "[Waukesha adopted] the most aggressive conservation program in the Midwest," boasted Duchniak. "In the last three years, we cut our [peak demand] by 30 percent and water use by more than 10 percent".

Duchniak's proposal to draw water from Lake Michigan generated opposition from environmentalists and some neighbouring governments. Duchniak's predecessor pursued new supply options too, questioned the US Environmental Protection Agency's (EPA) assessment of Waukesha's water quality, and filed suit against the EPA to challenge its enforcement of the radium contamination standard. But these were not politically risky initiatives since the environmental costs of new supply sources are borne by people outside Waukesha, and lawsuits push environmental issues into a political arena outside local government. By contrast, curbing demand through rates and watering restrictions are politically risky because they impose costs on many of Waukesha's own utility customers. Irrigation restrictions are regulatory policies. Inasmuch as conservation rates impose relatively greater and lower costs on customers with different demand patterns, the new rate structure created relative winners and losers; that is, they are redistributive. Not surprisingly, these policies generated opposition from some community members. Pursuit of these conservation-oriented innovations was politically risky for Duchniak in a way that expanded supply, lawsuits, and technological innovations were not. According to the theory offered here, Duchniak's deep professional involvement disposed him to prefer the professionally sanctioned goal of resource conservation and also gave him ready access to innovations like conservation rates and irrigation restrictions.

Hired from outside the city in the midst of an ongoing supply crisis, Duchniak had an effective mandate for innovation from the elected officials who hired him. In short, the conditions were right for an entrepreneur to emerge in Waukesha to introduce conservation policies to the state of Wisconsin. Duchniak also perceived his aggressive pursuit of conservation as improving his standing in the water utilities profession: at the time of this writing, Duchniak had announced his candidacy for the vice presidency of the AWWA, specifically touting his record on conservation in campaign statements (AWWA 2008).

This case is meant to be illustrative, not demonstrative. That is, Waukesha shows how one professionally active, mobile administrator became an environmental policy entrepreneur. Such illustrative cases "make the unfamiliar familiar" and are chiefly useful in helping to understand other kinds of data. But Waukesha is a single case, and by no means a "hard" one. To gain greater traction on the theory at hand, I turn to data on a wider array of managers and the adoption of conservation rates in their water utilities. Cross-sectional data on four groups of variables are used in this study: (1) water rate structures, (2) agency heads' professional involvement and career paths, (3) governance structure, and (4) water resources.

Water Rate Structures

Data on rate structures are drawn from an original survey of water utility managers heading American municipal government agencies conducted over the summer of 2006. The survey employed a randomised sample of 150 agency heads, stratified to draw data from agencies of many sizes. A great majority of American water utilities are very small, have little or no professional management, and serve very small proportions of the total US population. A simple random sample would likely offer relatively little data on large and medium-sized governments due to the very high number of small local governments in the United States. As large and medium-sized utilities serve the majority of the US population, stratifying to ensure their inclusion in the sample is important for drawing broadly generalisable conclusions in policy studies. Stratification also ensures that data are gathered from agencies occupying every stratum of the water utility profession. The survey was administered via an Internet-based questionnaire. Sampled administrators received a prenotification letter via postal mail approximately 10 days prior to the survey launch and then received an e-mailed invitation to participate in the Internet survey. The response rate was 50.4% of valid cases.

Of the 70 utilities represented in the survey, 22 (31.4%) reported using inclined block rates. Another five utilities reported using a seasonal rate schedule in combination with a rate structure other than inclined block. A total of 27 (38.6%) of surveyed utilities used either inclined block or seasonal rates and so are considered to have adopted conservation rates for the purposes of this study. These proportions are similar to those generated by AWWA's 2006 Rate Survey, suggesting that the present sample is reasonably representative of the population of utilities, at least with respect to rate structures. At the time of the survey, every participant's current utility rate ordinance or resolution had been adopted during the participant's tenure as head of the local utility. Data on rate structure adoptions cannot show definitively that the administrators were the sole driving forces behind conservation rates. But the involvement of others in rate design does not negate the impacts of executive mobility and professionalism on the process. As noted above, other studies have demonstrated that senior utility managers are critical to the rate setting process. The argument here is that mobility and professionalism make environmental policy innovation more likely, but these forces need not work alone.

Career Path and Professional Involvement

Respondents to the survey were asked about their employment history, including whether they arrived at their current jobs via internal promotion or external recruitment. Sixty percent of respondents reported arriving at their current jobs from outside the agency, with 40% promoted from within. The analyses here use this measurement as the dummy variable outside hire. Professional involvement is measured with an index that compiles the following indicators, as reported by survey respondents.

- The number of professional society memberships that the administrator holds;
- Whether the administrator serves on any committees of the professional society;
- The number of professional conferences attended in the past year;
- Frequency and depth of reading of professional journals; and
- Whether the administrator consulted with professional peers when addressing a policy issue in the past 12 months.

This approach to professionalism is indirect since it uses a behavioural metric (professional involvement) to capture a sociopsychological phenomenon (professional identity). It seems reasonable, however, to assume that those who identify strongly as professionals are relatively active in professional societies and that such involvement reinforces professional identity; certainly, that is the assumption underlying most theories of professionalism resting on socialisation. In any case, this behavioural approach improves upon studies of policy adoption that have used measures of institutional capacity (e.g., agency size, professional recruitment activity) to capture professionalism. Administrators' gender, race, and ethnicity are potentially important independent variables, too. Minority status might affect administrators' opportunities for participation in professional networks and/or the risks of innovation if the political arenas in which they work are systematically biased in against them. Unfortunately, the data used here offer inadequate variation on these variables to analyse their effects since the sample of utility managers is overwhelmingly male and White, non-Hispanic. The very low frequency of women in the sample may indicate that, as Nancy Burns has put it, "gender has already done much of its work" in utility administration careers before respondents ever advanced to a position where they might be surveyed (2002, 467). The same might be said of race and ethnicity.

Governance Structure

Mullin's (2008) recent study argues that specialised local governance structures affect utilities' adoption of inclined block water rates (or "progressive rates," as she calls them). In Mullin's study, the institutional structure of interest is general-purpose municipalities (such as cities, towns, and villages) versus special district governments (such as water authorities and utility districts). Both general-purpose and special district governments provide water service, but Mullin theorises that special district governments are more likely to adopt progressive rates under conditions of low issue salience because their specialised purpose makes them more attentive to issues (like water rate design) that might fail to draw the attention of general-purpose governments. Differences between special district and general-purpose governments in the probability of adopting progressive rates diminish where issue salience is higher, she argues. The analyses presented here include a dummy variable for special district versus general-purpose governance structure in order to accommodate Mullin's specialised governance theory.

Another institutional feature that might inform the kinds of policies that local governments adopt is council-manager versus mayor-council governance structures. Research on council-manager governments and policy adoption generally focuses on the relationship between elected officials and the city manager, not the effect of institutional form on the behaviour of bureaucratic agency heads. A council-manager structure might reduce the probability of a utility manager introducing conservation water rates. As the professionals with most direct access to elected officials, city managers might restrict department heads' access to the legislative process and reduce policy entrepreneurship opportunities for department heads. Under mayor-council structures, department heads might have more direct access to elected officials and so have greater opportunities for policy entrepreneurship. However, the data analysed here showed no appreciable relationship between conservation rate adoption and council-manager form of government. Moreover, dummies for council-manager form had no significant effect in the multivariate models in this study and so are excluded from the models presented here.

Water Resources

Three variables are included in the models to account for resource scarcity on the likelihood of adopting conservation water rates. Not surprisingly, Hewitt (2000) finds that utilities in hot, dry, sunny climates are more likely to adopt conservation rate structures. Mullin's (2008) analysis of inclined block water rate adoption includes precipitation and daily maximum temperature as variables but uses them to measure the salience of water supply as a political issue, not directly as a need or demand for water conservation.

The present study uses the climatic moisture index ([Im]) developed by Willmott and Feddema (1992) as the main measure of water resource scarcity. As a metric of resource scarcity, the [Im] has a number of advantages over simple climatic measures like precipitation, temperature, and sunlight because it integrates these variables with the land's water retention capacity and evapotranspiration potential. In this way, the | m "reflects the relationships between climate and the availability of moisture at the earth's surface". Scaled symmetrically about zero and bounded by -1.0 and 1.0, the [Im] also enjoys the advantage of mathematical elegance.

An [Im] value of zero reflects a climate where available water and climatic demand for water are exactly equal. Negative values of [Im] indicate relatively little available moisture, and positive values of [Im] indicate relatively more available moisture. To put [Im] in more meaningful terms for readers familiar with American geography, the [Im] value is .42 for Seattle, .32 for New York City,. 13 for Omaha, -.08 for Dallas, and -.80 for Phoenix. The mean [Im] in the sample analysed here is .13. Of course, the [Im] does not account for every potentially relevant climatic condition, and short-term fluctuations in temperature or moisture conditions might cause localised or temporary drought conditions. Neither does the [Im] account for water quality concerns that might drive water scarcity, as they did in the Waukesha case related earlier. However, the [Im] is a scientifically valid metric used by atmospheric scientists and an improvement over simple temperature and precipitation data. The models in this study use the average annual moisture index values for each of the agencies' locations as calculated and published by Willmott and Matsuura in 2007.

The models also include a dummy variable to indicate whether the utility's principal source of water is purchased from a wholesale supplier. Under a wholesale water purchase arrangement, stewardship of the resource rests with the wholesale producer, not the retail utility. To the extent that utilities purchasing water from wholesalers are insulated from resource constraints, they might be less likely to impose water rate structures out of concern for resource conservation. Moreover, many wholesale contracts between utilities employ a fixed payment schedule, so that the payment from the retail utility to the wholesale utility is insensitive to fluctuations in demand. Such contracts remove much of the financial incentive for the retail utility to conserve water. Utilities buying water from wholesale suppliers might be expected to be less likely to adopt conservation rates.

Finally, the effect of utility size is controlled using the natural log of customer connections for each water utility. Larger agencies might be somewhat more likely to adopt conservation rates than their smaller counterparts since design and implementation of conservation rates requires a moderate degree of technical sophistication and capacity. The log transformation is theoretically consistent with the nonlinear nature of agencies' policy needs: differences in agency size should matter less at the high end of the distribution than at the low end. For example, we would expect the substantive difference between a utility with 500 connections and one with 5,000 connections to be greater than the difference between a utility with 30,000 connections and one with 34,500 connections.

Analysis

Since the dependent variable in this study is a binary state (the presence or absence of conservation rates), I test hypotheses using a pair of logistic regression models that predict conservation water rate adoption. Model 1 tests the direct effects of professional identity and career path on conservation rate adoption; Model 2 adds a multiplicative interaction of professional involvement and outside hire.

Professional Identity and Career Path

Hypothesis 1 draws a connection between administrators' professional involvement and water conservation rates. If administrators' professional identities drive policy innovation, then we would expect that higher levels of involvement in the utilities profession to be associated with greater likelihood of conservation rate adoption. The results of Model 1 do not support this hypothesis. In fact, Model 1 finds a slightly negative (albeit statistically dubious) effect of professional involvement on the adoption of conservation rates. This result casts doubt on bureaucratic professional socialisation alone as a driver of agency policy making.

Model 1 affirms Hypothesis 2; however, agencies are much more likely to use conservation rate structures if they hire their agency head from outside the organisation, even when controlling for relevant climatic conditions. With other variables held at their means, Model 1 predicts a .595 likelihood of conservation rates for utilities that hired an agency head from outside, compared to a .059 likelihood for utilities that promoted from within. To relate this finding in more intuitively meaningful terms, present the estimated likelihoods of utilities using conservation rates at different values of the moisture index, with other variables held at their means.

The disparity between utilities with agency heads hired from outside and those with agency heads promoted from within demonstrates the effect of executive job mobility. The differences are greatest and statistical confidence the highest at the middle of the climatic moisture range. At the high and low ends of the moisture scale, the relative abundance or scarcity of water attenuates the differences between agencies with executives hired from within and those with executives hired from outside. But under moderate climate conditions, bureaucratic mobility has a substantial impact on the likelihood of conservation rate-adoption. Agency heads hired from outside are likely to endorse, support, or sustain conservation water rates, even under conditions of relative resource abundance. Coupled with the rejection of Hypothesis 1, this finding suggests that job mobility, not professional identity, encourages the diffusion of environmental conservation policies.

Contingent Professionalism

According to Model 2, professional involvement is a strong, positive predictor of conservation rates for agencies with executives hired from outside and a very strong negative predictor of conservation rates for agencies with executives promoted from within. It depicts the marginal effect of career path on the likelihood of conservation rate adoption generated by Model 2 for bureaucrats hired from outside and for those promoted from within, at varying levels of professional involvement. Career path has little impact on conservation rate adoption for administrators with low professional involvement. The upward slope and narrowing confidence interval (CI) indicates that the substantive and statistical effect of career path increases as professional involvement increases. In other words, a high degree of professional involvement for an agency executive makes more of a difference in policy outcomes when she has been hired from outside the agency.

On its own, professional identity does little to affect conservation rate adoption, as Model 1 shows. For administrators promoted from within, professional values apparently are not reflected in conservation rate design. However, for administrators hired from outside, professional identity is manifested in policy. Also, the effect of job mobility on conservation rate adoption is contingent on professional identity. The positive effect of job mobility on conservation rates in

Model 1 turns negative in Model 2. This shift suggests that professional policy innovation does not follow from mobility alone and that mobility in absence of professional identity may actually reduce the probability of conservation rate adoption. Taken together, these results affirm Hypothesis 3 and are powerful evidence for a theory of mobility-contingent bureaucratic professionalism.

Controls

The variables measuring water scarcity generally conform to expectations in both models. The moisture index is a strong predictor of conservation rates in both models, with higher (wetter) values predicting lower likelihood of conservation rates and lower (drier) values predicting higher likelihood of conservation rates. For example, under Model 1, an agency located in a relatively moist place like Allentown, PA, with a moisture index value of 1 standard deviation (SD) above the mean ([Im] = .447), has a. 118 likelihood of adopting conservation rates with all other variables at their means. For an agency in a relatively dry place like Austin, TX, with a moisture index value of 1 SD below the mean ([Im] = -.189), the estimated likelihood of adopting conservation rates is .577. Not surprisingly, at the time of this writing, Austin's water utility used conservation-oriented rates, and Allentown's did not.

Purchased water is likewise associated with lower likelihood of conservation rates in both models. With other variables held at their means, Model 1 estimates a .081 likelihood of conservation rate adoption for utilities that purchase water from wholesale suppliers, compared with .392 for utilities that produce their own water. These results suggest that wholesale purchases insulate retail utilities from the risk of resource depletion and so reduce the incentive for conservation through rate design. Agency size also is positively correlated with conservation rate adoption in both models. Model 1 estimates a .402 likelihood of conservation rates for a utility serving 25,000 connections, compared with a .544 likelihood for a utility serving 75,000 customers, again with other variables evaluated at their means.

Although the magnitudes of the effects are fairly small, special district governance structure increases the likelihood of conservation rates in both models, though the statistical reliability of the finding is modest. These results are essentially consistent with Mullin's (2008) theory of specialised governance. With their particular focus on water supply, special districts are more likely to adopt potentially controversial innovations like conservation water rates than are general-purpose governments. If professional is as professional does, then job mobility is the mainspring of professionalism. Scholars of professionalism have observed that a profession's economic viability and political power rest on an ability to develop a clientele (or market) and define problems in scientific terms demanding technical solutions. Several studies of bureaucratic politics argue that professionalism and professional identity explain the policy choices that administrators make. But this study's findings suggest that professionalism is unlikely to have much impact on the diffusion of politically risky innovations to governments unless the professionals enjoy mobility from one agency to another.

Hiring an administrator from outside involves an assessment of professional reputation, and so an external hire signals, explicitly or implicitly, a desire for the kind of policy innovation for which professions are known. Professional sensibilities may abound among bureaucrats everywhere, but job mobility offers license to put professional principles into practice and so opens the door for policy entrepreneurship. Clearly bureaucratic professionalism, job mobility, and policy entrepreneurship are parts of a much more complex puzzle. But when a government hires a professional from outside, professionals are likely to take entrepreneurial political risks, and so the priorities of profession are more likely to become manifest as policy.

These results have significant implications for the diffusion of environmental policy innovation. Entrepreneurs figure importantly in accounts of environmental policy development, in part because such policies are usually regulatory and/or redistributive and, therefore, are politically costly. Bureaucratic professions that embrace environmental conservation policies may facilitate the diffusion of environmental policies across governments. But professionalism alone is unlikely to spur environmental policy innovations, at least when they are politically risky. Professions are most likely to gain traction in the environmental policy arena when job mobility affirms and provides incentives for bureaucratic policy entrepreneurs.

Limitations and Outstanding Questions

Important questions about bureaucratic mobility, professionalism, and policy innovation remain outstanding. This study demonstrates a link between public administration career paths and the diffusion of fashionable conservation policy innovation in the water utilities profession. Similar studies could investigate whether the same patterns hold for other professions (e.g., public health, schools, firefighting), as well. As a profession, water utility management is relatively consistent in its norms, and its predominant policy sensibilities are codified in accessible, formal publications. Moreover, AWWA standards and licensure carry the force of law in many jurisdictions. But such coherence and clout are not uniform across professions and, in fact, may be important variables. What does it mean to advance a professionally sanctioned innovation in a profession where norms are fluid and positions on important issues are unsettled or highly controversial within the profession? Studies of diffusion and mobility across multiple professions could offer traction on this question.

Also left unclear are the implications of mobility-contingent professionalism for governments that feature little or no bureaucratic job mobility. Intergovernmental job mobility is highly constrained or nonexistent in many state and federal government bureaus, especially in military, intelligence, and law enforcement agencies. If professional innovation is to a significant degree contingent upon job mobility, then for better or worse, innovation and professionalism may be severely blunted in agencies with little or no mobility. The extent to which this theory is applicable or testable in such agencies is unclear.

Finally, the cross-sectional data used in this study limits the analysis to an environmental policy that was professionally fashionable at the time of the survey. The limitations of cross-sectional research design on studies of policy diffusion are well understood. This study's use of cross-section data avoids some common pitfalls, however, because the rates in effect at the time that the data were collected were adopted during the tenure of the surveyed bureaucrats, and we may reasonably assume that the utility managers were involved in the rate-setting process. Nonetheless, a study of conservation rate structure adoption over time that traced the career paths and policy decisions of specific bureaucrats would further enhance our understanding of bureaucratic professions and policy diffusion.

As long as governments have tried to fashion themselves as democracies, theorists have recognised a tension between efficiency and accountability. With the emergence of public administration professions, theorists have recast this tension as between bureaucratic professionalism and democratic responsiveness. The enduring reality that professional bureaucrats are deeply and pervasively involved in initiating policy is a potential threat to the democratic responsiveness that elections and legislatures are meant to provide. Nonetheless, bureaucratic professionalism is hard to dismiss as hostile to good governance, as Wirt (1985) observes: The professional executive officer is the invisible actor in urban decision making, recalling Shelley: "the awful shadow of some unseen Power floats, though unseen, among us." The professional's "shadow" may be "awful" to those who see in it insensitivity and obstruction of local values and control. But it is difficult to escape the impression that many benefits arrived on the local scene in the briefcases and journals of the professional executive officer.

The present study's contribution to the professionalism-versus-responsiveness debate is the finding that professional bureaucrats are not simply loyal to their professional norms but rather are responsive to their professions when employment conditions give them political license to innovate. Mobility-contingency thus softens the conflict between professionalism and responsiveness, and across thousands of local governments in the United States, perhaps, balances these oft-conflicting values.

Clean Water Act Section 401 and Nonpoint Source Pollution

The Clean Water Act (CWA) was passed to "restore and maintain the chemical, physical, and biological integrity of the Nation's waters." Few Americans would disagree that this was a laudable goal, and America's waters have improved significantly since the enactment of the CWA in 1972. However, the focus of the CWA is point source pollution, and many of the nation's waters remain impaired because of nonpoint source pollution. Unlike point source pollution, nonpoint source pollution cannot be traced to a specific source and is often described in terms of diffuse runoff. According to the General Accounting Office, the leading cause of nonpoint source pollution is agriculture. In fact, a 1995 General Accounting Office briefing report indicated that agricultural nonpoint source pollution impaired seventy-two percent of the miles of affected rivers and streams, fifty-six percent of the affected lake acres, and forty-three percent of the square miles of affected estuaries. Obviously, something must be done about nonpoint source pollution.

Environmentalists advocate using section 401 of the CWA to address the nonpoint source pollution problem. Section 401 requires anyone applying for a federal permit or license for any activity that may result in a discharge to obtain certification from the state in which the discharge originates. Traditionally, section 401 applied only to point source pollution. Some commentators, however, interpret the Supreme Court's treatment of section 401 in PUD No. 1 of Jefferson

County v. Washington Department of Ecology (PUD No. 1) as blessing the use of section 401 for nonpoint source pollution. Proponents of applying section 401 to nonpoint source pollution also point to Oregon Natural Desert Ass'n v. Thomas (ONDA I), in which a federal district court held that section 401 applies to grazing permits on public lands. The Ninth Circuit Court of Appeals declined to adopt that interpretation in Oregon Natural Desert Ass'n v. Dombeck (ONDA II). However, that opinion was withdrawn in response to the plaintiffs petition for reconsideration.

Although the holding in ONDA H persuasively determined that section 401 does not apply to nonpoint source pollution, the question remains open pending reconsideration. Another unresolved question is whether the application of section 401 would have any effect on agricultural nonpoint source pollution. Targeting agricultural users of federal lands with more unnecessary government regulation will do little to reduce nonpoint source pollution. Time, money, and energy needed to deal with nonpoint source pollution on farm and ranch land is wasted fighting court battles over the applicability of section 401, and other ways must be found to deal with the problem.

Traditional Applications of Section 401

The full text of section 401 requires that:

Any applicant for a Federal license or permit to conduct any activity including, but not limited to, the construction or operation of facilities, which may result in any discharge into the navigable waters, shall provide the licensing or permitting agency a certification from the State in which the discharge originates or will originate, or, if appropriate, from the interstate water pollution control agency having jurisdiction over the navigable waters at the point where the discharge originates or will originate, that any such discharge will comply with the applicable provisions of section 301, 302, 303, 306, and 307 of this title.

Section 401 ensures that federal agencies cannot override the states' water quality standards. It allows states to certify the activity first, to ensure that the activity meets the specific provisions of the CWA and the states' water quality standards. This allows for a balance between the states and the federal government, similar to the balance preserved in the section 402 permit process of the CWA. Section 402 allows either the Environmental Protection Agency (EPA) or a state, if it has been approved to do so, to issue permits for the discharge of pollutants. The national pollution discharge elimination system (NPDES) in section 402 was designed to prevent polluters from "shopping around" for a state with a weak permit program by allowing EPA to withdraw a state's permitting authority if the state was not running its program correctly. In a similar manner, section 401 maintains a balance between the states and the federal government. If a state has a weak program, the federal government still reviews the activity after the state has issued its certification. Likewise, if the federal permitting agency is not taking water quality standards seriously, the state can impose conditions under section 401 to prevent degradation of its waters. Technically, section 401 applicants must apply for state certification first. Once state certification is received, the applicant sends it with a federal permit or license application to the responsible agency. If the state denies certification, the project is essentially dead. In reality, the section 401 process does not always work this way. States sometimes allow responsible federal agencies to review an application first. Following federal review, the application goes to the state for, in essence, rubber-stamp certification. States reason that federal agencies have the expertise to determine whether a project meets the provisions of the CWA. While this may not be how Congress intended states to use section 401, it still allows states to maintain some control over the quality of their navigable waters.

Sections of the CWA that States Must Consider in Granting a Section 401 Permit

Section 401(a) outlines certain provisions of the CWA that states must consider in the certification process. These provisions deal almost exclusively with point source pollution. Section 301, the first listed provision, makes the discharge of pollutants unlawful and sets up a two phase program for applying effluent limitations. "Any restriction established by a State or the Administrator [of the EPA] on quantities, rates, and concentrations of chemical, physical, biological, and other constituents which are discharged from point sources into navigable waters" is an effluent limitation. Obviously, section 301 deals with regulation of point source pollution. The same is true of section 302, which allows for stricter effluent limitations if the "discharges of pollutants from a point source or group of point sources" would affect a certain portion of a navigable waterway and would interfere with the designated uses of that waterway. Section 306 establishes federal standards of performance for controlling discharge of pollutants. The CWA defines the phrase "discharge of pollutants" as "any addition of any pollutant to navigable waters from any point source." Therefore, this section also applies to point source pollution only. Section 307 establishes toxic and pretreatment effluent standards. This section subjects each toxic pollutant to effluent limitations, which, as previously noted, are limitations on discharges from point sources. Pretreatment standards are established to prevent the discharge of pollutants from treatment works, and treatment works are point sources under the CWA. Therefore, section 307 deals with point sources as well.

Lastly, section 303 requires the states to establish water quality standards and to implement plans to achieve these standards. While effluent-limitation-based regulation controls water pollution by regulating the amount of pollutants discharged by a particular source, water quality standards control pollution by regulating the amount of pollutants discharged into a particular segment of water. Therefore, water quality standards could include point and nonpoint source pollution. However, section 303 only mentions effluent limitations, which apply to point source pollution. Specifically, the section requires each state to look at its own waters and determine if the effluent limitations required by section 301 are strict enough to meet state water quality standards.

The provisions of the CWA that a state must look at before issuing a section 401 certification basically address point source pollution. Because of this, when the states use their section 401 power, they apply it to activities that result in discharges from point sources and not to activities that result in nonpoint source pollution.

The Three Traditional Uses of Section 401

States use their section 401 power in three federal permit and license processes. These are section 402 permits issued by EPA, section 404 permits issued by the Army Corps of Engineers (Army Corps), and hydroelectric plant permits issued by FERC. All three permits deal with point source pollution.

Section 402 Permits

National Pollution Discharge Elimination System (NPDES) permits issued under section 402 allow the discharge of pollutants as long as the discharge meets established effluent limitation standards. Section 402 permits are solely for discharges from point sources, and most states are authorised to issue them. However, EPA does issue some section 402 permits, and by regulation the state of origin must issue a section 401 certification first. In fact, if EPA receives a request for a 402 permit, EPA's Regional Administrator is required to send the request to the state for certification. In essence, EPA forces the states to use section 401.

Section 404 Permits

Another area in which states have traditionally used their section 401 power is with section 404 permits. The Army Corps of Engineers is authorised to issue or deny section 404 permits for the discharge of dredged or fill material into navigable waters at specified disposal sites. These are point source discharges because a discernible conveyance is used. Section 401 puts section 404 within its scope when it discusses "use of spoil disposal areas." In addition, Congress made it abundantly clear during the legislative work on the CWA in 1972 that section 401 was to cover section 404 permits. A proposed amendment would have exempted dredging from the section 401 process, but the amendment never became part of the Senate bill, and the states retained authority to certify section 404 permits under section 401.

FERC Permits

The last traditional use of section 401 is for FERC permits for hydroelectric projects. The controversy surrounding hydroelectric projects centred around dams. In National Wildlife Federation v. Gorsuch, EPA maintained that dams fell under their definition of nonpoint source pollution. Environmentalists disagreed with this interpretation and argued that a dam was a point source. The D.C. Circuit held that the statute would support defining hydroelectric projects as either a point or nonpoint source. The court deferred to the agency's position because it was not unreasonable. Although Gorsuch dealt with a section 402 permit, not section 401 certification, the question the court was deciding was whether a dam was a point source. The court deferred to the agency's interpretation that a dam was a nonpoint source. However, most people would probably agree with the environmentalists' interpretation that a dam is a point source. A dam falls under the definition of a point source because it is a single structure that has observable effects on navigable water, and those effects can be modified through technology. Certainly, the building and operation of a hydroelectric project result in point source discharges. Although hydroelectric projects may result in some nonpoint source pollution, taken as a whole hydroelectric projects are point sources. Ultimately, EPA backed away from its original stance that a hydroelectric project is not a point source. Accordingly, everyone seems to be in agreement that a dam is a point source. Therefore, this traditional application of section 401 permits also relates primarily to point sources only.

The States' Power Under Section 401

The use of section 401 is left up to the states. Each state may decide whether to waive certification for an activity. Sometimes, waivers result simply from a state's inaction. If the state does not act on the request for certification within a year, the federal permitting agency will consider certification waived. Although states use section 401 in different manners, most seem to have confined themselves to the three traditional uses of section 401 mentioned above.

The Emerging Effort to Apply Section 401 to Nonpoint Source Pollution

PUD No. 1 and ONDA I represent a growing interest in applying section 401 to nonpoint source pollution. As the previous section discussed, states have been applying section 401 only to point source discharges. However, many say that states can, and should, apply section 401 to nonpoint source pollution, arguing that PUD No. I supports that position. The following discussion looks at the holdings in PUD No. 1 and ONDA I in connection with section 401 and nonpoint source pollution.

PUD No. 1

The PUD No. i case addressed the section 401 permit process for a hydroelectric project on the Dosewallips River. The Washington Department of Ecology, the state agency responsible for section 401, conditioned the permit on minimum stream flows. At issue in the case was whether the Washington Department of Ecology could condition a section 401 certification on the maintenance of minimum stream flows to protect fish habitats.

The Court's Holding

PUD No. I was not about whether a section 401 certification was needed for the project. Washington state was using its section 401 power in a traditional manner to certify a hydroelectric project prior to FERC granting a permit. Although the need for a section 401 certification was not in question, the Court did touch briefly on this issue. The Court used the traditional two-part analysis to determine if a section 401 permit could be required by the state. This analysis is relatively simple. A court must first determine if a federal permit or license is necessary for the project. Then it must determine if some kind of discharge may result from the project. Here, the Court found that the project would need a FERC license and that at least two discharges would result from the project, so Washington could require a section 401 certification.

The question for the Court was not whether a section 401 certification was required, but exactly what the state could consider in granting it. In PUD No. I the state wanted to impose a minimum stream flow between one hundred and two hundred cubic feet per second (cfs). The Court allowed the condition under section 401, recognising that a state may condition its permit not only on the specific provisions of the CWA outlined in section 401(a), but also on "any effluent limitations and other limitations" needed to meet state water quality standards. The Court interpreted this provision of section 401 to mean that the state could consider the effect that the entire project or activity would have on water quality, not just effects from specific discharges. But, in order for the state to consider the effects of the activity as a whole, the activity must first be one that would fall under section 401, as the building of PUD No. 1 did in this case. This interpretation by the Court to allow the state to look at the effects of the activity as a whole does not expand the scope of section 401 to include nonpoint source pollution. The court's interpretation only expanded what states can consider when considering point source certification.

The Court also addressed whether the state was preempted by the Federal Power Act because FERC has comprehensive authority to issue permits for hydroelectric projects and is required to look at the effects the project will have on wildlife and fish habitats. The Court held that no preemption problem existed because FERC had not yet acted on the project license. In the end, the Court's holding concerned the scope of a state's power under section 401. The holding did not address what kind of discharge, point source or nonpoint source pollution, triggers the section 401 permit requirement.

The Holding as Applied to Nonpoint Source Pollution

Commentators who advocate expanding the use of section 401 are not interested in the PUD No. I holding. Rather, they are interested in the Court's brief mention of the two discharges that would result from dam construction: "the release of dredged and fill material during the construction of the project and the discharge of water at the end of the tailrace after the water has been used to generate electricity."

Some commentators believe the second of these two discharges can be interpreted to include nonpoint source pollution, even though the case did not hold that and the Court never specifically addressed point source versus nonpoint source pollution.

Discharge from a Tailrace Is Not Nonpoint Source Pollution

Water coming out of a tailrace has a changed temperature, and this can affect the ability of the water to support certain fish. A tailrace is defined as "a race for conveying water away from a point of industrial application (as a waterwheel or turbine) after use." A race is defined as "a strong or rapid current of water flowing through a narrow channel." The narrow channel created to carry the water away from a hydroelectric project is normally a tunnel, some kind of pipe, or a ditch. Each of these items is a "discernible, confined and discrete conveyance" within the definition of a point source in the CWA. Therefore, a tailrace is a point source. In fact, in one PUD No. I brief, tailrace is defined as a conveyance for "water that has passed through the turbine." And if a tailrace is a point source, then the water coming out of it is discharged from a point source, and is not a nonpoint source. So, the Court's mention of discharge from the tailrace does not indicate an expansion of section 401 to nonpoint source pollution.

The Power Authority of New York Case: Tailrace Water Is Not Nonpoint Source Pollution

At least one commentator asserts that most courts would hold that water coming out of a tailrace is nonpoint source pollution because water temperature has been changed and temperature is not an identifiable pollutant. This assertion is based on Power Authority of New York v. Williams in which the court addressed the denial of a section 401 permit for a hydroelectric project. One of the reasons for the denial was the Power Authority of New York's failure to assure the state that water temperatures in the affected waters would be kept at a satisfactory level. The Power Authority of New York argued that water temperatures could not be considered under state water quality standards because a section 401 permit required that the discharge involved contain an identifiable pollutant. The court rejected this argument holding that "a transfer of water from the upper reservoir to the lower reservoir is a 'discharge'" because the water transfer fell within the state's definition of industrial waste. Industrial waste includes any liquid from any process of industry that may cause water pollution, and under the state's section 401 regulations, a permit is required to discharge industrial waste. Thus, the court held that the transfer of the water from one reservoir to another could be a discharge that would trigger a section 401 permit even though it contained no specific pollutant.

Without ever mentioning point sources or nonpoint sources, the court's reasoning supposedly supports the contention that section 401 applies to a discharge regardless of its source. However, this contention makes little sense because the water was transferred by a pipe, which is a point source, and a discharge from a point source must contain a pollutant to be covered under the CWA. So, although the court held that this discharge contained no specific pollutant, it defined the discharge as an industrial waste. Industrial waste is one of the specific pollutants listed in the definition of pollutant in the CWA. Thus, water with a lowered temperature is a point source discharge, not nonpoint source pollution. Therefore, Power Authority of New York does not support the contention that water from a tailrace would be viewed as nonpoint source pollution.

PUD No. I never specifically addressed whether section 401 applies to point sources or nonpoint source pollution. All the Court did was mention two types of discharges from this specific project and give some examples of other statutes that set up federal permits which may require 401 certification. Trying to interpret its holding as a blessing of the use of section 401 for nonpoint source pollution is a stretch indeed. All PUD No. I did was increase the scope of section 401 certification conditions.

Caswell Shows PUD No. I Did Not Decide Section 401 Applies to Nonpoint Source Pollution

In Idaho Conservation League v. Caswell, a group of environmentalists who tried to use PUD No. I to support a claim that section 401 applies to nonpoint source pollution lost their case on summary judgment. The environmentalists sued the United States Forest Service (Forest Service) because it did not require a timber company to obtain section 401 certification prior to building two logging roads on Forest Service land. The discharge in question was nonpoint source pollution. First, the court looked at the language of section 401 and found that it was "evident that section 401 was only intended to encompass those projects which resulted in a `point source discharge.'" Then, the court dismissed the environmentalists' reliance on PUD No. I because it "does not stand for the proposition that all nonpoint sources are subject to section 401 certification." This is supported by the ONDA I court, which did not rely on PUD No. 1 to decide that section 401 does apply to nonpoint source pollution.

ONDA II: The Correct Interpretation of Section 401

In section 401, the nonpoint source pollution dispute centres on the meaning of the word "discharge." In concluding that discharge in section 401 does not apply to releases from nonpoint sources, the Ninth Circuit examined "the language of the governing statute, guided not by a single sentence or member of a sentence, but by look[ing] to the provisions of the whole law, and to its object and policy." Rather than focusing on the definition of discharge, as the lower court had done, the Ninth Circuit focused on the intent and purposes of the CWA as a whole. ONDA H does not go far enough because both the definition of discharge and related terms, and the legislative history of section 401 mandate the same conclusion.

The Ninth Circuit Decision

In some respects, the Ninth Circuit's analysis was as cursory as the lower court's. The court emphasized that the CWA "banned only discharges from point sources" and did not directly regulate nonpoint source pollution. The court pointed out that another provision of the CWA, section 208, was designed to deal with nonpoint source pollution. The court also drew support for its conclusion from the fact that in 1987, section 1329 was added to the CWA to require states to adopt nonpoint source pollution management programs. This consistently separate treatment of point and nonpoint sources in the CWA led the court to conclude that the term "discharge" does not include nonpoint sources.

The court rejected the environmentalists' argument that nonpoint sources were somehow swept into the scope of section 401 by the section's reference to section 303. The court noted that before 1972 this provision required a "state to certify that a licensed activity would not violate applicable water quality standards." In 1972 the provision was changed to require a state to certify that a licensed activity complies with the applicable provisions of sections 301, 302, 303, 306, and 307. The change was made "to assure consistency with the bill's changed emphasis from water quality standards to effluent limitations based on the elimination of any discharge of pollutants." The change, according to the court, was not made to bring nonpoint sources into the scope of section 401, especially in light of the Ninth Circuit's holding in Oregon Natural Resources Council v. United States Forest

Service. In that case, the Ninth Circuit held that reference to water quality standards in section 301 "did not sweep nonpoint sources into the scope of [sections] 1311." Similarly, the court held that the mention of water quality standards in section 303 did not include nonpoint source pollution. Thus, all the sections cross-referenced in section 401 deal with point source regulation, not nonpoint source pollution.

Like the Caswell court, the Ninth Circuit found any reliance by the environmentalists on PUD No. i misplaced. Both discharges mentioned by the Supreme Court, according to the Ninth Circuit, were discharges from point sources. Thus "the Supreme Court in PUD No. I did not broaden the meaning of the term `discharge' under [section 401]." The Ninth Circuit also found support for its conclusion in the CWA's use of the term "runoff" as compared to the term "discharge". According to the Ninth Circuit, when Congress meant point source pollution it used discharge, and when it meant nonpoint source pollution it used runoff. Therefore, if Congress had intended section 401 to include nonpoint sources as well as point sources, it would have used language similar to section 313. In that provision, federal agencies "engaged in any activity which may result in the discharge or runoff of pollutants" are required to comply with applicable water quality standards. Had section 401 used such language, then it would include nonpoint sources. But use of the term discharge alone limits its application to point sources.

Lastly, the Ninth Circuit rejected the plaintiffs' argument that discharge is defined more broadly than the discharge of pollutants from point sources. The court flatly stated that this view "is incorrect." According to the court, the broader meaning of discharge concerns whether releases from point sources are polluting or nonpolluting. Discharge includes both polluting and nonpolluting releases from point sources but cannot be read to include nonpoint sources. Any other interpretation would not "comport with the structure and lexicon of the Clean Water Act." By examining section 401 in light of the CWA as a whole, the Ninth Circuit concluded that section 401 does not apply to nonpoint source pollution. While some may fault the court's reasoning and analysis, a closer look at the statutory language of section 401 and the legislative history relating specifically to section 401 shows that the Ninth Circuit was correct.

A Closer Look at Section 401: The Definition of Discharge

"The term `discharge' when used without qualification includes a discharge of a pollutant, and a discharge of pollutants." That is all the definition section of the CWA says about discharge. Yet, the meaning of discharge is important to understanding section 401 because the section does not mention the source of the discharge, only the discharge itself. As the Ninth Circuit noted, the meaning of discharge literally holds the key to understanding the type of source to which Congress was referring in section 401.

The Water Quality Improvement Act of 1970, which first established what is now section 401, did not define discharge. However, in 1972 a definition for discharge was added. How that definition came about sheds considerable light on what it means. The Committee on Public Works in the Senate wrote that the definition of discharge was added to define the scope of the control that would be required under the CWA. It then discussed pollutants added by any point source, outfall or other pipeline, and publicly owned treatment works. Discharge was said to be a term of art in the legislation that "refers to the actual discharge from a point source into the navigable waters, territorial seas, or the oceans." The report seems to limit the meaning of discharge to point sources only.

The actual definition includes two other terms that are defined in the CWA, "discharge of a pollutant" and "discharge of pollutants." These two terms are defined to mean "(A) any addition of any pollutant to navigable waters from any point source, (B) any addition of any pollutant to the waters of the contiguous zone or the ocean from any point source other than a vessel or other floating craft." Both of these terms limit their meaning to point sources only.

These definitions, along with the legislative history concerning the actual definition of discharge, would seem to end the inquiry as to whether or not discharge applies to nonpoint source pollution. However, the definition of discharge "includes" the discharge of a pollutant and the discharge of pollutants. And, "the use of the word 'includes' rather than 'means' in a definition indicates that what follows is a nonexclusive list which may be enlarged upon." So, the term "discharge" is not limited to the meaning given to "discharge of pollutant" and "discharge of pollutants."

Environmentalists argue that discharge was not meant to be limited to point sources. They point to the fact that the definition of discharge in the CWA is the only one that uses the term "includes." All the other definitions use the term "means," which is a limiting word in definitions. Therefore, Congress must have intended discharge to include, but not be limited to, point sources. Otherwise, it would have used the term "means" in the definition of discharge. While the absence of nonpoint source pollution from this list is not conclusive evidence that it was meant to be excluded, it does not mean that nonpoint source pollution was included in the definition of discharge. After all, noscitur a sociis, a traditional canon of statutory construction, provides that words in a list should be interpreted in light of the surrounding words. The words in the list of what is included in the definition of discharge all deal with point sources. To imply that nonpoint source pollution would also fit in that list violates this basic rule of statutory construction.

Discharge is further limited by the use of the word "pollutant" in its definition. In the CWA, pollutant "means dredged spoil, solid waste, incinerator residue, sewage, garbage, sewage sludge, munitions, chemical wastes, biological materials, radioactive materials, heat, wrecked or discarded equipment, rock, sand, cellar dirt and industrial, municipal, and agricultural waste discharged into water."

Because this definition uses the limiting term "means," only substances that appear on the list are pollutants under the CWA. The listed pollutants came from the Refuse Act, with the exception of "municipal discharges," which was added to the definition in 1972. The Refuse Act requires permits for industrial discharges of refuse into navigable waters.

These industrial discharges come from point sources. The same would be true of any municipal wastes that would be discharged. Therefore, the definition of pollutant only encompasses discharges from point sources. This further limits discharge because its definition only mentions discharging pollutants. If, per the definition of pollutant, a pollutant can only come from a point source, then discharge can only apply to point sources, not nonpoint sources.

In addition to the Ninth Circuit's ONDA II decision, other case law supports a limited meaning of discharge. Commonwealth of Pennsylvania v. Harrisburg held that the plain meaning of the statute meant that a discharge was a "discharge of pollutants" which is defined to include a point source only. Idaho Conservation League v. Caswell also held that discharge was limited to point sources only. Lastly, National Wildlife Federation v. Gorsuch hesitated to add new meaning to the definition of pollutant, which would by inference expand the meaning of discharge. Therefore, based on the plain meaning, legislative history, and case law, the definition of discharge is limited to discharges from point sources only.

Legislative History of Section 401

The statutory language and corresponding legislative history of section 401 indicate that section 401 was not meant to include nonpoint source pollution. However, even if the language itself was not clear, the legislative history behind section 401 further supports the contention that the section was not meant to be used to regulate nonpoint sources.

1970 Amendments

As previously mentioned, section 21(b) of the Water Quality Improvement Act of 1970 was the forerunner for section 401. Section 21 was designed to encourage cooperation by all federal agencies in the control of pollution. The House report mentioned a "wide variety of licenses and permits" issued by federal agencies that may affect water quality. While the legislative history did not exclude permits for nonpoint source pollution activities, the only permits specifically mentioned were for industrial and power plant sources that cause thermal pollution. Obviously, an industrial plant or a power plant is a point source, not a nonpoint source.

The concern was that the permit process between state and federal agencies for permits issued by the Atomic Energy Commission would be duplicative. Section 21 was not meant to be merely a duplication of another regulation. Congress was only concerned with trying to achieve "reasonable assurance ... that no license or permit will be issued by a Federal agency for any activity that through inadequate planning or otherwise could in fact become a source of pollution." Referring to "sources of pollution" also indicates that in section 21, the legislature was concerned with what would become known as point source pollution, not nonpoint source pollution.

Because the term "point source" was not used in 1970, environmentalists contend that section 21(b) was not limited to discharges from point sources. Because Congress did not differentiate between point and nonpoint sources in 1970, it could not have intended section 21(b) only to regulate discharges from point sources. This argument ignores the thrust of section 21(b) and the 1970 amendments in general. In enacting section 21(b), Congress was concerned about projects that the Atomic Energy Commission was building. While Congress emphasized that section 21(b) was not limited to just those projects but to any federal project, nothing indicated that it was also thinking about nonpoint source pollution, especially because nonpoint source pollution was not the focus of the 1970 Amendments.

1972 Clean Water Act

In 1972, Congress revamped the water pollution control statutes, resulting in the passage of what are now known as the Clean Water Act (CWA). Basically, section 21(b) of the Water Quality Improvement Act of 1970 became section 401 of the CWA. The Senate modified the language to ensure consistency with the bill's emphasis on effluent limitations as opposed to water quality standards. The CWA defines the term "effluent limitations" as restrictions on discharges from point sources only. So, the Senate only appeared to be considering point sources when it reworked section 401. The debate in the House centred on whether section 401 was to include discharges from point sources necessary to meet the provisions of sections 306 or 307, both of which deal with point sources. The Senate version of the bill did not include compliance with sections 306 and 307. However, the conference report accepted the House version, which included compliance with two more point sources. Over and over again, the emphasis in section 401 was on point source pollution.

In fact, in 1972 the concern was controlling point source pollution: "the heart of the bill is the new focus on point source limitations." During the debate on the amendments, the fact that the bill did not cover nonpoint source pollution and was not meant to cover nonpoint source pollution came up again and again. That Congress actually meant to include nonpoint source pollution in section 401 when it incorporated section 21 (b) from the 1970 bill into the CWA seems hard to believe, especially because the focus of the bill was not nonpoint source pollution.

Environmentalists argue that because Congress was aware of the problems of nonpoint source pollution in 1972, it surely meant to include nonpoint source pollution in section 401. They argue that this interpretation fits into the general statutory scheme that Congress developed in 1972 for nonpoint source pollution. Congress established section 208 of the CWA to deal with nonpoint source pollution. Section 208 required that the states create areawide waste treatment management plans that include nonpoint source pollution. In essence, the control of nonpoint source pollution was given to the states. Environmentalists argue that Congress would not limit the states then to reviewing point sources when they reviewed federal activity under section 401.

Congress specifically gave the states the authority and power to control nonpoint source pollution through section 208. If the control of nonpoint source pollution was already part of the CWA, then section 208 would be unnecessary. The fact that Congress enacted section 208 supports the contention that section 401 was not meant to include nonpoint source pollution. Because other sections of the CWA did not deal with nonpoint source pollution, Congress had to create a specific section to deal with the problem. Therefore, in 1972 Congress did not intend nonpoint source pollution to be included in section 401.

1977 Amendments

The 1977 amendments to the CWA reinforce the interpretation that Congress did not intend section 401 to include nonpoint source pollution. The only change made to section 401 itself was the addition of section 303 to the list of other provisions of the CWA that a state must consider when granting a section 401 certification. Section 303 deals with water quality standards. Congress originally intended water quality standards to be considered during the section 401 process; however, the states were confused about Congress's intent. To end the confusion, Congress added section 303 to the list of provisions in section 401. Congress felt that it was reasonable to have states include water quality standards when looking at the permit process. This did nothing, however, to increase the scope of section 401 to include nonpoint source pollution. It simply meant that when looking at a section 401 certification, a state should look at its section 303 water quality plan to make sure the activity complies with that plan. This change in section 401 was for clarification, not expansion.

The 1977 amendments did, however, address nonpoint source pollution, just not in the debate surrounding section 401. Agricultural nonpoint source pollution, in particular, was recognised as a major problem in the fight for clean waters. In fact, EPA testimony during the hearings on the 1977 amendments centred around this problem and called for cooperation among federal agencies to find ways to address the problem. However, in its testimony, EPA stressed that section 208 of the CWA, not section 401, would help solve the problem. So, in 1977 Congress was concerned about nonpoint source pollution but chose to address it through section 208, with EPA's backing.

1987 Amendments

The 1987 amendments to the CWA continued to focus on nonpoint source pollution, but once again, not through the use of section 401. Again, Congress recognised that nonpoint source pollution was a problem in need of a solution. Therefore, in the 1987 amendments,

Congress created section 319 of the CWA. Section 319 established a national policy and programs for the control of nonpoint source pollution through the creation of nonpoint source pollution management programs. If Congress had intended section 401 to address the problem of nonpoint source pollution, then it could have turned to that section as part of the solution. However, in 1987 Congress never even looked at section 401 as part of the solution.

The legislative history indicates that Congress never intended section 401 to apply to nonpoint source pollution. Since the section's inception in 1970, Congress has considered section 401 to be part of the control mechanisms for point source pollution only. However, there is no reason to believe that environmentalists will not continue their efforts to apply section 401 to nonpoint source pollution, especially if the Ninth Circuit changes the ONDA II holding on reconsideration. The following discussion looks at the implications of applying section 401 to nonpoint source pollution, focusing particularly on the implications to the agricultural community.

Bibliography

Amery, Hussein A and Aaron T. Wolf: *Water in the Middle East: A Geography of Peace*, The University of Texas Press, Austin, 2000.

Asaithambi S. : *Economics of Ground Water Management in India*, Abhijeet, Delhi, 2008.

Bagis, Ali Ihsan: *Water as an Element of Cooperation and Development in the Middle East*, Ayna Publications, Ankara, 1994.

Berkoff, Jeremy: *A Strategy for Managing Water in the Middle East and North Africa*, World Bank, Washington, DC, 1994.

Bhaskara, Harry: *Ending the Daily Water Chore In Against All Odds*, Panos Publications. London. 1989

Bhave, P.R. and R. Gupta: *Analysis of Water Distribution Networks*, Narosa, Delhi, 2011.

Biswas Asit K. : *Integrated Water Resources Management in South and South-East Asia*, , Oxford University Press, Delhi, 2001.

Bose, Bandana and A. Hemantaranjan : *Developments in Physiology, Biochemistry and Molecular Biology of Plants*, New India Pub, Delhi, 2005.

Bourne, Peter G.: *Water and Sanitation: Economic and Sociological Perspectives* Academic Press. Orlando. 1984.

Boyer , J.S.: *Measuring the Water Status of Plants and Soils*, Academic Press, N.Y., 1995.

Brian, Moss: *Ecology of Fresh Waters – Man and Medium*, Past to Future, NY, 1997.

Bucks D.A., Nakayama F.S. and Gilbert R.G.: *Trickle Irrigation Water Quality and Preventive Maintenance*, Agricultural Water Management, NY, 1979.

Bullock, John and Darwish, Adel: *Water Wars: Coming Conflicts in the Middle East*, Victor Gollancz, London, 1999.

Conway, D.: *Climate Change and Water Resources in the Nile Basin*, University of London, London, 1993.

Dar, Ghulam Hassan : *Soil Microbiology and Biochemistry*, New India Publishing Agency, Delhi, 2010.

Doneen L.D.: *Water Quality for Agriculture*, Department of Irrigation, University of California, Davis, 1964.

Eckenfelder W.W: *Principles of Water Quality Management*, CBI Pub. Co., Massachusetts, 1980.

Elmusa, Sharif S.: *Water Conflict: Economics, Politics, Law and Palestinian-Israeli Water Resources*, Institute for Palestine Studies, Beirut, Lebanon, 1998.

Engelman, R., and P. LeRoy : *Sustaining Water Washington*, D.C.: Population Services International, New York, 1993.

Frasier, Gary, and Lloyd Myers: *Handbook of Water Harvesting*, U.S. Dept. of Agriculture, Agricultural Research Service, Washington D.C., 1983

Garfinkle, Adam M.: *War, Water, and Negotiation in the Middle East: the Case of the Palestine-Syria Border 1916-1923*, Tel Aviv University, Tel Aviv, 1994.

Gautam, Ashutosh: *Water and Wastewater Analysis*, Daya, Delhi, 2002.

Gischler, Christiaan E.: *Water Resources in the Arab Middle East and North Africa*, Middle East & North African Studies Press, Cambridge, 1979.

Gleick, P.H.: *"Water and Conflict: Fresh Water Resources and International Security"*, *Global Dangers: Changing Dimensions of International Security*, MIT Press, Cambridge, MA, 1995.

Goel, P.K. : *Advances in Industrial Wastewater Treatment*, Technoscience, Delhi, 1999.

Gonzalez, J.F.; Civit, E.M. and Lupin, H.M.: *Composition of Fish Filleting Wastewater*; Water South Africa; , 1983.

Gopal, Krishna: *Water and Wastewater*, APH, Delhi, 2007.

Gould, J., and E. Nissen-Petersen : *Rainwater Catchment Systems for Domestic Supply: Design, Construction and Implementation,* London, U.K.: IT Publications, 1999.

Gupta K.R.: *Water Crisis in India*, Atlantic Pub, Delhi, 2008.

Gupta, O.P. : *Water in Relation to Soils and Plants : With Special Reference to Agriculture*, Agrobios, Delhi, 2002.

Hammer, D.A. and R.K. Bastian: *Wetlands Ecosystems: Natural Water Purifiers*, Lewis publishers, Chelsea, Michigan, 1989.

Helen Bannayan: *Water Resources of Jordan: Present Status and Future Potentials*, Amman, Friedrich-Ebert-Stiftung, 1993.

Hillel, Daniel: *Rivers of Eden: the Struggle for Water and the Quest for Peace in the Middle East*, Oxford University Press, NYC, 1994.

Holubeshen, Moufida; Amery, Hussein A.: *Annotated Bibliography of Water in the Middle East*, University of Toronto, Toronto, 1995.

Howell, P.P. and J.A. Allan: *The Nile: Sharing a Scarce Resource: a Historical and Technical Review of Water Management and of Economic and Legal Issues*, Cambridge University Press, Cambridge, 1994.

Husain, Ahmad : *Environment and Water Resource Management,* Sumit Enterprises, Delhi, 2006.

Isaac, J.: *Water and Peace in the Middle East: Proceedings of the First Israeli-Palestinian International Conference on Water, Zurich, Switzerland,* Elsevier, Amsterdam, 1994.

Issar, Arie: *Water Shall Flow from the Rock: Hydrogeology and Climate in the Lands of the Bible,* Springer-Verlag, NYC, 1990.

Jana B. L.: *Water Harvesting and Watershed Management,* Agrotech, Delhi, 2008.

Jat M.L. and Bhakar S.R.: *Ground Water Hydrology: Theory and Practice,* Agrotech, Delhi, 2009.

Kally, Elisha and Gideon Fishelson: *Water and Peace: Water Resources and the Arab-Israeli Peace Process,* Westport, CT, Praeger, 1993.

Kanmony, J. Cyril : *Drinking Water Management : Problems and Prospects,* Mittal Pub, Delhi, 2010.

Kaur, Kanwaljit: *Handbook of Water and Wastewater Analysis,* Atlantic, Delhi, 2007.

Khan M A : *Water Resources Management and Sustainable Agriculture,* APH, Delhi, 2008.

Khanna, D R and R Bhutiani: *Laboratory Manual of Water and Wastewater Analysis,* Daya, Delhi, 2008.

Libiszewski, Stephan: *Water Disputes in the Jordan Basin Region and their Role in the Resolution of the Arab Israeli Conflict,* Center for Security Studies and Conflict Research, Zurich, 1995.

Lloyd Myers : *Handbook of Water Harvesting,* Washington D.C.: U.S. Dept. of Agriculture, Agricultural Research Service, 1983

Mahajan Gautam : *Evaluation and Development of Ground Water,* APH, Delhi, 2008.

Metcalf and Eddy Inc: *Waste-water Engineering: Treatment, Disposal, Reuse,* McGraw-Hill Book Co, New York, 1979.

Middlebrook, E.J., 1979. Industrial Water Pollution Control; J. Wiley & Sons, New York, U.S.A.

Mishra Archana : *Water Harvesting : Ecological and Economic Appraisal,* Authors Press, Delhi, 2006.

Naff T. and Matsow R.: *Water in the Middle East: Conflict or Cooperation,* Boulder, 1990.

Pahwa Prem S. : *Water Harvesting, Purification and Distribution Management,* Dominant, Delhi, 2001.

Pandey, Ashok : *Biotechnology : Food Fermentation (Microbiology, Biochemistry and Technology)* , Educational Publishers, Delhi, 1999.

Parikshit Ballabh: *Water Resource Management : Planning and Development*, Cyber Tech, Delhi, 2009.

Pathade, G.K. and P.K. Goel: *Environmental Pollution and Management of Wastewaters by Microbial Techniques*, Oxford Book Company, Delhi, 2011.

Premjit Sharma: *Agricultural Drainage and Water Quality*, Gene Tech Books, Delhi, 2007.

Punmia, B.C. : *Wastewater Engineering*Laxmi Publications, Delhi, 1998.

Ramalho, R.S.: *Introduction to Wastewater Treatment Processes*, Academic Press, Inc.; New York, U.S.A., 1977.

Rao K. Nageswara : *Water Resources Management : Realities and Challenges*, New Century Publication, Delhi, 2006.

Salameh, Elias and Helen Bannayan: *Water Resources of Jordan: Present Status and Future Potentials*, Friedrich-Ebert-Stiftung, Amman, 1993.

Sanghvi Sheela and Pahwa Prem S. : *Water Harvesting, Purification and Distribution Management* , Dominant, Delhi, 2001.

Shamsi, U.M.: *GIS Applications for Water, Wastewater, and Stormwater Systems*, Routledge, Delhi, 2010.

Shapland, Greg: *Rivers of Discord: International Water Disputes in the Middle East*, St. Martin's Press, NYC, 1997.

Sharma, R N : *Wastewater Irrigation : Hazard or Lifeline*, Vista International, Delhi, 2007.

Singh A K : *Environment and Water Resources Management*, Adhyayan, Delhi, 2006.

Sofer, Arnon, *Rivers of Fire: the Conflict over Water in the Middle East*, Rowan & Littlefield Publishers, Lanham, MD, 1999.

Swarnim, K. : *A Textbook of Biochemistry and Microbiology,* Surendra Pub, Delhi, 2010.

Tideman, E. M.: *Watershed Management – Guidelines for Indian Conditions*, Omega Scientific Publishers, Delhi, 1996.

Todd, David Keith: *Groundwater Hydrology*. John Wiley & Sons, New York, NY. 1959.

Trivedy, R.K. and Siddharth Kaul: *Low Cost Wastewater Treatment Technologies*, ABD Publishers, Delhi, 2001.

Ziminska, H.: *Protein Recovery from Fish Wastewaters*; American Society of Agricultural Engineering; MI, U.S.A., 1985.

Index

□□□